戦後日本首相の外交思想

吉田茂から小泉純一郎まで

増田 弘
［編著］

ミネルヴァ書房

戦後日本首相の外交思想——吉田茂から小泉純一郎まで　目次

写真出所一覧

第1章　吉田　茂（国立国会図書館所蔵）
第2章　芦田　均（国立国会図書館所蔵）
第3章　鳩山一郎（鳩山会館所蔵）
第4章　石橋湛山（国立国会図書館所蔵）
第5章　岸　信介（時事通信フォト提供）
第6章　池田勇人（国立国会図書館所蔵）
第7章　佐藤栄作（田布施町郷土館所蔵）
第8章　田中角栄（小城正克氏提供）
第9章　三木武夫（明治大学史資料センター提供）
第10章　福田赳夫（時事通信フォト提供）
第11章　大平正芳（大平正芳記念財団提供）
第12章　中曽根康弘（中曽根康弘事務所提供）
第13章　海部俊樹（折田正樹氏所蔵）
第14章　宮沢喜一（自由民主党提供）
第15章　村山富市（社会民主党提供）
第16章　橋本龍太郎（自由民主党提供）
第17章　小泉純一郎（自由民主党提供）

＊村山富市元首相の写真掲載につきましては、篠原新先生（岐阜大学）にご協力いただきました。記して御礼申し上げます。

序章　戦後日本首相の外交思想研究

増田　弘

1　新憲法下の首相

日本の戦前から戦後に至る〝非連続性〟の中でも、内閣総理大臣（以下「首相」とする）の権限強化は特筆すべき大変革であった。広く知られるとおり、明治憲法（大日本帝国憲法）下の首相は、国務大臣として「天皇ヲ輔弼シ其ノ責ニ任ス」（第五五条）にすぎず、国務大臣同輩の上位に位置しながらも、閣僚の罷免権すら与えられない存在であった。近衛文麿首相が対立を深めた松岡洋右外相を罷免するために、敢えて内閣総辞職を行った上で新内閣を発足させるとの煩雑な手順を踏まざるを得なかった実例は、そのような首相権限の脆弱さを如実に物語っている。加えて、明治期以来の元老・重臣ないし藩閥・軍閥といった非立憲的な政治勢力が、天皇による首相の「大命降下」を自陣に優位に運用ないし活用したため、首相権限はさらなる拘束を余儀なくされたのである。それら要因が短命政権や非民主的政権を生み出す温床となり、日本の対外方針に負の影響を及ぼしたことは否定できない。

はたして敗戦後の日本では、非軍事化・民主化を標榜するＧＨＱの占領改革が強圧的に実施される過程で、上記の非立憲的勢力がすべて淘汰された。同時に一九四七年五月三日に施行された日本国憲法、いわゆる新憲法は、第五章において、行政権が内閣に属することを謳い、内閣の首長たる首相に国務大臣の任命および罷免の権限を規定した（第六八条）ばかりでなく、首相は内閣を代表して議案を国会に提出し、一般国務および外交関係について国会に報告するとともに、行政各部を指揮監督する権限（第七二条）も付与されたのである。

こうして戦後の首相は、内閣の統一性と立法府への連帯責任の実を上げるために、法制上の巨大な権力を一躍その掌中に収めることになった。とくに外交関係の処理は、内閣の職務行為（第七三条）と明示され、内閣を代表する首相の外交に果たす役割は、戦前のそれと比較にならないほど格段の影響力の行使を可能としたのである。

2　外交思想

翻って、「外交思想」という学問分野は歴史が浅く、いわば発展途上にある。恐らく、わが国の外交史を初めて「外交思想史」へと昇華させたのは入江昭教授であったろう。同教授は著書『日本の外交』（中公新書、一九六六年刊）で、いわゆる通史や概説ではなく、教科書的に細かい事実を羅列することを避け、「表面的な事項の背後にあるものを見きわめながら、日本の外交が提起するいくつかの問題点を浮きぼりにし、現代にとっての意味を考えようとした」旨を明らかにしている（iii頁）。なぜなら、「ある国の指導者や民衆が世界の諸問題をどのようにとらえ、国際政治の動向をいかに解釈し、個々の懸案を処理するにあたってどのような指導原理でのぞんでいるか、といった、いわば外交政策の思想的基盤は、具体的な交渉のかけ引きや権力者間のいざこざなどよりは、はるかに重要な現象である」からである、と外交思想学の意義を強調する（三頁）。

続けて入江教授は、その具体的な学術的視点として、第一に、近代日本の外交を支配した原理にはどのようなものが存在したのか、第二に、日本外交の指導原理は変転する国際情勢をつかむ上で、どのような役割を果したのか、第三に、日本人の抱いていた考えと、現実の国際政治との間にズレはなかったのか、第四に、日本外交の思想的背景は、日本国内の政治や社会の動向とどのようなつながりを持っていたのか、を挙げる（三頁）。

上記の視点はわれわれが本書で目指す研究意図を内包している。もちろん本書の対象は、近代日本外交ではなく現代日本外交であり、各界指導者ではなく政界のトップに位置する首相、しかも戦後輩出した三三名の歴代首相中のより重要な一七名に限定している。そのような枠組みの相違があるとしても、入江理論は本書を構成する合計一八名の論者の共通項として通底している。また酒井哲哉教授が適確に指摘するとおり、「政策決定者は白紙で決定に臨むものではない。……政策決定者もまた同時代の思想空間のなかに位置している」のであり、「外交思想を狭義の対外関係だけではなく、同時代的な価値意識や社会秩序像と関連づけながら把握する」との基本姿勢も、本書の極意とせねばならない（同編『日本の外交　第三巻　外交思想』岩波書店、二〇一三年刊、一―三頁）。

しかしながら従来、この種の研究には大きな障害があった。それは日本政府文書の入手が容易でないという切実な問題であった。やむなく情報公開が進む米国立公文書館（National Archives and Records Administration＝ＮＡＲＡ）に足を運んで日米関係資料を調査・発掘し、その中から日本政府側の政策を分析・考察するとの手法を取らざるを得なかったのである。ようやく昨今、その壁は徐々に取り払われつつある。まずは二〇〇一年から「情報公開法」が施行されたことが大きな転機となった。同法は、国の行政機関が保有する資料を、原則、公開することを定めており、また本研究に深く関わる外務省外交史料館、防衛研究所図書館、宮内庁書陵部などの公文書も対象となった。以後、外務省によって外交・防衛関連資料の公開が定期的に実施され、現在に至っている。また二〇一一年には公文書を「国民共有の知的資源」と定めた「公文書管理法」が施行され、上記の施設ばかりか国立公文書館が保存する歴史資料の利用も法的な〝権利〟として定められ、利用方法も向上されていった（https://kotobank.jp/word/情報公開法-4567）。このような国内環境の変化は、この戦後首相の外交思想というグランドテーマに大きく寄与することとなったのである。

3　戦後首相の時期区分

以上の前提を踏まえて、本書の具体的内容に論及していきたい。広く知られるとおり、戦後の歴代内閣は〝一内閣一課題〟をいわば責務として、一歩一歩戦後という階段を上りながら、その実は戦後からの〝離脱〟に粉骨砕身してきた。まず吉田内閣は「講和条約締結と日米安保体制の確立」、鳩山内閣は「日ソ国交回復」、岸内閣は「日米安保条約改定」、池田内閣は「高度経済成長の達成」、佐藤内閣は「沖縄の本土復帰」、田中内閣は「日中国交正常化」、三木内閣は「サミット参加」、福田内閣は「日中平和友好条約の締結と福田ドクトリン」、大平内閣は「環太平洋連帯構想とＡＰＥＣ」、中曽根内閣は「新冷戦下の日米同盟強化」、海部内閣は「湾岸戦争下の国際的支援」、宮沢内閣は「カンボジアＰＫＯ」、橋本内閣は「日米新ガイドラインの設定」、小泉内閣は「国際テロ戦争下の対米支援」といった具合である。

ではこのような一連の外交課題に取り組んだ歴代首相のリーダーシップとその背後にある外交思想ないし哲学的信条とは一体どのようなものであったか。

そのような観点から本書を構成する各論文の要旨を解説しようとすれば、以下の三期に分類するのが適切であろう。第一期は、一九四〇年代末期から五〇年代末期に至る日本の〝復興期〟であり、吉田茂《よしだしげる》、芦田均《あしだひとし》、鳩山一郎《はとやまいちろう》、石橋湛山《いしばしたんざん》、岸信介《きしのぶすけ》の計五人が該当する（第Ⅰ部）。第二期は、一九六〇年代初頭から八〇年代末期に至る日本の〝発展期〟であり、池田勇人《いけだはやと》、佐藤栄作《さとうえいさく》、田中角栄《たなかかくえい》、三木武夫《みきたけお》、福田赳夫《ふくだたけお》、大平正芳《おおひらまさよし》、中曽根康弘《なかそねやすひろ》の計七人が該当する（第Ⅱ部）。第三期は、一九九〇年代初頭から二〇〇〇年代中期に至る日本の〝変動期〟であり、海部俊樹《かいふとしき》、宮沢喜一《みやざわきいち》、村山富市《むらやまとみいち》、橋本龍太郎《はしもとりゅうたろう》、小泉純一郎《こいずみじゅんいちろう》の計五人が該当する（第Ⅲ部）。

4　第一期　日本の復興期――吉田茂、芦田均、鳩山一郎、石橋湛山、岸信介

この第一期に通底する最重要課題とは、①国家再建の推進、②占領体制から独立体制への移行、③国際社会への早期復帰、④東南アジア諸国との賠償処理であった。いずれも至難かつ遠大な事業であり、恐らく誰が首相の座にあっても苦行を強いられたであろう。

戦後初めてこれら難題を付託されたのが吉田茂であった。第**1**章の井上寿一論文によれば、吉田が「米国側に反感のなき者、戦争責任者たるの疑いなき者、外交に通暁せる者」の三条件を満たした数少ない日本人として首相となり、外務官僚出身らしく、優れた外交感覚（勘）をもって戦後改革に臨み、明治憲法改正も労働改革も農地改革も、その歴史

的意義を正しく理解せずに降伏条件として受容した。他方で吉田は、米国政府に対抗するマッカーサーと巧みに「特殊秘密関係」を結びながら、彼が目標とする一九二〇年代の日本の復活、つまり英国型の「先進君主国」を目指した。

吉田は憲法九条を「自衛権の発動としての戦争も、また交戦権も放棄した」と解釈した。つまり「国家正当防衛権による戦争は正常なりと認めることが有害である」と国会で答弁したが、これを猪木正道教授が「勇み足」と咎めたことに対して、井上は疑問を呈する。なぜなら当時の吉田は、日本の安全を国連に委ね、「日本が国連に加盟し、国連安保が機能するまでは、憲法改正によっても自衛権は保持できる」と解釈していたからである、と反駁する。

しかし朝鮮戦争の勃発により事態は一転する。自衛権を否定した日本は、国連安保体制が機能しない中で、特定国に日本の安全を委ねるほかなかった。もちろん特定国とは米国を意味し、米国との間で基地貸与協定を結ぶことにより、国連安保から離脱せずに日本の安全保障を確保する方途を構想した。その結果がサンフランシスコでの「単独講和」であり、断じてソ連を含む「全面講和」でも「永世中立」でもなかった。もう一つ、吉田には「通商国家の実現」という構想があり、そのためには米国を強く意識した「外資導入」を実施するほかなかった。結局日米安保体制は吉田にとって、「独立・安全保障・外資導入」という〝一石三鳥〟を意味したといえる。このような親米的なワンセットに対しては、野党勢力はもとより、単独講和と日米安保を支持した保守勢力内部からも激しい批判を招くこととなる。

前後するが、第一次吉田内閣が戦後二度目の総選挙後に退陣すると、社会党中心の片山哲連立政権が誕生する。政権の軸が保守から中道へと揺れたものの、ＧＨＱが期待した片山内閣は内紛により八カ月で自滅し、民主党の芦田均を首班とする連立内閣へと代わる。第2章の楠綾子論文は、戦前に外務官僚から政界へ転身し、戦後に自由党、民主党、自民党と渡り歩いた芦田の軌跡を踏まえ、その新憲法第九条論や安全保障政策論の外交思想に迫っている。

まず芦田は幣原喜重郎内閣の厚相としてＧＨＱの憲法草案に立会い、第一次吉田内閣では衆議院帝国憲法改正案委員会委員長として同草案の修正可決に関わる。楠によれば、彼は不戦条約に依拠して第九条の理念を肯定し、「日本が国連加盟すれば国連憲章第五一条によって自衛権の行使は認められる」、「日本への侵略が生じた場合には安保理は軍事力をもって日本防衛義務を負う」と解釈した。その点では吉田の見解と大差無かった。

しかし冷戦が顕在化すると、芦田は片山内閣外相として、日本の安全保障を米国に委ねる文書「芦田メモ」を米第八軍司令官アイケルバーガーに手交する。それは日本の独立後に日米間で特別協定を結び、日本周辺に米軍を駐屯させるとの〝有事駐留方式〟であった。折しも米国政府内では国務省政策企画室長ケナンを中心にして「対日早期講和論」に代わる「日本経済自立論」が台頭し、「NSC一三／二文書」を公式化したため、芦田構想は頓挫するが、後日の日米安保条約の先駆けとなる。ただし肝心の芦田内閣は、民主党の分裂や社会党の左右対立が影響して政権基盤を弱め、〝昭和電工疑獄事件〟により退陣する。文人肌の芦田は政界で非力であった。

その後朝鮮戦争が勃発すると、芦田は再軍備論者として脚光を浴びる。第三次吉田内閣が講和論争でもめていた時期である。芦田は、「政府も国民も共産主義の脅威を直視せず、侵略反対を明確にせず、第三次世界大戦の迫り来る危険性に無思慮である」と危機感を募らせた。そして大戦勃発の可能性を否定し、自ら自国を守ろうとの自覚がない吉田に対して憤った。当時の芦田はダレスと安保感覚を共有していた、と楠は指摘する。結局芦田は単独講和を是認するが、安保条約に関しては「日本が基地提供の義務を持つものの、米国は日本防衛義務を持たない」点を批判せず、米国のアジア太平洋戦略上の利益を重視する。ここに芦田独自の安保観があり、同じ保守勢力の鳩山、石橋、岸らと異なった。

サンフランシスコ講和以後も吉田は政権に居座るが、その対米依存政策は国民世論の激しい批判を浴びて退陣する。代わって首相の座を占めたのが鳩山一郎であった。その登場は、不運を重ねた鳩山への同情ばかりでなく、ワンマン体質や貴族趣味の吉田とは異なる党人政治家の庶民性が大衆受けした結果であった。実際鳩山と吉田の反共イデオロギーは大差がなかったが、鳩山は国民の反米・反吉田の気運を受けて〝中ソ接近路線〟を進めていく。

第3章の中島信吾論文は、講和期に鳩山が「反共と再軍備」を最重視し、ソ連の対日侵略を警戒する観点から「共同防衛・憲法改正・徴兵制」を唱え、吉田流の〝他力本願〟の日米安保観を退けて、〝自力本願〟で自ら防衛力を培い、武装する以外に道がないと考えた、と指摘する。これに対して吉田側は、再生した鳩山派への先制攻撃として「抜き打ち解散」を仕掛けた。選挙に勝たねば明日はない。鳩山は現実路線へと舵を切る。それが対ソ関係の調整であった。反共を叫びながら対ソ接近へと転じた矛盾について中島は、講和後の吉田の政策との〝差別化〟を図り、「吉田との権力闘争に勝ち抜く」ためのエネルギーとした、と分析する。そこでソ連軍の日本侵入はないから自衛軍は小規模で良い、憲法改正も再軍備のためではなく、警察予備隊を憲法に明記するためである、と主張を変化させた。

首相就任後の鳩山は、吉田と同じく日米関係を日本外交の基軸とし、一定の対米自主を追求したが、その指導力の欠如から「防衛分担金削減問題」で苦しむ。また自衛軍の整備と駐留米軍の撤退を実現し、安保条約をＮＡＴＯ並みの〝双務的〟条約へと改訂することを企図したが、重光《しげみつ》葵《まもる》外相訪米の際、ダレス国務長官から日本の海外派兵に至る双務性の困難さを糾弾されて挫折する。対中関係の改善も米国の警戒に反応してトーンダウンする。結局残された日ソ関係の改善に鳩山は政治生命を賭ける。ところが統合間もない自民党内は、ポスト鳩山をめぐって紛糾した。やむなく鳩山は自らの引退表明を代替として党の一本化を図り、モスクワへと旅立った。しかし「日ソ共同宣言」は、日ソ間の戦争終結のほか、平和条約締結後の歯舞諸島・色丹島の引渡しを謳っていたが、鳩山が強く希求した「領土問題を平和条約締結のための継続審議にする」との文言は挿入されなかった。

鳩山引退後、実質上初の自民党総裁選挙が実施され、石橋湛山が本命視された岸信介を僅差で破り当選した。戦後初の私学出身、ジャーナリズム出身、宗教界出身の総裁・総理の誕生に世間は沸いた。しかし病に倒れ、わずか二カ月で挂冠したために、石橋内閣の成果は無きに等しい。にもかかわらず、彼の自由主義・個人主義・民主主義思想の先鋭性は、戦後の歴代首相の中で異彩を放つ。近年の石橋研究の進展が〝幻の石橋内閣〟へと押し上げている。

第4章の増田弘論文は、石橋の言論が戦前戦後に稀有な一貫性を示し、ポツダム体制と新憲法体制（象徴天皇制や戦争放棄等）を肯定し、軍部等の一掃、首相権限の強化、議会制民主主義の導入などＧＨＱの非軍事化・民主化政策を賞賛したこと、日本は植民地を喪失しても貿易主体の経済合理主義で国家発展が可能であると首唱したことを指摘する。しかし米ソ冷戦の発生とイデオロギー論争の激化、朝鮮戦争の勃発と国連機能の麻痺、国際経済体制の断絶は、彼の戦後構想の前提を崩す結果となった。しかも第一次吉田内閣の「石橋積極財政」が四面楚歌に陥り、ＧＨＱばかりか吉田からも敵対視されて、〝政治パージ〟となる。もし石橋路線が継続できたならば、戦後日本の復興過程も違っていたかもしれない。政界復帰した石橋は、吉田内閣の単独講和を支持し、日米安保を冷戦状況から必要悪と認めて、「経済力に見合う漸進的な再軍備論」を掲げた。むしろ彼が危惧したのは「日本は真の独立は可能か」との命題であり、「日本は一時も早く経済力を強め」て米国と対等となるほかなく、「国民が富めば、国防も自力で行える」し、「初めて国の独立は保てる」と主張した。

講和後も吉田が政権に固執すると、石橋は対決姿勢を強め、国連強化、安保条約の〝総合的〟条約への改変、憲法九条修正論を掲げた。その後石橋は岸らと保守新党運動を「日本民主党」結成へと導き、吉田を退陣に追い込み、鳩山内閣を成立させる。しかし石橋は希望した蔵相ポストを得られず、通産相として日中貿易再開の先鞭をつける。〝中共ブーム〟の中で「第三次日中民間貿易協定」交渉は、米国や台湾側からの圧力に翻弄されながらも、協定が成立する。日ソ国交回復後に石橋が政権ホルダーとなったものの、政権基盤の弱さから岸を厚遇せざるを得ず、解散・総選挙による政権浮上を目指したが、石橋に病魔が襲って万事が窮した。日中国交正常化も期待されたが、中国内の混乱や米国からの圧力を想定すれば、その実現は容易ではなかったろう。むしろ石橋は首相退陣後、米ソ冷戦の〝雪解け〟を捉えた訪中、「日中米ソ平和同盟」構想に基づく再訪中と訪ソなど、身軽な立場とはいえ、「冷戦体制の打破」を目標に掲げ、米中接近の必然性を唱えるなど、〝思想家〟としての本領を発揮した。

石橋内閣外相としてすでに岸外交をスタートさせていた岸信介は、元A級戦犯でありながら、政界入り後わずか五年で政権を掌中に収めた。長州人脈、官界人脈、満州国人脈に加え、冷戦も自己の財産とする天性の才が備わっていたのであろう。第5章の池田慎太郎論文によれば、釈放後の岸は、米ソ対立下での中立を否定し、米国の「仮装民主主義」を嫌いながらも、独立後の日本は米国に与するほかなく、米国の経済力を利用して国家を再建し、中国が共産化した以上、日本に反感を抱く東南アジア諸国と賠償交渉を迅速に行って国交正常化する、との構想を提唱した。

実弟の佐藤栄作の引きで自由党に入党したが、新党運動を起こして石橋とともに除名されると、鳩山を担いで民主党を結成し、保守合同を画策して自民党を成立させるや初代幹事長に就任するなど、機を見るに敏な性分が随所に現れる。巧みな政界遊泳術を示す一方、民族主義が高まる東南アジアと日本は親善関係を強め、反英米的なアジア諸国と自由主義諸国の〝紐帯〟となる必要性を認めた。その根底には戦前に傾倒した大川周明の〝大アジア主義〟があった。

岸は政権獲得後、直ちに行動を開始する。わが国初の『外交青書』は、①国連中心主義、②自由主義諸国との協調、③アジアの一員としての立場の堅持、を日本外交の三本柱としたが、実際の岸外交は、②の対米協力と③の対アジア外交に比重を置いた。岸は戦後首相初の東南アジア訪問を実施し、「東南アジア開発基金構想」を外遊の看板としたが、池田によれば、中国が同地域へ経済攻勢を仕掛ける前に先手を打ち、また米国に日本のアジアにおける存在を強く印象づけるためであった。反面、韓国と中国には手を焼く。日韓会談は度々中断し、日中関係は「第四次日中民間貿易協定」をめぐって対立し、両国は断絶する。対東南アジア外交の成果と比較すると、北東アジア方面の外交は惨敗となった。

岸外交の最後の仕上げが「日米安保改定」となる。岸は吉田のような親英米派ではなかったが、冷戦下、「米国を利用する」観点から日米協調を掲げるとともに、「独立国家体制の整備」を掲げた。吉田の安保条約では日本は米国占領のままであり、新憲法も「植民地」憲法であって改正せねばならなかった。そのような思想から対米外交を推進した結果、安保条約の〝全面〟改定、相互協力、経済協力、条約期限の設定に成功する。半面、条約区域の範囲、「日米行政協定」改定で苦慮し、「警職法」が事態を険悪化させた。最終的に新安保条約と「日米地位協定」が調印されたものの、国内の〝反安保・反岸〟騒動は激化し、アイゼンハワー米大統領の訪日が中止となると、退陣を余儀なくされた。

5　第二期　日本の発展期──池田勇人、佐藤栄作、田中角栄、三木武夫、福田赳夫、大平正芳、中曽根康弘

一九六〇年代は、苦難の五〇年代から一転して明るい時代となる。続く七〇年代、八〇年代はさらに日本の経済力の飛躍的発展により、日本は国際社会の中で自他共に許す経済大国の地位を占める。この三〇年余の日本の国家目標は、①経済大国化に伴う経済外交の推進、②米欧先進諸国との同質化と国際的地位の確立、③アジア諸国内における経済面での指導的役割強化にあった。

まず日本経済発展の先鞭を付けたのは疑いなく池田勇人である。しかし安保混乱後の国内環境は、池田にとってきわめて厳しいものがあった。この窮状から脱するため、池田内閣は「低姿勢」「寛容と忍耐」を掲げて岸政権との違いをアピールし、また「国民所得倍増計画」を表明して、政治から経済へのシフトを画策した。第6章の吉次公介論文によれば、池田政権イコール「経済中心主義」という理解は正しくない。池田は高坂正堯教授が指摘する「大きな軍事力をもたず、国際政治の難しい問題にはできるだけ触れず、経済発展に力を注ぐ」などの経済中心主義ではなく、反共主義と「大国志向ナショナリズム」を持し、「自由主義陣営の有力な一員」としての国際的地位を追求した。

まず池田は「自由主義諸国から尊敬され、共産諸国からバカにされない」ため、国内体制の強化に着手した。また改憲や防衛強化政策を避けたが、それも国内体制強化のための〝意匠〟であり、実際〝二次防〟を策定し、「安保効用論」も展開した。他方で池田は、日米対等と日米欧の〝三位一体化〟を実現する行動を起こす。ケネディ新米政権も対日重視政策を取り、日本通のライシャワーを駐日大使に抜擢し、対日イコール・パートナーシップを提起する。ただしその根底には、日本の防衛面の〝ただ乗り〟は許さないとの真意が隠されていた。池田はその本質を見抜き、反共姿勢を米国側に明言する。これは訪欧を見据えた発言でもあった。吉次の指摘通り、見事な外交センスといえる。実際その訪欧は成果をもたらした。西欧側の対日貿易差別を撤廃させて経済関係を軌道に乗せ、三本柱論の目途を付けた。

この三本柱はアジア外交にも連動した。池田も岸と同様、日本は欧米とアジア間の〝架け橋〟となることを志向したが、池田には岸のような〝大アジア主義〟の構想はなかった。こうして池田外交は、断絶中の日中関係では「LT（廖承志・高碕）貿易協定」を成立させ、両国間の経済貿易関係を修復する。他方、難交渉が続く日韓関係でも腹心の大平正芳外相の尽力や知日派の朴正熙大統領の登場によって解決へと向かい、総額六億ドルの経済協力等によって妥結となる。実質上の国交正常化をお膳立てした。そのほか対東南アジア、とくに対ビルマ外交も成果を上げたのである。

しかし一九六四年夏の総裁選で勝利を収めた池田に病魔が襲った。池田が政権を手放す際、後継としたのが吉田学校のライバル佐藤栄作であった。戦後政治史上、総理・総裁の交代ほど政治的ドラマに彩られたものはない。激烈な権力闘争を必須としたからである。吉田後しかり、鳩山後しかりである。しかしこの池田から佐藤への交代劇と、のちの中曽根康弘による竹下後継指名は例外的に平穏な禅譲となった。この結果佐藤は七年八ヵ月という恩師吉田を凌ぐ最長政権記録を樹立した。しかも吉田が果たせぬ夢「沖縄の本土復帰」を実現させ、日本の政治家には無縁に等しいノーベル平和賞も手にした。第7章の中島琢磨論文は、佐藤の〝ナショナル・プライド〟と「自由の下にこそ政治的成功と経済的繁栄がある」、「安全即繁栄、繁栄即安全」という外交思想に基づいて戦後最大の沖縄返還交渉の実態を解明する。

昨今この交渉では〝密約〟が注目されがちであるが、中島は佐藤が五年間の交渉過程で下した外交判断の重要性を強調し、①六五年の那覇空港での演説、②六七年の大津談話、③同年の佐藤・ジョンソン会談、④六九年の国会答弁、⑤同年の佐藤・ニクソン会談を取り上げる。これら場面に通底するのは、「沈思黙考して周囲より思考的に先回りし、事が進む前に先に目標を示して、それから周囲の議論が進み、自分の待っている落しどころの段階まで追い付いてくるのを待っている」という「待ちの政治」スタイルである。

まず①の場合、まだ政権が不安定で対米交渉に沖縄返還を提起しにくい中、佐藤は現地沖縄で名演説を行い、日本の方向を定めた。②は一部の「分離返還論」を否定して、沖縄施政権の「一括全面返還」を決断した。一方、佐藤は二つの対立に苦悩していた。在沖米軍基地と日米安保条約を是認した上で沖縄返還を目指す与党自民党、双方の否認を下に返還を求める野党間の国内対立と、安保体制内で沖縄基地問題を解決したい日本側、返還後も基地の自由使用を望む米国側との対立であった。そこで佐藤は、基地の条件には踏み込まないまま、早期に返還の言質を米国から引き出すとの決定を下す。中島のいう「順番を逆にする」大胆な提案であった。結局これが③で「両三年内」に返還時期を合意するとの成果をもたらす。

ただし功を焦る三木武夫外相が「核抜き」を表明したため、返還条件を白紙としてきた佐藤は④で「核抜き・本土並み」返還を明言せざるを得なくなった。ニクソン新政権の意図が読めなかったものの、逆にこれが米国側へのメッセージとなった。この決定の根底にも佐藤のナショナル・プライドがあったと中島は指摘する。そして最終段階の⑤で佐藤は〝バック・チャネル〟を使って「緊急時の核持込み」を密約で認め、交渉を妥結させる。なぜ佐藤は大きなリスクを背負ったのか。中島は、核兵器問題が表に出て野党や党内から攻撃されれば政権崩壊は必至だったからだと分析する。

また佐藤がこの密約に一人で署名して責任を取ったのは、かつて安保条約に一人で署名した吉田の外交方式を踏襲したからだと指摘する。

他面、几帳面で生真面目な佐藤は、「蔣介石恩義論」を貫き、また中国の核実験への嫌悪感から、ニクソン訪中声明後も台湾擁護の基本姿勢を変えず、それが政権の延命を阻む結果となった。この結末にも彼のナショナル・プライドが作用したのであろうか。

一九七〇年代の国際政治経済は、ニクソンショック、ドルショック、オイルショックと相次いでショックに見舞われた激動期であった。佐藤内閣は戦後日本最大の外交交渉の一つである「沖縄の施政権返還」交渉に多大な功績を残したにもかかわらず、同盟国と信じたニクソン米政権側の冷徹な対中外交の展開によって権威が揺らぎ、退陣を余儀なくされた。主従関係の安定した枠内で長らく推移してきた日米関係自体が本格的な変容をきたしたのである。では七〇年代の日本外交はこのような試練をいかに克服していったのか。

田中角栄が政権ホルダーとなったのは、ダークホースの逆転劇とばかりはいえない。それはニクソン政権が仕掛けた国際的な地殻変動が日本の国内政治へと波及した典型的事例であった。もし佐藤政権が沖縄返還を花道として穏やかに退陣できたならば、田中は福田赳夫の後塵を拝していたであろう。しかし親台湾派が多数を占める福田派は、大平・三木・中曽根と日中復交で連合した田中陣営の前に敗退した。それは一六年前の石橋・岸対決劇の再現ともいえた。しかも田中は佐藤派に属しながら，石橋の果たせなかった夢、すなわち日中国交正常化を一気に達成する。

第8章の佐藤晋論文によれば、田中の外交思想は、吉田路線の系譜に連なり、限定的な自衛力と日米安保条約によって中ソの共産主義勢力を抑止するとの正統な思想であった。その文脈上に日中国交正常化を位置づけており、日中友好一辺倒の思想でも〝中国脅威論〟でもなく、「開放体制を維持し中共をこれへ導く」ことに狙いを定めていた。

田中は中国の対日接近理由をソ連が対中包囲網を築いているためと認識していたが、日本政府内部では米中接近による台湾の対ソ結託を恐れていた。もしソ連が台湾を拠点化すれば、中国による台湾解放と同様、日本には地政学的脅威となる。そこで田中はニクソンとの会談で、米国が台湾防衛にコミットするよう要望し、確約を得た。とすれば、田中は日中復交の契機となった「竹入メモ」入手以前に、中国側が「日米安保条約にも米華軍事条約にも論及しない」との確信を抱いていたことになる。安保条約が台湾の対ソ接近を阻止し、米国が米華条約を遵守すれば、日本が「日華平和条約」破棄に踏み切っても、台湾の現状維持が確保されると田中が予測していたことになる。無論〝ビンの蓋論〟が中国側の救いでもあった。田中一行が北京に到着すると、周恩来は「安保条約にも米華条約にも触れない」と言明し、田中側の読みが的中する。田中・大平外交が周外交に一歩優っていたとの分析は、注目されよう。

一方、田中外交は経済を安全保障と切り離し、経済面での多角化を志向しながら資源外交を展開する。田中は資源を経済活動の基盤として最重視していた。この資源重視外交と、田中の「内政の達人」ぶりが結び付いて成功を収めたのが日米繊維協定であった。逆に、その「内政の達人」ぶりが裏目に出たのがオイルショックでの対応であった。田中はアラブの恫喝を受けて、日本は「親アラブ」政策に転換しない限り「友好国」になり得ず、アラブ産石油の入手が不利になると判断し、独自外交に転じた。それは対米自立を意味せず、日本の対中東石油依存体制から脱却するためであった。ただしこれは国内経済界の支持を得られずに失敗する。要するに田中は、経済への介入を得意とした国内政治の延長で国際政治経済システムを理解していたのである。ここに外交の〝素人〟田中の限界が露呈されたと佐藤は指摘する。

田中内閣が金脈問題で退陣すると、自民党の逆バネが作用して、〝ミスタークリーン〟三木武夫の登場となる。三木は数少ない戦前からの生粋の政党政治家ながら、自民党の傍流ないし反主流に位置した。その総理への道は「椎名裁定」から突如開かれたため、万全の構えではなく、派閥政治主体の党内運営に終始翻弄される。第9章の竹内桂論文は、小派閥を率いて政界を巧みに渡り歩いた「バルカン政治家」の現実主義と理想主義の〝隙間〟を埋めている。

首相就任後、三木は歴代内閣と同様、日米関係を外交の中心に据え、米国を安全保障、民主主義、経済上の「自然なパートナー」とし、最初の外遊先に米国を選んだ。訪米に先立ち、三木は外交ブレーンの平沢和重を米国に、大来佐武《おおきたさぶ》郎《ろう》を東南アジアに派遣して情報収集に当たらせて、フォード米大統領との会談に臨んだ。インドシナ情勢で米軍の存在意義を説き、朝鮮半島に関しては在韓米軍の継続駐留を要望した。また中東和平への対米協力を示し、日本のサミット参加への支持を得た。その結果、極東地域の安定要因である安保条約の効果的運用を密接に協議する必要性を認め、

「防衛計画の大綱」が成立する。ただし防衛費を国民総生産（GNP）の一％以内と定めた。他面、中国と「平和友好条約」交渉を開始するが、「反覇権条項」をめぐり難航する。中国がソ連牽制を目指したのに対して、三木は「反覇権」を前文に記載し、「条文で受ける」方式を中国側に提案したが成功せず、その後「宮沢四原則」による決着を図ったが、またも中国側の同意を得られず、三木内閣期に同条約の締結は困難となった。

それでも三木はサミット外交の先駆者という名誉を得る。先進六カ国によるサミット開催は、オイルショック時に中東諸国から恫喝を受けて団結が緩んだ米欧日の巻き返しとの意義があった。ランブイエ会議に出席した三木は、「大西洋世界と太平洋世界とが、各々の最高レベルにおいて出会い、日本が初めて欧米の諸国の会合に参加した」と認め、南北問題の是正を各国首脳に説くなど、「貿易問題の誘導役」を無難にこなしたと竹内は高く評価する。しかし終章のエドストローム論文では初サミットでの三木の存在感は薄く、竹内評とは落差がある。加えてロッキード事件処理をめぐって自民党最大の田中派を敵に回し、政争の中で首相の座から引き降ろされる経緯は、三木評価を貶めるものとなった。

三木の退場後、福田が満を持して登場する。もしもドルショックやオイルショック時に福田内閣であれば、日本の対応も異なったかもしれない。そのような期待を抱かせるほど、大蔵官僚出身の福田は池田以来の経済財政のプロであった。加えて外交実績も残した。第10章の井上正也論文は、福田が改憲や再軍備を唱える岸の〝タカ派〟に連なる一方で、「福田ドクトリン」や「全方位外交」など〝ハト派〟的な国際主義者という相反イメージをもつ外交思想に迫る。

福田は佐藤内閣で二度の蔵相を経て初めて外相となった。この頃福田は佐藤の有力な後継者として「平和大国」論を提唱する。それは高度経済成長によって国際的地位を向上させた日本は、「軍事大国」ではなく、憲法九条に基づく「平和大国」の道を進み、その経済力を対外協力に生かすべきであり、また日本人の利己的風潮を斥けて「社会的連帯感」を広め、「国際的社会連帯」を促進すべきであるとの主張であった。ところがニクソンショックによって福田外交は翻弄され、日中復交問題で立ち遅れた。中国側の「復交三原則」に対しては、日米安保条約の台湾地域への適用が困難になる点を恐れた。そこで「保利書簡」を提示したが、周恩来に拒否されて失敗する。結局福田は、国交正常化促進に転じた田中、三木、大平、中曽根の四派連合の前に敗退する。これが怨念の〝角福戦争〟の始まりとなる。

福田の首相就任は四年後の一九七六年末となった。まず福田が着手したのは、先進国間のマクロ経済政策の協調であった。日本自ら大規模な公共投資を行い、実質経済成長率を七％へ引き上げる等の積極策を提示した。しかしその協調は容易でなく、日本の対米貿易黒字の急増により、米国側の対日圧力は強まった。国内でも円高不況から福田批判が起こり、窮地に陥った。エドストローム論文は、サミットでの福田は欧米側から冷淡視され、「ミスター・セブン・パーセント」と揶揄されたと指摘する。

他面、福田の東南アジア外交は「協調と連帯」思想が成果をもたらした。マニラで提唱された「福田ドクトリン」（①日本は軍事大国にならない、②心と心が触れ合う相互信頼関係を確立する、③ASEAN諸国を積極的に支援し、インドシナ諸国と東南アジア地域間の平和と繁栄のために寄与する）は現地から好評を得て、以降、日本の対東南アジア外交の基軸となった。もう一つ、福田の「全方位平和外交」が懸案の「日中平和友好条約」交渉に発揮された。福田はソ連への刺激と党内親台湾派を考慮して慎重であったが、中国で鄧小平《とうしょうへい》が復権すると、対中交渉を進める方針を固めた。米中国交正常化を目前としたカーター米大統領の福田説得もあった。そこで福田と園田直《そのだすなお》外相は、この条約が「特定の第三国に影響を及ぼさない」という反ソ色を薄めた条文の挿入を中国側に呑ませ、調印に踏み切る。ところが福田は自民党総裁予備選挙で大平に敗北を喫し、呆気なく退陣する。以降、党内は両者間の熾烈な権力争いへと発展し、それが福田のイメージを低下させたのである。

福田に勝利を収めた大平正芳は、吉田・池田の系譜に連なる人物であり、対米協調・軽軍備・経済重視といった吉田路線の継承者とされてきた。しかし第11章の福永文夫論文は、国際環境の大変動を受けて、大平が従来の「安全運転」の吉田路線離脱を志向した面を重視する。大平には、対立から均衡や調和を求める「楕円の哲学」と「永遠の今（機の熟するまで待つ）」などの政治哲学があり、少青年期の「農魂」体験やキリスト教との出会いに由来するという。

大平は池田政権が誕生すると、同じ大蔵省出の前尾繁三郎や宮沢喜一らとともに政権を支え、第二次改造内閣の外相に就任した。当時安保騒動の影響が日米関係に及んでいたが、大平はライシャワー米大使との厚い信頼を軸に、沖縄問題や原子力潜水艦の日本寄航、利子平衡税等の問題を処理した。日韓関係では金鍾泌《キムジョンピル》と会談を重ね、総額六億ドルの対韓経済協力で決着させた。また断絶中の日中関係の打開に努め、「ＬＴ貿易協定」を成立させた。その後大平は田中政権の外相に就任する。宏池会の領袖としてポスト佐藤の有力な首相候補であった大平は、米国の衰退と日本の経済的躍進に留意した。日本の対米依存時代は終焉し、外交・防衛面で自主的対応を迫られており、世界政治の「アウトサイダー」から「インサイダー」へと転換すべきであった。ここから彼は世界政治ビジョンを描き始めた。

米中接近に直面した田中新政権は、日中復交を決断する。田中から対中外交を託された大平は、外務省の橋本恕《はしもとひろし》中国課長を信任し、来日した孫平化《そんへいか》と密会する。前後して「竹入メモ」が届き、「安保条約が正常化の妨げとならない、賠償請求権を放棄する」等の中国側の意向が提示される。本来大平は日華平和条約に懐疑的であり、日台断交も想定内にあった。田中と大平は訪米し、ニクソン大統領からその承諾を得て安堵する。北京での交渉は困難を極めたが、「両国間にこれまで存在していた不正常な状態に終止符を打つ」という大平発案でまとまり、台湾の領有権問題は共同声明に中国側の主張（「台湾は中国の一省」）の挿入で処理した。そして日台関係の断絶は大平の「外相談話」で決着したが、実質的な日台間交流は不問となった。これは大平外交の成果であると福永は指摘する。

その後大平は田中・三木両内閣の蔵相を経て、一九七八年末の総裁選で福田に逆転勝利し、念願の首相の座を射止めた。その際大平は、相互依存を深める国際社会のなかで日本の果たす役割と責任は大きいと認め、「総合安全保障戦略」と「環太平洋連帯構想」を提唱する。前者はオイルショック後の資源・エネルギー・食糧など総合的安全保障策であり、「集団安全保障体制、日米安保条約と節度ある質の高い自衛力の組み合わせ」を根幹とした。後者は米中を含めたアジア太平洋地域の新たな秩序形成を意図し、その構想が今日の「アジア太平洋経済協力会議（ＡＰＥＣ）」となる。独創性ある世界ビジョンが証明されたのである。

大平急逝を受けて鈴木善幸《すずきぜんこう》が後任に指名されたものの、明らかに準備不足であった。内政面はともかく、外交面に失態が生じた。とくに日本外交の基軸を成した日米関係では、レーガン米大統領との首脳会談後、鈴木は日米軍事同盟を否定する発言をし、それが伊東正義外相の辞任となり、米国側の対日不信をもたらした。代わって首相となったのが中曽根康弘である。元来内務官僚であったが、戦後二度目の総選挙に当選以来、生粋の党人政治家として頭角を現し、同期の田中角栄と総理・総裁の座を競い合い、〝三角大福中〟の最後を飾る首相となった。第12章の服部龍二論文は、中曽根の革新的な外交の本質と手腕を解説する。

実は中曽根は首相就任以前から訪韓と訪米を目論んでいた。米国が危惧する日韓関係の改善を手土産に日米首脳会談に臨む所存であった。そこで中曽根は瀬《せ》島《じま》龍三《りゅうぞう》（元関東軍参謀）を訪韓させ、外務省の反対を退けて自ら訪韓し、四〇億ドルもの経済援助をまとめて全《チョン》斗《ド》煥《ファン》大統領と親密な関係を築いた。その直後に訪米した中曽根は、レーガン大統領と中距離核戦力削減をめぐって意気投合したほか、武器技術供与や防衛費の増額でも米国の意向に配慮した。好感を抱いたレーガンは中曽根に名前を呼び合うことを提案し、戦後初めて日米首脳間に「ロン・ヤス関係」が成立する。

次いでウィリアムズバーグ・サミットでも中曽根の存在が光った。米ソ〝新冷戦〟下、レーガンはソ連が欧州にSS20を展開したことに対抗し、パーシングⅡの配備を提案したが、議論は決裂寸前となった。その折中曽根は欧米の結束を呼びかけ、ソ連に断固たる決意で臨むよう強調する。結局ロン・ヤスの阿吽の呼吸でパーシング配備が決定した。なお会議後の写真撮影では、中曽根がレーガンとともに中央に写ったことが国内の大きな話題となった。当初マスコミは中曽根の将来性を軽視したが、ロッキード判決で田中の重石が取れたことや、「首脳間の信頼とリーダーシップ」を現代外交の要諦とする外交が成功裏に進展すると、悪評は消えうせる。コール西独首相、レーガン、胡《こ》耀《よう》邦《ほう》中国総書記、全斗煥など各国首脳の来日が相次ぎ、中曽根は国家関係の中の最高指導者間の信頼と友情を強める希少な首相となった。

他面、中曽根は「自主憲法」と「戦後政治の総決算」を唱えて、吉田路線からの離脱を希求した。それは鳩山を源流とする保守勢力の伝統的な対米自立路線の継承であった。つまり、経済力の拡充に比重を置いて政治的かつ軍事的役割を避けた吉田路線を非現実的と見なし、今や世界の経済大国に躍進した日本に見合う政治的かつ軍事的役割を唱えたのである。しかし防衛費の一％枠撤廃や、戦後首相初の靖国神社公式参拝は日中関係の悪化を招いた。ペルシャ湾への掃海艇派遣も後藤田正晴官房長官の慎重論により断念した。また「首相公選制」を唱えて大統領型首相を目指し、ブレーンと審議会を多用して国鉄民営化等を達成した。これら革新的な政策提言とその実施は、戦後史に新たな一頁を記した。

6　第三期　日本の変動期――海部俊樹、宮沢喜一、村山富市、橋本龍太郎、小泉純一郎

一九九〇年代から二〇〇〇年代前半に至る時期は十分歴史化しておらず、政府文書も未公開であり、客観的な実証が困難である。とはいえ現今の事実は、国際社会が大方予想した国連中心の安定したポスト冷戦論が誤りであり、中東や東欧など地域紛争が多発し、テロ事件も頻発するなど、宗教とナショナリズム、資源と環境が相交錯する混乱した国際情勢を生んでいる。日本外交は激変する国際環境に翻弄されながら、従来封印してきた安全保障問題に正面から対処せざるを得なくなった。九〇年代の湾岸危機・戦争、北朝鮮の核・ミサイル脅威、台湾海峡危機、二〇〇〇年代初期の九・一一国際テロ、アフガン・イラク両戦争、尖閣問題等のキナ臭い現実に直面し、もはや世界は日本に静観を許さなくなった。国際社会は日本に経済大国の責任を問い、義務の履行を求めている。それは日本の役割を極力経済面に限定し、政治・安全保障の役割を回避しようとした吉田路線が現実性を失ったことを意味し、大平や中曽根が志向したように、日本外交の役割と責務を再検証し、国際的使命を追及すべき変動期に入っていた。では日本の歴代政権は、この重要な外交課題にいかに対処していったのか。

五年間の中曽根内閣が一九八七年一一月に終幕する際、中曽根は竹下登《たけしたのぼる》を後継者に指名する。平穏な禅譲であった。しかし竹下内閣は「リクルート事件」で退陣し、外相の宇野宗佑《うのそうすけ》が後任となったが、宇野首相も女性スキャンダルを起こしてわずか二カ月で退く。国民の非難を浴びた自民党は参議院選挙で惨敗し、再建を急務とした。後継者は何と三木派の領袖ではなく、昭和生まれの若手海部俊樹であった。八九年八月に成立した海部政権は、小派閥で政権基盤が弱く、短期暫定政権と噂されたにもかかわらず、天安門事件、ベルリンの壁の崩壊、米ソ冷戦終焉と相次ぐ重い外交課題を背負わざるを得なかった。さらに翌九〇年夏にはイラク軍のクウェート侵攻による湾岸危機が発生する。第13章の折田正樹論文は、突発的事態の対応に苦慮した海部首相の外交方針を外務省での自己体験を踏まえながら解明する。

海部は所信表明演説で歴代内閣の基調を踏襲し、「世界の平和と繁栄のため『汗を流す志ある外交』を展開する」旨

表明した。そして初の外遊先に米国を選び、ブッシュ（父）米大統領との首脳会談に臨むが、対日貿易赤字の解消を強く迫られ、「ソ連の軍事力よりも日本の経済力の方が脅威である」との陰口も聞かされた。そこで日本側は「内需主導型」の経済構造を定着させ、輸入大国を目指すと反論し、米国側の外圧による貿易摩擦解決方式を牽制した。

一方、冷戦終結後に開催されたサミットでは楽観的な世界観が全体を占めたが、その直後に湾岸危機が発生し、国際社会は不意を突かれた。国連は安保理決議によりイラクに無条件撤退を要求し、経済制裁も決議した。米国は多国籍軍を編成して米軍をサウジへ派遣した。これに対して日本政府は、「戦闘に参加せずに多国籍軍の後方支援に限定した役割」を目指し、憲法の枠内の「国連平和協力法案」の成立を図った。しかし自衛隊を戦闘目的で海外に派遣することへの懸念や、過去の軍国主義の再来であるとの批判から廃案となった。折田は「外務省内では多国籍軍への協力方法について結論は出ていなかった」と証言する。

そこで日本政府は多国籍軍に総計一三〇億ドルを支援した。掃海艇派遣も検討されたが、結局戦争終結後にペルシャ湾での機雷掃海を行って成果を上げた。ところがこの間、解放されたクウェート政府が発した感謝状には日本が含まれず、これが国内に衝撃を与えた。米国からは日本の対応が「少なすぎる、遅すぎる（too little, too late）」と揶揄され、「カネだけで血どころか汗も流さない」と非難された。憲法の制約理由も言い訳と受けとられ、米議会では対日非難決議案も出た。日本の国際貢献のあり方がすでに問われていたことに日本人は気づかなかったといえる。

その反省から「ＰＫＯ法案」が成立し、国連カンボジアＰＫＯの国際救援活動に自衛隊、文民警察等が参加するに至る。しかし政治改革法案の扱いが契機となって海部は辞任し、同法の成立は次の宮沢内閣時となった。湾岸地域に原油輸入の七割を依存する日本にとって、この地域の平和と安定は供給面で不可欠であったものの、結果は〝有言不実行〟となり、国際社会から信用を失ったのである。折田は「戦後最大の試練であった」と回顧する。

代わって長らく本命視されてきた宮沢喜一が内閣首班となる。宮沢は祖父も父も政治家であり、大蔵省入省時から同郷広島の池田勇人の知遇を得て頭角を現し、吉田路線の正統な継承者と見なされる。しかし宮沢には二面性があった。外交とは「対立する利害の調整」を目的とし、「道徳や感情に支配されてはならない」と主張しつつ、「モラリティのない」日本外交を批判する。吉田ドクトリンを伝道しつつ、その戦後平和主義が自由・独立という価値と齟齬を生じた場合、「時として血を流さねばならぬ」と思索する。第14章の村上友章論文は、芦田に類似するインテリ宮沢のジレンマを踏まえ、吉田路線を定着させてきた実績と、それを乗り越えて冷戦終結後の日本外交に道筋を付けた実績との〝並存〟を吟味する。

まず宮沢通産相の「筋を通す」外交はケネディ・ラウンドでの対米交渉で成功を収めたが、日米繊維交渉では決裂し、佐藤首相を失望させた。三木内閣では外相として日中平和友好条約交渉に臨むが進展せずに終わる。ソ連軍のアフガン侵攻による新冷戦が発生すると、大平政権の対米協調方針を支持し、モラリティに基づく対ソ制裁への加担を評価する。反面、米国が日本に過大な軍事的支援を求めることを警戒し、鈴木内閣の官房長官として米国に憲法上の制約を強調した。同盟関係に「軍事的意味合いはない」との鈴木発言は、宮沢のハト派的気質に基づくと村上は考察する。

権力に淡白な宮沢の性格が首相への道を遠ざけてきたが、海部首相が湾岸戦争で指導力を欠くと政権獲得へと動く。そこに政局が味方する。政治改革法案が挫折し、海部は総裁再選を断念すると、経世会の実力者小沢一郎は宮沢を支持し、ついに首相の座を得る。しかし「普通の国」を掲げる小沢の思想とは相容れず、宮沢は多国籍軍への自衛隊参加に反対して「国連常設軍創設」を提示した。日本人が「国際公務員」としてこれに参加すれば、武力行使を伴っても憲法が禁止する「国権の発動たる戦争」に該当しないとの所見であった。こうしてPKO問題へと突き進む。国会では停戦合意など「PKO五原則」が自民・公明・民主三党で合意され、憲法の禁ずる武力行使に至らない「国際平和協力法案」がまとまり、社会党の抵抗を押し切って「PKO法」が成立した。現地ではポルポト派など不穏の情勢が伝えられ、日本人二人の命が失われると、国内では〝即時撤退論〟が強まったが、宮沢は政府内の撤退論を封じ込めた。晴れて選挙が実施されてカンボジアに新政権が誕生し、日本の評価は高まったのである。

しかし宮沢は突如退陣する。政治改革の失敗で内閣不信任案が通ると、衆議院を解散して総選挙に踏み切ったが、小沢が自民党を離反して新党を結成し、自民党が歴史的な大敗を喫したからである。小沢との「権力の二重構造」の中では必然的結果であった、と村上は総括する。

自民党が過半数を失うと、非自民の八党会派は細川護熙《ほそかわもりひろ》を首相に擁立する。自民党は野党に転落し、「五五年体制」が崩れた。しかし細川政権は政治資金問題で瓦解し、羽田《はた》孜《つとむ》が後継首班となったが、社会党の連立離脱により二カ月で失権する。この混乱期、自民党は政権復帰を目指して社会党との連立を模索し、その結果、社会党委員長の村山富市が国会で首相に指名される。長年対峙してきた自民・社会両党が連立政権を組むなど天地動転の政治劇であった。第15章の薬師寺克行論文は、周囲から推されて政界の頂点に立った村山の運命的な政治経歴を紐解きながら、社会党の既定の外交方針に大鉈を振るった経緯と思想を論述する。

村山は郷里大分の労働組合員から地方議員となり、さらに国会議員へと転身したが、それは本人の意思ではなく、すべて受動的であった。社会党左派に属しながら、左右の対立や人事には関与せず、当選回数を重ねる中で、予算委員会理事や党国会対策委員長など重要ポストに就き、自民党との抗争に手腕を発揮する。湾岸危機・戦争が起こると、それまで外交や安全保障政策には縁がなかったが、「自衛隊の海外派遣は憲法違反である」との立場から「国連平和協力法案」に強く反対し、多国籍軍への資金協力も「軍事援助であるから憲法上重大な疑義がある」として中止を要求した。さらに「PKO法案」でも〝牛歩戦術〟で抵抗したが、国民の支持を失い、参議院選挙で惨敗した。以後、社会党は衰退の一途を辿る。

ところが一九九三年六月、小沢グループが自民党を離党し、宮沢内閣不信任案が可決され、解散・総選挙の結果、細川連立政権が誕生する。このとき社会党は主導的役割を果たさず、ただ激流に巻き込まれて政権の一翼を担った。実際社会党はこの総選挙で衆院議席を半減させて、山花貞夫が委員長を辞任した。すると固辞する村山が後任に選出された。しかも細川・羽田が相次いで退陣したため、今度は自民党に担がれて内閣首班となる。彼には想像し難い事態であった。首相就任直後、村山はナポリで開かれたサミットに参加した。外国訪問歴は少なく、外交政策をめぐって外国要人と議論した経験は皆無に等しかった。クリントン米大統領との初会談に臨んだ村山は、自由や民主主義への共鳴を主張して警戒する米国側を安堵させた。とはいえエドストローム論文によれば、村山は腹痛で入院するハプニングと語学力の欠如によって、ネガティブな印象を各国首脳に与えた。こうして初の国際会議は散々な結果となった。

しかし国会での所信表明演説は注目を集めた。「冷戦の終結でイデオロギー対立の時代が去り、戦後政治の保革対立時代も終わった」と明言し、日米安保体制の堅持と自衛隊による防衛力整備を公認した。さらにPKO参加も「憲法の範囲内で、積極的に協力していく」と表明した。社会党の方針を大転換させたのである。この豹変について薬師寺は、元来村山は党内の安保廃棄論や自衛隊違憲論など、狭隘なイデオロギーを無意味と実感していた、と指摘する。訝る周囲に対して「社会党党首の椅子よりも日本国首相の椅子の方が重い」と言い放った。他面、村山は戦前の朝鮮支配や中国への侵略を謝罪すべきであるとの主張に基づき、戦後五〇年目の一九九五年夏に「首相談話」を出し、「歴史の事実を謙虚に受け止め」「痛切な反省と心からのお詫び」を表明した。その後、戦後六〇年目に「小泉談話」、七〇年目に「安倍談話」が出される。目的達成のために適度の妥協や譲歩を積み重ねた村山の外交を〝才覚〟と薬師寺は評価する。

村山内閣後は橋本龍太郎通産相が首相へ昇格し、自民党は二年半ぶりに実権を奪還した。政治家二世の橋本は、厚相、運輸相、蔵相、通産相と重要ポストを歴任し、「政策通」を自他共に許した。福田や宮沢と同様、早くからその将来を嘱望され、竹下派・経世会で「七奉行」の一人と目されたが、派閥活動を嫌う「孤独の仕事師」であり、政界では〝変人〟の小泉純一郎と並ぶ個性派であった。第16章の宮城大蔵論文は、橋本の政策通の根底に流れる外交思想を分析して、冷戦後の吉田保守本流とは何かを論究する。

橋本は湾岸危機が起こると、海部政権の蔵相として資金援助を求めるブレイディ米財務長官に九〇億ドルの提供を即決する。宮城は、「冷戦の勝者」は日本であるとの高揚感を突き崩したのが湾岸戦争であり、安全保障問題が冷戦後の日本外交の一大課題となった際、橋本が主要な担い手となった、と評価する。その後細川、羽田の非自民連立政権となるが、橋本は野党自民党の政調会長として外務省と継続的な接触を保った。そして「自社さきがけ」による村山政権が誕生すると、橋本は通産相として日米貿易交渉の最前線に立ち、カンター米通商代表とやり合って米国側から「タフ・ネゴシエイター」と恐れられた。元外務次官の柳井俊二《やないしゅんじ》は、橋本の発言は「論理的でポイントをついていたので、どこの国の首脳にも話がよく通じ」た旨証言する。内政と異なり、外交では橋本の適性が遺憾なく発揮されたのである。

一九九六年一月に首相となった橋本は、施政方針演説で「自立的外交」を掲げた。「言われてやるのではなく、自分なりの判断と発想で行動しなければならない」との主旨から、日米同盟を重視しつつも、外務省の対米追随を咎め、ナショナリストとしての矜持を示した。それは沖縄の米軍基地問題に見出せた。沖縄県の大田昌秀《おおたまさひで》知事が米軍基地の強制使用に関わる「代理署名」を拒否すると、橋本は「普天間返還」をクリントン大統領に提起する。ただし折田北米局長は、クリントン側から橋本に水を向けたのであり、「沖縄の感情を鎮めて安保体制の安定化を図り、北朝鮮核危機以来の日本の有事即応体制の整備を促す」との真意があった、と証言する。結局今日に至る普天間〝迷走〟の根幹は、同基地の「代替施設」の曖昧さにあるが、橋本はその劇的返還の演出効果によって沖縄側の変化を期待したのである。

普天間返還の合意後「日米安保再定義」が焦点となった。その作業は前政権から進行中であり、日米安保が冷戦後もアジア太平洋の安定と繁栄の基盤であるとの観点から、新「日米ガイドライン」に着手する。ただし憲法九条を超えることは意図せず、吉田路線の踏襲を主体とした。一方、橋本は「ユーラシア外交」にも熱意を抱き、エリツィン露大統領とは平和条約締結交渉を進めたが、参議院選挙での大敗により、途中退陣せざるを得なかった。

橋本後は同じ経世会の小渕恵三《おぶちけいぞう》が選任された。かつて『文藝春秋』は未来の総理に「橋本と小渕」を挙げたが、予想は適中した。小渕新政権は「自社さ連立」から自民・自由・公明三党連立に鞍替えし、懸案の新ガイドランを成立させた。また日韓共同声明で「未来志向」を掲げ、「ASEAN＋3（日中韓）」の発足、沖縄サミットの開催を実現した。

小渕急逝により森喜朗《もりよしろう》が後任となったが、〝密室談合〟が批判され、発足時から森内閣の支持率は低迷した。森辞任後の自民党総裁選挙では橋本前首相が有力視されたが、「自民党をぶっ壊す」との刺激的フレーズを吐いた小泉純一郎が逆転勝利する。小泉は祖父・父に次ぐ三代目政治家であり、福田赳夫の秘書から父の選挙区を継いで政界入りした。〝福田・田中抗争〟のピーク時である。第17章の佐道明広論文は、佐藤、吉田に次ぐ戦後三番目の長期政権を担った小泉の五年半に及ぶ政権運営を踏まえ、その特異な外交思想を解明する。

そもそも小泉は「郵政民営化」を持論とするなど内政主体の政治家であり、外交の経歴に乏しかった。二〇〇一年四月の内閣発足後に外交の素人の田中真紀子外相と外務省が対立すると、外交運営を官邸主導へと切り替える。「九・一一同時多発テロ」に遭遇すると、米国の対テロ〝戦争〟方針を積極果敢に支持したばかりか、多国籍軍によるアフガン攻撃が開始されると、日本政府は物資補給の目的でインド洋に海上自衛隊を派遣する。これは従来の自衛隊の国際貢献を超えた活動であった。小泉は「日本の平和は在日米軍がいたからだ」と主張して、日米防衛協力の強化を推進し、ブッシュ（子）米大統領とは「ジョージ・ジュン」と呼び合う親密な関係を築いた。「ロン・ヤス」以来のことであった。また小泉は戦後初の総理として北朝鮮を訪問し、金正日《キンジョンイル》書記長と「日朝ピョンヤン宣言」に合意して、拉致日本人五名を帰国させた。反面、対中韓外交は不調であった。日中関係は瀋陽での日本総領事館事件から悪化し、両国首脳会談では靖国をめぐって激論となった。経済関係は順調ながら政治関係が冷え込む「政冷経熱」となり、国内の〝嫌中感情〟が強まった。日韓関係も小泉訪韓、日韓ワールドカップ共催、「韓流ブーム」など当初は良好であったが、盧武鉉《ノムヒョン》政権が日米両国と一定の距離を保つ外交を推進し、竹島問題で日本を批判すると日韓関係は悪化した。

その後も小泉外交は対米協調路線を堅持する。米軍のイラク開戦が国連安保理の承認無しに実施されても米国を支持し、戦闘終了後にはイラク復興支援を目的に陸上自衛隊を派遣した。佐道は、武装勢力の活動地域への派遣は、政府の「戦闘地域」概念が日本国民の意識と遊離していた、と指摘する。さらに安保理が人道復興支援を決議すると、自衛隊は多国籍軍に参加する。湾岸戦争時に憲法上から否定された事案が覆されたわけである。これは自衛隊の歴史に止まらず、戦後日本の安全保障政策上の転回点でもあった。ただし日本は米国から〝最良の同盟国〟と評されても、懸案の在沖米軍基地問題は進展せず、沖縄国際大学への「米軍ヘリ墜落事件」は改めて日米地位協定の不平等性を顕在化させた。

結局小泉外交はマスコミ操縦術を駆使し、テレビを巧みに使うポピュリズムが遺憾なく発揮された。それは小泉の党内基盤が弱いために世論を味方にする必要があり、もしも世論の支持を失えば求心力を失う運命にあった、と佐道は分析する。そして日米関係重視方針に拘り、徹底した〝マキャベリズムと非情さ〟を貫いた。ただし小泉自身が外交の真意をどこまで理解していたかは疑問である、と佐道の評価は厳しい。

7　ヨーロッパから見た日本首相イメージ

第18章のスウェーデンの日本政治外交史家エドストロームの論文は、ヨーロッパの視座によって、吉田から小泉に至る計二〇名の首相イメージ（鈴木、竹下、細川、小渕、森も含む）を考察する。その際、一般的な首相イメージは、日本という国家のイメージ、前任首相のイメージ、直接出会った日本人のイメージが影響しており、変化よりも継続性の方がその骨格を形成すると指摘する。そして一九四五年から日本がG７（サミット）に加盟した七五年までを第一期、同年から九〇年代初頭までを第二期、以後を第三期と区分し、各時代状況の変化を踏まえながら日本首相のイメージを抽出する。編者の増田とは湾岸危機を第三期の開始とする点で一致するが、第一期と第二期の区分を異にする。それは増田が六〇年代初頭の日本の高度経済成長期を重視するのに対して、エドストロームが七五年の日本の〝G７加盟〟を「世界が日本のパワーを認知した」時点として重視するからである。ここに日欧間の視点の違いがある。

エドストロームの日本首相イメージ論は、一面で〝好イメージ〟と〝悪イメージ〟、他面で〝イメージアップ〟と〝イメージダウン〟とに分類できよう。前者の〝好イメージ〟をもたれた戦後初の首相は池田であった。池田は「日米欧の三角関係」を重視し、ヨーロッパを日本の外交政策上の重要な存在へと格上げしたばかりか、自身の訪欧（一九六三年）によって日本の経済発展の成功を印象づけた。つまり、従来のヨーロッパでの「ゲイシャ、サムライ、富士山」といった異国情緒溢れる日本イメージから、近代的かつ先進的国家というプラスイメージへと転換させた。次いで中曽根が「新しい政治スタイルの指導者」というイメージで登場し、戦後首相として初めてグローバルレベルの安全保障論議に加わり、日欧関係にも大きな変動をもたらした。中曽根の強みは従来の日本首相に欠けていた語学力にあり、サミットでも英仏語で談笑する姿にヨーロッパ側は感銘を受けた。

逆に〝悪イメージ〟は、吉田以下、鳩山、岸、佐藤、三木、大平、鈴木、竹下、海部、宮沢、村山、橋本、小渕、森と大半の首相がこれに該当した。吉田は訪欧中の個人的印象の悪さ、鳩山・佐藤は訪欧旅行の乏しさ、岸・大平・橋本・森は政権末期の騒動や権力闘争や選挙敗退、三木・村山は語学力の欠如、鈴木・海部・小渕は人間的インパクトの弱さ、宮沢は語学力に優れながらそれを生かせなかった不運さが各人の負のイメージとなった。なお竹下は政策スピーチで常にヨーロッパを優先させた初の首相であり、自ら幾度も訪欧し、日米欧三角関係の形成に尽力したが、その没個性さがヨーロッパ側から好イメージを抱かれず、「顔の見えない日本の首相」に止まった。

他面、〝イメージアップ〟の代表格が吉田である。それは日本が経済大国化して日本自体が再評価された結果、旧来の「古臭く独善的で権威主義的」な印象が、「占領期にいち早く変化をもたらした先駆者」というイメージへと好転したからである。同様、福田の悪いイメージも晩年に上昇する。ヨーロッパ側から見た現職中の福田は、約束した経済成長を達成できずに信用を失い、しかも最後に国内の政争で敗れたことが負のイメージとなった。しかし首相退陣後に「OBサミット」で議長役を務めるなど、その活躍が評価されてイメージを向上させた。

逆に、好イメージが次第に低下した首相が田中・中曽根・小泉である。田中は従来の官僚型政治家とは違う欧米的なカリスマ指導者のイメージが強かったが、徐々にその大胆な政治主導が色あせて贈収賄疑惑が表面化するとイメージが一気に悪化した。中曽根は国際舞台での華々しい活躍によって好イメージを持たれたが、外交面に比較して内政面での力量が発揮されなかった点や、彼の見栄えの良い行動に比べて具体的成果に乏しかった点が指摘され、イメージダウンとなった。小泉は権力の操縦術や歯に衣着せぬ発言、メディアに精通したコミュニケーション能力やビジョンで強いリーダーシップを発揮した首相として高い評価を得た。しかし〝九・一一国際テロ〟以降の親米路線によって対ヨーロッパ外交が後回しとなり、日欧間の経済・投資の進展に繋がらなかった。その結果、小泉はイメージダウンする。

総じてヨーロッパにおける日本首相のイメージは、存在感溢れる個性や人間性、優れたリーダーシップ能力、語学を含めた対話能力、また米国偏重に劣らないヨーロッパ重視政策が好評価と好イメージに繋がり、政争やスキャンダルに巻き込まれない清廉な人物が正負のイメージを決定する要因であることを明示している。それは日本のトップリーダーに限定されるものではなく、世界の指導者に敷衍する資質ではあるものの、とくに日本の場合、一年や二年の短期政権が相次ぎ、没個性型の「顔が見えにくい」首相があまりにも多く輩出されたため、それが日本という国家イメージを歪め、それがまた首相のマイナスイメージへと連鎖反応してきた事実をわれわれは峻厳かつ謙虚に受け止めねばならない。

8　日本にとっての日米関係

最後に、冒頭に触れた入江理論に戻りたい。トップリーダーたる日本の首相が「世界の諸問題をどのようにとらえ、国際政治の動向をいかに解釈し、個々の懸案を処理するにあたってどのような指導原理でのぞんでいるか」を外交思想の根源的問題であると理解するならば、ここで取り上げた戦後を代表する首相一七名は一体どうであったのか。

総じて戦後の歴代首相は、第一に、日米関係を日本外交の基軸と定め、政治・経済・安全保障・文化などすべて良好な対米関係の形成に腐心してきたことが判明した。その濃度は日本の指導層を拘束した占領期がもっとも強かったが、自他共に許す経済大国化した一九七〇・八〇年代であっても、九・一一テロ後の二〇〇〇年代であっても基本的変化がなかった。なぜか。

その最大の理由は、日米関係こそが日本に多種多様な国益をもたらす〝金の卵〟であるとの深い認識が指導層にあったからといえる。戦後の世界再建構想は、自由・平等・主権尊重など民主主義・資本主義・自由主義といった原理を体現した米国の思想に依存した。ソ連など社会主義諸国を別とすれば、日本を含む国際社会はこれを普遍的価値として受容したのである。かつて軍国主義・全体主義・超国家主義の原理や大東亜共栄圏構想を戴いて米国に戦いを挑んだ日本は、単に軍事面で敗北したばかりでなく、その戦後思想でも敗れた結果、被占領国という支配体制下に置かれながらも、概して日本の指導層は米国から供与される物質的かつ精神的援助を多大な利益として認識したわけである。吉田は元より、吉田と争った芦田、鳩山、石橋にしても、米国の思想を積極的に是認した点で共通した。

もう一つの理由は、日米関係ないし米国が、日本にとって〝世界を眺める窓〟として機能したからでもある。日本の対外政策が形成・決定される過程で、対米関係を基準とする思考様式が外務省内に定着していたことは明らかである。日中・日ロ・日韓関係や西欧・東南アジア・国連関係も、日米関係を基準とする価値や利益から測定され、二義的な

〝補助線〟として位置づけられてきたといえる。ただし米国にとっての日米関係は、日本側のそれと大きく異なり、国際関係の中のアジア、その中の「日中米三角関係」の枠内に位置づけられている。その非対照性（asymmetry）はあまりにも顕著であり、しかも今なお不変である。

第二に、戦後史の中の日米関係は、憲法と日米安保条約という二大要因によって揺れ動いてきた。「五五年体制」下の与野党対決時代は、〝護憲〟という基軸の下で安保賛成か反対かという対立枠で推移したが、保守党内では安保〝肯定〟という基軸の下で〝護憲〟対〝改憲〟という対立枠で推移してきた。もちろん米ソ冷戦観やイデオロギー問題が背後にあり、それが与野党間の親米・反米の基準になったが、与党自民党内ではむしろ対米自立などナショナリズム問題が支配し、それが護憲か改憲か、軽軍備か重軍備かといった論争に作用した。

とくに占領期を経た一九五〇年代以降は、政治・軍事面での対米依存に傾く吉田路線に対して、鳩山・岸が国家的ナショナリズムの観点から対米自立を志向し、軍備拡大・安保改定を目指した。また石橋は経済優先主義の意味から吉田を支持しながらも、冷戦を意識して憲法九条の「一時的停止」を唱え、早期の経済発展による日米対等を志向した。実は吉田路線の忠実な継承者といわれた池田も、六〇年代に対米経済自立の観点から対欧州接近策を取り、「日米欧の均衡」を意図した。これに対して七〇年代に日中国交正常化を実現した田中は、対米自立に基づく対中接近ではなく、吉田路線の忠実な実践者であった。福田も岸の系譜に属しながら「福田ドクトリン」や「全方位外交」など吉田ドクトリンへと傾斜する。それゆえ、大局的には、池田・佐藤・田中・三木・福田までが「護憲・安保肯定論者」であった。

第三に、一九七〇年代後半以降、日本経済力の躍進に伴って日米間のパワー・バランスに変化が生じたことが日本指導層の外交思想に多大な影響をもたらし、日米関係の基層を超えるグローバルな認識やビジョンが広がっていく。その一番手が大平であった。彼はニクソンショックやドルショックに起因する日米関係の変動を深く洞察し、「安全運転」の吉田ドクトリンの限界を見極める。そこで経済大国にふさわしい国際貢献のあり方を模索する過程で「環太平洋連帯構想」や「総合安全保障戦略」が生まれ、前者が現ＡＰＥＣ（アジア太平洋経済協力会議）へと結実する。日本が国際組織の立役者となるなど前代未聞の出来事であった。これは護憲・安保肯定論の枠を出てはいなかったが、国際経済社会面を主体とした〝脱〟吉田構想であった。

次の中曽根は、明らかに国際安全保障面を意識した〝脱〟吉田路線を志向した。彼は鳩山以来の保守路線の継承者であり、対米自立から改憲・安保改定を目論むナショナリストであった。つまり、経済大国にふさわしい政治・安全保障面の役割を意図したのである。それは〝非〟政治かつ〝非〟軍事を善とする戦後の外交路線に対する挑戦であり、〝タブー〟への挑戦でもあった。折しも「米ソ新冷戦」と重なり、レーガンの対ソ対決姿勢に符合し、その弁舌力やパーフォーマンスも効果を上げ、欧米首脳とグローバルレベルで対等に渡り合う初の日本首相となった。しかし当時の国民世論は日本が国際的役割を担うことに消極的であり、〝ジャパン・アズ・ナンバーワン〟と称される経済躍進だけで満足していた。むしろ中曽根路線を警戒して支持せず、従来通りに吉田ドクトリンを適正と見なしたわけである。

はたして一九九〇年代初頭、日本の国際貢献が厳しく問われることとなった。既述のとおり、冷戦終結は安定した国際秩序をもたらさず、中東や東欧に地域紛争が多発する。そして国際社会は経済大国となった日本に国際貢献の責任と義務を求め、海部政権の「有言不実行」に怒りを向けた。すでにその予兆はあった。冷戦終結時の米国は、日本の経済的脅威をソ連の脅威と同列と見なし、〝ジャパン・バッシング〟を仕掛けた。しかし日本の政府も国民もこれを真摯に受け止めることを怠った。「日本人の抱いていた考えと、現実の国際政治との間にズレはなかったのか」との入江教授の問いに対しては、この時期が該当したといえるのではないか。一九八〇年代に日本政府や世論は日本の自己イメージと他己イメージのギャップを認識し、その溝を埋める怜悧な努力を果たしていれば、状況は違っていたかもしれない。

結局海部は吉田ドクトリンに固執し、宮沢は対米協力や国際的動向に優柔不断であり、村山は国際貢献に非力であった。これら三首相と比較すれば、橋本がポスト冷戦期における日本の方向性を明確に示したといえるかもしれない。「安保強化の中での護憲」という枠組みである。次いで小泉は橋本を越える枠組みを志向したように思われるが、一体どの程度の思想レベルまで深化したものであったかは不明である。両者とも自立的外交はどこまで可能か、という重大な問いの答えを出していない。

翻って小泉以後、安倍晋三《あべしんぞう》、福田康夫《ふくだやすお》、麻生太郎《あそうたろう》、鳩山由紀夫《はとやまゆきお》、菅直人《かんなおと》、野田佳彦《のだよしひこ》、第二次安倍と度重なる政権交代は、日本国民に深い失望感をもたらした。それどころか、国際社会からは失笑される事態となった。「首相の顔が見えない」ということは、「国家像が描けない」ことに等しい。信頼すべき政治指導者がいない、出てこないといった現状は、国家の将来に暗雲を投げかけ、必然的に国民の間にリーダー待望論を強めている。ただし「政治は国民のレベルを超えない」といわれるが、外交もやはり国民のレベルを超えないことに留意すべきである。

本書では一七名の戦後首相の外交思想を研究成果としているが、「日本外交の指導原理は変転する国際情勢をつかむ上で、どのような役割を果たしたか」との入江教授の問題提起は、単にトップリーダーだけに限定されるものではなく、国民全体の外交思想にも向けられねばならない。成熟した民主主義社会における政治運営の責任は、政治家とともに一般国民も等しく負わねばならないからである。その意味で、本書が多くの国民にとってその対外意識の啓発に寄与できればと願う次第である。

第Ⅰ部　日本の復興期

第1章　吉田　茂

――「親米」通商国家路線の形成者――

井上寿一

〈略歴〉
一八七八（明治一一）年九月　東京に生まれる。
一九〇六（同三九）年九月　外交官試験に合格。
一九二八（昭和三）年七月　田中義一内閣の外務次官に就任。
一九三六（同一一）年四月　駐英大使。
一九三九（同一四）年三月　外務省を依願免本官。
一九四五（同二〇）年一〇月　外務大臣（幣原内閣）。
一九四六（同二一）年五月　第一次吉田内閣成立（第四五代）。
一九四八（同二三）年一〇月　第二次吉田内閣成立（第四八代）。
一九四九（同二四）年二月　第三次吉田内閣成立（第四九代）。
一九五一（同二六）年九月　サンフランシスコ講和条約・日米安保条約に調印。
一九五二（同二七）年一〇月　第四次吉田内閣成立（第五〇代）。
一九五三（同二八）年五月　第五次吉田内閣成立（第五一代）。
一九五四（同二九）年一二月　吉田内閣総辞職。
一九六七（同四二）年一〇月　逝去。八九歳。

吉田が初めて首相の座に着いた時、敗戦国日本は社会的混乱と経済的困窮の中にあった。深刻な食糧不安が社会機能を麻痺させていた。そこに外地からの引揚者を含む膨大な数の失業者が加わる。日本経済にハイパーインフレが襲う。

植民地を失った日本は、大日本帝国から極東の小国に堕ちていた。再建の前途は険しかった。どうなるのか、たしかなことは誰にもわからなかった。戦争に敗れて賠償義務が課されながら、占領下、主権を喪失し、通商貿易の自主性を持たない日本は、どうすれば復活できるのか。敗戦国の首相吉田茂による国家再建の軌跡をたどる。

1　敗戦と吉田茂

(1) 外務大臣＝吉田茂

敗戦の年、吉田茂は六七歳だった。すでに一九三九（昭和一四）年には外務省を依願免官している。吉田の政治履歴は終わっていた。それにもかかわらず、吉田は意気軒昂だった。吉田は敗戦国日本の復興を期する。「軍なる政治の癌切開除去、政界明朗国民道義昂揚、外交自ら一新可致、加之科学振興、米資本招致により而財界立直り、遂に帝国の真〔髄〕一段と発揮す」[1]。

アメリカ経済によって戦後日本の経済復興を目指す。外交は対米協調路線を再確立する。吉田の自己認識は揺るぎがなかった。「之より日米善解に努力するが吾等の御奉公に可有之」[2]。

東久邇宮《ひがしくにのみや》（稔彦）内閣の後継内閣をめぐって、吉田に復活の機会が訪れる。後継内閣の首相の条件は「米国側に反感のなき者、戦争責任者たるの疑いなき者、外交に通暁せる者」だった[3]。三条件を満たすことのできる者は少なかった。第一候補の幣原喜重郎に対して、吉田は第二候補となった。戦時中、生死不明なほど権力から遠ざかっていたにもかかわらず、幣原は、一九二〇年代の日本の国際協調外交とともに、欧米諸国からその存在が記憶されていた。吉田は敗戦末期、反東条（英機）連合の形成に関与し、憲兵隊に検挙されたというアリバイがあった。敗戦国日本の最初の本格的な内閣は首相＝幣原、外相＝吉田として成立する。一九三〇年のロンドン海軍軍縮条約問題をめぐって、国際協調外交の発展に努めた幣原外相・吉田次官の組み合わせの復活だった。

敗戦にともなって外交権を失った外相は占領軍との間で「外交」をおこなうことになった。吉田は連合国軍最高司令官マッカーサー（Douglas MacArthur）と「特殊秘密関係」を結ぶ。どのような関係だったのかは、吉田の回想録に垣間見ることができる。吉田は旧敵国の占領軍司令官マッカーサーを擁護する。マッカーサーは「日本人は十二歳である」と侮蔑的な発言をおこなったと伝えられる。しかし吉田に言わせれば、これは「報道が余りに簡単で不完全に過ぎた結果の誤解」だった。

吉田は回想録の中でマッカーサーを「日本を知ること深い上に、私の感じたところ、物わかりのいい人」、あるいは「優れた武将であるとともに、識見も高く、占領政策の実施面においても、いずれかといえば、現実的、実際派的であった」と肯定的に評価している。なぜ吉田はマッカーサーを高く評価しているのか。吉田とマッカーサーは対日占領政策をめぐって、ワシントンのアメリカ政府に対して自立を主張するパートナーになったからである。吉田は占領軍内のアメリカ「本国派」に対して、マッカーサーの「前線派」と提携することで対抗していく。

吉田とマッカーサーを急接近させたのは、九月二七日の天皇・マッカーサー会見の成功だった。この会見は、天皇制の存続を目的として、吉田がマッカーサーに働きかけた結果、実現した。吉田は回想録に記す。この会見によってマッカーサーが「わが皇室に対して相当の理解と敬意を示し、日本の天皇を戦犯問題には無関係としたという事実は、大多数の日本国民をして如何に安堵せしめたか、また占領軍に対する日本人の恐怖、反感を如何に緩和したか、図り知れないものがあった」。

占領軍の「前線派」内もGS（民政局）とG2（参謀第二部）の二つの政治勢力が対立していた。GSから嫌われた吉田はG2から政治的な援助を受けた。吉田にとって「前線派」内の対立は「容共」の「理念派」と「反共」の「現実派」の対立だった。

「本国派」対「前線派」、GS対G2のふたつの対立の中で、吉田はマッカーサーと直接的な提携を強めることで、自らの政治的地位を高めようとした。吉田はマッカーサーのギブ・アンド・テイクの関係を活用して、戦後日本の復活を目指すことになった。

吉田が復活を目指したのは、一九二〇年代の日本だった。吉田にとって一九二〇年代の日本とは、回想録の中に記されているように、イギリスや英連邦諸国、北欧三国と同様の「先進君主国」のことを指した。吉田は「最もデモクラシーの発達している国家、しかしてまた最も新しい意味での福祉国家には、君主国が非常に多い」と強調している。

戦後の日本は「先進君主国」に戻る。そうである以上、天皇制の存続は当然だった。ところがGHQの民政局が示した憲法改正草案には天皇は象徴（シンボル）であると記されていた。

吉田は憲法を改正したくなかった。それでも吉田は憲法改正を受け入れる。憲法改正の要点は、象徴天皇制とともに戦争放棄が規定されていることだった。吉田は、新憲法に戦争放棄の条項を盛り込まなければ、象徴天皇制すら認められないことをおそれた。憲法改正を主導したアメリカといえども、天皇制に批判を強めるソ連や英連邦諸国の動向を無視できなかった。

吉田は憲法改正を降伏条件として受け入れることにした。そうでなければ戦後日本の存続が危うかった。ここに吉田は護憲論者となる。吉田の回想録は、「押しつけ憲法」批判に反論している。占領軍との交渉は、時間の経過につれて「協議的、相談的」になっていった。改正案は枢密院、衆議院、貴族院の審議を経る過程で、「縦横無尽に論議を尽くした」。吉田はのちに新憲法の改正を牽制して、回想録に記す。冷戦下「世界的不安、動揺がつづくかに見える。かかる点からしても私はわが国の憲法改正のごときは急ぐべからずと確信するのである」。

吉田にとって憲法改正だけでなく、農地改革も労働改革も占領軍との「外交」問題だった。吉田はこれらの戦後改革の歴史的意義を認めない。それでも吉田は降伏条件として戦後改革を受け入れた。

（2）「外交的感覚」

吉田が戦後改革を受容したのは、政治におけるディプロマティック・センス（「外交的感覚」）を重視したからである。「外交的感覚」、あるいは外交の「勘」とは、吉田が一九三四年に欧米した際に、ウィルソン（Woodrow Wilson）大統領の側近だったハウス（Edward M. House）大佐が語った言葉である。吉田は回顧録に記す。「ハウス大佐は私の顔を見るや、開口一番『ディプロマチック・センスのない国民は、必ず凋落する』と強調して、語り出したのである」。

吉田は一九四六（昭和二一）年五月に首相に就任すると、より強く外交の「勘」、「外交的感覚」を働かせるようになる。民主化政策にともなって、公職追放が拡大する。吉田内閣の石橋湛山蔵相が公職を追放される。吉田は「外交的感覚」から公職追放を容認しながらも、行き過ぎを批判するようになる。なぜならば「これが他日、排米、反米機運を醸成する因とならざるやを内心憂えた」からだった。

公職追放の行き過ぎは反米感情を強める。このことを危惧した吉田は、たとえ鳩山一郎のような政敵が復帰することになろうとも、追放解除を求めた。追放解除は日米双方にとってよいことだ。吉田はそう考えた。

吉田が戦後改革の理念を正しく理解していたとは言えないだろう。それでも吉田は戦後改革を受け入れた。吉田がすぐれた「外交的感覚」の持ち主だったからである。外交官時代に養った外交の「勘」が敗戦後、このように役立つことになった。対占領軍にしろ、対国内の反対勢力にしろ、吉田にとって交渉は外交交渉と同じだったのである。

2　平和主義

(1)　平和憲法

吉田が憲法改正を受容したとは、憲法第九条を認めたことを意味する。吉田はどのように戦争放棄の規定を受け入れたのか。一九四六（昭和二一）年六月の衆議院で吉田対共産党の野坂参三との間で論争がおこなわれる。

野坂は共産党の立場を明らかにしながら、問い質す。「侵略された国が自国を護るための戦争は、われわれは正しい戦争といって差し支えないと思う……この憲法草案に戦争一般放棄という形でなしに、われわれはこれを侵略戦争の放棄、こうするのがもっと的確ではないか」。対する吉田は答えて言う。「国家正当防衛権による戦争は正常なりとせらるるようであるが、私はかくのごときことを認むることが有害であると思うのであります(4)」。

野坂は自衛戦争を「正しい戦争」として正当化する。憲法改正による戦争の放棄は、侵略戦争の放棄を指す。野坂は自衛戦争と侵略戦争を区別していた。吉田は自衛権すら否定した。自衛か侵略かのちがいにかかわらず、戦争を放棄する。吉田は憲法の規定を文言のとおりに解釈している。

吉田茂の正伝と呼ぶべき猪木正道『評伝吉田茂　④』は指摘する。「ここでは国家の自衛権を認めること自体が有害だと断言している。これは明らかに吉田茂の勇み足であった(5)」。吉田は回顧録の中で、進歩党の原夫次郎《はらふじろう》議員の質問に「自衛権は否定していない」と答えたと記している。しかし実際の答弁はつぎのとおりだった。「戦争放棄に関する本案の規定は、直接には自衛権を否定はしておりませぬが、第九条第二項において一切の軍備と国の交戦権を認めない結果、自衛権の発動としての戦争も、また交戦権も放棄したものであります(6)」。要するに第九条第二項によって自衛権も放棄したと解釈する以外にない。これは吉田の「勇み足」だったのだろうか。

吉田が理想主義者でなかったことはいうまでもない。吉田はこの時期、敗戦国日本の安全保障政策構想の具体的な検討を外務省事務当局に指示している。

外務省事務当局内の議論は、憲法改正草案の戦争放棄規定をつぎのように高く評価する。「全く丸腰になり切った立場から国際正義を主唱して大国の恣意の行わるるのを牽制し国際社会の主導諸国の国際道徳的自律性を保持せしむる(7)」。これが戦後日本の基本的な立場だった。

六月一二日付の別の意見は言う。「日本は新憲法の理想から積極的に国際連合の機構に参加し、仮令武力は持たなくとも、他の手段によってその義務を果し、国際平和の維持増進に寄与したい」。さらにこの外務省内の意見書は地域的国際安全保障機構を規定している国連憲章第五二条に言及する。日本はこの地域的国際安全保障機構に自国の安全保障を依存する。他方で非軍事の分野で対国連協力を積み重ねて、平和憲法の理念に近づく(8)。要するに戦争を放棄した戦後日本の安全保障は国連安保に委ねるということだった。

おそらくはこれらの外務省内の意見を踏まえてのことだろう、吉田はさきの原夫次郎議員の質問に答えて、つぎのように言っている。「交戦権放棄に関する草案の条項の期するところは、国際平和団体の樹立にあるのであります、……もし平和団体が、国際団体が樹立された場合におきましては、正当防衛権を認むるということそれ自身が有害であると思うのであります(9)」。

以上の国会答弁から吉田の発言は「勇み足」だったとは言い切れないだろう。日本の安全保障は国連に委ねる。しかし日本が国連に加盟し、国連安保が機能するまでは、憲法改正によっても自衛権は保持できる。吉田の発言はそう解釈できるからである。

(2)　朝鮮戦争の影響

平和憲法に基づいて、日本の安全保障を国連に委ねる。このような平和主義的な安全保障政策構想は、一九五〇年六月に勃発した朝鮮戦争に直面する。

吉田政府の外務省はパンフレット「朝鮮の動乱とわれらの立場」[10]をとおして国民に訴える。「共産主義世界に屈服するか、あるいはできるかぎりの協力を国連に致すことによって、その安全保障のもとに平和的な民主日本を建設するか」。外務省の選択が後者であったことをいうまでもなかった。パンフレットは続ける。「憲法で交戦権を放棄したわが国が、民主主義国の団結に協力しその強化を助けるのは、すなわち自らを衛るゆえんである」。

それでは日本はどのような対国連協力をおこなえばよいのか。パンフレットはつぎのような可能性を否定しない。「将来国連の国際防衛軍の一部として……日本人がその中に加わって、日本の防衛の一部を担当することは、単にあり得るというばかりではなく民主主義国の軍隊が西欧防衛にも不十分だという点からみて、当然、要請されるかもしれない」。別の言い方をすれば、「平和国家の理念に矛盾すると、ただ一概に否定し去ってしまうことは、現実の情勢からいって許されないかもしれない」ということになる。

実際のところ、朝鮮戦争の拡大を目の当たりにする中で、「憲法で交戦権を放棄したわが国」であっても、具体的な軍事的脅威にどう対応するかを示さなくてはならなくなった。

吉田の信任の厚い西村熊雄条約局長が起案した「安全保障に関する陳述（草案）」[11]はつぎのような構想を展開する。日本の安全保障は国連に依拠すべきである。しかし国連安保体制は未だ機能していない。このままでは侵略を防ぐことができない。そこで国連による制裁が発動されるまでの間、自力で対応しなければならない。しかし非武装の日本が自力で対応することはできない。そこで日本は特定国と特別協定を結ぶ。この協定は国連の枠組みの中で締結される。両国は国連強化のために協力する。この点で特定国が日本を守り、代わりに日本がその国に基地を提供しても、両国は対等の立場で協力することになる。

この場合の特定国はアメリカ以外になかった。西村の草案は指摘する。「武力の欠除《ママ》を補完する日本に合衆国の軍隊を駐屯さしておくことがきわめて自然に考えられる」。要するに西村は、対米基地貸与協定を結ぶことで、国連安保の枠組みから逸脱することなく、平和憲法を持つ日本の安全保障を確保しようと構想していたのである。

朝鮮戦争は日本に別の影響も及ぼす。吉田は自党の民主自由党の機関誌『再建』につぎのように記したことがあった。「講和会議が開催せられ、我が国が平和国家として、国際貿易への参加が自由となった場合、産業経済の再建がそれまでに礎石を据えておるならば、国際貿易参加の機会を、民生安定のために充分に活用し得るや必至である(12)」。経済発展のチャンスは、講和会議によって国家主権が回復する前に訪れた。吉田の党の機関誌のある論考は、朝鮮戦争の影響をつぎのように考察している。朝鮮戦争勃発前の日本経済はデフレが深刻だった。株式市場は最安値に落ち込み、街には失業者があふれていた。ところが朝鮮戦争勃発後、アメリカ軍の物資現地調達による特需が起きた。輸出が急伸するようになった(13)。

戦前のもっとも景気がよかった一九三三〜三五年の鉱工業生産を一〇〇とすれば、一九四七年にはわずか四一・六だったのが一九五〇年には一一四・一となって、追いつく。戦後日本は講和によって主権を回復する前に、急速に経済復興を進めていく。そのさきに開けてきたのは、通商国家としての日本の国家再建だった。吉田は平和主義の通商国家＝日本に出会うことになった。

3　サンフランシスコ体制

(1) 講和論争

朝鮮戦争が拡大する中で、日本はサンフランシスコ講和会議をとおして、国家的な独立を回復する。独立の回復を目指して、吉田は早くから準備を進める。敗戦の年の一一月には講和問題の研究会が設けられる。翌年、研究会は首相兼外相の吉田に報告書を提出している。

日本側が強く望んだとしても、それだけでは講和の機会は訪れない。アメリカ国務省が講和条約を検討中と明らかにしたのは、ようやく一九四九（昭和二四）年の一一月一日になってのことだった。吉田は国務省の意図がソ連を除く講和にあると解釈した。

国会で講和論争が起きる。ソ連を含む「全面講和」か、それとも「単独講和」か。国会での吉田の答弁は、国際政治の現実を踏まえたものだった。吉田は言う。「単独講和可なりや、全面講和可なりや、どちらがいいかという問題は、今日はない」。敗戦国は講和の形式を選択できない。これが吉田のリアリズムだった。吉田は続ける。「全面講和はしたくないという国に対しては、ぜひとも全面講和をやれということを強いることはできないでありましょう」。要するに「全面講和」が望ましいけれども、ソ連が反対するならば、「単独講和」もやむを得ないということだった。吉田はこれで答弁を終わりとはしなかった。「こうも考えられます。単独講和から全面講和にゆく一つの道として単独講和が生ずるということをありうることであります[14]」。吉田は「全面講和」に至る可能性を残した。

吉田に反対する社会党や共産党、進歩派知識人は「全面講和」を主張していた。進歩派知識人の中でも南原繁東京大学総長の存在はとりわけ大きかった。吉田は一九五〇（昭和二五）年五月三日に、自由党衆参両院議員秘密総会で、南原を批判した。翌日の『毎日新聞』の報道によれば、吉田は南原を「曲学阿世の徒」と非難して、つぎのように主張したという。「南原東大総長がアメリカで全面講和を叫んだが、これは国際問題を知らぬ曲学阿世の徒で学者の空論にすぎない。全面講和を望むことはわれわれとしては当然であるが、現在は逐次事実上の講和を結んでゆく以外にない」。

吉田はここで南原を批判することに止まらなかった。吉田の論難の矛先は「全面講和」論者の中立志向に及ぶ。「永世中立は他国と永世中立の条約を結んで初めて得られるものであり、果して現在これが可能であるかどうか自明の理である」。吉田は米ソ冷戦下での日本の永世中立国化の不可能性を説いた。

他方で吉田はつぎのようにも注意を喚起している。「わが国の産業を復興するため外資導入を大いにはからなければならない、経済の安定を求めることが必要だ」。戦後日本の経済復興と通商国家路線の推進は、「外資導入」すなわち対米経済への依存を前提としていた。

さらに吉田は反対勢力からの批判に対して、つぎのように応じている。「軍事基地化についてはわが国は占領軍の占領下にあり軍事基地化することは占領軍の考えているところで、われわれの関与すべき問題ではない」。これでは答えていることにはならない。吉田は逃げている。

吉田は講和に対する最大の反対勢力がアメリカ国防総省であるとわかっていた。アメリカ国防総省は講和時期尚早論だった。なぜならば在日米軍基地を手放したくなかったからである。国防総省は日本の独立回復後も在日米軍基地の恒久使用を要求するおそれが強かった。「われわれの関与すべき問題ではない」とはいえなかった。

このような問題を抱える「単独講和」論であっても、国民世論は思いのほか支持している。この年九月の『朝日新聞』の世論調査は、「全面講和」対「単独講和」＝二一パーセント対約四五パーセントで、「単独講和」が「全面講和」の二倍の支持だったことを示している。さらに翌年一月になると、『読売新聞』の世論調査によれば、約六四パーセントの人が「全面講和」は不可能と考えるようになっていた。国民はソ連を含む「全面講和」の理想を追うよりも、アメリカを中心とする多数の国との講和を急ぎ、戦後国際社会に復帰して、経済復興に邁進する道を選ぼうとしていた。ここに国内問題としての講和問題は、事実上、決着が着いたことになる。

(2) サンフランシスコ体制の形成

サンフランシスコ講和条約は一九五一(昭和二六)年九月八日に、ソ連・ポーランド・チェコスロバキアの社会主義国を除く、日本を含めて四九カ国が調印する。

吉田はサンフランシスコ講和条約を「和解と信頼の講和」、アメリカの「寛容」と「善意」による講和として正当化した。吉田がアメリカによる寛大な講和を強調したのは、理由があった。社会主義国の反対を意に介することはなくても、イギリスや英連邦諸国は別だった。イギリスは中華人民共和国を承認している。講和会議の中国代表は北京か台湾か。問題はむずかしかった。アジア諸国に対する賠償問題も見通しは不確かだった。このような国際環境の中では、「日本を理解し、同情的である米国によって、日本が強力に代弁してもらう以外に、当時として講和を有利に導く方帆のなかったことは、多言を要しないところ」である、と吉田の回顧録は主張している。

このようなサンフランシスコ講和の正当化は留保が必要である。

たとえば北京か台湾かの問題である。吉田は北京政府を否認する立場を回避したかったと回想する。それでも台湾を選択したのは、日華平和条約を結ばないと、アメリカ議会が講和条約を批准しないかもしれなかったからである。そこで吉田は一九五一年一二月二四日、ダレス(John Foster Dulles)宛に台湾との間で正常な関係を再開する旨の書簡を送る。この吉田書簡はおそらく不必要だっただろう。五〇カ国近くが講和条約を批准しようとしていた。アメリカ議会が反対するのはむずかしかったにちがいない。ダレスの求めに応じて作成された吉田書簡は、北京政府との外交関係の正常化の可能性を徒に遠ざけることになった。

領土問題の扱いにも疑問が残る。吉田はソ連との北方四島を含む領土問題では日本の立場を主張してやまなかった。ところが琉球諸島、小笠原群島、奄美大島は講和条約によってもアメリカから返還されなかった。アメリカの軍事戦略はこの点で寛大な講和を許容しなかった。対米協調を志向する吉田といえども、回顧録に「誠に遺憾の念を禁じ得ない」と記さざるを得なかった。

東南アジア諸国との賠償問題も容易ではなかった。たとえばフィリピンとは講和会議において交渉が成立することはなかった。賠償問題は講和後も長期間の交渉が続いた。

講和条約が調印された日の午後五時から今度は日米安全保障条約の調印がおこなわれる。アメリカ側四人に対して日本側は吉田がひとりで署名した。「安保条約は不人気だ。……おれひとり署名する」。吉田がこれほどの覚悟を決めなくてはならなかった背景には、つぎのような経緯があった。日本側は日米安保条約を国連安保のサブシステムとしての対米基地貸与協定と位置付けていた。ところが講和会議の一カ月前にアメリカ側は「極東条項」を付け加えるよう求めてきた。この条項が意図したのは、極東における平和と安全に寄与するためならば、極東地域以外でも在日米軍の行動を可能にすることだった。アメリカは基地を自由使用できる。しかし米軍が日本を守るとは限らない。「極東条項」は不平等だった。

吉田は日米安保条約の不平等性がよくわかっていた。それでも講和を急ぐ吉田は、講和条約とセットになっていた日米安保条約を受け入れる。吉田は回顧録の中で、日米安保条約が暫定措置であることを強調している。「安全保障条約は条約自身が明らかに規定しているとおり、飽くまで暫定的な措置である。すなわち日本の自衛力が十分強化されたとか、国際情勢が著しく緩和されたとかによって、この条約の必要が消滅すれば、いつでも終了させ得るのである」。

以上から明らかなように、サンフランシスコ講和条約と日米安保条約によって構成される戦後国際体制をサンフランシスコ体制と呼ぶならば、サンフランシスコ体制は日本にとって不平等な国際体制だった。

それでも吉田は講和条約と日米安保条約の調印に大きな達成感を得た。吉田は宿舎のホテルで外務省の実働部隊を務めたメンバーとの晩餐の席上、「重大責任を果たしえて満足である」と述べた。同席していた西村は、吉田を称えてその時の思い出に記している。「この重大なサンフランシスコ体制を困難な条件の下にほとんど一人で成立させ、戦後五年独立回復を渇望していた国民に独立と自由の喜びを与えられた」(15)。

占領に終止符を打ち、独立の回復を最優先させた吉田は、不完全なサンフランシスコ体制に組み込まれる代償を払わざるを得なかった。その中でも日米安保条約の不平等性が著しかった。加えて日本はアメリカからより不平等性の強い日米行政協定を押し付けられた。

他方で講和と日米安保をめぐる日米交渉が敗戦国と戦勝国の交渉だったことも想起されるべきだろう。この観点から一九五一年一月からの吉田・ダレス交渉は再解釈される必要がある。

ダレスは日本側の対応が不満だった。「日本は自由世界の強化にいかなる貢献をなそうとするのか」。吉田は反論する。「再軍備は日本の自立経済を不可能にする。対外的にも日本の再侵略に対する危惧がある。内部的にも軍閥再現の可能性が残っている」[16]。

交渉は講和会議まで続く。朝鮮戦争が拡大する中で、再軍備に抵抗するのはむずかしかった。吉田は外務省に再調整を命じる。出てきた案は五万人規模の「保安隊」の創設だった。ダレスは日本側に暫定覚書を送る。西村たちは思いのほか妥協的な内容によろこぶ。吉田・ダレス交渉は二月九日に終わる。

保安隊の創設はそれだけでは済まなかった。保安隊は自衛隊へと組織が拡大していく。吉田は回顧録の中で、「私は再軍備などを考えること自体が愚の骨頂であり、世界の情勢を知らざる痴人の夢であると言いたい」。このように再軍備を否定する吉田にとって自衛隊とは「戦力なき軍隊」ということになる。吉田によれば、「戦力なき軍隊」は「近代戦遂行力を持たぬものだから、憲法に違反しない」のであった。

もとよりこのような抗弁は建前にすぎなかった。吉田は国会での質疑応答の中で、率直に認めている。「再軍備を未来永劫しないといっているのではない。現下の状況においてこれを致すことをしない、とこう申しておるだけの話である」。吉田は経済的な観点から再軍備に消極的だった。経済復興を優先させる吉田は、日本経済に大きな負荷をかける再軍備に抵抗し続ける。しかし経済復興が進めば、日本は再軍備する。吉田の立場は明確だった。

(3) 対米協調路線の再確立

サンフランシスコ体制の下で戦後日本の対米協調路線が確立する。吉田に反対する政治勢力は、吉田の対米協調を「対米依存」、「アメリカの植民地化」と批判してやまなかった。吉田はこのような主張を「未熟、卑劣な言動」と退けて、対米協調路線を擁護する。経済中心の国家再建を目指す吉田にとって、対米協調は不可欠だった。吉田は回顧録の中で指摘する。「日本の通商上の繋がりは、経済的にも最も豊かな、そして技術的にも一番進んでおり、且つ歴史的にも関係の深い英米両国に自ずと重きを置かざるを得ない。吉田にとって親米通商国家路線は「主義や思想の問題」ではなく、「最も手っ取り早く、且つ効果的」に「日本国民の利益を増進する上の近道」だった。

吉田にとって日本外交のもっとも正統的な路線は対米英協調である。それは戦前も戦後も変わらない。変わったとすれば、戦前の対米英協調から戦後の対米協調になったことにすぎない。この意味で戦後日本はあらためて対米協調路線を再確立したことになる。一九三〇年代から敗戦までの日本外交を「ただ一時の変調」と呼ぶ吉田から見れば、戦後の日本外交は「本然の姿」に立ち返ったことになる。

吉田は経済的な対米協調を求めてやまなかった。このことは政治的な対米協調の重要性の合理化につながっていく。憲法第九条を持つ日本の安全保障を事実上アメリカ一国に委ねることは、吉田にとって「自然且つ必然」だった。吉田は繰り返し「戦力なき日本が、米軍の戦力によって護られているこの状態が、日本国民に寄与しているところ」を強調している。

日米安保体制は吉田の時代感覚が必然のものとした。吉田はつぎのように認識する。冷戦状況の中で、時代は集団安保の時代を迎えた。どの国も単独で自国の安全を確保することはできなくなった。欧州には北大西洋条約機構がある。同様に日本はアメリカとの間で安保条約を結んでいる。

安保条約の不平等性を意に介さない吉田は、つぎのように批判する。「今に及んでも、対等であるとかないとか、議論を上下している。斯かる人々は、現今の国際情勢を知らず、国防の近代的意義を解せぬもの、いわゆる井底の蛙、天下の大なるを知らぬ輩と評する外はない」。こうして経済的にだけでなく、政治的にも対米協調路線こそが「わが国の進むべき道」になった。

4　戦後日本の国家像

（1）模範国＝イギリス

戦前の対米英協調から戦後の対米協調に移行する過程においても、吉田の親英観は変わらなかった。吉田にとってイギリスは戦後日本の模範国だったからである。

一九五二年一一月一〇日に皇太子の立太子礼に際して、吉田は寿詞を奉読した。その冒頭は「茂謹みて言す」となっていた。吉田はそこへ「臣」の文字を加筆して「臣茂」と称した。吉田の寿詞は民主主義に反する保守反動との非難を受ける。

吉田は激怒した。「憤懣やる方なく、かかる論者を面罵して、その反省を促さんかとも考えた」。吉田にとってこの非難は心外だった。戦後の象徴天皇制と民主主義は両立する。なぜならば「先進君主国は民主主義国」だからである。吉田に言わせれば、イギリスにおいて「王室に対する忠誠の観念」は保守党であれ労働党であれ、同じだった。吉田はスウェーデンやノルウェー、デンマーク、オランダ、ベルギーもイギリスと同様に評価している。「今日の世界において最もデモクラシーの発達している国家、しかしてまた最も新しい意味での福祉国家には、君主国が非常に多い」。

吉田は天皇制に対する絶対的な帰依者ではなかった。国家体制の国際比較の視点を持ち合わせていた外交官出身の吉田は、「先進君主国」としての戦後日本を主導する気構えだったにちがいない。

のちの研究は、講和をめぐって吉田外交が天皇外交との二重外交で、天皇の意向を重視した吉田の拙劣な外交を批判的に叙述するようになる。吉田はこのような説にあらかじめ反論するかのように、「臣と称するを特に非難する精神こそ不可というべきである」と回顧録に記す。戦後日本を「先進君主国」として再建しようとする吉田の信念に揺らぎはなかった。

（2）通商国家の外交地平

吉田が反共主義者であったことはまちがいない。同時に吉田は対米協調論者だった。しかし中ソの社会主義国をめぐって、アメリカと吉田との間には認識のギャップがあった。アメリカは中ソの直接侵略を警戒した。吉田は間接侵略の可能性の方が高いと考えた[17]。

吉田は中国とソ連を明確に区別した。戦後、社会主義国になったとはいっても、戦前から続く大陸との関係、とりわけ経済関係の重要性が失われたのではなかった。吉田にとって通商国家日本は大陸へ外交地平を拡大すべきだった。吉田は中華人民共和国に慎重な対応をとる。講和は台湾を選択した。しかし大陸の中国との関係は白紙であると国会で答弁して、外交関係修復の可能性を残した。

アメリカとは異なり、中ソを区別する吉田は、中ソの離間を図ろうとする。吉田は「兄」＝ソ連・「弟」＝中国のような状態が長く続けば、「必ずやソ連と手を握ることの不利を悟るであろう」と予測している。この点で吉田はアメリカの対中政策を批判する。その上で日米と大陸中国を承認しているイギリスの三国が提携して、中ソを離間することの重要性を強調している。中ソが一枚岩ではなく、その後、対立の度を強めていくことは、ここに述べるまでもない。吉田の対中ソ関係観は的確だった。

吉田に主導される通商国家日本は、潜在的には大陸中国へ、顕在的には反共の東南アジア諸国へとその外交地平の拡大を試みる。その現われのひとつが一九五四年のコロンボ・プラン加盟である。コロンボ・プランとは、一九五〇年に英連邦諸国が主導して設立された南アジア・東南アジアの経済発展を目的とした協力計画のことを指す。日本はコロンボ・プランに援助国として加盟する。

こうして吉田長期政権が終わる頃、通商国家日本は、アメリカにとどまらず、アジアへと外交地平の拡大を志向するようになった。

吉田の首相在任中、日本が「親米」通商国家の道を歩もうとしていたことは、同時代において意識されていなかった。強く意識されるようになったのは、一九六四（昭和三九）年のことである。この年の『中央公論』2月号が京都大学の国際政治学の少壮学者高坂正堯《こうさかまさたか》の「宰相吉田茂論」を掲載している。この年は東京オリンピックの開催が予定されており、また日本はOECD（経済協力開発機構）に加盟して先進国の仲間入りをすることになる。

敗戦国日本はなぜ短期間のうちに先進国になったのか。高坂はこの疑問に答える。「商人的国際政治観」を持つ吉田が「完全非武装論と憲法改正論の両方からの攻撃に耐え、論理的にはあいまいな立場を断乎として貫くことによって、経済中心主義というユニークな生き方を根づかせた」からである。別の言い方をすれば、吉田は平和憲法と日米安保条約の矛盾を矛盾として引き受けながら、冷戦下において「親米」通商国家へ舵を切った。

以上のような吉田の国家路線は今では耐用年数をすぎているかのようである。しかし憲法改正とおそらくは対米対等性を目指した第二次安倍（晋三）内閣が憲法改正に至らない範囲内でしか安全保障関連の法制度の整備と集団的自衛権の合憲化をおこなえなかったように、耐用年数はまだ残っているのかもしれない。

他方で「暫定措置」だったはずの日米安保条約の恒常化は吉田も望むところではなかっただろう。加えて日中関係を中心とする近隣諸国関係の不安定な状態が続いている。今日の日本は、吉田の「親米」通商国家路線が後回しにした外交課題に取り組む必要に迫られているのである。

注

（1）吉田茂記念事業財団編（一九九五）『吉田茂書翰』中央公論社、五五三―五五四頁。
（2）同右、五五四頁。
（3）木戸幸一（一九六六）『木戸幸一日記　下巻』一二四〇頁。
（4）猪木正道（一九九五）『評伝吉田茂　④』ちくま学芸文庫一一六―一一七頁。
（5）同右、一一七頁。
（6）同右、一一五頁。
（7）外務省記録マイクロフィルム B'0014「日本の国際連合参加問題及び永世中立国化問題」。
（8）外務省記録マイクロフィルム B'0010「安全保障政策に関する意見」。

（9）前掲『評伝吉田茂　④』、一一七頁。
（10）大嶽秀夫編（一九九一）『戦後日本防衛問題資料集　第一巻』三一書房、三四五―三五一頁。
（11）外務省記録マイクロフィルムB'0010。
（12）吉田茂（一九四七）「巻頭言」『再建』創刊号、二頁。
（13）鈴木健（一九五〇）「朝鮮事変と日本経済」『再建』一〇月号、四四―四五頁。
（14）前掲『評伝　吉田茂　④』、三三二～三三三頁。
（15）西村熊雄（一九九九）『サンフランシスコ平和条約・日米安保条約』中公文庫一六二頁。
（16）波多野澄雄（一九八九）「『再軍備』をめぐる政治力学」近代日本研究会編『年報・近代日本研究11』山川出版社、一九二頁。
（17）同右、二〇五頁。

参考文献

井上寿一（二〇〇九）『吉田茂と昭和史』講談社現代新書。
井上寿一（二〇一五）『終戦後史　１９４５―１９５５』講談社選書メチエ。
吉田茂（二〇一四）『回想十年（上）』中公文庫。
吉田茂（二〇一四）『回想十年（中）』中公文庫。
吉田茂（二〇一五）『回想十年（下）』中公文庫。

第2章　芦田　均

――対米協調論者の「国際貢献」論

楠　綾子

〈略歴〉

一八八七（明治二〇）年一一月　京都府生まれ。

一九一二（同四五）年七月　兵庫県立柏原中学校、第一高等学校を経て東京帝国大学仏法科卒業。

一九一二（大正元）年八月　外務省入省。

一九三二（昭和七）年二月　京都第三区から衆議院議員選挙に立候補、当選。

一九三三（同八）年一月　ジャパン・タイムズ社社長に就任（～一九三九年一二月）。

一九四五（同二〇）年一〇月　厚生大臣（幣原内閣）。

一九四七（同二二）年五月　民主党総裁に就任。

　　　　　　　　六月　社会党、国民協同党と片山哲連立内閣を形成、外務大臣に就任。

一九四八（同二三）年二月　連立内閣を維持、内閣総理大臣に就任（第四七代）。

　　　　　　　　一〇月　内閣総辞職。

一九五九（同三四）年六月　逝去。七一歳。


芦田均が青年外交官として過ごしたロシアでの思い出を綴ったエッセイ『革命前夜のロシア』（文藝春秋新社、一九五〇年）を読んだ武田泰淳は、「この種の文章を書く人物が、はたして日本の政治家たるに適しているかどうか、うたがわしくなる」と評している。「傍観者として客観描写における（ときには私小説家風の）消極的なところと、文献を大切にして事実を重んずる、研究者の熱心さが、いれまじった文体」「このひかえめな文体から、戦後、社会党内閣の崩壊のあとをうけて、一国の首相となる気概をよみとることは、はなはだ困難である。政治家としての積極性を、みずから避けているような文体なのである」。宇垣一成《うがきかずしげ》、荒木貞夫《あらきさだお》、浜口雄幸《はまぐちおさち》、近衛文麿《このえふみまろ》、重光葵《しげみつまもる》など武田がとりあげた政治家たちが残した文章と比較して、芦田のそれは「きわだって『文化人』的、『文学者』じみた」印象を彼に与えたのだった(1)。

武田が『世界』にこの文章を連載したのは芦田の死去からまもない一九五九（昭和三四）年秋であった。自民党の長老政治家ではあったものの党内の権力闘争からはもはや遠いところにいたし、占領下の中道連立政権は失敗の刻印を押されたから、芦田には不運と無力のイメージがつきまとっていたかもしれない。もっとも、占領期の芦田はリベラル民主勢力の結集を掲げて精力的に運動した。見方を変えればそれは勢力基盤の拡大を目指した行動であり、事実、芦田の言動は権力志向と理解されることもあった。権力の追求自体は、それが自己目的化しないかぎり、必ずしも悪とはいえない。しかし、おそらく芦田はそれを政治家に必要な要素として割り切ることができなかった。その意味では、芦田には武田が直感したように「政治家としての積極性を、自ら避けている」ひ弱さがあったことは否めない。

芦田は自他ともに認める議会政治家であった。アジア太平洋戦争以前から一九五〇年代後半まで、途切れることなく議席を保ち続けたのは芦田や三木武夫などごく少数の政治家にすぎない。そして彼は、外交官としておよそ二〇年に及ぶ経歴を積み上げ外交史の研究で博士号も取得し、一九五〇年代の日本にあって国際政治についてはずば抜けた知識と理解力をもちながら、たとえば吉田茂ほどの機会に恵まれなかった政治家であった。彼が政治家に転身した一九三〇年代は、軍部支配が強まる中で議会での芦田の主張はほとんど力をもたなかった。敗戦・占領の混乱期に表舞台に立つ機会がめぐってきたときは、日本には外交権が存在しなかった。講和・独立期から一九五〇年代半ばごろまでは吉田に対抗する野党の立場にあった。ようやく政権与党の一員となったのは晩年であり、外交調査会長として自民党の外交方針の策定に参画したのが最後の活躍の場であった。芦田は、彼の外交構想を政策立案・実施のプロセスに乗せた経験がきわめて少ないのである。

現実との格闘が少なかった分、彼の外交構想はあくまで「構想」の域を出ず、純度が高いといえるであろう。国際政治の基本的な見方や望ましいと考える秩序観[2]が、現実の外交政策を取り巻く諸要素にほとんど拘束されることなく素直に外交構想に直結しているように思われる。とりわけアジア太平洋戦争後の日本のとるべき進路について、吉田茂を鋭く批判した彼が日本外交におけるひとつの選択肢を提示していたことは間違いない。本章は、芦田の外交・安全保障構想を、アジア太平洋戦争後の一〇年あまりの時期を中心に論じることとする。

1　北東アジアの平和と安定の模索――一九三〇年代

外交官としての芦田均のキャリアは、本省以外ではヨーロッパとその周辺――ロシア、トルコ――で形成された。言い換えれば、芦田にはアジアの経験がほとんどない。それは彼の国際政治観が形成される上でかなり重要な要素だったのではないだろうか。芦田が国際情勢を観察し、思考し、語るとき、基礎となっているのは近代ヨーロッパの勢力均衡への理解であったように思われる。アジア太平洋戦争後の日記に限っても、彼の関心の範囲にアジアの脱植民地化と国家建設はほとんど入っていないことがうかがえるし、ナショナリズムに対する感度もいささか鈍い。

一九二〇年代から一九三七年七月に日中戦争が始まるころまで、芦田は伝統的なリアリズムに軸足を置きつつも、地域的な多国間協調の枠組みに支えられた、国際連盟を中心とする集団安全保障体制の構築を国際社会の目指すべき方向と理解していたようにみえる。パリ講和会議に際して、芦田は日本全権委員随員に任ぜられ、ひきつづき一九二二（大正一一）年末まで駐仏日本大使館の二等書記官として勤務した。その間、連盟総会やジェノア経済会議に参加した経験が大きかったのであろう。総じて国際連盟に対する関心の薄い外務省内にあって、佐藤尚武や杉村陽太郎をはじめ芦田など連盟外交に従事するヨーロッパ在勤の外交官たちは、国際連盟のはたらきを重視する点でいうなれば「連盟派」というべき存在であった。芦田は一九二三（大正一二）年に国際連盟総会に提出された相互援助条約案や翌年の総会で採択された国際紛争平和的処理議定書（ジュネーヴ議定書）、さらに一九二五年のロカルノ条約といった取り組みを国際連

盟の機能を補完するものとして評価し、普遍主義に基づく国際秩序の形成に期待を寄せたのである。(3)

議会制民主主義に対する感覚のするどさも、芦田の特徴として挙げられよう。ヨーロッパにおいても日本においても議会制民主主義がしだいに発達する時代にあって、またパリ講和会議では国民世論を背景にもつ政治指導者が外交交渉を主導する実態を目の当たりにし、芦田は、外交がごく少数のエリートと職業外交官の専有物である時代は終わったとの認識を深めていったと考えられる。一九二三年二月からおよそ二年半あまりの情報部時代、彼は精力的に講演、執筆活動を展開した。世論と議会が、外交政策について的確な知識をもって厳正に批判することを可能としなければならないとの信念がその原動力であった。(4)生来の研究熱心さも加わって、この時期の彼は、著作だけでも『巴里会議後の欧洲外交』をはじめ五冊刊行している。(5)講演と執筆を通じた世論の啓蒙は、生涯にわたって芦田の政治活動の一部となった。

一九三一（昭和六）年九月に勃発した満州事変は連盟派外交官、芦田にとって大きな転機となった。外交官としてではなく政治の世界に飛び込んで日本外交の軌道修正を図ろうと決意した彼は、一九三二（昭和七）年二月に外務省を辞職し直後の議会選挙に政友会から出馬、当選した。以後、彼の活躍の舞台は議会であり、社長を務めたジャパン・タイムズであり、(6)外交評論の執筆活動であった。満州事変によって不安定化した北東アジアの平和と安定を回復し維持するため、地域における多国間協調枠組みの構築を主張したことに、一九二〇年代の芦田の関心との連続性が認められるであろう。この「極東ロカルノ」構想は、日本、ロシア、中国、満洲国との間にロカルノ型の不侵略条約と仲裁協定を締結し、これによって極東地域の平和と安定を実現するという提案であった。満州事変が創り出した新しい現実を、多国間協調を通じて「現状」として維持し、日本の国際的孤立を回避しようとの意図がうかがえる。(7)

地域を構成する諸国間の協調枠組みは、地域の特殊性を強調する「アジア・モンロー主義」的発想とは異なる。芦田は、日本が多国間協調を尊重する姿勢を示し、満洲を拠点として中国大陸を排他的に支配しようという意図がないことを明らかにすれば、それが対米協調への足掛かりとなることを期待したのだった。だから彼は広田外交を支持したが、防共外交には警戒の目を向けたのである。日中戦争によって、極東ロカルノ構想の実現を可能とする環境は完全に失われた。それでも芦田は多国間協調主義の立場に立って、さらに英米不可分論の見地から、東亜新秩序にも対独接近にも反対した。ヨーロッパで第二次世界大戦が始まり、「バスに乗り遅れるな」の風潮に日本の政治社会が覆われる中でも対米協調を説きつづけた(8)。

こうした芦田の主張は清沢洌《きよさわきよし》や石橋湛山、馬場恒吾《ばばつねご》といった自由主義的知識人たちと共通している(9)。言論統制の強まる中で、そして空気に支配されやすい日本社会にあって、「バスに乗り遅れるな」の大合唱と経済制裁を強化する米国への反感に同調せず、対米英協調を説きつづけることは容易ではない。透徹した国際協調論者であると同時に、冷徹な現実主義者――対米英戦争がおよそ日本の利益にならないという現実を直視する点で――として芦田は評価されるであろう。開戦時の外相、東郷茂徳に対する批判のきびしさは(10)、してはならない戦争を止められなかった者への怒りであると同時に、自らの正統性への自信の裏返しだろうか。しかしそれは、「複雑怪奇」な国際情勢と諸集団がさまざまな要求を掲げて突進する国内政治との狭間で苦闘したことのない、傍観者の議論だった印象がないではない。

2　講和と安全保障

(1)　憲法改正

彼の言論と非推薦議員として翼賛選挙を戦った経歴は、結果的には芦田を救った。芦田は公職追放を免れただけではなく、その自由主義的な政治姿勢が平和的で民主的な新生日本にふさわしい指導者であると連合国軍総司令部（GHQ）の、とりわけ民政局からの期待を集めた。六年八か月あまりの占領期の前半、一九四五（昭和二〇）年夏から一九四八（昭和二三）年秋までのおよそ三年間は、芦田が権力の中枢とその周辺でもがいた時期であった。

連合国の占領下に置かれた日本は外交権を停止されていたから、日本政府が通常の意味での外交を展開する局面はほとんどなかった。それに芦田を含めて日本の政治指導者の最大の関心は、非軍事化・民主化改革への対応を別とすれば破綻寸前の日本経済の安定と復興、そして政治的、社会的安定の創出であった。ただ、戦時期の大国間協調が崩壊し、東西対立状況がしだいに鮮明になる中で、国際情勢のゆくえと独立後の日本の生き方に芦田は関心を寄せていくことになる。

独立後の日本の外交・安全保障政策の枠組みを規定するのが新憲法であった。芦田は幣原喜重郎内閣の厚生大臣としてGHQ草案が事実上強制される瞬間に立ち会い、吉田内閣期の議会における憲法改正草案の審議の過程では、衆議院帝国憲法改正案委員会で委員長を務めた。「劃期的な仕事であるだけに私にとっては厚生大臣や国務大臣であるよりも張合のある仕事」と芦田は自負している[11]。およそ二か月にわたる審議を経て衆議院が憲法改正草案を修正可決した八月二四日、彼は報告演説で次のように述べている[12]。

世界の大勢に通ぜない一部の徒輩は此の憲法〔明治憲法〕の特色を逆用し、遂に我等の愛する祖國と同胞とを今日の境涯に導いたと云ふことは洵に痛恨の極みであります。而も此の秋に方つて我々は永久に明治憲法と袂を分たんとして居りますことは、過去を偲び現在を思うて、洵に感慨に堪へないものがあります。併しながら我等は此の際過去の過ちを切實に反省し、廢墟と窮乏の中から起ち上つて、民主主義的、文化的日本を建設すべき使命を果さなければなりませぬ。其の基盤として時代の進運に副ふ新しき憲法を制定することこそ、本議會に課せられた最大の任務であると信じます。

憲法改正草案がいかに平和的で民主的な内容かを雄弁に語り、憲法の目指す方向を理解して国家の再生に尽くさねばならないと訴えた演説は、「大成功」であった[13]。この瞬間、芦田は新憲法の理念を体現する存在となったのである。

第九条を芦田はどのように考えていただろうか。二月に民政局から提示された草案を、芦田が不戦条約に至る戦争違法化の潮流に結び付けたことは明らかである。「戦争廃棄といひ、国際紛争は武力によらずして仲裁と調停とにより解決せらるべしと言ふ思想は既に Kellog Pact と Covenant とに於て吾政府が受諾した政策であり、決して耳新しいものではない[14]」。改正案の審議の過程でも、彼は国連憲章第五一条において自衛権は認められているのであり、憲法第九条が成立しても日本が国連への加盟を認められる場合には、「憲章第五一條の制限の下に自衛權の行使は當然に認められる」と考えていた。また日本に対する侵略が発生した場合には、安保理はその使用しうる軍事力をもって日本を防衛する義務を負うのであり、また「我が國に對しましても自衛の爲に適宜の措置を執ることを許すものと考へて多く誤りはないと思」うと論じている[15]。第九条の下でも日本が自衛権を保持し行使できることは、芦田にとっては疑問の余地はなかったのである。ところが、第九条が小委員会で検討される際、芦田は戦争放棄を規定した第一項と第二項の戦力不保持の順番を入れ替えた上で、第一項冒頭に「日本国民は、正義と秩序を基調とする国際平和を誠実に希求し」との文言を、第二項冒頭に「前項の目的を達するため」という文言を挿入することを提案した。日本がいっさいの軍備を保有しないという意思をより明確に示すためであった。それが小委員会内の議論を通じて、順番は原案に戻され、第一項、第二項冒頭に芦田が追加した文言が挿入されたのである（「芦田修正」）[16]。

この段階で戦力不保持の意思を明確にしなければならないと芦田が考えたのは、新憲法について「種々難点有之候得共現状一応右ニて満足致候外無之、又右ニて一応ケリを付置候方内外之状勢宜敷と存候次第ニ有之」[17]と牧野伸顕に書き送った吉田茂と同じ感覚だったろうか。ともあれ、芦田は当初から自衛のための軍備の保有は可能と解釈できるようにすることをねらって「前項の目的を達するため」を加えたのではない。小委員会の修正案をGHQが容認したことによって、彼ははじめて新憲法下でも自衛戦争は許されるという解釈に正当性が与えられたと理解したのではないだろうか。そして朝鮮戦争の勃発を受けて再軍備の必要を訴えるようになってから、彼は憲法改正の過程を知る証人としてよどみなく「芦田修正」の意図を語り、現行憲法下でも自衛軍は保有できると主張したのだった。

(2) 米国による安全保障

独立回復後の日本の安全をいかにして確保するかは、占領下の外務省において重要な研究課題のひとつであった。憲法改正は、日本が自国の存立のために行使できる手段を著しく制約するとみなされた。一九四七（昭和二二）年春を迎えるころから顕在化した冷戦は、国連の機能を限定化すると考えられた。永世中立国化に国連の集団安全保障、地域的集団安全保障機構までさまざまな方策が検討される中で、外務省内で有力になるのが、日本の安全保障を米国に委ねるという案であった。[18] その端緒となったのが片山哲内閣期の一九四七年九月、外務省が米極東軍第八軍司令官アイケルバーガー（Robert L. Eichelberger）に手交した文書（以下「芦田メモ」）であった。

それは、アイケルバーガーが終戦連絡事務局横浜事務局長の鈴木九萬《すずきただかつ》を通じて、九月の一時帰国に際してワシントンで政府や軍の高官と会談する際の参考として、「米軍が何時迄〔日本に〕居るべきか」見解を求めたのに対する回答であった。「米ソ関係が良好となり世界平和に関し何等不安なき場合」、国連が機能すると考えられるため、日本は「国内の安寧と秩序を維持するに十分な警察力さえあれば」、独立を脅かされる心配はない。しかし「不幸にして米ソ関係が改善されずして世界的に不安の生ずると仮定した場合」は、日本の独立をどのように維持するか。外務省首脳は二つの方法を提示した。第一に、「米国の軍隊が平和条約の実効の監視に関連し日本国内に駐屯する」結果として日本の安全保障が確保される方法である。第二に、日米間で「特別の協定を結び日本の防衛を米国の手に委ねる」方法であった。米国は「日本に近い地域の軍事的要地」に十分な軍事力を駐屯させることが予想されるため、日本の独立が脅威にさらされる場合には「日本政府と合議の上何時にても日本の国内に軍隊を進駐するとともにその軍事基地を使用出来る」ようにしておく。それに加えて「必要の規定」によって、「日本国内の軍事基地の建設と維持は極力米国側の要求を満足するように計る」。いわゆる米軍の有事駐留方式であり、これが「日本の独立を保障する上での最良手段」だと考えられた。[19]

米国に安全保障を委ねるという案自体は、じつは「芦田メモ」の起草される一年以上前から、外務省内外でひとつの可能性として浮上していた。外電から伝えられる国際情勢は戦後世界における大国間協調の難しさを示していた。東京で開催される対日理事会は、やがて米ソが占領政策をめぐって激しく応酬する場と化した。米ソ協調がいよいよ破綻した場合には、日本はその独立を国連ではなく特定の一国に委ねるほかないのではあるまいかとの認識が、一九四七年夏にはひそかに広まりつつあったのである。「特定の一国」が米国になるであろうことにほとんど疑いはなかった。[20] 昭和天皇への内奏のために芦田が参内した一九四七年七月二二日、天皇との間に交わされた会話が興味深い。米ソ関係に関心を寄せ「日本としては結局アメリカと同調すべきでソ聯との協力は六ヶ敷いと考へるが」と問うた天皇に対し、芦田は「私は全然同見である旨を答へた」のだった[21]。

「芦田メモ」は、こうしたある種の共通認識がアイケルバーガーの依頼を機に具体的な形をとって現出したものであったろう。文書の作成に関与したのは芦田外相、岡崎勝男次官、吉沢清次郎終戦連絡事務局次長、萩原徹条約局長、鈴木であった。芦田が「人知れず苦心」、「責任の重大さを痛感」したと日記に記しているのは[22]、米国政府要人に文書が伝わることを意識した彼の緊張を物語るとともに、それゆえに慎重に内容を検討したことをうかがわせる。文書は芦田の主導でまとめられたとみてよいのではないだろうか。既存の条約や法律体系、慣行の積み重ねを思考枠組みとし、その範囲で国際情勢と国内情勢に適合的な政策を検討することを習慣とする外務官僚には、発想の飛躍は難しい。一〇月に入ってからも、芦田が外務省幹部に安全保障問題を「日米間の単独条約に規定するか、平和条約の一項目とするか」利害得失を検討するよう指示しているのは、芦田の関心の所在を物語っているように思われる[23]。

ちょうどこの時期、米国政府内ではケナン（George F. Kennan）の国務省政策企画室が封じ込めの観点から対日政策を再検討していた。この作業が政府内の調整を経て、一九四八年一〇月に新しい対日政策（ＮＳＣ一三／二）としてトルーマン（Harry S. Truman）大統領の承認を得ることになる。日本の非軍事化、民主化はもはや主要なテーマとはみなされず、共産主義に対して脆弱ではない、政治的、社会的、経済的に安定した日本の建設が最優先の目標に据えられていた[24]。「芦田メモ」と時期が重なったのは偶然であろう。一時帰国したアイケルバーガーは、ワシントンで要人に芦田メモを見せたかもしれないが[25]、それが政府内の政策形成過程に反映されたことを証明する資料は現在のところ不足している。ただこの段階で、日米両政府は冷戦という国際政治現象の長期化を前提として、西側陣営の一員として生きる日本を想定した。講和・独立を実現するための基盤形成は実質的にこのときから始まったといえよう。

（3）冷戦認識

問題となるのは芦田の冷戦認識である。

米国が対日政策の重点を経済復興と共産化の阻止に置きはじめたことは、一九四八年春ごろには、芦田には明らかだったのではないかと思われる。一九四八年三月に来日したドレーパー（William H. Draper）陸軍次官との会談の半分以上は「日本よ自力で起上れ、然らば援助せんとの趣旨であった。然しこの会談は［米国政府内の］空気を知る上に於ても有利であった」[26]。その少し前、アイケルバーガーとの会見では、「日本本土外にアメリカの兵力を維持して日本本土の飛行場が守れると考へるか」と芦田が質問したのに対して、「それは六ヶ敷い。だから日本に飛行場防備の兵力をもたせることだ」との回答が返ってきた。「軍人らしい考へ方」と芦田は感想を綴っている[27]。総司令部外交局長シーボルド（William J. Sebald）は警察力の強化の必要性を力説した[28]。

一九四八年三月、片山内閣の後を継いで中道連立内閣を組織した芦田にとって、最重要課題はひきつづき日本経済の復興と安定であった。民主党幣原派の離脱や社会党内の左右対立が芦田内閣の政権基盤を不安定なものとしていたことに加えて、彼を苦しめたのは過激化する労働運動とそれに押された政権内左派勢力の強硬姿勢であった。いきおい、労働運動を過激化させる共産主義勢力の動向に芦田は注意を払わざるを得なかった。

一九四八年九月、警察幹部から共産党が戦闘態勢に入りつつあること、官公庁の中にも勢力を広げつつあることを聞かされると、芦田は「［共産主義者］の取扱は相当慎重に考へなければならないと思った。然し現在の環境で日本が両天秤にソ聯とアメリカを弄ぶようなマネはできぬ。判然とアメリカと握手するより外に途はない。勇気をもって前進するより外ないと思ふ」との覚悟に至った[29]。二つの陣営が厳しく対立する国際政治状況で、さらに占領下に置かれた日本には、中立という選択肢は許されない。いずれかの陣営との協調を選べば、他方とは敵対関係に入ることになる。望むと望まないとにかかわらず日本も冷戦の一方の当事者となることを、芦田は見通していたのだった。下山事件（一九四九年七月）が発生すると「事態は正に重大」「いよいよ共産党はテロ戦術に出るのか、それが差当りの重要問題である」と危機感を強めた[30]。

一九五〇（昭和二五）年六月に勃発した朝鮮戦争は、芦田からみれば共産主義勢力の脅威を立証するものに他ならなかったであろう。トルーマン大統領がただちに介入を決定したことに「アメリカの出方は中々上手だ。敏速な手段もアザヤカである」と安堵した[31]。しかしまもなく彼は日本国内の論調を前にいらだちを募らせていく。「日本はいつ迄もフラフラしてゐる」（七月二〇日）、「日本だけは土用で昼寝の形」（七月二一日）、「私は今の日本人が実に愚劣で卑怯だと思ふ。（中略）この事件を以て日本の命運に関係のない第三者の争いなど、考へるバカが、新聞記者と称して世人を誤ってゐる」[32]。東京大学総長・南原繁の著作『日本とアメリカ』（朝日新聞社、一九五〇年）に対しても、「日本の中立を連合国が保障する義務のあるような一節はどう考へても実際的ではない。このような虫のよい事をアテにする訳には行かないのだが、学者は理論だけで実効を考えない」と批判の目を向けた[33]。芦田の眼には、政府も世論も朝鮮戦争で露わになった共産主義の脅威を直視しようとせず、侵略に対する反対の立場を明確にしようともせず、国際政治の現実を他人事のようにとらえているように映ったのだった。

焦燥感はしだいに共産主義勢力に対抗する国民的意思の統一のための運動へと芦田を駆り立てていくことになる。七月末にシーボルドに提出した意見書には、日本政府の国連軍への協力は「不能率的」であり、世論の積極的誘導や米軍への協力、志願兵採用の途を開くこと、総合的な緊急措置や民間防空措置を講じること、といった対策が必要であると記された[34]。総司令部の要請に応じて一二月初旬に執筆した意見書は、「極東の情勢は重大な危機を包蔵している」「ここ数年にして第三次世界大戦の起る可能性はすこぶる強い」と切羽詰まった調子で始まっている。こうした情勢認識に立脚して、彼は「国連が日本の周辺において死闘を続けている際に、安閑としてこれを傍観しているというのであっては、アメリカ、イギリスの世論が日本に信頼をよせることは期待しえないであろう」とし、「不安と混迷の間をさ迷っている」人心を国連への積極的な協力へと導くには、政府が国民的意思の統一を進めなければならないと訴えた[35]。これを吉田首相にも転送し、一週間後に会見が実現すると、国家的意思統一のために首相自身が国民に呼びかけるよう促した[36]。

しかし芦田からみれば吉田の動きは依然として鈍く、自由党両院議員総会では挙国内閣反対、第三次世界大戦は容易には起こらないとの見通しを語ったと報道された[37]。「これで私との意見の相違は明瞭になった」、と吉田に対する失望を芦田は日記にたたきつけている。世論の動員への思いはいっそう強まった。「私に残されている問題は自己の主張をもっと表面に押出す必要があるかどうかの点である。本来なら党籍をすて、もこの主張に邁進すべきであるかも知れない」[38]。その年の末にはイギリスのサンソム卿（Sir George Sansom）に「日本の青年が多くは Defeatist［敗北主義者］であること、これを引立てるために国民運動が必要であること等を話した」[39]。

芦田は朝鮮戦争を共産主義勢力による世界的な侵略の開始とみていた。自由主義諸国は国連を通じてその試みを阻止しようとしていた。「自由と平和を守るための闘い」が彼のみた朝鮮戦争の本質であった。そして米ソ対立が激化すればするほど八千四百万人の人的資源と近代的な産業基盤をもつ日本の重要性は高まるのであり、共産主義勢力の次の目標は日本であろう。「日本の置かれてゐる環境は、日清戦争の当時に比べても、日露戦争の当時に比べても、それよりも遥かに重大である」。にもかかわらず、日本国内の危機感が薄いことに芦田は歯がゆさを隠せなかった。「自ら守らない民族は侵略者の最大の誘惑である許りでなく、国連軍といへども守ってくれる訳がない。洞ヶ峠に立て籠って保身の術を弄ぶやうな民族が独立を叫び自由を求めてもそれは畢竟弱者の泣言に過ぎないであらう」[40]。国連の集団安全保障の観点に共産主義勢力との対決を位置づけ、日本に自由主義諸国の安全保障への貢献を求めたダレス（John Foster Dulles）と、芦田は感覚を共有していたといえるであろう[41]。

朝鮮戦争が彼を突如として「冷戦の闘士」に仕立てたのであろうか。冷戦という国際情勢の下で日本が主体的に「自由と平和を守るための闘い」に参加することを明確に主張した点において、芦田は一九五〇年段階の日本で際立っていた。政権を担当したころから芦田は日本国内の共産主義勢力の動向に注意を払い、警戒を強めていた。社会党左派の教条主義的な行動が連立政権の合意形成を常に困難にし、労働攻勢が彼の政権を苦しめた経験も、共産主義への恐怖と危機感を増幅するのに一役買ったかもしれない。しかし共産主義に対する非妥協的な姿勢は、第二次世界大戦を通じて芦田のなかで培われたようである。「反共とか容共とかいうのは突つめて行けばCominformとCapitalismとがIdeologieの上から妥協が出来るかどうかとの点で別れる。私は曾て妥協が出来ると考えた時代もあった。然し第二次大戦の末期からその望を失った。あの人々との妥協は不可能である」[42]。

(4) 講和と安全保障

以上の感覚に従えば、共産主義諸国を含むすべての連合国との講和を志向する全面講和論は否定されるべきものであった。一二月末に民主党外交対策特別委員会が、軍事占領のすみやかな終結と自衛力の整備強化などを内容とする講和方針を決定した際には、芦田が議論を主導したという[43]。他方で彼は、講和に際しては可能なかぎり超党派で臨むのが望ましいと考えていた。朝鮮戦争の勃発直後に吉田から民主党の協力を求められたとき、彼は「この際国内が二つに分れた姿を示すことは宜敷くない。それを是正するために微力を尽すことは喜んでやる。然し少くも社会党の右派は同調させたい」と述べ、吉田には社会党の説得には忍耐が肝心と説いている[44]。その後も超党派外交の必要を訴えた。「四囲の情勢は急迫してゐる。何とかして日本も今少し態勢を整えて国内の結束の実を示さなければ威信を堕とすことになる。……社会党を除外することは此問題に関する限り人民戦線の成立を助けるようなもので、講和条約の討議でも甚だマズイものになる」と考えていたのである[45]。米英の主導する講和会議がサンフランシスコで開催されたのは一九五一年九月、東側からはソ連と東欧二カ国が参加したものの条約には調印しなかった。芦田の国民民主党は日本全権団に代表を送り込んだ。だが、社会党は全権団には参加せず、超党派外交は不完全なものに終わった。

吉田首相が結んだ講和条約と日米安全保障条約に対して、芦田は日本が民主主義諸国との協調によって共産主義勢力に対抗する決意を示したものとして賛成しつつも[46]、領土条項や安保条約における日米の義務と権利の非対称性には批判的であった。「講和条約調印の日は日本国と日本人にとって永久に悲しみの日である」と悲憤慷慨する国際政治学者の神川彦松に彼は共鳴し、国内の祝賀ムードに反発した[47]。神川は、朝鮮や台湾などを失っただけでなく千島列島、琉球諸島、小笠原諸島、奄美大島という「明らかなわが『民族領土』」さえもが事實上剝奪された」ことは大西洋憲章に抵触し、「近代國際政治の原則上斷じて承認しえない」。しかも日本本土は日米安保条約と行政協定（一九五二年二月調印）によって「のこりなく無期限に、アメリカの軍事基地となつた」のであり、「軍事的に言えば、日本民族の手には寸土も残らぬことになつた」という。また日本の在外資産が没収されること、役務賠償とはいえ東南アジア諸国への賠償が巨額に上ると予想されることからも、この三条約は「近代史上空前の過酷な講和」であると厳しく批判した[48]。この時期、こうした神川の主張は芦田に示唆を与え、彼もまた神川に助言を求めている。

九月一八日付の神川の書簡には安保条約への不満が列挙されている。占領下で主権を持たない日本が、なぜ講和条約調印と同時に日米安保条約への調印を強制されたのか。安保条約は単なる原則であり、細目は行政協定に規定されることになっているが、「行政協定の何たるかを知らずして、日米安全保障条約を批准することはできない。政府は果して、行政協定の内容を知っているか」。行政協定の先例のひとつ、米比協定はフィリピンの自主、独立を著しく制限しており、行政協定が日本の主権を制限するおそれはないのか。「治外法権は日本や、中国やその他東洋諸国の最も苦悩を嘗めさせられた大なる癌であった」。こうして安保条約が日本の対米従属を不可避にする可能性を指摘するとともに、神川は「日本は一日も早く必要な自衛力を整え、米国軍の撤退を請うべきであると信ずる」といった主張を展開している[49]。とりわけ行政協定と国際信託統治制度に関する神川の見解は、一〇月に開会した講和条約・安保条約の批准国会で芦田の質問に反映された[50]。

外交官出身らしく過去の答弁や条文解釈、事例の積み重ねを基礎に欧米の論調も踏まえて理路整然と展開された芦田の議論は、気迫に溢れていた。とりわけ再軍備をめぐる芦田と吉田の論戦は、両者の見解が鮮やかな対照をなしている点で興味深い（後述）。これに加えて注目されるのは、ひとつは領土条項に対する批判である。第一次世界大戦以降、勝者による敗者の領土の併合を否定することが国際社会の原則となったはずなのに、対日講和条約はその潮流に反するのではないかと彼は論じた。さらに、講和条約第三条で沖縄や小笠原に対する主権が日本に残されることになっても、その「主権」の実体はほとんどない――芦田はかつて日本やロシアが租借した大連や旅順のようなものと論じている――と断じ、米国が沖縄と小笠原を信託統治下に置こうとするのは日本を監視することが目的ではないのか、連合国が「和解と信頼の平和条約」を謳うのであればなぜその必要があるのか、と問う。素朴な領土ナショナリズムだけではなく、国際社会の平和と安定の実現に向けた人びとの営みを無にするような、時計の針を逆戻りさせるような戦後処理の方法に対する憤りがみられるように思われる。

もうひとつは安保条約が「徹頭徹尾日本がアメリカに対して懇請した形ででき上つて」おり、「日本には権利はないけれども義務がある」ことへの批判であった。国会で繰り返し問われたのは、日本が基地を提供する義務を負うのに対して米国は条文上、日本を防衛する義務を負わないという非対称性であったが、芦田はこの点を問題にしたわけではない。条文上の規定があろうがなかろうが、日本防衛は米国のアジア太平洋戦略上の利益となるとみていたからであろう。芦田の安保条約批判は、対等性、対称性の欠如がすなわち依存関係の表れであるとみて、それがやがて日本の独立性の喪失につながるかもしれないという点にあった。内乱条項はその最たるものであった。日満議定書や米比協定でさえ「この日米安全條約ほどに外国の軍隊の力にぶら下つちやおりません」「私どもが憂えることは、外国に依存する程度が深くなればなるほど、国の自主権は失われるということです」と説いたのである。[51]

それでも、芦田はサンフランシスコ講和条約と日米安保条約に賛成した。そして、日本の生き方は講和条約の調印によって決定づけられたとみなした。独立後の日本の課題は「自由主義国へ如何に貢献しうるか」であり、「日本が極東の Balance of Power の一要素とならなければ平和は再建できない。亜細亜は米国と中国（国民党政権を指す――筆者注）と日本と印度の協力で再建せらるべきである」。[52] 彼は日本が西側陣営の一角を構成し、日本を含むアジアの非共産主義諸国と米国が協力関係を築くことが、アジアの平和と安定を実現すると考えたのだった。占領期を通じて醸成された強固な反共主義と自由を守るためには場合によっては力の行使が必要という信念が、この時期の芦田の言動を支えている。かつて彼が国際政治の潮流としてとらえ、期待を寄せた普遍主義的国際機構による平和は、国連の集団安全保障が機能しない現実を前に、ほとんど色褪せた夢と化していたようである。

3　反共自由主義の闘士

（1）再軍備論

一九五〇年末に意見書を発表したことをきっかけに、芦田は一躍、再軍備論者として脚光を浴びた。彼自身も意外だったのかもしれない。「これは自ら巧んで始めたのではない。そう言はざるを得ない立場におかれて自然にそこへ追込まれたのだ。私は常にそういう経路で壁に押しつけられるのだ」。[53] だが、二月には「私は此潮流に乗って啓発運動に挺身しよう」と覚悟を決めた。日米開戦時の駐米大使、野村吉三郎からも「総理にならう等といふ考をすて、此運動に挺身して貰いたい」と激励された(54)。一月末から二月にかけての日米交渉で再軍備に消極的な姿勢に終始した吉田首相は、芦田に再軍備推進運動を少し抑えるよう要請したが、「私はアメリカの輿論に私の主張が好影響を与えてゐると信じてゐるから、今更手心の余地はないと言った。自由党は私の奮闘が人心を動かしつゝあることをみて少し具合が悪いと感じてゐるらしい(55)」。

吉田は再軍備を憲法第九条を厳密に解釈して原理的に否定したのではなく、日本が将来的には自衛のための軍備をもつ必要があると考えていた。ただ、彼は軍備の建設が脆弱な日本経済に与える負担を危惧した。経済不安が社会不安を招き、それが日本社会を内部から崩壊させ共産化をもたらすことを、なによりも恐れた。すなわち、共産主義勢力の脅威を、吉田は軍事的脅威としてよりも政治的脅威としてみていたのであり、したがって「兵力のみが国を守るのではない」との観点がこの時期の彼の安全保障政策の根幹にあった(56)。政治においては時期の選択は重要である。吉田と芦田は、西側諸国との協調のなかで日本が生存を確保することに少しのためらいもなかった。そして、主権国家である日本が再軍備しなければならないと考える点でも大きな違いはなかった。けれども、それが「いま」なのか「将来」なのかは、優先順位をどのようにつけるかという点でじつは大きな違いであったといわねばならない。

芦田にとっては、再軍備はすなわち、共産主義の攻勢にさらされて危機に直面する自由主義陣営への日本の貢献であった。法的、条約的体系も日本の自衛軍の保有を予定していると彼は主張する。憲法第九条が禁止しているのは侵略戦争であり、第二項によって自衛戦争は認められている。講和条約第五条は、日本が国連憲章第二条に掲げる義務を受諾すると規定し、とくに「国際連合が憲章に従っていかなる行動についても国際連合にあらゆる援助を与え、且つ、国際連合が防止行動又は強制行動をとるいかなる国に対しても援助の供与を慎むこと」が条文中に明記されている。そして日米安保条約前文には、「アメリカ合衆国は、日本国が、攻撃的な脅威となり又は国際連合憲章の目的及び原則に従って平和と安全を増進すること以外に用いられうべき軍備をもつことを常に避けつつ、直接及び間接の侵略に対する自国の防衛のため漸増的に自ら責任を負うことを期待する」と述べられていた。これらは総体として日本の再軍備を方向づけていると彼は考えたのだった(57)。

雄弁な芦田の元には、旧軍人から右翼活動家までありとあらゆる再軍備論者が蝟集しはじめた。芦田もこれを拒まず、旧軍人たちの会合に顔を出し、赤尾敏のような活動家には資金を援助した。赤尾敏と「二人の話で決着したことは、人民戦線に対する抗争を展開すること、国防問題のためにも右翼勢力を民主々義の基盤の上に結集して之を一翼とすることであった」(58)。「軍人の立場で表面に出られず、国防問題を心配しているのが、アナタの活躍でホッとしています」という旧軍人の正直な声が、かれらの芦田への期待を物語っているであろう(59)。少し後のことになるが、最後の陸軍大臣を務めた下村定に軍備建設の具体案の執筆を依頼するなど、軍事専門知識に乏しい芦田は旧軍人から助言を得ることもあった(60)。軍備建設案の具体化に奔走する一方で、彼は「新軍備促進連盟」を結成するなど再軍備推進運動の組織化を図った(61)。古くからの友人知人たちにも支持と協力を呼びかけた。小汀利得《おばまとしえ》は運動を応援すると明言したが、馬場恒吾や阿部真之助から、再軍備自体には賛成だが運動に関係することは差控えたいとの反応が返ってきたときには、彼は失望を隠せなかった。「日本人は凡てこれだ。夕刊を見ると東大教養部の学生三、四百名が軍備反対で赤旗を立て、渋谷で騒いだと書いてある。この勢では赤にやられて了う(62)」。小泉信三にも、「岩波グループに対抗して評論家の間で共同声明を出す程度のことを考えて貰いたい」と書簡を送った(63)。

「軍隊」という位置づけを与えようとはせず、自由主義諸国への貢献という観点のないまま警察予備隊を組織改編し、その規模と任務を漸進的に拡大する形で進んだ現実の再軍備は、芦田の思い描いたものでは必ずしもなかった。一九五三（昭和二八）年六月、改進党は芦田を委員長とする防衛特別委員会を設置して防衛と憲法問題、防衛と法律問題などを検討し、これらを踏まえて一〇月には「自衛軍基本要綱」を決定した。自由党、改進党、日本自由党の三党協議を通じて一九五四（昭和二九）年六月に防衛庁・自衛隊が創設される過程で、この要綱は具体化されることになる(64)。しかし、芦田はそもそも三党協議の基礎となった吉田首相と重光葵改進党総裁との「自衛隊」創設に関する合意（一九五三年九月）に不満で、重光の「自由党のゴマ化し軍備に同調する如き口吻」に幻滅した(65)。三党折衝にも批判的であった(66)。防衛庁・自衛隊の創設をもって制度面での整備が一段落したあとも、彼は防衛計画の策定に関心をもち、あるいは「防衛懇談会」の設置をめざして野村吉三郎や保科善四郎などと協力関係を深めていくのである(67)。

主権国家として当然に軍備は保有すべきというナショナリズムに突き動かされた再軍備論とは異なり、日本の置かれた国際環境と自衛のための軍備を建設する法的、条約的根拠を示した点で、芦田の再軍備論には理論武装が施されていた。しかし、「国民運動」推進のために彼が選んだことばは勇ましく、いささか煽動的な印象がぬぐえない。「教養型」が（たとえ当人にとっては止むに止まれぬ必要があったにせよ）突如として国士型としてふるまおうとするとき、せっかくの文章の緻密さがたちまち消え失せ、思いがけぬ粗雑さが出てしまう」と武田泰淳が述べたとき、念頭にあったのは再軍備論争での芦田であった(68)。

（2）「自主外交」「独立外交」批判

吉田の安全保障政策に対する批判者でありつづけた芦田は、しかし吉田政権が一九五四年末に崩壊したあとに発足した反吉田派の政権、鳩山一郎や岸信介の外交政策を支持したわけではなかった。

鳩山内閣は防衛分担金交渉をめぐってさっそく米国政府と衝突した。行政協定第二五条に基づき、日本政府は米軍の日本駐留経費として年間五五八億円を負担することになっていたが、一九五四年度予算については厳しい財政状況を背景に、保安庁費を増額する一方で一九五四年度に限って分担金を減額することで日米両政府が合意していた。その後まもなく発足した鳩山政権も防衛分担金の減額を望んだ。ところが、米国政府との十分な調整のないまま選挙公約に防衛分担金の削減を掲げ、さらに防衛庁費も前年度を下回る予算を編成しようとしたために、米国政府の厳しい反応に逢着したのだった。四月中旬、日米両政府は一九五五年度予算の防衛分担金を削減することで合意したけれど、交渉は三か月以上に及び、しかもこの過程で鳩山内閣が一方的に重光外相の訪米を閣議決定して米国政府に拒絶されたという失敗もあって、鳩山政権の対米外交は不安を感じさせる出発となったのである(69)。また、五月四日に調印された第三次日中民間貿易協定に、鳩山首相が「支持と協力」を与えるという書簡が添付されていたことは、自由党などから日本政府は民間協定に全責任を負おうとしているのではないかという批判を招いた(70)。五月一三日の衆議院予算委員会で、「日本の承諾なくして〔米国が〕日本に原水爆を貯蔵することはない」と考えていると鳩山が述べたことは、翌日の新聞で大きく報道されている。[71] いずれも対米関係に支障を来しかねない言動であった。「鳩山さんにはついて行けぬ」（一九五五年五月七日、『京都新聞』のインタビューで）、「鳩山内閣は Nationalist という印象を与えた。これ丈けで吉田内閣以下である」と芦田が手厳しく評価しているのは、[72] このような状況をみての感想であったろう。

鳩山が政治生命を賭けて挑んだ日ソ国交回復交渉についても、ともすれば懸案事項の解決を先送りして国交回復に突進しかねない鳩山とその周辺に、芦田は批判の目を向けた。第一次ロンドン交渉の行き詰まりが明らかになった九月中旬、彼は「政府の一部は遮二無二妥結に導かうとしたり、これを Issue として国会解散などを夢みる者がある。とんでもないことだ。ソ連が歯舞、色丹を返してそれで万事手打ちというのなら纏めることも一策だ。領土まで懸案のまゝで国交恢復と言っても一体それがどうして極東の平和になるのか。外務大臣も腹をきめて貰いたい。私もそれなら百％支持する」と重光葵外相を激励した。[73]

保守合同後、自民党外交調査会長に就任した芦田は、今度は吉田派とともに対ソ強硬姿勢をとりつづけた。[74] 平和条約方式による国交回復と、その前提条件としての領土問題の解決を要求し党の対ソ外交方針の形成を主導したのは、ひとつは日米関係を重視する立場に由来していたと考えられる。ソ連への急速な接近と安易な妥協が米国の対日不信を招くとともに、東西の均衡を西側に不利に傾かせるとの懸念があったのであろう。一九五六（昭和三一）年五月の日記には、「悪くするとこのまゝ日本は中立化の方向に進み、アメリカも見離すであらう」と危機感が綴られている。[75] 他方で、ちょうど同じころ、日ソ漁業協定が調印された際に日ソ国交回復の再開が発表されたことについて、芦田が「領土問題は棒にふる決心らしい。これでは党の分裂する危険さへある。どうするかゞ大問題となる。私は朝から鬱陶しい気持だ。南千島をすてる条約が国会で一人の反対なしに通るという事実を後代子孫に何と弁明するのか」と日記に憤懣をぶつけていることに注目したい。[76] 対日講和条約の中で芦田がもっとも批判したのが領土条項であったことを考えれば、歯舞、色丹、南千島（択捉、国後）に対する日本の主権を明確に主張しない取り決めに彼が反対したことは容易に理解できよう。それに、日本はサンフランシスコ講和条約で約束した以上の内容をソ連に対して与えることはできないとの考慮もあった。[77] 結局、芦田や吉田派は一〇月一九日にモスクワで調印された日ソ共同宣言に反発し、共同宣言の批准の採決を欠席した[78]。

日ソ国交回復は、少なくともソ連との戦争状態を終わらせて日本の北辺の不安定な状態を解消するとともに、日本の国連加盟を実現しシベリア抑留者の帰還を促すという観点からは、早急に達成しなければならない課題であった。長期的にみれば、芦田や吉田派の強硬姿勢はおそらく法的には筋が通っていたけれど、米国の観点にとらわれすぎていたかもしれない。しかし、対米関係を強化することに芦田にはいささかの迷いもなかった。衆議院での採決の前日、芦田邸を訪れた岸信介幹事長に対して「新内閣ができたらもつと思切つて左派と対決の態度をとらないと米国も日本を見離して、日本はいよいよ中立以上に共産国に侮られることになる」と訴えている[79]。東西間で双方から利益を引き出そうとする生き方ではなく、米国との強固な関係が日本の国際的立場の強化に資するとの信念がうかがえよう。

芦田においては、二つの陣営が対峙している世界において日本が協調し生存を追求できるのは西側世界であり、日本は反共自由主義の旗幟を鮮明にすべきであった。一九五六年一〇月に発生したハンガリー動乱に際して、ブダペストを制圧し自由化運動を押しつぶしたソ連の粗暴さに芦田はきっぱりと抗議の声を上げている。ほとんど一一月いっぱい、彼の日常は講演会を開き救援会を結成し、義捐金を募るなどハンガリー救援運動に費やされた。ところがこの問題に対する日本国内の関心は概して薄いように芦田には思われた。西欧諸国で抗議活動が行われているなか「日本だけは静かなものだ。そして日ソ協会の組織などが着々行われている」（一一月八日）。「世界はあげてソ連の行動を非難している際、日本人は無感性の如く平気でいる。殊に議員諸君にはこの辺の感覚が全くない。恐るべき国だ」（一一月二四日）[80]。

「自主」外交――芦田からみれば「中立」志向――への憤りと批判はその後も持続した。「岸内閣の外交はまるで"No Coast"で中立主義に近い、これでは日本の Security はどうするのかとの意見がほゞ一致した」（霞友会館での有志議員集会で）[81]。第一二回国連総会に「軍縮交渉促進ならびに核爆発実験停止に関する決議案」を提出するなど、加盟して間もなく国連安全保障理事会の非常任理事国に選出された日本政府の振る舞いを芦田は苦々しく論評している。「原水爆実験反対以来この問題については党は delicate な立場にある。馬鹿なことだ」[82]。米国の核戦力がようやくソ連の陸上兵力を抑止しているのが現実である以上、水爆実験は「簡単にやめられぬ」とみていたのである[83]。あるいは、「岸総理は

〝アジアの一員として〟とか言っているそうだが〔エジプト大統領〕ナッセルやソ連と一緒になって日本をどうしようというのか」（レバノン問題に関して）[84]。

そもそも芦田は、国連加盟が日本外交の選択肢を増やすとは考えていなかったとみられる。国連という場において決定力を持つのはやはり大国であり、具体的には安保理常任理事国である[85]。「一体日本が国連に参加してドレ丈け実効があるのかということさへ私は疑っている。小国として顔を並べるだけのもので、演説をぶつ人材もいないではないか」[86]。軍事力をもたない、したがって国際安全保障への実際的な貢献のほとんどできない日本は、あくまで「小国」であった。それに、国連によって「平和世界を建設するという仕事は決してなまやさしいことではない。平和を脅かすものに対して、口先の勧告や國連の決議が一片の空念佛に過ぎないことハンガリー事件をみても明かである。……人々が正義人道のためにそれぞれの犠牲を分擔する決心がつかないかぎり、國連は大仕掛けの演説討論會たるに過ぎない」[87]。このころの国連に対する芦田の見方には、絶望感すら漂う。

日米安保条約の改定に慎重だったのも、彼が西側陣営の安全保障と日米安保の抑止機能を重視したことによるであろう。

岸内閣が安保改定を目指して動きはじめると、芦田は外交調査会長として調査研究に着手し外交調査会案をまとめた[88]。原則として改定に反対はしないという姿勢であった。しかし、芦田の眼には「岸内閣の行き方はどこ迄も素人式で危ない」と映った[89]。彼は、安保条約を日本のみならず西側の安全保障のための装置としてみていた。核兵器の持ち込み禁止や事前協議を条約に規定することは、「日本にとり有利とも思われない」[90]。沖縄や小笠原が攻撃されるときに日本が沖縄に出動する余力があるはずはなく、「米国としても玩具のような日本の自衛隊に来られたら迷惑だらう」[91]。

事前協議制の導入や条約範囲の問題は、安保改定交渉の焦点のひとつであった。事前協議制によって日米の安全保障関係における日本の主権を確保すること、相互防衛条約の形式を実現して対等性を担保することを重視した岸や外務省に対して、芦田はそうした問題にあまり関心はなく、米国にとって安保条約を価値あるものとすることがむしろ重要と考えていたように思われる。「自由主義国が共産圏に打ちのめされたら、日本は衛星国家になり下るほかはない。だからわが国もまた戦争阻止の努力に一役買うことは当然の責任でありましょう。これだけの責任を自覚しなければ列国から信用されるはずがない。そのことが独立国たる資格を得ることだと思います[92]」。芦田が一貫して重視したのは、「西側の安全保障に日本がいかに貢献するか」なのであった。

だから、日本国内の基地問題や反基地運動には芦田はすこぶる冷淡であった。日本の報道は「富士山麓の基地騒ぎを煽動的に報じ原爆の問題をヒステリックに取扱っている。全く困ったものだ[93]」。「基地問題の一部として砂川町民が左の煽動でまた騒いでいる。共同防衛を約束している日本が、共同措置をとる場合に米国に反対の行動をとればそれはソ連を利する結果になる位のことは解り切った話である。それだのに朝日新聞迄が左の味方をするのはアキレたものだ。保守党政治家の責任は大きい[94]」。「基地問題等に関するヒステリーのような騒や言論の傾向を見ていつも"Disgusting"とつぶやく[95]」。一九五〇年代半ばに入るころには、基地周辺住民の権利要求が社会党や労組など左派勢力の反戦・平和主義運動と結びつき、全国規模の反基地闘争へと発展していた。反基地運動に左派勢力の脅威を感じた芦田は、けっして幻影をみていたわけではなかった。ただ、基地の存在に日常生活を脅かされた周辺住民の苦悩は、芦田の眼にはほとんど入らなかったのである。「すばらしい海外芸術に対する理解力は、あれほどゆたかだったのに、みじめな国内生活の実態には、一歩でも深く入って行こうとはしなかった」という武田泰淳の評は、少し厳しすぎるだろうか[96]。

4　合理主義的外交構想

晩年の芦田は、一連の現代外交史研究の集大成となる著作の執筆に情熱を注いだ。絶筆となった『第二次世界大戦外交史』（時事通信社、一九五九年）は全四九章、ドイツ軍のポーランド侵攻から日本のポツダム宣言受諾まで、膨大な資料を駆使してヨーロッパ戦線とアジア太平洋戦線の両方の展開と終末に至る過程を追った壮大な著作である（最後の数章は吉沢清次郎が執筆）。悪性肉腫に冒されて体の思うように動かない芦田を突き動かしていたのは、「満洲事変より太平洋戦争の勃発にいたるあいだ、わが日本の外交政策は、われわれの惧れていた最悪の途をたどったことがわかるのであって、その結果は遂に二千六百年の日本民族の歴史にかつて見ざる惨憺たる没落の淵に陥ることになったのである。こういう意味においても、何故に日本は大東亜戦争の如き無謀な戦争に突入するに至ったか、その原因、その経過、これを詳述して後代に遺すことは、われわれ現代人の責任であると思う」（同書序文）という使命感であった。序文に彼は次のようにも記している。「もとより自ら顧みてわが国を破滅に導く如き外交政策を主張し、またはかりにも亡国の危機に寄与する如き言動をなした覚えはないけれども、著者が三十年間政治生活にありながら微力にしてこの悲運を救うことのできなかったことは深く後世に罪を謝さねばならぬ」。対米英戦争に一貫して反対したという自負とともに、二度と外交を誤ってはならないという決意が戦後の芦田の行動の原動力となっていたことがうかがえるであろう。

芦田の死の四日後、国会で追悼演説を読み上げたのは、占領期に中道連立政権をともに組織した片山哲であった。「多年激しき風雪と幾多の試練に耐え、常に自己の信念を貫き通された君の孤高の姿は、忘れられざる君のよき印象であります」という芦田像に、おそらく多くの人がうなずいたのではないかと思われる。[97]「孤高」の政治家ではあったけれど、芦田が後進に与えた影響は考える必要はあるのではないだろうか。一九五〇年代半ごろまで、芦田邸には福田赳夫がしばしば出入りしている。また佐々淳行や若泉敬など、東大の新人会で活動する学生への応援も芦田は惜しまなかった。[98]

「物事を合理主義的に考え処理した人」という西尾末広の表現が味わい深い。[99]アジア太平洋戦争後の芦田の外交構想は、共産主義勢力との妥協は不可能という感覚を一方の軸としつつ、国際法や条約の体系、慣行の集積で構成される国際制度への深い理解と、力の均衡を国家間関係の基本構図ととらえる観点から成る国際政治観から理論的に導き出されたものであったように思われる。人びとの生活感覚に根ざした、したがってすぐれてローカルな要求も豊かさへの渇望も、ナショナリズムや自主、独立への欲求といった情念も、あるいは悲惨な戦争体験に裏打ちされた反戦、反軍感情も、おそらく芦田の外交構想からは捨象された要素であった。再軍備政策をめぐって吉田と相容れず、鳩山や岸の「自主外交」にも芦田が与さなかったのは、この点にあるのではないだろうか。

注

（1）武田泰淳（一九六〇）『政治家の文章』岩波新書、四七―四八頁。
（2）芦田の外交論を「〝ヨーロッパ近代〟の延長上にあり、外交を欧米列強の〝力の均衡〟ゲームを軸に見すえ、西欧との協調を説くリアリズム外交論」と理解したものとして、進藤榮一解題、進藤榮一編（一九八六）『芦田均日記』第一巻、岩波書店、三五頁。芦田の「普遍主義的国際政治観」に光を当てた研究として、矢嶋光（二〇一四）「戦後日本における再軍備論の理念とその起源――『新外交』論者芦田均の戦前・戦中・戦後」大阪大学大学院法学研究科博士学位論文（二〇一四年三月）。吉田龍太郎「保守合同後の芦田均――近代主義者の国家論とその帰結」『法学政治学論究』第一〇一号（二〇一四年六月）七一―一〇二頁は、芦田の防衛政策論を彼の政治理念の反映として論じた。また上田美和は、安倍能成との比較でリベラリストとしての芦田を分析している。上田美和（二〇一五）「リベラリストの悔恨と冷戦認識――芦田均と安倍能成」伊藤信哉・萩原稔編著（二〇一五）『近代日本の対外認識Ⅰ』彩流社、三〇四―三五二頁。
（3）矢嶋「戦後日本における再軍備論の理念とその起源」第一章第二節。
（4）同上。
（5）「芦田均略年譜」福永文夫・下河辺元春編（二〇一二）『芦田均日記　一九〇四―一九四五』第五巻、柏書房、六七―六八頁。
（6）ジャパン・タイムズ社長としての芦田の活動は、矢嶋光（二〇一五）「芦田均と『ジャパン・タイムズ』――一九三〇年代における日本の対外宣伝の一側面」『名城法学』第六五巻第一・二合併号（二〇一五年一一月）、一三三―一五四頁。
（7）芦田均（一九三二）「極東ロカルノの提唱」『外交時報』第六七一号（一九三二年一一月）、一一七―一三三頁。
（8）矢嶋「戦後日本における再軍備の理念とその起源」第二章。
（9）北岡伸一（一九八七）『清沢洌――日米関係への洞察』中公新書。
（10）一九五〇年七月二十六日の条、『芦田均日記』第三巻、三二六頁。
（11）一九四六年六月二五日の条、『芦田均日記』第一巻、一一八頁。
（12）「第九〇回帝国議会衆議院議事速記録第三五号」一九四六年八月二五日。
（13）一九四六年八月二四日の条、『芦田均日記』第一巻、一二八―一二九頁。
（14）一九四六年二月二二日の条、『芦田均日記』第一巻、七九―八〇頁。
（15）「第九〇回帝国議会衆議院帝国憲法改正案委員会議録（速記）第九回」一九四六年七月九日。
（16）竹中佳彦（二〇〇二）「『芦田修正』再考」『北九州市立大学法政論集』第三〇巻第一・二合併号（二〇〇二年八月）、一―五八頁。

(17) 牧野伸顕宛吉田茂書簡（一九四六年一〇月二一日）吉田茂記念事業財団編（一九九四）『吉田茂書翰』中央公論社、六七三頁。
(18) 外務省内の安全保障研究については、楠綾子（二〇〇九）『吉田茂と安全保障政策の形成――日米の構想とその相互作用、一九四三～一九五二年』ミネルヴァ書房、第四章。
(19) 鈴木九萬「平和条約成立後の我国防問題」『芦田日記』第七巻、三九八―四〇四頁、「鈴木横浜終戦連絡事務局長のアイケルバーガー第八軍司令官との接触」一九四七年九月一三日、外務省文書 B'-0008/3『対日平和条約関係、準備研究関係』第三巻。
(20) 楠（二〇〇九）。
(21) 一九四七年七月二二日の条、『芦田均日記』第二巻、一三一―一四頁。
(22) 一九四七年九月二四日の条、『芦田均日記』第二巻、一四頁。
(23) 楠『吉田茂と安全保障政策の形成』一五四頁。
(24) 五十嵐武士『戦後日米関係の形成――講和・安保と冷戦後の視点に立って』（講談社学術文庫、一九九五年）第一章。楠『吉田茂と安全保障政策の形成』第二章。
(25) 『産経新聞』二〇一五年七月一九日（朝刊）。
(26) 一九四八年三月二四日の条、『芦田均日記』第二巻、八〇頁。
(27) 一九四八年三月五日の条、『芦田均日記』第二巻、六五頁。
(28) 一九四八年四月九日の条、『芦田均日記』第二巻、九二頁。
(29) 一九四八年九月一八日の条、『芦田均日記』第二巻、一九四頁。
(30) 一九四九年七月六日の条、『芦田均日記』第三巻、一四〇頁。
(31) 一九五〇年六月二八日の条、『芦田均日記』第三巻、三〇九頁。
(32) 一九五〇年七月二〇―二一日および二五日の条、『芦田均日記』第三巻、三二一―三二三、三二五頁。
(33) 一九五〇年七月二六日の条、『芦田均日記』第三巻、三二六―三二七頁。
(34) 一九五〇年七月二八日の条、『芦田均日記』第三巻、三二八頁。「シーボルド宛書簡原稿（第一号）」一九五〇年七月二一日、『芦田均日記』第七巻、四一二頁。
(35) 一九五〇年一二月七日の条、『芦田均日記』第三巻、四〇八―四〇九頁。『朝日新聞』一九五〇年一二月二八日（朝刊）。
(36) 一九五〇年一二月一四日の条、『芦田均日記』第三巻、四一三―四一四頁。
(37) 『朝日新聞』一九五〇年一二月一七日（朝刊）。
(38) 一九五〇年一二月一六日の条、『芦田均日記』第三巻、四一六頁。

(39) 一九五〇年一二月二六日の条、『芦田均日記』第三巻、四二四頁。
(40) 芦田均（一九五一）「自由と平和のための闘ひ――風にゆらぐ八千万本の葦」『文藝春秋』一九五一年三月号、三三一―三三五頁。
(41) 楠（二〇〇九）二七九―二八一頁。
(42) 一九五一年一〇月一二日の条、『芦田均日記』第四巻、二六頁。
(43) 『朝日新聞』一九五〇年一一月二七日および二八日（いずれも朝刊）。
(44) 一九五〇年六月二六日の条、『芦田均日記』第三巻、三〇六―三〇七頁。
(45) 一九五〇年一二月一日の条、『芦田均日記』第三巻、四〇二頁。
(46) 「第一二回国会衆議院平和条約及び日米安全保障条約特別委員会議録第三号」一九五一年一〇月一八日。
(47) 一九五一年九月八日の条、『芦田均日記』第四巻、六―七頁。
(48) 神川彦松（一九五二）「『吉田外交』の性格とその必然的行詰」『経済往来』第四巻第九号（一九五二年一〇月）六―一三頁。
(49) 芦田宛神川彦松書簡、一九五一年九月二八日、『芦田均関係文書』（国会図書館憲政資料室所蔵）。
(50) 一九五一年一〇月一五日の条、『芦田均日記』第四巻、二七頁。「第一二回国会衆議院平和条約及び日米安全保障条約特別委員会議録第三号」。
(51) 「第一二回国会衆議院平和条約及び日米安全保障条約特別委員会議録第三号」。
(52) 一九五二年八月一六日の条、『芦田均日記』第四巻、一九五頁。
(53) 一九五一年一月二七日の条、『芦田均日記』第三巻、四四三頁。
(54) 一九五一年二月九日の条、『芦田均日記』第三巻、四五二頁。
(55) 一九五一年二月二七日の条、『芦田均日記』第三巻、四六一頁。
(56) 吉田の安全保障構想については、楠（二〇〇九）第五、六章参照。
(57) 改進党防衛委員会での議論など。一九五二年三月三日の条、『芦田均日記』第四巻、一一一頁。芦田均（一九五二）「戦争放棄と戦力」『世界』一九五二年五月号、四八―五〇頁。
(58) 一九五二年一二月二日の条、『芦田均日記』第四巻、二五二頁。
(59) 一九五二年六月五日の条、『芦田均日記』第四巻、一五九頁。
(60) 一九五四年五月二九日の条、『芦田均日記』第五巻、一八九頁。一九五五年一〇月二三日の条、『芦田均日記』第六巻、二四一―二五頁。防衛庁の郷土防衛隊構想は、芦田案に基づく改進党の防衛五ヶ年計画をもとに作成され、その芦田案のデータの詳細は下村が執筆したという。

(61) 一九五二年二月一三日の条および二月二〇日の条、『芦田均日記』第四巻、九九―一〇〇、一〇四頁。
(62) 一九五二年二月二一日の条、『芦田均日記』第四巻、一〇四頁。
(63) 一九五二年三月一二日の条、『芦田均日記』第四巻、一一五頁。
(64) 防衛庁・自衛隊の創設過程については、宮本吉夫（一九六二）『新保守党史』時事通信社、第六章。植村秀樹『再軍備と五五年体制』（木鐸社、一九九五年）第四章などを参照。
(65) 一九五三年一一月三日の条、『芦田均日記』第五巻、五六頁。
(66) 一九五四年一月一四日の条、『芦田均日記』第五巻、九九頁。二月一七日の条、一一七頁。
(67) 一九五四年一月二八日および二九日の条、『芦田均日記』第五巻、一〇七頁。一九五五年一二月三日の条、『芦田均日記』第六巻、四七頁など。
(68) 武田（一九六〇）『政治家の文章』六七頁。
(69) 中村起一郎（一九九八）「防衛問題と政党政治――日米防衛分担金交渉（一九五三―一九五五）を中心に」『年報政治学』一九五―二一二頁。池田慎太郎（二〇一二）『独立完成への苦闘　一九五二～一九六〇』吉川弘文館、七四―七五頁。
(70) 『読売新聞』一九五五年五月七日（朝刊）。
(71) 「第二二回国会衆議院予算委員会議録第一二号」一九五五年五月一三日。『朝日新聞』一九五五年五月一四日（朝刊）、『読売新聞』一九五五年五月一四日（朝刊）。
(72) 一九五五年五月一四日の条、『芦田均日記』第五巻、四〇九頁。
(73) 一九五五年九月一五日の条、『芦田均日記』第五巻、四七〇頁。
(74) 田中孝彦『日ソ国交回復の史的研究――戦後日ソ関係の起点：一九四五～一九五六』（有斐閣、一九九三年）。
(75) 一九五六年五月一八日の条、『芦田均日記』第六巻、一四〇頁。
(76) 一九五六年五月一四日の条、『芦田均日記』第六巻、一三七頁。
(77) 一九五六年九月一七日の条、『芦田均日記』第六巻、二〇八頁など。芦田均（談）「慎重論の立場から」『世界』一九五六年一一月号、六五―六七頁。
(78) 一九五六年一一月二六、二七日の条、『芦田均日記』第六巻、二四五頁。
(79) 一九五六年一一月二六日の条、『芦田均日記』第六巻、二四五頁。
(80) 一九五六年一一月五―一八日および二四日の条、『芦田均日記』第六巻、二三五―二四一、二四四頁。
(81) 一九五七年一〇月三一日の条、『芦田均日記』第六巻、四〇七頁。

(82)　一九五七年一一月二八日の条、『芦田均日記』第七巻、七―八頁。一九五八年二月一二日の条、『芦田均日記』第七巻、四〇頁。
(83)　芦田均（一九五七）「日本はどっちを向いている――底に流れる根本的な問題点」『経済往来』一九五七年一〇月号、一一七―一二八頁。
(84)　一九五八年七月一六日の条、『芦田均日記』第七巻、一三五頁。
(85)　芦田（談）「慎重論の立場から」六八頁。
(86)　一九五五年一二月一九日の条、『芦田均日記』第六巻、五三頁。
(87)　芦田均ほか（一九五二）「国連加盟の心構え」『中央公論』一九五二年二月号、一一二―一一三頁。
(88)　一九五七年四月五日および四月二七日の条、『芦田均日記』第六巻、三一七、三二八頁。
(89)　一九五八年一〇月四日の条、『芦田均日記』第七巻、一六八頁。
(90)　一九五八年一〇月一日の条、『芦田均日記』第七巻、一六六頁。
(91)　一九五八年一一月三日の条、『芦田均日記』第七巻、一七九頁。
(92)　芦田均（一九五八）「核兵器時代の外交」（講演録）『大陸問題』一九五八年三月号、一〇―二九頁。
(93)　一九五五年五月一四日の条、『芦田均日記』第五巻、四一〇頁。
(94)　一九五五年八月二四日の条、『芦田均日記』第五巻、四六一頁。
(95)　一九五五年九月三日の条、『芦田均日記』第五巻、四六五頁。
(96)　武田（一九六〇）五六頁。
(97)　「第三二回国会衆議院会議録第二号」一九五九年六月二四日。『朝日新聞』一九五九年六月二一日および二二日（朝刊）。
(98)　一九五二年一二月三日の条、『芦田均日記』第四巻、二五三頁、一九五三年三月一八日の条、同上、三二二頁など。一九五四年三月二一日の条、『芦田均日記』第五巻、一三九頁。
(99)　『朝日新聞』一九五九年六月二一日（朝刊）。

参考文献

楠綾子（二〇一三）『現代日本政治史① 占領から独立へ』吉川弘文館。

福永文夫（二〇一四）『日本占領史　一九四五―一九五二――東京・ワシントン・沖縄』中央公論新社。

五百旗頭真（一九九七）『占領期――首相たちの新日本』読売新聞社（二〇〇七年、講談社学術文庫）。

第3章　鳩山一郎

――「吉田のすべて反対」を求めて――

中島信吾

〈略歴〉

一八八三年（明治一六）一月　東京市牛込区（現・東京都新宿区）東五軒町に出生。
一九〇七年（同四〇）七月　東京帝国大学法科大学法律学科（英法）卒業。
一九一五年（大正四）三月　立憲政友会公認で衆議院議員選挙に初当選。
一九三一年（昭和六）一二月　文部大臣（犬養毅内閣）。
一九四五年（同二〇年）一一月　日本自由党結成、総裁に就任。
一九四六年（同二一年）五月　公職追放となる。
一九五四年（同二九年）一二月　内閣総理大臣に就任（第五二代）。
一九五六年（同三一年）一〇月　訪ソ、モスクワで日ソ共同宣言。日ソ国交回復。
同年一二月　内閣総理大臣辞職。
一九五九年（同三四年）三月　逝去。七六歳。

鳩山一郎は生粋の政党政治家として育ち、生涯を全うした人物である。戦前、鳩山は体制からにらまれても反共・自由主義的政党政治家としての態度を貫いた。そして終戦後、彼は新しい時代のリーダーとして求心力を高め、戦後初めての選挙を経て宰相となるはずだったが、その目前で公職追放の憂き目に遭う。さらには一九五一年、公職追放が解ける直前に、今度は病が彼を襲った。鳩山が悲運の政治家とも称されるゆえんでもある。

しかし、時代は彼を見捨てなかった。占領期から続いた長期政権となった吉田茂政権の後を受けて、一九五四（昭和二九）年一二月、鳩山一郎は宰相の座についた。吉田の功績が日本を講和独立に導いたことにあったにせよ、政権が長期に及ぶにつれ、国民の間にはその外交についてあまりに米国寄りで、これでは占領の継続ではないかという批判が鬱積し、それがナショナリズムの高揚と連動した。戦前からの政党政治家として、そうした国民の声を積極的にすくい上げ、さらにはそれを自らの政治的な力となさんとしたのが鳩山であった。

米国への単なる追随ではない、より自主的な外交を模索することはできないのか。防衛分担金削減交渉や安保条約の改定といった米国との関係、中国をはじめとするアジア諸国との関係、そしてもっとも力を注いだソ連との国交回復問題。鳩山は、米国との関係を基軸としながら吉田外交との違いを打ち出そうと試みるが、それは簡単な道のりではなかった。彼はソ連との国交回復を花道とし、一九五六（昭和三一）年一二月に辞職した。そして、一九五九（昭和三四）年三月、静かにこの世を去った。昭和を代表する一人の政党政治家の死だった。

1　自由主義的政党政治家へ

鳩山一郎は一八八三（明治一六）年、東京に生まれた。父和夫は備前勝山藩家臣の四男として生まれ、文部省が一八七五（明治八）年に第一期留学生を送り出す際には法学第一位の成績で選抜され、コロンビア大学を経てイェール大学に進み、博士の学位を得た。帰国後、外務省で条約改正事業を中心に外交事務に従事するとともに、帝国大学法科大学教授等を務めたが、一八九二（明治二五）年、第二回総選挙において東京市部第九区（小石川・牛込・四谷）で当選し、以後連続当選した。

母春子は信州松本藩士の娘として生まれ、東京女学校と東京女子師範学校において英語を中心に学び、一八八一年、和夫と結婚した。一郎は幼少期を振り返り、「小学校から中学校に至る間は一言で云えば、学校で教育を受けたと云うよりはむしろ、家庭に於ける母の教育が主で」、中学に入った頃からは「毎朝三時半にたたき起こされて学校に登校するまで、数学、英語、漢文を学ばされた」という。また父和夫からも、グラッドストーン（William E. Gladstone）やりンカーン（Abraham Lincoln）の伝記を薦められ、「リンカーンのゲティスバーグ演説などは特に学生時分そらんじて」いた。彼は将来弁護士となり、政治家になることを「ほとんど先天的に決められていた」と感じていた。実際、和夫が一九一一（明治四四）年に死去すると、それに伴う東京市会議員の補欠選挙に出馬して当選、政治家への道を歩み始めた。一郎が二九歳のときである。そして、一九一五（大正四）年の第一二回総選挙において、政友会の公認候補として立候補すると最年少で当選し、衆議院議員となる。これが彼の国政レベルの政治家としての第一歩であり、以後、公職追放中をのぞいて、立候補した全ての衆議院議員選挙で当選し続けることとなる。

鳩山は政党人として徐々に頭角を現し、初当選から一〇年もたつと演説の聴衆から「未来の総理大臣」と声がかかるようになった(1)。そして、一九二七（昭和二）年に田中義一内閣が発足すると鳩山は内閣書記官長に就任し、一九三一（昭和六）年に犬養毅内閣が発足すると、文部大臣として入閣し、将来総裁の可能性がある若い大臣として見なされるようになった。五・一五事件で犬養内閣が崩壊し、斉藤実内閣に留任した鳩山は一九三三年、滝川事件に担当大臣として関与することになる(2)。鳩山は翌一九三四（昭和九）年、文部大臣を辞任し、一議員に戻った。

これからもしばらくの間、鳩山は鈴木喜三郎総裁を支える中心の一人であったが、政権への見通しを失った政友会は次第に分裂的な傾向を深めていった。そうした中、彼が一九三六（昭和一一）年一月号、つまりこれからしばらくして二・二六事件が起きようかという時代の中、『中央公論』に発表したのが「自由主義者の手帳」と題した一文だった。この中で鳩山は次のように説いた。「今日の社会情勢、政治的傾向では、自由主義とか議会主義とかいふ風潮が、統制主義、独裁政治の力に圧迫せられて甚だ影が薄い」。「人間が自由を求める心、自由を理想とする主義、すなわち自己の定めた規律で自己の感性を図つて、それには他の干渉を許さないという主張は、如何なる時代に於いても人間性の根底をなし、血管を流れて生きる抜き難い信念である」。

続けて日本の状況を批判して次のように指摘する。「言論は憲法に保護せられているにもかかわらず、現実には、言論の自由がない。言論は、大きな岩に押しひしがれている」。そして、日本固有の事情を顧みずに「ヒットラーやムッソリーニの真似をする者が、もしあればはなはだ危険」である。「独裁的傾向が強い時、この勢力に便乗して官僚の政治的地歩奪還を志すというような者があるとすれば、それは卑怯な陰謀」であるとして官僚、軍人の政治進出を牽制した上で、「選挙を経て、すなわち民意を代表して出て来た者、代議士が政治の中心をなすべき筈のものである」と主張した。暗殺された犬養は「話せばわかる」といったが、これが「議会政治のコツ」であり、これに対して「問答無用」が「独裁政治の手」である、という。

そして鳩山は最後に厳しく現状を批判する。「日本の今日の状態のように、挙国一致と称する内閣の重心が国民多数を基礎とする政党以外の力によつて代表されるのでは、われわれは肯定のしようがない。しかも、挙国一致が実は挙国不一致であり、議会に臨んでは絶対多数党の寛容を得た場合にのみ通り得るというような変態偽装の挙国不一致内閣は、われわれの到底肯定できぬ内閣であり、かかる変態的政治情勢を一日も早く軌道に引き戻さねばならぬ」(3)。この頃の時代背景を考えると、この文章全体が発表するに相当勇気がいる内容だったといえるだろう。

この翌年、鳩山は一九三七（昭和一二）年の夏から約半年かけて欧米行脚に出ている。「私のような自由主義者、民主主義者は政界でもあんまり用のない人間になりかかっていた。こんなに国内で用のない時に、一応世界を見て廻っておくのも却っていいことだろうと思い」、英米独仏等の各国に向かった。なお鳩山の出発直前に盧溝橋事件が勃発し、彼の欧米滞在中に戦線は拡大した。さらにそれが反英運動に発展し、日英関係に影響を与えることを憂慮したのが、当時駐英大使だった吉田茂である。吉田は鳩山のイギリス滞在中頻繁に意見交換を行い、チェンバレン（Neville Chamberlain）首相など要人を鳩山に紹介した。「時代とは逆な方向点で意見の一致を」見て、「吉田君は有数の外交官である。充分活用せねば嘘だ」との印象を鳩山は抱いた(4)。

帰国した鳩山を待っていたのは、政友会の枢要にも浸透していた一国一党の新党論だった。国家総動員法に親和的だった「新党派」とは、むろん鳩山は相容れなかった。一九三九（昭和一四）年四月に政友会は分裂し、さらに一九四〇（昭和一五）年二月、斎藤隆夫のいわゆる「反軍演説」に際して、斎藤の除名に多くの議員が賛成票を投ずる中、それに反対する鳩山等は敗北した。そして七月には政友会が解散し、翌月、民政党も解党してついに日本は「無政党時代」に入った。一〇月、大政翼賛会が発足する。この院内会派として翼賛議員同盟が結成されて三二六名が所属したが、ここに属さなかった少数の議員たちがいた。それが、鳩山を中心とした会派である同交会である。彼らは太平洋戦争開戦間近の一九四一（昭和一六）年一一月、三五名で結成された。同交会は一九四二年に実施された翼賛選挙では非推薦で臨み、警察の露骨な干渉を受けながらも鳩山は当選したが、同交会としては九名の当選にとどまり、会の解散に追い込まれたのだった。(5)

2　宰相への険しき道

（1）戦後政界の主役として――反共と再軍備

隠遁先の軽井沢で日本の敗北が近いことを知った鳩山は、終戦の暁には新党の結成に着手すべきことを芦田均と語らった。そして終戦後の八月二二日に上京すると、安藤正純等同交会に所属していた代議士と協議を進め、新たな政治勢力の結集をはかった。

終戦から一カ月もたたない九月七日、鳩山は「公道に基く進退」と題した一文を読売新聞に寄稿した。そこにおいて、ポツダム宣言第五項に掲げられている民主主義的傾向の復活と言論、宗教及び思想の自由並びに基本的人権の尊重は日本にとって耳新しいものではなく、すでに五箇条の御誓文にその精神が明示されており、いわば近代以降の日本に固有の要素と必ずしも不整合ではないと論じた。そして、「自由経済と自由貿易とが今後の国民生活を支配するように建直すべき」であり、日本には「国民の手により、国民の間に根を下ろした政党が誕生すること」が必要とした上で、近々新しい政党を結成する意思を発表した。そして一一月九日、鳩山を総裁とした日本自由党の結党大会が行われ、綱領には軍国主義的要素の根絶、国体護持、自由な経済活動の促進、人権の尊重、女性の地位の向上といったことが盛り込まれた。(6)鳩山六二歳のことである。

翌一九四六（昭和二一）年一月、ＧＨＱの指示で四月に戦後初めてとなる総選挙が実施されることになり、自由党は最も多い四八五名の候補者を立てた。そして、二月下旬、自由党は政界全体に対して、自由党を中心とする安定勢力の確立を呼びかけ、「天皇制を護持し」、「保守主義民主政治の担うべき使命に認識を新たにしいよいよ重責を感ずるとともに共産主義に対し断乎たる態度を表明しなければならない」とする反共声明を発した。鳩山はこのとき、日本本来の姿は「天皇を戴いて全国民が仲良く生活して行くところ」にあり、「軍国主義的な動向などは歴史上も極めて短期間にすぎない」と述べた上で、社会党に対しては天皇制について考えを明確にするように求めた(7)。

総選挙の結果自由党は第一党となり、その党首たる鳩山には首相の座が目前に見えたはずだが、五月、ＧＨＱによって公職追放となった。彼からすれば「追放の内容全く意外の事実のみ」であり、その報に接した鳩山は、「屋根越しに見える赤旗（ソ連大使館の）をにらみつけながら、『僕はあの旗は嫌いだ』とつぶやいた」という。そして、彼は戦前からの盟友の吉田に首相の座を託したのだった。戦前、日本が戦争に向かっていく中で、吉田とは「政治観、世界観で二人の間はピッタリ一致していて、全く同じ政治の軌道を歩いた間柄」であったとはいえ、鳩山にとっては相当に苦しく、厳しい選択であったに違いない。吉田内閣の組閣直前の鳩山の日記には、なかなか吉田が鳩山の要請を受けず、また受けた後も人事等をめぐって振り回される様子が記され、「吉田の評判殊の外悪く、内閣の寿命は短からん」とあるのが鳩山の複雑な感情を表しているようで興味深い(8)。

鳩山は再び軽井沢に戻った。しかし、時代は大きく動く。冷戦の東アジアへの波及はアメリカにとっての日本の戦略的地位を高め、占領の政策の主眼も徹底的な民主化と非軍事化から復興へと移っていく。そして一九五〇（昭和二五）年六月、朝鮮戦争が勃発して、日本の間近で冷戦どころか熱戦となった。一〇月、米国は対日講和七原則を発出し、いよいよ講和が現実的スケジュールにのっていくことになる。

翌一九五一（昭和二六）年一月、米国より講和問題担当特使であるダレス（John F. Dulles）が来日し、有名な吉田・ダレス会談が開かれていくのだが、このときの主な争点が講和後の日本の安全保障問題、中でも再軍備問題であったことはいうまでもない。吉田は経済復興を最優先にする観点から、その時点で日本が大規模な再軍備に乗り出すことには消極的であり、その姿勢にダレスは失望を隠さなかった。そしてダレスは来日時に鳩山にも会って意見交換をしており、この時、鳩山はあらかじめ書簡を用意してダレスに手渡している。

ここで鳩山は、現状では共産主義の侵略に抗しうる国力と国民の熱意が日本に備わっておらず、そのため、「民主国家群の強力な共同戦線の結成が緊急な問題」だと主張している。そして具体的には、日本国内の反米感情の除去、旧軍人の追放解除の重要性、講和及び講和後の安全保障にかかわる諸問題について述べ、講和後においても米軍の日本駐留が必要で、米国の日本防衛についての確約を得ることがもっとも望ましいとした。そして、再軍備については、すでに創設されていた警察予備隊の実情に関して以下のように指摘している。

「日本に国家警察軍が出来ておることは事実であるが、国民はこれを以て満足はしていない。専門家の話によれば、国警軍（警察予備隊）の弱点は、日本人の風習や心理に通じていない米国人によって指導されておることである。〔中略〕今一つの弱点は隊の内外に於いて傭兵の感を与えていることである。この問題については特別の調査を願いたく、このまゝですゝめば、心理的弱点が次第に表面化していくことを立證するだろう」（括弧内引用者）。[9]

この中に出てくる「専門家」が誰なのかは特定されていないが、その中に、東条英機陸相の秘書官を務め、開戦時に参謀本部作戦課長の要職にあった服部卓四郎元陸軍大佐が含まれていたことは間違いない。ダレスとの面会に備え、鳩山はそれまで面識のなかった服部を招いた上で丁重にもてなし、再軍備問題について助言を求めた。そして鳩山と服部の接触はこの時だけで終わったわけではなく、彼が政権を担当してからも続いていった。結果的に失敗に終わるが、鳩山は、鳩山内閣時に創設された国防会議の事務局に服部を送り込もうとしたのである。[10]

ここで服部についてすこし説明しておこう。戦後、旧軍人たちは公職追放となり、新しい生活基盤を確保すべく苦闘する中、一部の旧佐官クラス、旧将官クラスの旧軍人たちは密かにＧＨＱの庇護を受け、活動を行っていた。その中で、旧陸軍の後継者的存在と目されたのが、服部を中心としたいわゆる服部グループだった。彼らは作戦課員だった者、並びに作戦課と密接な関係にあった参謀本部、陸軍省の課長、課員などがメンバーで、総勢一〇名ほどだった。鳩山の日記には、グループの主要メンバーだった堀場一雄元陸軍大佐の名前も見受けられる。彼らの多くは、ＧＨＱ参謀第2部（Ｇ２）のＣ・Ａ・ウィロビー（Charles A. Willoughby）准将の庇護の下、復員業務や太平洋戦史の編纂に当たりながらも再軍備に対する関心を持ち続け、服部を始め旧軍人を首脳部とする「新軍」を再建する計画を練っていた。[11]

警察予備隊が創設されることになると、ウィロビーは服部を警察予備隊の総監に起用しようとした。ところが、服部を入隊させ、しかもその長とさせることについてはＧＨＱ内のコンセンサスを得ていたわけではなかった。そこで策動が民政局長であるＣ・ホイットニー（Courtney Whitney）やマッカーサー（Douglas MacArthur）の知るところになると、服部らの「過去の負債」がネックとなり、この計画は水に流れたのである。そして当然、吉田はじめ日本側関係者も強く反発した。特に、戦後の防衛機構を戦前との質的な断絶の下に整備しようとしていた吉田は、服部およびそのグループを「ウィロビー将軍のところにいるような日本軍人など使いたくない」として徹底的に忌避した。また、旧陸軍出身の主だった者の中にも、「あの戦争を始めた人たち」である服部らが、戦後もこうした活動を行っていることに対して批判的な声が存在していたのである[12]。

旧陸軍嫌いで有名だった吉田も、あるいは鳩山と同様に積極的な再軍備を主張していた芦田にしても、アドヴァイザーとして旧軍人から軍事問題について意見を聞いていた。だが、「過去の軍閥は、その少数がいだく名誉欲のために侵略戦争をおこしたといえよう。大きな罪悪を犯したといっていい」とし、中野正剛、三木武吉と共に「公然と東条内閣と対決」した鳩山が、なぜ服部を重用しようとしたのか、興味深いところではある[13]。

さて、反共と再軍備の問題は、この頃の鳩山の最大の関心事の一つであり、さまざまな場で積極的にその立場を表明していたが、その内容にはほぼぶれが見当たらない。「今の若い人達に民主主義の本当の意味を教え度いと思つている。一般に今の解釈は間違つている。私はそれを正し、何故共産主義がいけないかという事を解らせ度い」。「再軍備は絶対に必要だよ。共産主義者たちの謀略に、赤色暴力に対抗し得るものは、強力な軍隊でなければならない。之がなくては如何に各国の援助を仰ぐとも、我が国は滅亡の外はないだろう」。そして「民主主義の真髄」は同胞愛に他ならず、「この信条に徹した軍隊を作る事が即ち赤色の侵略に対する最強の防壁を作る事になる」と強調した[14]。

また、別の機会にも、共産主義の負の実態と日本の経済的なポテンシャルについて国民に「知識を与え」、「自分の良心の命令は至上命令なのだから、それに従うのがデモクラシイだということを教えて歩かなければ、デモクラシイは成立しない。自分の良心を持たないような人間のグループならば、軍備は何のためにもならん。［中略］立派な軍隊を造るには、先ず国民生活を向上させ、青年の気分を正しくし、その上で徴兵制度でもつて軍隊を造つて行く」と主張している。

徴兵制の導入についてはこの頃の彼の再軍備論の特徴の一つでもあるが、彼の抱く民主主義観と再軍備問題、そして反共思想がいかに連関しているのか垣間見えるようだ[15]。なお、翌年に発表した一文の中でも、「日本はデモクラシー国家として再出発する」が「現実にそのデモクラシーの道が阻害されている以上、自由と平和と兄弟愛を自衛する手段」として再軍備とそのための憲法改正を主張している[16]。

この頃の鳩山は、日本の安全保障環境について強い危機意識を抱いていた。ある海外の記事を読んだ鳩山は、「日本の安全性、ソ連よりの侵略の危険性についてては発言がない。日本は危険にさらされても自己防衛の力を与へぬのか？」と心情を日記に綴っている。この点、吉田は「両陣営が全面的戦争に突入することはない、現在の対立紛争は、時に緩急の差はあるとしても、永続する、その間『戦争になるぞ、なるぞ』との神経戦にひっかかってはならぬ、ソ連は断じて日本に侵入しないであろうと考えられる」として対照的な認識を有していたことを指摘しておこう[17]。

公職追放解除が目前に迫り、精力的に活動する中、再び不運が彼を襲った。一九五一年六月一一日、追放解除後の政局について同志と懇談の中、脳溢血で鳩山は倒れたのである。ここから再び雌伏の時が訪れるが、八月、追放解除決定の日、鳩山は政治的抱負を自由党機関誌『再建』に語っている。その概要は以下の通りである。

「敗戦によって共産勢力が台頭し、ユーラシアの過半を制する赤色勢力に呼応している」。講和後は占領期とは異なり、「われわれは自力で秩序を保ち、赤化を防止する心構えが必要である」。そのために、「日本は講和後、民主国家群が形つくつている防衛機構に積極的に参加し、共同防衛の一役を担当する」ことが「第二次世界大戦後の戦略思想の前提」だが、「これは国防を他国に任せるというのではなく、自らも防衛力を培い、諸外国の兵力と共同布陣をとるのである。したがって日本は、独立後は再軍備しなければならぬ」。「共同防衛の体制を鉄壁のかたきに置くことは侵略の成算を失わしめることを目的とする。平和を維持するためには、武装する以外に道がない現実をかみしめて知るべきである」[18]。

これまで見てきたように、この頃の鳩山の主張は反共と再軍備、そして再軍備を実現するための憲法改正論が特徴的だが、「内外における共産主義勢力による現実的な脅威」の存在と[19]、日本単独での防衛を構想するのでも日米二国間の安保体制でもなく、多国間集団防衛機構への積極的な参加が強調されていたことは、後の彼の主張の変化を考えると興味深い。

（2）政界への復帰――日ソ関係の調整

政界復帰への執念を失わなかった鳩山は療養に努めた。そして一九五二（昭和二七）年八月、吉田が選挙の準備が整わないうちに鳩山派に対する先制攻撃として「抜き打ち解散」を仕掛けると、自由党は鳩山派の候補者も党公認としたが鳩山派はそれを潔しとせず、ステーション・ホテルを根城に選挙活動を行った。今日の選挙制度では考えがたい、まったくの分裂選挙であった。

九月、鳩山は日比谷公会堂において政界復帰後初めて演説し、自らの政権構想について語った。これまでの彼の主張と比して注目したいのは、第一に「戦争状態終結未確認の国々に対しては、これを終結確認の事態まで持っていきたいと思う」と述べたことである。それまでは共産主義の脅威を強調していたわけだが、ソ連との関係改善について公言したのはこれが初めてであろう。この一年ほど前に雑誌に寄稿した一文では、ソ連の対日姿勢について、国民に「具体的に教えてやれば、全面講和などは考えられない問題」という事が明らかになるだろうと主張しており、ソ連との国交回復についての言及はない[20]。

鳩山が回顧録の中で振り返るには、その頃、アメリカの雑誌に一九五二年頃が米ソ戦争の危険性がもっとも高まるという記事が盛んに掲載されており、それを目にした鳩山が、「米ソ戦争が始まればこのま、日本は戦場になってしまう、ソ連は直ぐ日本を攻撃する、だからソ連との国交はなるべく早く正常化して置かなければならぬと考えた」ということである[21]。米ソ戦に巻き込まれることを防ぐために、日本の安全保障上の見地からソ連との国交回復の必要性に思い至ったという考え方は一応筋は通っているように見えるが、当時、鳩山自身がそのように考えたのかという点については留保が必要かもしれない。

日比谷公会堂での演説の二ヶ月前に掲載された座談では、「アジアに於ける赤色革命勢力の進攻はきわめて熾烈」で、「国家の中堅である青年層の人達に呼びかけて、本当に日本の赤化を防ぐ必要がある」。「僕は日本人はみな兵役の義務を負うべきだと思う。その意味で憲法は改正せねばならない」としているが、ソ連との関係改善や国交回復の必要性には全く触れられていないし、またこれと同時期に発表された鳩山派自由党の「政綱政策試案」でも、「日米英三国の協力が東亜の、従ってまた世界の平和確保のため絶対必要」であり、日本外交の「枢軸をこゝに置く」としている一方で、ソ連との関係については言及がない(22)。

それでは、なぜ鳩山はここで対ソ関係の調整を強調したのだろうか。すでに指摘されているように、鳩山の外交問題への考え方には元外務官僚の杉原荒太の影響が見られるという。杉原は、吉田のいわゆる「Y項パージ」で外務省を追われた人物だが、自ら鳩山の「外交指南番」をもって任じていた。鳩山も杉原への信頼を隠していない。杉原も、日比谷公会堂での演説で表明されたソ連との関係調整の意欲について、この直前に行った自らの意見具申が元であったと回顧する(23)。以後、鳩山は、反共の姿勢は変わらないとしながらも、ソ連との国交調整の必要性を訴えていく。

一方、もう少し違った角度から見れば、宮沢喜一の回想が、鳩山の方向転換の背景を明快に言い当てているようにも思える。

「吉田首相とその一党の人々は、サンフランシスコの講和条約を境として明らかに世間から飽きられはじめた。［中略］従って、鳩山一郎氏を頂点とする旧勢力が、吉田氏を頭とするそれまで新勢力にとって代わるためのスローガンを見つけることは比較的容易であった。

鳩山氏らは第一に友愛精神を唱えて、従来の吉田式秘密性、側近性にあきたらぬ人心をとらえ、第二に、吉田氏のいわゆる対米一辺倒に対しては広くソ連、中共とも国交調整をなすべきであると主張」した(24)。

つまり、日ソ関係についての鳩山の主張の変化は、政策の実現もさることながら、むしろ、吉田の政策との差別化を図り、かつ、それを彼との権力闘争に勝ち抜くための政治的エネルギーに転化させる事が目的であったと解した方が説明しやすいようにも思える。実際、鳩山内閣発足直後、鳩山はこう語った。「僕は吉田のすべて反対なことをやるよ」と。[25]

第二に、再軍備問題への言及だが、この問題についても従来の主張を変化させている。まず、わずか数ヶ月前の危機認識を大きく改め、「私は中共、ソ連あるいは北朝鮮の軍隊が、ここ二、三年の間、少なくとも、日本に侵入してくることは、まずなかろうと考えている」と主張する。そうなれば、必要とされる防衛力の規模も下がるのが自然で、実際、「したがって、日本の自衛軍は今のところ内乱に備えることを主な任務とするものであり、決して大規模なものは必要でない。現在の予備隊を強化しうる程度で、だいたい、内乱に対処し得ると考える」とトーンダウンさせた。

一方で、憲法改正の必要性については、ここでも引き続き主張したが、その理由については従来とは異なる論理を展開した。「再軍備は反対であると声を大にして得意然たる人もあるが、予備隊とはいったい何であろう。巡査でなく、軍隊ではないか。しからば軍備はすでになされているのである。自衛軍でも軍隊である限り、憲法は改正しなければならぬと考えている」。つまり、それまでの彼の主張は、憲法上再軍備が不可能なのでそれを可能にするために憲法の改正が必要だというものであった。それが、事実上すでに再軍備がなされているものの、それは憲法に明記されていない存在なので憲法を改正してその中に位置づけるべきとの主張に転換したのである。[26]

こうした変化の背景は定かではないが、朝鮮戦争は継続中であり、日本周辺の安全保障環境の好転が理由とは考えがたく、また彼自身、一九五二年頃がもっとも両陣営間の緊張状態が高まると述べている。すでに指摘されているように、再軍備問題に関する強い主張が選挙に際して不利益になるとの判断が働いたと見る方が自然だろう。[27]また、先に見た『再建』で強調していた、「日本は講和後、民主国家群が形つくつている防衛機構に積極的に参加し、共同防衛の一役を担当する」という部分には、この演説では触れられていない。

なお、この数ヶ月後に出版された『ある代議士の生活と意見』では、日比谷公会堂での演説内容と同様に、「自衛軍」の規模を警察予備隊を強化する程度でよしとする一方で、日米安保体制がＮＡＴＯのような多国間の集団防衛機構へと発展的解消を遂げる可能性と、在日米軍が将来的に撤退、もしくは削減された場合に備えて、日本が自らの防衛力でそ

の穴埋めをする必要性を説いており、この頃の鳩山の主張について論理的整合性という観点から疑問なしとしない。(28)

この「抜き打ち解散」の結果第四次吉田内閣が発足し、翌一九五三（昭和二八）年四月の総選挙の結果でも第五次吉田内閣が組閣された。この間、鳩山たちの処遇などをめぐって自由党内の権力闘争は激化し、鳩山グループの側近や幹部たちが、離党、復党を繰り返した。後に、こうした姿勢は自由党の緒方竹虎から「鳩山君は出たり入ったり、また出たりではないか」と批判された。この時期の鳩山個人はかなり弱気になっていたという。ある政治記者によれば、戦後の鳩山がこの頃ほど惨めに思えたことはなく、もともと涙もろい鳩山がよく泣くといわれ、さらに吉田の側からは「病人には政治をまかせられない」とも言われ、自由党内でもほとんど無視される状況だったという。(29)

しかし、翌一九五四（昭和二九）年になると吉田内閣は造船疑獄によって末期症状を深めた。自由党内には岸信介、石橋湛山等の保守新党結成グループが形成され、改進党は吉田退陣を党議として決定した。吉田退陣をめぐる思惑にはそれぞれ相違があったが、いずれからも鳩山はポスト吉田の総裁として争奪の的とされた。彼は、反吉田勢力を結集する象徴としての光を失っていなかったのである。そして一一月、鳩山は新たに結成された日本民主党の党首となった。民主党は、共通の政策のために集った集団と言うよりも、「反吉田」を唯一といっていい旗印とし、その下に結集したという色彩が濃いが、吉田は外遊から帰国後、緒方はじめ自由党の主立った幹部にも見放され、年末、ついに吉田政権は崩壊し、鳩山政権が誕生した。その日、鳩山はともに打倒吉田に注力してきた三木武吉、河野一郎とともに喜びを分かち合った。(30)

3　鳩山政権の外交課題

(1) 対米関係の再調整

①「自主性」の追求

政権発足後最初の施政方針演説の中で、鳩山は「今日わが国の最大の課題は、すみやかにわが国の自主独立を完成いたし、独立国家の国民としての自覚を高め、わが国の自立再建を達成すること」と述べた。この場合、何からの「自主独立」かといえば、当然米国ということになる。長い占領を経て、講和独立後、日本国内のナショナリズムは高まっていたが、その矛先がかつての占領者であり、独立後も駐留する米国と米軍に向けられたことは自然の成り行きだった。

第一次鳩山政権は選挙管理内閣の性格が強かったが、来る選挙で勝利して本格的な政権を確立させるためにも、鳩山が政界復帰以来強調してきた、吉田政権との政策的な違いを国民に明らかにする必要に迫られていた。その主要目標が、中ソとの関係改善、なかんずくソ連との国交回復だったことはいうまでもない。一方この演説の中で鳩山は、「アメリカその他自由諸国との緊密な提携協力の基本方針を堅持」するとして、中立主義的外交は選択しないと述べている(31)。

鳩山の外交についての考え方には、すでに見たように杉原荒太の影響を見て取ることができる。杉原は、米国との協調を基本とする限り、日本が外交政策において独自の政策を追求することは可能であり、また米国は、日本を含め同盟国が自主的な行動を求める根底にあるナショナリズムを理解すべきであると考えていた。杉原にとって吉田内閣時代の日米関係は、この意味で「極めて不健全なゆがめられたもの」であり、日本国民の鬱屈した対米感情、ナショナリズムが日米関係を危機に陥れることを懸念している(32)。

杉原によれば、米国の共産主義諸国に対する姿勢は「力の結集を持ってするを主眼とし、少なくとも今の段階においては、外交交渉による解決という事にあまり期待をかけていない」。アジア政策では、日本をはじめとする陣営諸国が自国の防衛力を整備、強化し、さらには東南アジアで反共防衛体制を結成することを急務としている。それに対してイギリスは、自国の防衛力を強化しつつも「第三次大戦防止のためには、東西両陣営間の緊張を外交交渉によってできるだけ緩和する機会をつかもうとしている。また経済的難局を打開するためには、東西貿易の道を広げていくことが肝要であるとしている」。このように、英国は他の西欧諸国と共にソ連陣営に対して外交と軍事の二本立てを併用しようとしており、同じ自由主義諸国の間でも必ずしも足並みがそろっていない、という。

したがって、日本にとって現在の国際情勢は、「アメリカに追随し依存してさえおれば、ひとりでうまくいくような甘い事態」ではなく、「米国との共同防衛を基軸とし、併せて米国との信頼関係の確立に伴い逐次ソ連圏諸国との国交調整乃至対立緊張の緩和を図る外交努力」をすべきだというのが杉原の主張である。また鳩山も同時期、「第一に着手すべきことは、とにかくソヴェトだの中共に対して戦争状態終結確認の事態を樹立すること」であり、「戦争を誘発する原因を除去する上からもソ連や中共と日本とは自由に貿易のし得るような状態に持っていくという事が外交の方針であるべき」で、そうした方針について米英に了解してもらう必要があると説いている[33]。

そして杉原は鳩山に宛てた書簡の中で、「小なりと雖も日本の東亜における国際的役割は、英国の西欧における国際的役割になぞらえて構想することが本筋にて、今後の日米関係の正しい在り方も、英米関係のラインに沿っていくことが道筋」と主張したのであった。鳩山も、こうした意見に応えるように、ソ連との通商の必要性を強調した上で、「私がああいうことをいいだしたのはね、チャーチルの演説に同感だったからなんで『世界の平和は力による平和だけでは長く持たない。むしろ貿易を通じ自由陣営が気楽な生活と繁栄をかちえているところを相手に体験させる必要がある』ということをチャーチルがいっている」と述べた[34]。

ただ、鳩山も杉原も、日米関係のあるべき姿を英米関係に求める一方で、英米関係が「特別な関係」と称されるに至った背景を含め、日英の違いについて意識していたのかという点は定かではない。英米は時に共通の敵に対して共に戦い、また共に戦後秩序形成に当たってきたが、日本は両国を相手にして戦い、敗れた。そしてようやく占領から脱し、独立を回復したばかりだったわけで、そうした日本がどのようにして「英国の西欧における国際的役割」を果たしうる地位を得ようとしていたのか、その見通しと戦略について彼らがどのように考えていたのか知りたいところである。

いずれにせよ、鳩山等の米国に対する姿勢は、吉田内閣と同様に日米関係を日本の外交政策の基軸としてとらえつつ、同じく米国との関係を基軸とする英国のように、日本は外交、安全保障政策の分野においてある程度の自主性を追求すべきであり、また米国はそうした日本のふるまいを認めるべきだと考えていたといえよう。それでは、実際鳩山政権では、対米関係についてどのような問題が主な外交案件となったのであろうか。

②防衛分担金削減問題

防衛分担金削減問題は、鳩山が「『最悪の場合には予算が組めずに内閣を投げ出さなければならないかもしれない』

と覚悟をした」問題であった[35]。ここで、防衛分担金の概略を述べておこう。当時日本の防衛費は、主として自衛隊の増強に充てることを目的とした「防衛庁費」と、在日米軍経費である「防衛支出金（防衛分担金および施設提供諸費からなる）」とを合計したものとしてとらえられていた。防衛分担金は、在日米軍駐留経費の一部を日本側が負担するもので、一九五二年二月に調印された日米行政協定の中で、日本側が毎年五五八億円を拠出するよう義務づけられていたもので、ある。

吉田内閣の頃から日本政府はこの削減を求め、一九五四年四月、日本側の防衛庁費増額と共に、一九五四年度限りという条件の下に、米側が防衛分担金の二五億円削減に同意した。鳩山内閣期にこの問題が紛糾した発端は、一九五五年二月に実施された第二七回総選挙において、与党民主党が防衛分担金の削減と、その削減分を住宅建設に振り向ける旨を選挙公約としてうたったことにある。米国とすれば、防衛分担金の削減自体というよりも、鳩山内閣がその削減分を「防衛庁費」、すなわち防衛力増強に投入するのではなく、しかも米国との事前の調整なくそれ以外の分野に振り向けるとしたことが問題だった[36]。

当初鳩山はこの問題を含め米国との関係について、「共存共栄の実をあげて親善関係を密接にする。しかし主張すべきものは主張して理解させねばならないということです」と強気だったが、四月になると、対米強硬姿勢を崩さない一万田尚登蔵相の申し入れを却下し、日米交渉を妥結させた。さらに一九五六年、防衛分担金削減に関する「一般漸減方式」が確立されることとなったため、それ以後、この問題をめぐって日米関係が紛糾することはなくなった。

だが、鳩山自身が掲げた選挙公約が直接の要因であったにもかかわらず、この問題に直面した彼は、内閣倒壊の危機を目前にするまで問題解決に指導力を発揮しようとはしなかった。交渉の矢面に立たされた外相の重光は、防衛分担金削減問題をめぐる鳩山内閣の政治姿勢に対して、「妥結に導かざれば内閣も日米関係も破綻すべし」という悲壮な決意で日米交渉に臨んだが、国内経済体制の強化を図る大蔵官僚および一万田蔵相や、三木武夫など閣内の「反米組」と対立し、事態は抜き差しならないところに追い込まれたのだった。こうした内閣の混乱に接した重光は、「日米関係を危殆ならしむ」と危機感を強めた。つまり、この問題に見られた米国に対する自主性の追求は、鳩山の公約に見られるトップリーダーの信念に基づくものというよりも、むしろ、彼の政治的指導力が欠如していることによって、米国からの経済的自立を強めようとする大蔵省をはじめとする勢力への統制が効かなくなったことが主な要因となっていたのである。(37)

③安保改定の試みと挫折

かつて鳩山は日米安保体制について、その暫定性と多国間安全保障体制への発展的解消の可能性について述べていたが、この頃には、「自由主義国家がお互いに密接な関係を持っていて、万一の場合には共産主義の国家に対して勝てるような組織を作っていこうというようなことをあまり熱心にやると」戦争を誘発する危険があるとして、主張を一八〇度転換していた。(38)

一方、日米安保条約の改定についてみてみると、一九五四年一一月に民主党が結成された際には、その綱領に自衛軍の整備と駐留米軍の撤退を実現し、それに応じて安保条約を「双務的条約に改訂」することが謳われていた。(39)そして鳩山政権発足後にこの問題に取り組んだのは重光外相であった。重光は、一九五五年夏の訪米に備えて下田武三条約局長に命じ、日米安保条約の改定案を作成していたのである。この案を鳩山が了承していたかは定かではない。(40)

ここで示されている内容は、一九六〇年に実際改定された新安保条約よりもはるかに双務的なもので、NATOなどの相互防衛条約に見られる規定を踏襲していた。相互防衛は両国の憲法上の手続きを経た上で発動し、自動的に発動するものではないとなっていたが、共同防衛の地理的範囲として、西太平洋における両国の領域又はその施政権下にある地域としていた。すなわち、「限られた範囲とはいえ、海外派兵の義務を負うことになる」というのが改定案に関する日本側の説明であった。

それと表裏一体の措置として、将来的な駐留米軍の全国撤退について規定されていることも本案の特徴であった。第一次鳩山内閣発足後初の施政方針演説の中で、鳩山は「わが国の自主独立の実をあげるためにも、国力の許す範囲において、みずからの手によってみずからの国を守るべき態勢を一日も早く樹立することは、国家として当然の責務であろうと存ずるのであります。従って、防衛問題に関する政府の基本方針は、国力相応の自衛力を充実整備して、すみやかに自主防衛態勢を確立することによって駐留軍の早期撤退を期する」としていた。(41)講和独立後も日本各地に駐留していた米軍の存在は、米国による占領が継続している象徴として見なされており、そうした状況を解消、即ち日本からの撤退を促すことが政治的にも必要とされていたのである。重光案では、すべての在日米地上軍は、鳩山内閣が策定しようとしていた防衛六カ年計画が完遂後三カ月以内に日本からの撤退を完了し、在日米海空軍についても地上部隊の撤退完了後六年以内に撤退するものとされていた。

戦後日本の再軍備は警察予備隊の発足によって始まったが、その後、保安庁が庁内かぎりの長期防衛力整備計画を複数作成したものの、それらは政府全体でオーソライズされることはなかった。結果、防衛力の再建は、よく言えば柔軟に、悪くいえば場当たり的に進められた。そうした吉田内閣の再軍備方針を批判した鳩山たちは、長期防衛力整備計画（防衛六カ年計画）の策定を試みた。

しかし、防衛庁が案を作成したものの、閣内の反対にあって結局政府レベルでの計画とはならなかった。鳩山自身がこの計画のとりまとめにあたった形跡もなく、それを政府レベルでの公式計画に格上げするようイニシアティブをとった形跡もない。鳩山は、この頃には防衛問題についてかつて示していた関心をかなり失い、むしろ吉田政権よりも消極的であったとも見受けられる(42)。

さて、重光案の説明を受けた米側は、「一方は日米提携関係を強化しようとするものであり、他方は米軍に居て貰っては困るから帰ってくれということ」かと問いただした。一九五五（昭和三〇）年八月のダレスとの会談では、重光は米軍の全面撤退については言い出さなかったが、現行憲法下であっても、たとえばグアムが攻撃された場合について、重光が自衛のためであれば日本の「兵力の使用につき協議出来る」とダレスに述べたのに対し、ダレスはそういう重光の憲法解釈は解らないとたしなめるように反論した。鳩山政権全体の不安定性と、そこにおける重光の脆弱な政治的基盤を見透かされていたのである。

また鳩山にとって、一九五二年の秋に政界に復帰するまでは、再軍備、もしくは自衛軍の創設とそのための憲法改正は、彼の主張の眼目であったが、それは、たとえば岸信介が主張したような、「民族的自信と独立の気魄を取り戻すため」の憲法改正論とは異なり、安全保障政策の一環としてこの問題をとらえているところに一つの特徴があった。しかし、実際に政権を取ると、鳩山の憲法改正論は、現実的な対応を迫られる中で変化した。政権発足後まもなく、自衛隊は憲法違反ではないと答弁したのである。それ以前、鳩山が防衛二法成立に賛成していたことからすれば、当然の答弁ともいえよう。

その上でなお憲法改正を必要とする理由について鳩山は、自衛隊が憲法違反との疑いはまだあり、そうした疑いを解消するために自衛隊を憲法に明示した方がよいと述べた[43]。鳩山の憲法改正にかける熱意は衰えず、この後も失敗したとはいえこの問題に取り組んだが、安全保障政策上の見地からこれを主張するという当初の論理は変容していったのである。

（2）外交的地平拡大の模索

①対中外交

後に述べるソ連との国交回復と同様に、鳩山は中国に対しても吉田政権期とは異なった姿勢を打ち出そうとした。吉田時代末期から、中国政府による対日「平和攻勢」が本格化したが、鳩山内閣は発足後これへの対応に直面することになった。鳩山は政権発足五日後のラジオ放送の中で、「中共も国府もそれぞれ立派な独立国」という趣旨の発言を行ったが、この発言は新政権による即時対中承認の憶測を惹起した。これに対して重光は国会において、「二つの独立国としては認める意向は少しもございません」と述べ、鳩山も一九五四年一二月の衆議院本会議において、新政権が即座に中国承認に動き出すことはないと弁明した。しかし、翌一九五五年一月四日、鳩山は「中共、ソ連と国交を正常に戻すことは世界平和に通ずる道」と再び持論を述べた。こうした動きは、現状での中国承認に反対する米国の強い不安を呼び起こした。

米国は、スターリン死後の米ソ緊張緩和を背景に、鳩山内閣が日ソ国交回復に乗りだすこと、それ自体については反対することはなかったが、中国については同様ではなかったのである。同月、ダレスは鳩山に書簡を送ったが、その中には、鳩山内閣は中ソとの関係改善を強調しているが、このことによって米国議会と国民に日本の共産圏への接近が印象づけられ、米国の対日援助計画に支障を来す恐れがあるとの牽制も含まれていた(44)。

こうした中、鳩山政権が直面した課題は第三次日中民間貿易協定への対応だった。吉田内閣時代の一九五二年六月に第一次日中民間貿易協定が、翌年の一〇月には第二次協定が調印されていた。一九五五年三月、新たな貿易協定の調印を目指して中国側の通商使節団が来日したが、交渉は難航した。日本側は中国委員会における対中貿易協定の範囲内で貿易量を拡大する思惑だったが、中国側は「輸出制限統制の突破」という政治課題を目標にしていたのである。さらに問題になったのが通商代表部の設置であった。彼らは通商代表部の相互設置を求め、政府代表もしくはそれに準ずる権限を持った者の交換を実施すべきと主張した。しかし日本側は、日中貿易協定はあくまで民間主導ととらえ、この設置には消極的な対応をとっていくことになる。

政権発足以来、積極的な対中政策を唱えてきた鳩山も、二月に衆議院総選挙が終了すると、中国政策を強調する必要が薄れたということか、あるいは、防衛分担金削減交渉が難航する中、対米関係をさらに悪化させることへの懸念が存在したということか、四月の第二次鳩山内閣成立後の施政方針演説では、ソ連に対しては、「戦争状態を終結し、正常関係を回復したい」と述べたのに対して、中国に対しては「極力貿易関係の改善に努めたい」との表現にとどめた。結局、初めて東京で行われた日中貿易交渉では、政府通商代表部の設置は見送られることになった(45)。

日本の対中政策は、日中二国間関係以外の場でも論点となった。一九五五年四月にインドネシアのバンドンで開催されたアジア・アフリカ会議（バンドン会議）は、アジア・アフリカから新たに独立を果たした二九カ国が参集し、相互の団結や植民地主義への反対などを確認した。このバンドン会議は、日本にとっても戦後初めて参加する国際会議であり、「アジアの一員」という言葉は戦後の日本でも強い求心力を持っていた。

そしてこの会議は、日本にとって戦後初めて閣僚レベルで中国と接触する機会となった。日本側代表高碕達之助は、周恩来に対して「戦争中、わが国はお国に対し、種々ご迷惑をおかけしたことに対して、心からお詫びをしたい」と述べた上で、政治問題と切り離して経済関係を進展させたいとの考えを伝えた。両者はさらに会談することを約したが実現しなかった。高崎・周会談が政治問題に踏み込むことを恐れた米国が、日本に圧力をかけたからである。米国の、日中接近に対する警戒感と日本外交への拘束性の強さをよく表す事例といえよう[46]。

②日ソ国交回復

鳩山政権誕生直後、鳩山は三木と河野を呼び、憲法改正と日ソ国交回復だけは自分の内閣で実現したいとの強い決意を伝えたという[47]。実際、彼はこの二つの課題実現のために執念を見せたが、このうち前者は失敗し、後者は実現した。

首相就任以前から様々な形でソ連との関係改善に意欲を表明していた鳩山だったが、一九五四年一二月一〇日、鳩山内閣成立後初めて開催された閣議の直後、鳩山は記者会見の場でソ連との関係改善の意思があることを表明した。彼の積極的な姿勢に対し、重光外相は日ソ交渉そのものを行うことに反対ではなかったが、慎重であった。鳩山はまず国交を回復した後に領土問題などの政治的な諸問題と経済的な懸案の解決を図るべきと主張した。一方重光は、日本との国交回復はソ連がもっとも重視している目的であり、それが達成されれば、二国間の諸懸案解決にソ連が取り組む可能性はきわめて低くなると反対した。こうした重光の懸念は外務省のスタッフにも共有されていた。そして議論の結果、懸案解決と国交回復のどちらを優先させるかという問題を避けて、解決が容易な懸案を解決する努力を払うという事で両者が妥協した。

この後、谷正之外務省顧問と杉原荒太を中心に具体的な交渉方針が検討されたが、五月に「訓令第一六号」という交渉方針が完成した。これは第一にサンフランシスコ平和条約と日米安保条約の枠内で交渉を進めるというものであったという。この点、事前に米国からの要望が日本側に伝えられていた。第二に領土問題と抑留者問題をきわめて重視する内容であった。そして第三に、平和条約の締結による国交回復を目指すものであった。しかし、この内容は政府内の対立を反映し、日ソ間の懸案解決と国交回復の優先順位を明確にせず、曖昧さを残したものであった[48]。

六月から、外務省出身でも鳩山に近い松本俊一全権とマリク（Yakov A. Malik）全権の間でロンドンにおいて交渉が始まった。交渉開始後、領土問題、抑留者問題、海峡通行権問題をめぐって両国の主張は対立したが、八月九日、マリクより、歯舞・色丹の二島返還で妥協を図るという提案が出された。これに対して外務省はあくまで択捉、国後を加えた四島の即時返還を求め、交渉は行き詰まった。

一一月、民主党と自由党が合同し、自由民主党が結党された。しかし、このことが日ソ間の交渉を進展させたかといえば、そのようなことはなかった。池田勇人を中心とする旧吉田グループは公然たる反主流的態度を鮮明にしていった。すなわち、総裁公選では一致して無効の白票を投じて、鳩山に対する不信感を表明するなど次第に党中党の観を呈するに至るのである。自民党は党議として「日ソ国交回復の合理的調整」を決定し、その中で四党返還を求めることが規定されたが、この党議決定は池田、保守合同に参加しなかった佐藤栄作、そして吉田茂たち日ソ交渉に批判的な政治家の見解に沿ってまとめられたものであった。

一九五六（昭和三一）年初頭にロンドンで第二次交渉が始まったが、ここでも領土問題をめぐって交渉が膠着状態となり、党内では鳩山と河野が依然として交渉に積極的だった一方で、自由党系と重光外相は交渉妥結に消極的であった。この後、五月に河野農相がモスクワを訪問して日ソ漁業条約に調印した後、モスクワで国交回復交渉の第三次交渉が開かれることとなり、全権は重光に決定する。それまで交渉妥結に慎重で、平和条約による四島返還を目指してきたはずの重光だったが、八月、変わらぬソ連の強硬な姿勢に接し、二島返還での交渉妥結に舵を切った。重光の強烈な外交への自負心に基づいた判断だったのだろうが、彼の急な方針転換は、鳩山たちからすれば「藪から棒」で、政府は重光に交渉中止の訓令を打ったのである(49)。

加えて重光に衝撃を与えたのが、それまで日ソ交渉に基本的に介入を控えていた米国だった。同月、重光と会談したダレスは、サンフランシスコ平和条約第二六条を根拠に、千島列島の問題は沖縄問題と深く関わっており、もし日本が千島列島に対するソ連の完全な主権を認めた場合は、米国も沖縄に対する完全な主権を獲得する権利を持つことになる、と述べたのである。ダレスのこうした対応は、重光にとって衝撃的なものだった(50)。

八月から九月にかけて、鳩山は引退の意思を明らかにすると共に、自らが訪ソし、いわゆる「アデナウアー方式」によってソ連との国交回復を目指す意思を表明した。そして一〇月、吉田や池田等が反対の声を上げる中で鳩山は訪ソしたが、ソ連の姿勢はいっそう硬いものとなっていた。それまでの交渉でソ連側が認めていた歯舞、色丹の即時返還を拒否し、かつ、将来継続審議に付される領土問題に国後、択捉を含めず、歯舞、色丹に限るという立場をとったのである。

一九日に調印された日ソ共同宣言では、日ソ間の戦争状態を終わらせ、ソ連は抑留者の釈放と送還、日本の国連加盟支持、そして平和条約締結後に歯舞、色丹を引き渡すことを約した。しかし、日本側の強い主張にもかかわらず、この宣言の中には領土問題を平和条約締結のための継続審議にするという明確な文言は挿入されなかった。九月に領土問題に関する継続審議について交換していた、「松本・グロムイコ書簡」の公表でもって日本側は妥協したのである。鳩山は訪ソに臨む心境を次のように回顧している。「領土は何年経つてもなくなることはないが、人の命には限りがある。救える時には、一日も早く救つてやらなければならない。しかも国連に加盟できれば、その土俵の中で、当然エトロフ、クナシリについても話し合いのできる機会が生まれるに違いない」[51]。

日ソ交渉を通じて、始まりから妥結まで鳩山は一貫して積極的であった。もう一つの彼の掲げた大きな目的であった憲法改正が挫折したこともあり、日ソ国交回復の達成は悲願といっても良いであろうし、そうした強い思いが、与党内にも慎重意見が少なくない中で日ソ国交回復を実現する大きな原動力になったことはいうまでもないだろう。あるときは国会の場で社会党議員の質問に対し、鳩山は「いきなり声を詰まらせ、声を震わして、滂沱たる涙と共に日ソ国交問題にどれくらい熱意をかけているかという事をしゃべり出した」。「首相が委員会の席上泣き出すなどという事は前代未聞」としながらも、むしろ与党よりも、野党である社会党の方が日ソ交渉については鳩山を支持する立場をとったのである。鈴木茂三郎社会党委員長は、「鳩山さんは重光さんより僕の方が好きらしいね。僕には秘密でも何でもしゃべってくれるよ」と好意を隠さなかった[52]。

鳩山の積極的な対ソ外交の背景には、東西間のいわゆる雪解け状況と、中ソの対日姿勢に関する非常に楽観的な見通しがあったのだろう。鈴木も含めた座談会の中で、鈴木が「中国は本当に日本とは仲良くやってゆきたいと考えて」いるが、それは「ソ連の平和攻勢だろうと解釈しない方がいい。〔中略〕ソ連圏内、西欧圏内の経済的な交流がないとこの国の経済も成り立たない。そういう経済交流の必要がハッキリわかってくれば、その上に平和ができる」と述べると、鳩山は、「ぼくも鈴木君と同じ考え方をもっている。〔中略〕我々の手でアジアの善隣友好を増進できるように思える。ソ連や中共の場合でも貿易を密にして、たがいに理解してゆく必要がある。そうすると友好も実現できる気がする。

何だか明るいような気がするんですね」と歩調を合わせている[53]。

こうした鳩山の認識と振る舞いについて重光は、社会党は鳩山内閣の与党の如しと危機感を強め、自由党総裁の緒方は、「鳩山が共産側の平和攻勢といふものに十分の認識を持つてゐず、只選挙本位の俗受けばかり考えてゐるので、ソ連の手管に引ツかゝりはしないかと、そればかり心配に堪へない」と冷ややかに見ていた[54]。また、吉田茂は一九五六年九月、訪ソを決めた鳩山に宛てた公開書簡を新聞紙上に発表し、「無経験かつ病弱の首相、何の成算ありて自ら進んで訪ソ、赤禍招致の暴を試みんとするや」と痛烈に批判した[55]。

政治指導者が、政治方針や政策の優先順位を変更することは、まま見られることである。反共・タカ派と見なされていたニクソン（Richard M. Nixon）が、大統領就任後に対共産圏外交において硬直的な外交を展開したかといえばそうではなかった。共産圏に対する警戒感をあらわにしていた鳩山が、それらとの関係調整を主要な政権課題としたこと自体はさほど不自然なことではない。

しかし、「全世界を二つに割つた冷たい戦争が赤化の脅威に端を発している事実」と中ソを厳しく批判していた彼が、その四年後に「中ソは平和主義だ」と言うほどまでに、政策や方針だけでなく認識までも改めたことを、「鳩山の対ソ外交は、ちょうどルーズベルトの頭がおかしくなってから結んだヤルタ協定のごときもの」（緒方）とまでいうるかはさておき、一九五〇年代半ばの国際的な雪解けのみをもって説明し得るのか、難しいところである[56]。日ソ共同宣言調印の四日後に生起した、ハンガリーでの大規模なデモにソ連軍は介入し、一一月四日、ブタペストは制圧された。ハンガリー動乱である。吉田と異なる、しかも後世に残る外交的成果を何としても上げようという熱意、あるいは焦りのようなものが、鳩山の対ソ認識にも影響を与えなかったとは言い切れまい。

ただ、もし鳩山のために一言弁明するとしたら、吉田が公開書簡で主張していたように、抑留者の帰還を漁業問題、領土問題から分離して人道問題として扱い、西独など日本と同様に未帰還者問題を抱える国と共同しながら、「世界の世論に訴えて」解決を目指すという道筋に現実性が備わっていたかと言えば、それはどうだろうか[57]。それが有効ならば、もっと早くに――自らの内閣の時に――実現させていてもおかしくない。そして、「世界の世論に訴える」場としてふさわしい、国際機関の総本山たる国連に、その時点で日本は加盟できていなかった。そして、日本の国連加盟についても、それに反対していたソ連が、国交回復なくして果たして賛成しただろうかとも思う。

一二月一二日、日ソ共同宣言は批准書の交換をもって発効した。一八日、国連総会は全会一致で日本の加盟を承認し、日本は第五二番目の国連加盟国となり、重光外相は、日本は「東西の架け橋になる」との受諾演説を行った。

この二日後、鳩山は首相を辞任した。彼は一九五八（昭和三三）年の選挙でも立候補し、当選したが、その翌年三月七日に死去した。享年七六歳、昭和を代表する一人の政党政治家の死であった。

彼の日記に面白い記述がある。一九五七（昭和三二）年三月、鳩山が回顧録出版の打ち合わせを終えて雑談している中、吉田が突然訪れたのである。日記には、「吉田茂氏来訪」としかない[58]。戦前、二人は政党政治家と外交官という異った立場にありながらも、厳しい時代の中で同志的紐帯で結ばれた。鳩山に複雑な思いがあったとしても、また、一時のことと思っていたとしても首相の座を託そうというのである。外交についての構想やとりくみも含め、国の舵取りに関する多くの部分で認めるところがあったからに相違ない。晩年には、あたかも仇敵のようになってしまった彼との間に、この時どのようなやりとりがなされたのか。興味は尽きない。

注

（1）伊藤隆「解説」（二〇〇五）鳩山一郎・鳩山薫著、伊藤隆・季武嘉也編『鳩山一郎・薫日記　下巻　鳩山薫篇』（以下、『日記下』の要領で略記）中央公論新社、六四一―六六五頁、鳩山一郎（一九五七）『鳩山一郎回顧録』文藝春秋新社（以下、『回顧録』と略記）、六六―六八頁。

（2）伊藤隆氏は、この事件について鳩山は必ずしも主導的ではなく、治安維持法の法的な枠組みが存在する下では、大学の自由の限界を超えたものと認識していたと指摘している。伊藤隆（一九九三）「『自由主義者』鳩山一郎――その戦前・戦中・戦後」伊藤隆『昭和期の政治［続］』山川出版社、八五―八六頁。

（3）鳩山一郎（一九五一）「自由主義者の手帳」鳩山一郎『私の信條』東京文庫、一一五―一三二頁。

（4）鳩山一郎（一九三八）『世界の顔』中央公論社、二二四―二三五頁、鳩山一郎（一九五二）『ある代議士の生活と意見』東京出版、一三六頁。
(5)　楠精一郎（二〇〇六）『大政翼賛会に抗した四〇人――自民党源流の代議士たち』朝日新聞社、一一―二二頁。
(6)　『読売新聞』一九四五年九月七日、鳩山『私の信條』一五―二一頁。
(7)　『読売新聞』一九四六年二月二三日。
(8)　宮崎吉政（一九八五）『日本宰相列伝⑲　鳩山一郎』時事通信社、一八二頁、『回顧録』一五、五三―五七頁、『日記　上』四四〇―四四四頁。鳩山追放の経緯については増田弘（一九九六）『公職追放――三大政治パージの研究』東京大学出版会、第一章に詳しい。
(9)　『回顧録』九一頁。鳩山とダレスの会談については、筒井清忠（一九八六）『石橋湛山　一自由主義政治家の軌跡』中央公論社、八一―四三頁にも詳しい。
(10)　『日記　上』七五四―七五五頁、『日記　下』一一三頁。"Hattori Takushiro: Connections to Outstanding Political Figures" (September 27, 1951)【加藤哲郎編集・解説（二〇一四）『米国国立公文書館機密解除資料　ＣＩＡ日本人ファイル　第二巻』現代史料出版、一二三頁】。中島信吾（二〇〇六）『戦後日本の防衛政策――「吉田路線」をめぐる政治・外交・軍事』慶應義塾大学出版会、六〇―六一頁。
(11)　井本熊男（一九九五・一）「所謂服部グループの回想」。筆者による井本熊男氏へのインタビュー（一九九六年一月一五日）。井本は元陸軍大佐、「服部グループ」の主要メンバー。『日記　上』七五五頁、読売新聞戦後史班編（一九八一）『「再軍備」の軌跡』読売新聞社、三〇〇―三〇四頁。服部たちの再軍備計画については、柴山太（二〇一〇）『日本再軍備への道――一九四五～一九五四年――』ミネルヴァ書房も参照。
(12)　「辰巳栄一・インタビュー記録」大嶽秀夫編・解説（一九九一）『戦後日本防衛問題資料集　第一巻　非軍事化から再軍備へ』三一書房、五一〇―五一一頁。読売新聞戦後史班編『「再軍備」の軌跡』三〇〇―三〇四頁、中島『戦後日本の防衛政策』第一章、第二章、「杉田一次インタビュー」『堂場文書』（ＤＶＤ版）。
(13)　鳩山『ある代議士の生活と意見』二八二頁、伊藤「『自由主義者』鳩山一郎」一〇八―一〇九頁。
(14)　大谷多美子（一九五一・八）「鳩山さん西下の旅」『再建』第五巻第七号、三六頁。
(15)　鳩山一郎（一九五一・八）「食える日本の建設」『東洋経済新報』第二四八六号、三二―三三頁。
(16)　鳩山一郎（一九五二・三）「青年の理想と共に」『改造』第三三巻第四号、一〇〇頁。
(17)　『日記　上』七二七頁、外務省条約局法規課「平和条約の締結に関する調書　Ⅲ　昭和二五年九月～昭和二六年一月　準備作業」（一九六七年一月）外務省編纂（二〇〇二）『日本外交文書　平和条約の締結に関する調書　第一冊』外務省、五五九頁。

（18）鳩山一郎（一九五一・九）「国民と共に難に赴かん」『再建』第五巻第八号、三二一―三二三頁。
（19）鳩山「青年の理想と共に」一〇〇頁。
（20）『朝日新聞』、『読売新聞』いずれも一九五二年九月一二日夕刊、及び一三日、鳩山「食える日本の建設」三一一―三一二頁。
（21）『回顧録』一一六―一一七頁。
（22）鳩山一郎（一九五二・七）「日本めざす赤色革命」『人物往来』第一巻第七号、二一―二三頁、「分党派（鳩山）自由党『政綱政策試案』」（一九五二・七・一〇）大嶽秀夫編・解説（一九九三）『戦後日本防衛問題資料集　第三巻　自衛隊の創設』三一書房、三一一―三一二頁。
（23）Takahiko Tanaka, "The Soviet-Japanese Normalization and Foreign Policy Ideas of the Hatoyama Group," in Peter Lowe and Herman Moeshart ed., *Western Interaction with Japan : Expansion, the Armed Forces & Readjustment, 1859-1956* (Kent: Japan Library, 1990). 藤田一雄（一九九七）「日ソ交渉のきっかけ――裏面史」政治記者ＯＢ会編『政治記者の目と耳　昭和の激動期を取材して　第三集』（非売品）二三〇頁、『回顧録』一七六頁、杉原荒太（一九六五）『外交の考え方』鹿島研究所出版会、一一四―一一六頁。
（24）宮澤喜一（一九九九）『シリーズ戦後史の証言――占領と講和①　東京―ワシントンの密談』中央公論社、一四四頁。
（25）御手洗辰雄（一九五八）『三木武吉伝』四季社、四二二頁。
（26）『朝日新聞』、『読売新聞』いずれも一九五二年九月一二日夕刊、及び一三日。
（27）大嶽秀夫（一九八八）『再軍備とナショナリズム――保守、リベラル、社会民主主義者の防衛観』中央公論社、一六八――七一頁。
（28）鳩山『ある代議士の生活と意見』二八七―二八八頁。
（29）宮崎吉政（一九八三・一一）「政治家が決断するとき　第九話　鳩山一郎の政権（下）」『月刊新自由クラブ』第七巻第七五号、一一二頁。
（30）大日向一郎「『松村会談』で鳩山総裁が確定」政治記者ＯＢ会編『政治記者の目と耳　第三集』二三五―二三六頁、『回顧録』一四二頁。
（31）「施政方針演説」（一九五五・一・二二）「データベース『世界と日本』」（http://www.ioc.u-tokyo.ac.jp/~worldjpn/documents/texts/pm/19550122.SWJ.html）。宮澤『東京―ワシントンの密談』一三〇―一三一頁、宮城大蔵（二〇〇一）『バンドン会議と日本のアジア復帰』草思社、四八―四九頁、田中孝彦（一九九三）『日ソ国交回復の史的研究――戦後日ソ関係の起点　一九四五～一九五六』有斐閣、八三―八六頁。

(32)　宮城『バンドン会議と日本のアジア復帰』七一頁。
(33)　杉原荒太（一九五四・一〇）「外交管見」『天地人』第一一号、四―六頁、鳩山一郎（一九五四・一一）「吉田君のやり方は間違っている」『中央公論』第六九巻一一号、一七三―一七四頁。
(34)　宮城『バンドン会議と日本のアジア復帰』七一―七二頁、『毎日新聞』一九五五年一月三日。
(35)　『回顧録』一五九頁。
(36)　佐藤晋（一九九七・六）「鳩山内閣と日米関係――防衛分担金削減問題と大蔵省」『法学政治学論究』第三三号、一八一―一八七頁、中村起一郎（一九九九）「防衛問題と政党政治――日米防衛分担金交渉（一九五三―一九五五）を中心に」『年報政治学一九九八』二〇〇―二〇六頁。
(37)　『毎日新聞』一九五五年一月四日、重光葵著、伊藤隆・渡邊行男編（一九八八）『続　重光葵手記』中央公論社、六九四―六九五頁、佐藤「鳩山内閣と日米関係」一九〇―一九一頁、中村「防衛問題と政党政治」二〇八頁。
(38)　鳩山「吉田君のやり方は間違っている」一七三―一七四頁。
(39)　「日本民主党結党宣言他」（一九五四・一一・二四）大嶽編・解説『戦後日本防衛問題資料集　第三巻』六五頁。
(40)　以下、重光案と八月のダレスとの会談については以下を参照。「日本国とアメリカ合衆国との間の相互防衛条約（試案）」（一九五五・七・二七）外交史料館、H二二―〇〇三、〇六二―二〇一〇―〇七九一―〇八、坂元一哉（二〇〇〇）『日米同盟の絆――安保条約と相互性の模索』有斐閣、一四二―一六四頁、波多野澄雄（二〇一〇）『歴史としての日米安保条約――機密外交記録が明かす「密約」の虚実』岩波書店、二九―四三頁。重光の憲法第九条についての解釈は、武田知己（二〇〇二）『重光葵と戦後政治』吉川弘文館、二八〇―二八一頁を参照。
(41)　「施政方針演説」（一九五五年一月二二日）。
(42)　中島『戦後日本の防衛政策』一〇六―一〇八頁、中村「防衛問題と政党政治」二〇九頁。
(43)　岸信介「真の独立日本のために」（一九五四・一）大嶽編・解説『戦後日本防衛問題資料集　第三巻』八八頁、田中明彦（一九九七）『二〇世紀の日本二　安全保障――戦後五〇年の模索』読売新聞社、一四二―一四三頁。
(44)　井上正也（二〇一〇）『日中国交正常化の政治史』名古屋大学出版会、一〇八―一一一頁、池田慎太郎（二〇〇四）『日米同盟の政治史―アリソン駐日大使と「一九五五年体制」の成立』国際書院、一八五―一八六頁。
(45)　井上『日中国交正常化の政治史』一一一―一一二頁。
(46)　宮城『バンドン会議と日本のアジア復帰』一六〇―一六三頁、宮城大蔵編著（二〇一五）『戦後日本のアジア外交』ミネルヴァ書房、九〇―九二頁。

(47) 河野一郎（一九五八）『今だから話そう』春陽堂書店、五―六頁。
(48) 久保田正明（一九八三）『クレムリンへの使節　北方領土交渉　一九五五―一九八三』三二―三四頁、田中『日ソ国交回復の史的研究』八七―一〇一頁。
(49) 河野康子（二〇〇二）『日本の歴史　第二四巻　戦後と高度成長の終焉』講談社、一八〇―一八二頁、大河内繁男（一九八一）「第二次鳩山内閣――転換期の内閣」林茂・辻清明編著『日本内閣史録　五』第一法規出版、三四〇頁、『回顧録』一九四頁。この時の重光の判断については、武田『重光葵と戦後政治』二九九―三〇三頁を参照。
(50) 田中『日ソ国交回復の史的研究』二五四―二六二頁。冷戦下における日米ソ関係と領土問題については、河野康子（二〇〇五）「五五年体制と領土――沖縄・小笠原と北方四島をめぐって」下斗米伸夫編『日ロ関係――歴史と現代』法政大学出版局等も参照。
(51) 田中『日ソ国交回復の史的研究』二九二―三〇二頁、松本俊一著、佐藤優解説（二〇一二）『日ソ国交回復秘録――北方領土交渉の真実』朝日新聞出版、一二四―一三七、一六〇―一六二頁、『回顧録』一九六頁。
(52) 曾禰益（一九七四）『私のメモアール――霞ヶ関から永田町へ』日刊工業新聞社、二一〇―二一三頁、久保田『クレムリンへの使節』一八四頁。
(53)『毎日新聞』一九五五年一月一日。
(54) 重光『続　重光葵手記』七一〇頁、緒方竹虎伝記刊行会編（一九六三）『緒方竹虎』朝日新聞社、二〇九頁。
(55) 吉田茂「鳩山首相に与うるの書」『朝日新聞』一九五六年九月一二日。
(56) 鳩山「国民と共に難に赴かん」三二頁、進藤栄一・下河辺元春編（一九八六）『芦田均日記　第五巻』岩波書店、四一一―四一二頁、宮崎吉政（一九八九）『宮崎日記　政界一万八千日　第一巻』行研出版局、四一三頁。
(57) 吉田「鳩山首相に与うるの書」。
(58)『日記　下』三七一頁。

参考文献

五百旗頭真（一九八九）「国際環境と日本の選択」有賀貞・宇野重昭・木戸蓊・山本吉宣・渡辺昭夫編『講座国際政治四　日本の外交』東京大学出版会。

石井修（一九八九）『冷戦と日米関係――パートナーシップの形成』ジャパンタイムズ。

伊藤隆「戦後政党の形成過程」中村隆英編（一九七九）『占領期日本の経済と政治』東京大学出版会。

大嶽秀夫（一九九六）「防衛問題にみる右翼イデオロギー——鳩山・岸内閣時代の防衛政策」大嶽秀夫『戦後日本のイデオロギー対立』三一書房。

小宮京（二〇〇二）「鳩山一郎と政党政治　一八八七—一九四三」『本郷法政紀要』第一一号。

添谷芳秀（一九九五）『日本外交と中国　一九四五〜一九七二』慶應通信。

武田知己（二〇〇三）「鳩山一郎」御厨貴編『歴代首相物語』新書館。

山室建徳（一九九五）「鳩山一郎——日ソ国交回復と憲法改正への執念」渡邉昭夫編『戦後日本の宰相たち』中央公論社。

渡邉昭夫（二〇〇四・六）「シリーズ・忘れがたき政治家　㉝　鳩山一郎の巻」『月刊自由民主』第六一五号。

＊本章は防衛省及び防衛研究所の見解を代表するものではなく、筆者個人の見解である。

第4章　石橋湛山

――脱〝米ソ冷戦〟を目指したリベラリスト――

増田　弘

〈略歴〉

一八八四（明治一七）年九月　東京市生まれ、翌年山梨県へ移住。
一九一一（同　四四）年一月　東洋経済新報社入社。
一九二四（大正一三）年一二月　同社第五代主幹に就任。のち社長。
一九四六（昭和二一）年五月　大蔵大臣（第一次吉田内閣）。
一九五四（同　二九）年一二月　通商産業大臣（第一次鳩山内閣）。
一九五六（同　三一）年一二月　自民党総裁選で当選。総理大臣に就任（第五五代）。
一九五七（同　三二）年二月　総理大臣を辞任。
一九五九（同　三四）年九月　訪中。「石橋・周恩来共同声明」を発表。
一九六三（同　三八）年九月　第二次訪中。
一九六四（同　三九）年九～一〇月　訪ソ。
一九七三（同　四八）年四月　逝去。八八歳。

石橋は二カ月余で挂冠した悲劇の宰相として知られるが、戦後に輩出した三三名の総理大臣の中では異色の〝理念型〟首相であった。その哲学思想の深さと高さにおいて彼の右に出る首相は存在しないといっても過言ではない。それは多分に石橋が言論界出身であることに由来する。彼は戦前、東洋経済新報社に依拠したリベラルなジャーナリストであり、その真骨頂が大正初期以来の〝小日本主義〟であった。要するにそれは、時の政府や軍部が進める領土拡張政策へのアンチテーゼであり、全植民地を放棄せよ、満州・朝鮮・台湾も要らない、旧来の日本本土だけで平和主義的かつ経済合理主義的な国家的発展は可能であるとの主張である。

敗戦直後、石橋はこの小日本主義を引っ提げて政界に転ずる。第一次吉田内閣蔵相として経済復興の重責を担い、〝石橋積極財政〟を推進するが、その理念と行動が占領軍当局と衝突し、不当なパージ処分を受ける。公職復帰後、今度は吉田茂首相を糾弾する先頭に立ち、同内閣を退陣へと追い込むと、鳩山民主党政権で通産相として日中貿易の拡大に尽力する。そして自民党初の総裁戦で本命視されていた岸信介に僅差の勝利を収め、わずか一〇年で政界の頂点に立った。しかし病に倒れて潔く首相の座を退く。病後、米ソ冷戦を世界文明の進歩に逆行するものと批判し、第三次世界戦争を防止するため、日米安保体制に代替する「日中米ソ平和同盟構想」を掲げ、訪中二度、訪ソ一度を実践する。そして石橋は、ニクソンショック後の劇的な日中国交正常化が実現した翌七三年春に他界する。

1　戦後日本再建の方途

（1）太平洋戦争末期の戦後構想の始動――「戦時経済特別調査委員会」

石橋は一九四六（昭和二一）年五月に政界入りするまで、三五年間にわたり東洋経済新報社に籍を置く言論人（主幹・社長）であった。幼少時、山梨県の日蓮宗の寺院環境の中で育った彼は、早稲田大学哲学科を卒業後、新報社に入社する。折しも大正デモクラシーの潮流の中で雑誌『東洋経済新報』（以下『新報』）は、自由主義・個人主義・民主主義に基づく反藩閥・反軍閥論や普通選挙（普選）即時実施論など急進的論陣を張る。石橋も社説で〝小日本主義〟を積極的に提唱する。第一次大戦参戦や対中国二十一カ条要求反対論、シベリア出兵反対論、全植民地放棄論、軍備撤廃論のほか、満州事変や日中戦争批判論、日独伊三国同盟や大東亜共栄圏構想批判論など異端の言説を展開したのである。もちろん厳しい言論弾圧を受けたが、自由主義者としての矜持を堅持し続け、新報社も運良く生き延びることができた。

太平洋戦争末期の一九四四年一〇月、石橋は小磯内閣の石渡荘太郎蔵相に働きかけて、大蔵省内に「戦時経済特別調査委員会」を設置させた。これは戦後の日本再建策を考究立案することを目的とした極秘組織であり、「戦時」とは戦後をタブー視する当時の風紀を慮った偽称であった。ここには中山伊知郎（のち一橋大学長）や大河内一男（のち東大総長）など進歩派八名が集ったものの、石橋以外は日本の敗戦への危機感が乏しかった。「私は英、米、ソ連などの連合国の大西洋憲章やドイツに対する降伏条件を見て、日本に対する条件もそうたいしたものではないと見た。…その利用法について十分考えておかねばならぬと思った」[1]が、石橋のような見解は当時の進歩主義者たちでも理解不能であった[2]。

たとえば、「カイロ宣言」での日本処理案をめぐって中山と石橋が論争した。中山は「戦後の日本が満州も朝鮮もなしではやっていけない」と主張したが、石橋は「植民地の維持経営には案外に大きな負担がかかっている。戦後の結果この負担が一挙になくなることは、それだけ日本が身軽になったことで、将来は大いに望みがある」と反論した。後年中山は、この調査委員会時代を振り返って、「石橋さんと論争して完全に私が負けた」と正直に認め、石橋の炯眼と高い見識に敬意を表するに至る[3]。なお調査委員会は東京への空襲が激しくなり、石橋も秋田県横手へ疎開したため、翌四五年四月に自然消滅した。しかしこの時の一連の研究報告が戦後期の石橋の言論と行動に生かされるのである。

（2）日本占領体制の開始と政界転身

一九四五（昭和二〇）年八月、日本はポツダム宣言を受諾して戦争は終結する。すると石橋は「更生日本の門出――前途は実に洋々たり」と題する社説を掲げた。①昭和天皇の終戦の英断は正しかった、②領土喪失は日本の発展のための障害とはならない、③ポツダム宣言は何ら新日本の建設を妨げない、との論旨であった。日本国民の多くが敗戦のショックで茫然自失となっていた時、石橋はきわめて対蹠的に剛毅で楽観的な見通しを明かにしたわけであるが、それは虚勢ではなく、三〇年来の自己の〝小日本主義〟がようやく実現へと踏み出すことができると心底信じたからにほかならない。したがって、彼は上記の三点を戦後改革の基本的な前提とし、以下のような新日本の針路を提言していく。

まずは何よりも経済復興が緊急の課題であった。ただし石橋は当時大勢を占めていたインフレ必至論に基づく「緊縮財政」方針を全面的に退け、むしろ警戒すべきはデフレであり、そのため「生産第一主義（積極財政）」を採るべきだと訴えた。この危局では決して旧式の健全財政でもインフレを極度に恐れた緊縮財政でもなく、ケインズ理論に依拠し、「フル・エンプロイメント（完全就業）の実現に目標を置いた生産第一主義に立脚した積極財政政策」を推進すべきであった。また、連合国は懲罰的で過酷な対日賠償を避けること、日本の経済的復興のために三井・三菱など四大財閥を利用することなども提言した。

第二に、石橋は政府に〝民主化の実現〟を求めた。彼はデモクラシーの真髄として、①国民が皆等しく政治の責任を負う、②権利と義務を顧慮する、③個と全体を尊重することを挙げ、この観点から、一九四六（同二一）年三月の政府の「憲法改正草案」を高く評価した。とくに天皇の象徴化について、戦前の天皇自身は責任ある政治的実権を有せず、象徴的存在にすぎなかったし、天皇の存在は民主主義下でも十分意義をもつ、と強く支持した。第九条の戦争放棄規定については、「未だ嘗《かつ》て夢想したこともなき大胆至極の決定」で「痛快極まり」ないと絶賛した。逆に、国民の権利に比較して義務が軽視されている点をこの草案の唯一の欠点と判定した。「民主主義国家に於ては、国家の経営者は国民自身だ。経営者としての国民の義務の規定に周密ではない憲法は真に民主的とはいえない」と論難した。

総じて、新日本が米国主導によって新憲法体制を敷き、他律的にせよ、アメリカン・デモクラシー下で自由主義・民主主義・平和主義の国家再建へと歩み始めたことを石橋は心から歓迎した。もちろん、マッカーサー元帥率いる連合国軍最高司令官総司令部（ＧＨＱ／ＳＡＣＰ）が指令した主権在民、完全選挙、男女平等といった民主化の理念や、地方自治拡大、労働組合結成、新教育制度などの諸改革にも協賛する姿勢を表した。

第三に、大西洋憲章、国際連合、ブレトン・ウッズ体制などを主軸とする国際政治経済面の新秩序を積極的に肯定した。戦前期に「世界開放論」を掲げ、ブロック経済化や「大東亜共栄圏」構想を批判してきた石橋とすれば、戦後、ファシズム体制が一掃され、平和協調主義に基づいた自由貿易体制が復活したことは、彼の提唱する小日本主義を大きく実現へと向かわせるものであった。なぜなら、戦後日本の経済発展は貿易の拡大と一体化せざるを得ず、貿易立国日本にとっては「自由貿易体制」が死活的前提であったからである。

以上のように、戦後刷新された日本内外の新環境は、戦前期に石橋が守り続けた小日本主義の理念に何ら矛盾するものではなかった。むしろこの新体制は格段に好ましい状況と映ったに違いなかった。「日本経済復興への道程は決して悲観すべきはない」との主張は、強弁でもなければ修辞を弄したものでもなく、確固たる信念と合理的な見通しの上に成り立っていた。このように石橋の思想と行動には、多くの日本人指導者と異なって、戦前から戦後への断絶や豹変が見られず、太い連続線が描かれていることが最大の特色といえる。

（3）石橋の日本再建構想と積極財政――蔵相期

一九四六（昭和二一）年一月、石橋は戦後初の総選挙への立候補を決意した。直接的には一月のＧＨＱによる衝撃的な公職追放（パージ）指令により、戦前戦中派の政治家の大半が立候補資格を失い、戦後再編された各政党ともに候補者難に陥っていたからであるが、根本的理由は、前述したような彼独自の日本再建構想の実現に尽力したいと考えたからであった。しかし友人の多い社会党からではなく、鳩山一郎率いる自由党から立候補したことは周囲を驚かせた。社会主義イデオロギーに拘束された社会党よりも、自由党の方が思想の自由があり、また自己の構想を受け入れる望みがある、と判断したのである。

しかし東京二区からの立候補はあまりにも遅く準備不足であり、四月の総選挙で落選した。しかも第一党となった自由党の鳩山総裁の首相就任がＧＨＱ民政局（ＧＳ）によって阻まれた。ところが紆余曲折の上、幣原内閣の吉田外相がその後任者となり、五月に吉田内閣が発足すると、奇しくも石橋はこの内閣の蔵相として入閣する。落選者が主要閣僚の地位を得るなど前代未聞であった。とはいえ、彼は昭和初期の金解禁論争で一躍時の人となり、経済専門家としての名声を博していた。そこで吉田は鳩山側からの推薦を「何の躊躇もなく」受諾したのである[4]。ここに石橋は三五年に及ぶ言論生活にピリオドを打ち、政界へと転じた。時に六一歳。政治家としては相当遅いスタートであった。

（4）石橋の公職追放――不当な政治パージ

石橋蔵相が直面したのは、①戦時補償打切り問題、②石炭増産問題、③終戦処理費問題であった。①は戦時中に政府または軍部が軍需会社に約束した補償を打ち切る問題であった。石橋は蔵相就任直後、経済科学局（ESS）から「戦時補償一〇〇パーセント課税案」を実施するよう指示された。石橋は同案に根本から反対ではなかったが、補償打切りによる損害が諸銀行に及び、それが預金者に不安を与えれば、日本の経済復興を一層困難にすると危惧した。そこで石橋と大蔵省側はその打ち切りを財産税で処理しようと折衝したが、ESS側は「戦争の懲罰」の意味から容認せず、やむなく「戦時補償特別措置法」が成立した。しかし政府はその被害を最小化するための法律を国会で成立させた。しかもインフレの進行が経済界への打撃を減ずる結果となった。GHQ側はこの事態を重視し、石橋が資本家層を庇護するために故意にインフレを煽ったと見て、不信感を抱いたのである。

②の石炭は、当時唯一のエネルギー源であり、その欠乏は汽車の運行を困難とし、それは食糧輸送を停滞させ、東京など大都市では餓死者が出ると予想された。それゆえ、石橋は石炭を現状の二千万トンから三千万トンへ増産させるよう要求し、緊急措置として資金（とくに「新円」）や道具を供出し、石炭業者を督促した。しかしGHQ側は「インフレ終息」を重視しており、この日本政府の施策は「財政支出の削減と財政収支の均衡」に逆行すると判定した。それでも石橋は補助金ばかりか、復興金融金庫（復金）からも大いに融資させたため、危険な〝インフレーショニスト〟と烙印を押されたのである。

③は進駐軍全体の諸経費であり、連合国はこれを敗戦国日本の義務と定めた。ただしこの費用は当時の国家予算のほぼ三分の一を占めるほど膨大であるばかりか、インフレをもたらす一大要因でもあった。そこで石橋は「終戦処理費の削減」をGHQに申し入れた。実は地方に進駐する占領軍内部には、日本人業者と組んで甘い汁を吸う輩も多く、無駄な建設計画も数多くあった。しかも同費は敗戦国が介入できない〝聖域〟とされており、そこへ口を出す石橋は、敗戦意識の乏しい反占領指導者という悪いイメージが形成されていった。

逆に、国内では絶大な権力をもつGHQに対して物怖じしない石橋の人気が高まった。世間では「心臓大臣」という言葉が流行ったり、任侠の世界でも石橋を守る動きさえ生じたという。折しも政界の黒幕の辻嘉六が石橋を呼び、「自由党副総裁（総裁説もある）にする」との怪情報が流れた。結局それは石橋が吉田を脅かす政敵として警戒させることとなった。のみならず、パージを管轄するGSも「石橋は占領体制を揺るがす危険人物」と考えていた。奇しくも敵対していた吉田とGSとが石橋を邪魔者と見なして政界から排除する点で一致したのである。

こうして一九四七（同二二）年五月、突如石橋はパージに指定された。戦前の新報社時代の言論が公職追放令に該当するとの理由であったが、実際には社説などを切り貼りした作為的な文書であり、明白な政治的追放であった。事実、日本側の公職審査委員会は二度も石橋を「追放不該当」と判定していた。もしもこの時点で石橋がパージされていなければ、吉田路線や鳩山路線とは異なる第三の保守路線が敷かれていたかもしれない。戦後史の隠れた転機ともいえよう。(5)

2　米ソ冷戦下における日本外交の方途

（1）朝鮮戦争――米ソ冷戦の否定論

公職追放となった石橋は、政治活動を含むすべての公的活動を禁止され、まさに格子なき牢獄に押しやられた。とはいえ、長年培ったジャーナリストとしての耳目は健在であり、緊迫の度を深めつつある国際政局に対して細心の注意を払い続けた。

はたして世界を驚愕させる朝鮮戦争が一九五〇（昭和二五）年六月に勃発した。世界の冷戦がアジアでは熱戦となったわけである。すると石橋は、早速「第三次世界大戦の必至と世界国家」と題する論文を一カ月足らずで執筆脱稿した。これは一万字に及ぶ長論文であり、長らく公表されることなく石橋家に保管されていた。

その論旨とは、①この戦争によって第三次世界大戦は必至となった、だから米国が断固として立ち上がったのは当然である、②ソ連軍が介入しなければ、米軍は近い将来に北朝鮮軍を破り、南朝鮮（韓国）を回復できるだろう、③ソ連は直接介入せず、背後から北朝鮮を支援し、米国や国連を牽制する方策を採り、場合によっては中国軍を介入させるだろう、④米国は戦力でソ連よりも優位であるが、味方の数ではソ連の方が優勢であり、中国一国でも米国側は悩まされよう、⑤だから米国は自国陣営を強化する必要がある、とくに日本や西ドイツを完全な味方とせねばならず、そのためには米国は従来の他国を見下すような傲慢な態度を改めねばならない、⑥ただし仮に米国側の勝利で終っても、世界の恒久平和は得られない、その実現のためにはナショナリズムを「絶滅」する以外に方法はなく、そのためには世界を一国家とし、その内部でナショナリズムが発育する素地を奪うことが不可欠である、⑦その際の世界国家は「連邦共和国」の形態を取り、その下に現在の諸国が主権を移譲し、一種の地方自治体へと変容して、共通の通貨、通商の自由、治安維持用の警察隊を保持することになれば、地球は「永恒の楽園」と化す、というものであった(6)。

結果として、世界戦争へ拡大するとの彼の予想は外れたものの、国内で有力であった米国・韓国・台湾の共同陰謀説を取らず、北朝鮮の侵略説を取っていること、米軍側が遠からず北朝鮮軍を破って勝利を収めるであろうと予測しつつ、中国軍の介入の可能性を指摘したことは、当時の内外の論評と比較して卓見といえる。さらに彼が理想とする「世界国家論」に論及しており、後述する脱冷戦思想に基づく「日中米ソ平和同盟構想」の原点という意義をもったのである。

(2) 対日講和と日米安保体制——日本の真の独立を問う

一九五一(昭和二六)年一月、石橋は鳩山、石井光次郎、そして仲介者の『ニューズウィーク』記者パケナムとともに、帝国ホテルで秘かに来日中のダレス米大統領特使(のち国務長官)と会見した。石橋ら三名は追放中の身ながらも、吉田政権に距離を置く保守政治家として、独立後の日本の方途に関する意見書を持って臨んだ。主に石橋が執筆した要望書には、前掲論文のような「米国の対日姿勢の変更」を求める趣旨から、①米国は単独講和後の日本に対して完全な独立を与え、政治・外交・経済等の一切の束縛を解く、②米国は日本の再軍備を認める、日本としては当分忍ぶほかない、ただし憲法第九条は「世界に完全なる安全保障制度が確立されるまで」との期限を付けてしばらく効力を停止する、③米国はカイロ宣言、ヤルタ協定、ポツダム宣言の失効を声明し、多くの対日制裁を解除する、④米国はパージを解除し、日本に必要な多数の有能者を復帰させる等を掲げていた。しかし通訳上の問題もあり、石橋はその結果を「失望なり」と日記に書き止めている。

それでもこの頃からパージ解除の噂が広がり、六月、石橋の追放解除が公式に発表され、四年三カ月の不自由な生活から解放された。時に六六歳であった。

政界復帰と同時に自由党での政治活動を再開した石橋は、同じく追放解除された鳩山、三木武吉、河野一郎らとともに、吉田官僚派勢力との権力闘争を開始し、鳩山党人派勢力の理念・政策面における主要な担い手となる。しかも彼は希少な経済財政専門家であり、ＧＨＱと衝突するほどの気概に溢れ、新報社時代の経済界との結びつきから政治資金の捻出力もあり、将来の有望株と注目されていく。

復帰後の石橋の第一声は、経済復興問題と講和問題に比重が置かれた。前者では、ドッジラインに基づく通貨安定第一主義ではなく、「生産復興第一主義」に則って電力開発など積極的な方針を取るべきこと、後者では、政府の「単独講和」方式を支持しながらも、社会党など野党から全面講和や再軍備反対の声が上がっている以上、条約批准前に総選挙を実施して国民の総意を問うべきことを主張した。なお再軍備に関しては、経済力に見合う漸進的な再軍備論を提示した。また対日講和条約と日米安保条約とは「相即不離」のものであり、前者を受容して後者を否認することは実質論理上許されないとして、社会党らの方針を退けた。ただし石橋は、「それ（安保条約）は悲しむべきことであるとしても、世界の現状（米ソ冷戦）においては、日本国民の希望せざるをえない取り決めである」と消極的に擁護していた。

むしろ彼が危惧したのは、「日本の真の独立は可能か」という命題であった。「これは相当悲観的にならざるをえない。たとえば他人の世話になっている者は法律上平等であっても実際にはその人に頭が上がらない。国家関係も同じで、日本も独立国であっても米国への服従は免れない」と論じ、日本が一時も早く経済力を強め、米国と対等の交際を可能とするよう求め、「生産が豊かに、国民が富めば、国防も自力で行えるし、あえて他国に経済援助を求める要もない。かくて初めて国の独立は保てる」と真の独立論を説いた。

以上のように石橋は、〝対米自主独立〟の見地から、吉田の対米依存路線との相違を明確にすると同時に、六年に及ぶ米国の対日占領政策をも批判した。とくに両条約批准以前の総選挙実施論やドッジライン廃止論は、以降の政争を導く政治的争点となったことで、彼は党内の台風の眼となっていくのである。

（3）吉田路線と石橋路線との相克

講和条約と安保条約は、一九五二（昭和二七）年四月に発効し、晴れて日本は六年八ヵ月ぶりに独立を回復した。また米国の圧力の下に台湾との間で日華平和条約も調印され、サンフランシスコ体制の骨格が形成されていく。半面、ワンマンと俗称された吉田首相のリーダーシップもマッカーサーやＧＨＱという後ろ盾を失い、政治基盤が揺らぎ始めたが、それでも吉田は講和後も政権継続の意欲を示した。

これに対して鳩山側は、鳩山自身の健康が回復するとともに、再び吉田側へ政権移譲を迫っていく。石橋は遊説を開始する一方で、七月、「政綱政策試案」を発表し、①国連の強化、②冷戦の調整、③秘密外交の廃止、④日米英三国の協調、⑤東アジアとの親善促進と日中関係の改善、といった外交方針、①憲法九条を国民信条とする、②世界の現況から軍備を保持する、③日米安保条約を総合的安保条約へと進展させる、④憲法九条を修正する、といった安全保障方針、そして①自由貿易主義に立脚した国際貿易を拡張する、②産業発展のため金融機関を整備する、③安易な外資導入に反対する、といった経済方針を各々明示したのである。いずれも対米依存体制からの早期脱却を志向し、それ自体、吉田路線に挑戦するものであった。とはいえ、憲法九条を国民の信条としつつ九条修正を提起するなど矛盾をはらんでもいた。それは石橋が鳩山グループ内の政策スポークスマンとして、自己の見解と鳩山らの主張とを融合ないし併記せざるを得なかったためである。

このような鳩山側の攻勢に対して、翌八月、吉田側は「抜き打ち解散」で応戦した。しかも選挙中の九月、反党活動を理由に石橋を河野とともに自由党から除名処分とした。石橋の位地はそれほどまで吉田側の脅威となっていたのである。一〇月、石橋は党籍を失いながらも当選し、追放で失った国会の議席を五年ぶりに回復できた。そして「自由党の民主化」を掲げ、三木や河野と一緒に吉田政権打倒へと邁進した。同時に野党の改進党や社会党とも連携して吉田側を牽制し、除名取消しを実現した。翌五三年一月の日記には、「吉田氏が引退する外途なし」「吉田総理の演説は、いかにかれが国会を無視せるかを表示せるもの」等々、吉田の反民主的な政治手法を糾弾する記述が見られる。三月、両勢力間の対立は険悪化し、ついに石橋は鳩山、三木、河野らとともに自由党を脱党した。そして国会でこの脱党派と野党が共闘して、吉田内閣不信任案を成立させたのである。

　すると吉田側は再び反撃に転じ、国会解散を実行した。「バカヤロー解散」である。わずか半年弱で国政選挙が二度も行われる異常事態となった。そこで脱党派二二名は「分党派自由党（分自党）」を結成し、鳩山総裁、三木幹事長、石橋政策審議会長の人事を行い、突発的な総選挙に臨んだ。石橋は政策や遊説といった党の表活動はもとより、資金集めなど裏活動でも中心的役割を担った。しかし四月の総選挙結果はわずか三五議席に止まり、鳩山自由党の躍進は実現できなかった。やむなく一一月、鳩山と石橋は、三木、河野ら八名を残して、自由党に復帰せざるを得なかった。それは屈辱的な吉田への降伏であった。しかもこの時の経緯が石橋と三木・河野間に感情的しこりを残すのである。

　それでも石橋は、一九五四（同二九）年春から保守新党運動が浮上すると、岸信介と協力してこれを反吉田の新党運動へと主導していく。七月には改進党の芦田均とも提携して新党準備会を発足させ、①他力依存を脱却して自立経済を確立し、②自主自衛の独立国家体制を整え、③自由主義諸国と提携してアジア諸国との善隣友好と経済提携を回復し、④米ソ両陣営の相剋を緩和し、東亜の安定と世界平和に寄与する、との政策大綱を発表した。ここには年来の石橋の政治外交思想が滲み出ていた。

　これに対して党執行部は一一月、石橋と岸を除名した。石橋は二度目であった。しかし鳩山派と岸派が脱党し、二四日に「日本民主党」の結党式が挙行され、鳩山総裁、岸幹事長、三木総務会長、石橋最高委員といった指導体制が成立した。最後まで解散に固執した吉田首相も、党内外の反発や世論の激しい批判を受けて退陣に追い込まれた。一二月一〇日、ついに鳩山内閣が発足し、ここに石橋らの長い政権闘争は幕を閉じたのである。

3　脱〝米ソ冷戦〟に向けた日本外交の方途

(1) 日中貿易の拡大——通産相期

鳩山政権が誕生した暁には、石橋は経済財政専門家として蔵相の就任を固く信じていた。しかし意に反して、蔵相ではなく通産相を受諾せざるを得なくなった。この間、鳩山勢力内部では三木と河野が台頭著しい岸との連携を深めつつあり、石橋と疎遠になる政治状況が生まれていた。吉田内閣の打倒に尽力し、鳩山内閣の成立に貢献した石橋の処遇としては配慮を欠いた人事といえるが、他面、理念や政策には強くとも、交渉や駆け引きなど現実の権力政治に疎く、その淡泊な気質も影響していた。また米国政府も占領期以来の石橋財政の再現を嫌ったこともあった。さらには党の資金不足を解消するため、日銀総裁の一万田尚登《いちまだひさと》を蔵相に抜擢しようとしたとの説もある。その結果、石橋は政権内の中枢から距離を置くこととなったものの、通産相として日中関係改善のために尽力する。

さて鳩山新首相は、吉田内閣が手を付けなかった中ソ両国との関係改善を表明した。吉田時代の対米一辺倒外交に飽き足らなかった世論は、この基本姿勢を歓迎する。また経済貿易界でも、「中共（中国）行きのバスに乗り遅れるな」といった合言葉の下に、中小の商社ばかりでなく、米国に遠慮していた大手商社も日中貿易に本腰を入れ始めた。そのため中ソ貿易推進の窓口である「国際貿易促進協会（国貿促）」は、「中共ブームに乗ってわが世の春」を謳歌するほどの活況を呈した。実際一九五四（昭和二九）年には、日本の対中輸出が二千万ドル弱と前年から四倍以上増加し、輸入も四千万ドル強に達した。

翌五五年三月、中国通商使節団（雷任民団長）一行が来日し、日中交渉は友好と親善を基礎とする穏やかな雰囲気の中で始まった。しかし日本側は「政経分離」方針から現実の制限範囲内での最大貿易量を得ようとしたのに対して、中国側は「政経不可分」論に立って輸出制限の突破を政治目標としたため、通商代表部の相互設置、輸出入商品の分類、決済方式の三問題で交渉は暗礁に乗り上げた。そのような折、石橋は中国通商使節団の歓迎昼食会に出席し、「中国側も日本の立場をよく理解して」ほしいと要望した。これが戦後初の現職閣僚の対中接触であった。ただし米国政府は日本の対中接近に警戒を強めていた。

米中対立の板ばさみにあった鳩山首相は、最終的に第三次民間貿易協定への「支持と協力」を文書化することで、五月、ようやく第三次協定が調印された。貿易総額を片道三千万ポンド（約三百億円）としたほか、決済方法の改善、双方の見本市の開催、通商代表部の設置など画期的な内容となった。曖昧さは残ったものの、ここに両国が国交回復に向けて第一歩を踏み出したのである。

(2) 対米自立外交へ——首相期

一九五六(昭和三一)年八月、鳩山は政府・与党首脳会議を招集し、日ソ国交回復を機に退陣する旨を表明した。そして国交回復後の一一月、後継総裁を決めずに鳩山は退いた。この結果、前年一一月の保守合同で成立した「自由民主党(自民党)」初の総裁選挙戦が、岸幹事長、石井総務会長、石橋通産相の三候補者間で繰り広げられることとなった。

その際、本命とされたのが派閥と資金の両面で群を抜く岸であった。これに対して旧吉田・緒方派の流れを汲む石井と小派閥の石橋は、二三位連合を組んで岸に対抗し、党内は派閥間の合従連衡やカネ・ポストが入り乱れる混戦となった。一二月一四日に実施された選挙では、岸二二三票、石橋一五一票、石井一三七票といずれも過半数に達せず、第二回投票が行われた。その結果、石橋が二五八票を獲得し、岸に七票の僅差で逆転勝利を収めたのである。石橋の腹心である石田博英の奇策が功を奏したといえる(7)。ここに石橋は自民党第二代総裁に就任した。戦後初の私学出身で、初のジャーナリスト出身、しかも仏教(日蓮宗)界出の初の総裁の出現に国民世論は沸いた。ただし当時の国民の大多数は、戦前この人物が政府や軍部に抗して小日本主義の言説を貫いたリベラリストであったということに気付いていなかったであろう。

ところが石橋内閣の組閣作業は難航する。岸、石井、大野各派の処遇をめぐり激烈な争いが起ったためである。結局岸を副首相兼外相に起用する案が固まると、組閣も急展し、石田内閣官房長官、池田勇人蔵相、三木武夫党幹事長の三本柱が確定した。そして同月二三日、石橋が首相のまま複数の閣僚を兼任するとの異例の認証式を済ませ、晴れて石橋内閣が成立した。七二歳の高齢に加え、新内閣成立までの難航ぶりがその前途を暗くした(8)。

以上のような苦境にあったためか、総理・総裁としての石橋の発言は慎重であった。新内閣の基本方針は「自主外交」の推進と「積極経済政策」の実施にあり、前者では「アメリカと提携するが向米一辺倒にはならない」「今後も中国との経済的関係を深めていく」こと、後者では「完全雇用の実現」「一千億減税・一千億施策」にあることを明言した。

具体的には、日米安保条約の改定は「日本が自衛態勢を確立するという義務を果たせるようになってから取り上げるべき」であり、「中国との国交回復はきわめて難しく、当面の課題にはならない」と否定的な見解を示した。逆に、日本の国連加盟が実現した以上、「（国連への）義務を負わなければならない。国連の保護だけ要求して、協力はイヤだというのでは、日本は国際間に一人前に立って」いけないと断言した。さらに冷戦に関しても、「このままゆけば、第三次大戦が起こらないという保証はない」から、日本は微力ながらも戦争防止のために努力する、「両陣営の冷戦をどうやって緩和するか。ソ連にはむろん反省してもらわねばならないが、同時にアメリカにも反省してもらう点がある」と〝脱冷戦〟の考え方を改めて強調し、米ソ両国への注文も忘れなかった。

その実、石橋は秘かに日中国交回復までを視野に入れて、日中経済貿易の拡大を目指した。同月二五日の閣議では、①中国との国交回復は国連および自由主義国家との調整がついたのちに行なう、②対中貿易はより積極的に拡大する、③ココムの制限緩和を目指し、特認制度などの活用を図る、④自民党内に新たな機構を設け、また民間の貿易関係団体を統合して日本側窓口の一本化に努め、近い将来に民間通商代表部を交換すると決定した。その上で石橋は石田に対して、高碕達之助を対中関係の責任者とするよう指示した。さらに吉田元首相から日中国交回復政策の事前了解を得るよう石田に命じた。すると石田に面会した吉田は、「中ソ両国はいずれ喧嘩する」と中ソ対立を予言した。(9)

翌五七年一月八日、石橋は自民党演説会で「わが五つの誓い」を発表し、①国会運営の正常化、②政界官界の綱紀粛正、③雇用と生産の増大、④福祉国家の建設、⑤世界平和の確立、を表明した。①と②は戦前の言論人時代からの主張であり、野党社会党との対話路線を打ち出した。英米流の〝二大政党制〟を意識したといえる。③と④は彼年来の積極経済政策の究極目標であり、「経済を拡大させながらインフレを起さずにすませる自信がある。経済の拡大・完全雇用の実現は私の理想である」と明言して憚らなかった。この「完全雇用の実現」と併せて「一千億減税・一千億施策」を実行することで、社会福祉面の充実や高い教育水準の実現を目指す意図が隠されていたわけである。

そして⑤は、日本の歴代内閣では奇異な印象を与えたに違いなかった。ただしそれは美辞麗句ではなく、「私どもは……国連に加入したということを力にしまして……世界の平和をもたらしたい。このためには全力を注ぎたい」との真摯な姿勢であった。もちろんその先には、米ソ冷戦の終結があった。冷戦が世界の不安定要因であり、米ソ両国は相互に疑心暗鬼を捨てるべきであると説いた上で、「イデオロギーは人間に奉仕するものであるにもかかわらず、今は逆に我々の生活をイデオロギーに奉仕させる傾向が強く、これが世界の緊張や対立の原因となっている。いかなる主義・主張もそれが人類の幸福を増進するものならば、忌み嫌う理由はない。たとえ共産主義を国是とする国であろうとも共存共栄の道を歩んでいくべきだ」と主張した。日本は敗戦以来、世界の片隅に息を潜めるといった消極姿勢が見られたが、石橋は気後れせず、堂々と日本が世界の調整役を担うよう望んだ。これは彼の小日本主義が決して〝小国主義〟ではない旨を証明していよう。

ところで石橋内閣は組閣の難航によって政権基盤の脆弱さを露呈した。そこで国会解散と総選挙の実施に踏み切って、政界の再編と政権基盤の安定を得ようとした。その目的から石橋は全国遊説に乗り出し、東奔西走した。しかし無理な遊説は体力を消耗させ、同月二五日、風邪から脳血栓を引き起こして倒れる緊急事態となった。医師団は二カ月の休養を要するとの診断を下したため、もはや国会での首相答弁は困難となった。この時点で石橋は潔く辞任を決意した。そして「私の政治的良心に従います」との石橋書簡が二月二三日に出された。わずか二カ月で石橋内閣の命脈は尽きたのである。まさしく〝幻の内閣〟となった。

（3）第一次訪中と「石橋・周恩来共同声明」——ポスト首相期

首相退陣後の石橋は療養生活を送り、徐々に健康を回復していった。一九五八（昭和三三）年五月の総選挙も当選して議席を確保した。その際彼は、「現在の国際情勢を見ると…日本国民はいつ戦争の不幸に再び巻き込まれるか分からない。自分は病体を犠牲にしても平和を維持する努力をしたい」との心境を吐露した。当時の日中関係は岸政権下で断絶状態にあり、鳩山・石橋時代に築き上げた日中間の基盤が急速に崩壊していく状況を座視できなかったのである。それは必然岸内閣と対峙する方向へと進んだ。折しも警職法問題も加わり、石橋や松村謙三ら自民党反主流派は岸批判を強めた。翌五九年四月、石橋は「現内閣にこの（東西両陣営の平和や中共貿易問題）解決を望むのは無理だ。もし岸内閣がだめなら私が出てもいい」と、自ら訪中する意欲を明かにした。

実はかねてから訪中し、行き詰った日中関係を打開したいと願っていた。日中貿易関係者の間でも、石橋訪中によって貿易再開のきっかけを作りたいとの思惑があり、中国政府側の反応を探っていた。ようやく中国側から肯定的な感触を得ると、六月、石橋は周恩来首相宛に書簡を送り、その中で「石橋三原則」に基づく両国の関係改善を提起した。すなわち、①両国は一致団結し、東洋の平和と世界の平和を促進する、②両国は経済・政治・文化において障碍を撤去し交流を自由にする、③両国が米ソその他と結んでいる従来の関係を尊重し、その変更を求めない、との三原則である。これに対して八月、周首相から正式の招待状が届き、翌九月の石橋訪中が決定する。

石橋は訪中に臨み、①人間の幸せは資本主義とか共産主義とかいうイデオロギーによって左右されてはならない、②アイゼンハワー、フルシチョフ間の米ソ首脳会談が予定されるなど緊張緩和の兆しが見られる、③日中両国は将来提携する運命にあり、政治と経済を分離できない、④とはいえ日本政府の安保改定交渉に支障を来すようなことは絶対にしない、⑤日中両国の共存が可能かどうかを話し合う、等を表明した。こうして九月七日夜、石橋一行は三千人の見送りを受けながら羽田空港を出発した。自民党の多くや社会党も一行を激励したが、右翼側は「国賊」「アカの手先」といった抗議行動を行った。

ところが北京での交渉は難航した。二度に及ぶ石橋・周会談は順調に進んだものの、共同声明の案文作業に手間取ったのである。ようやく妥結したのは二〇日未明であった。その「石橋・周恩来共同声明」は、①両国民が手を携えて極東と世界の平和に貢献すべきである、②両国の現存関係を改善し、一日も早く両国の正常な関係を回復する、③日本は中国敵視政策を排除し、二つの中国を作る陰謀に参加すべきでない、④日中間の政治・経済関係は分離できない等を明記していた。この過程で石橋は、中国側の岸内閣非難を皮肉にも弁護する結果となった。他面、自民党執行部は④について、石橋が中国側の政経不可分論に同調したとして一時「石橋除名」論が出てきたが、石橋は平然としていたという。

むしろ石橋自身は、周との秘密会談で、持論の「日中米ソ平和同盟構想」を提示し、周から原則的な賛同を得たことと、石橋が中国による台湾への武力解放不行使を求め、周が同意したことを大きな収穫と見なした。なお石橋は帰国後、台湾側と関係の深い石井を訪ね、「私は蔣介石を無事中国大陸へ返したい。ついては自分が周恩来を説得するから、君は蔣介石を口説いてくれ」と要請したものの、石井は断ったという。

石橋らは、劉少奇国家主席との会談を終えて、九月二六日に帰国した。帰国後、彼は岸首相に会見し、①台湾問題は中国の国内問題と見なすべきである、②政経不可分を政策とすべきである、③新安保条約の年内調印を急ぐべきではない、と申し入れた。むろん岸はこの提言を無視した。すると石橋は反岸の姿勢を鮮明にし、岸の首相辞職を要求したほか、翌六〇年一月の岸訪米時には、日中国交正常化のための日米協力を米国大統領（アイゼンハワー）に提言するよう求めた。また四月、彼は安保改定をめぐる岸の非民主的手法と政治的混乱の責任を問い、首相辞職を勧告した。五月、国会で安保条約が強行採決される際、同志十数名とともに欠席した。六月、東久邇、片山両元首相とともに三人連名で岸辞職を求める勧告文を通達した。結局七月一五日、岸内閣は総辞職する。

（4）「日中米ソ平和同盟」の提唱——晩年期

この間石橋が注視していたのは、一九五九（昭和三四）年九月のキャンプデービッドでの米ソ首脳会談の行方であった。それは冷戦の〝雪解け〟を促す画期的会談となった。同じ時期に、周恩来と密かに「日中米ソ平和同盟」について協議していたこともあり、石橋は勢いづかざるを得なかったであろう。翌一〇月、彼はソ連のタス通信記者に対して、米ソ会談の結果は極東や日本にも影響を与え、日本と中ソ間関係の改善をもたらすだろうと語り、フルシチョフ首相の「平和共存路線」を歓迎すると同時に、同首相との会見を希望する旨伝えた。それがのちの訪ソへと直結する。

さて安保騒動を経た翌六〇年七月、池田内閣が成立すると、石橋は旧知の池田新首相に大きな期待を寄せた。「世界はキャンプデービッド以来、……平和共存というまったく新しい時代の戸口に立つに至った」と国際政局の大転換を予測して、日本政府の外交路線の転換を求めた。しかし池田は従来の親米路線から脱する気配はなく、石橋を失望させた。「池田君は、日本は自由陣営に属するから中立主義はあり得ず、したがってアメリカと運命共同体を形成する以外に手はないから、軍縮の討議は大国にまかせておくというのであろう」が、「そのような外交政策は実質的に日本は米国の一州の如き役割を演ずることになり、そこには日本独自の立場も見識も存在しない」と厳しく批判した。

要するに石橋は、冷戦体制下では日米関係と日中・日ソ関係が相反し、二者択一的な選択を余儀なくされるが、新たな平和共存体制下では、「日米親善」と「日中・日ソ提携」が二律背反の関係ではなく、十分両立するものであり、ここに冷戦体制と平和共存体制との根本的違いがあると認識していた。とすれば、日本はこれまでの日米間の緊密な関係を基礎としつつ、そこに日中・日ソの協調関係を重層的に組み入れることができれば、それはアジア・太平洋地域に平和と安定をもたらし、ひいては世界の平和と安定にも貢献する、しかも日本は、そのような国際環境の中で繁栄と発展を得られる、と主張したのである。

その一方で彼は、調印されたばかりの日米新安保条約を肯定しながらも、その意図と憲法間の矛盾を認め、憲法改正ができない限り、潔く憲法を遵守するのが正当な姿勢であると論じて、冷戦時代には非現実的であった憲法九条は平和共存時代を迎えた今日、現実性をもつに至った、とかつて九条を礼賛した自己の見解に戻る態度を示した。

ここに至って石橋は、世界の新潮流に即応するため、わが国の政治外交状況を本質的に是正しなければならないとの決意を固めた。一九六一（同三六）年六月、安倍能成、加納久朗、西晴彦、松永安左エ門ら長年の知己や政界の同志約二〇名をホテルに招待し、年来の構想である「日中米ソ平和同盟」を初めて披露した。この構想の根底には、彼独自の「冷戦否定」の思想と論理があった。冷戦は世界を東西に分極化し、政治・経済・軍事・イデオロギーなど多面的に敵対する事態を生み、貿易立国日本にとって死活的な自由貿易システムを阻害するばかりか、もしも冷戦が第三次世界大戦へと拡大すれば、核兵器によって世界文明が破壊され、窮極には人類の滅亡すらもたらす危険性がある、元来冷戦は世界にとって不合理かつ不利益であり、平和共存こそ望ましい、と冷戦を全面否定したのである。

彼は以上の意味から、米ソ超大国間の緊張緩和（デタント）の動きを賞賛し、日本が中ソ両国との関係を改善し、そこに米国を加えた四カ国間関係を構築することで、占領期以来の「対米従属」路線を「自主独立」路線へと軌道修正できると説いたわけである。

ではなぜ日ソ・日中は対立し、関係改善ができないのか。石橋いわく、まず日ソ関係改善の障害は「北方領土問題」にある。その経済的価値は双方にとって小さいにもかかわらず、その軍事的価値は大きい。つまり、ソ連がクナシリ、エトロフ等の諸島を日本に返還しないのは、米軍が日本各地に駐留しており、もしも返還した千島に米軍が進駐する事態になれば、ソ連は軍事上不利となるからである。とすれば、まず米ソ対立を無くし、軍事上の争点を解消してもらわねば、日本がいかに日ソ平和条約の締結を急いでも無駄である。換言すれば、日ソ関係改善のためには、米ソ関係の改善が前提となる。

他方、日中関係が正常化できないのは、米国が台湾を支援して中国分裂を助長しており、日本も米国に同調しているからである。つまり、日ソ関係と同様、日中関係でも米国が介在して改善を妨げている。とすれば、やはり日中関係改善も日ソ関係と同じく、米国を加える必要がある。今日の日米安保条約は日米間だけのものだが、これを中ソまで拡大し、「相互安全保障条約」へと発展できれば、ここに初めて日本も安全を確保できるし、米国、ソ連、中国とも友好関係を樹立できると同時に、世界全体へと平和を拡大できる、との論旨であった。

しかし当時、このような石橋の構想と提言は、戦前期の小日本主義と同様、周囲に奇異な印象を与えたにすぎなかった。安倍や松永は「そんな夢みたいなことを言っても話にはならんよ」と冷たく反応した[10]。それが代表的知識人でも至極当然の意見であったろう。

(5)「日中米ソ平和同盟」の実践――最晩年期

しかし石橋は怯まなかった。もし米ソ両国が世界平和について重大な責任を負わない場合、「日本はかねての自由主義国として米国陣営の指揮下にあるが、今後は日本小なりといえども、理に従い義に従って人類のため自ら是を是、非を非として、行動することを声明すべきである」と意気軒高ぶりを示した。そして再び行動を起こすのである。

実は彼は第一次中国訪問に続いて、ソ連訪問の準備に着手していた。そのため「日ソ協会」会長にも就任した。しかし心臓の動脈に懸念が見られたため、一九六一（昭和三六）年五月に予定していた訪ソ計画を中断せざるを得なかった。

その後二年を経てほぼ健康を回復すると、一九六三（同三八）年七月、石橋は請われて「北京・上海日本工業展覧会（日工展）」総裁に就任した。今回の中国での日工展は三度目であったが、七年前が出品総額四億円、五年前が六億円であったのに比べて一七億円余と拡大したほか、一流メーカーを含む五百の出店社から主任技術者クラス三百人が参加するなど、大規模なものとなった。「七億の人口を持つ中国と、一億の人口を持つわが国の間に、隣邦としての関係のなかで生まれた平等互恵を基礎として、大きな市場の関係を作り出す任務をもっている」と彼はその開催の意義を語った。そして九月から翌一〇月まで約三週間の第二次訪中を行った。

一行は香港を経て北京空港に到着し、その翌日に周恩来ら中国側要人十数名と懇談した。また石橋は一〇月一日の国慶節式典に招待され、毛沢東共産党主席、劉少奇国家主席とともに天安門上からパレードを見学するなど、最上級のもてなしを受けた。そしてまもなく北京市で日工展が開幕し、中国政府・党・北京市等の幹部が多数出席した式典で、石橋が開幕宣言を行った。会場は数万の群衆で溢れた。中ソ論争の発生に伴ってソ連・東欧からの輸入が減少傾向にあったためでもあるが、中国側は対日貿易に多大な期待を抱いていた。

日工展が順調に進展していた九日、石橋は急遽周首相からの求めにより二人だけで会談した。その際に周は、①日中国交正常化をしたいが、台湾問題もあって難しい、しかしいつか解決できよう、②「（中ソ間の）紛争を避けるべきだ」との石橋の指摘に対して、党の原則を論じ合っているにすぎず、中ソ友好同盟は依然生きている、③池田内閣は岸内閣よりも対中態度が良いが、まだ一貫した方針を持っていない、と述べた上で、「中国は一九五〇年代から中日米ソの平和同盟を提唱している」と述べた。これに喜んだ石橋は、「貴下が左様な意見なら、実現必ずしも遠いこととは思わぬ。……その機会が訪れたらよろしく頼む」と応じた旨を明かしている。わが意を得たり、との心境であったろう。(11)

以上の経緯から、彼は改めて訪ソの必要性を認識せざるを得なかった。実は同年五月、フルシチョフ首相の快諾を得て訪ソするつもりであった。ところが前記のような第二次訪中が先行したため、訪中後にソ連へ向かう計画を立てたが、同志の松村謙三が中ソ関係悪化を理由に反対したことと、池田首相も賛成せず、中止する経緯があった。それでも石橋は訪ソの希望を捨てることなく、翌六四年五月に国貿促総裁に就任すると、再びその準備に取り組んだ。するとと意外にも早く実現へと進み、九月から一〇月に至る三週間の訪ソが決定した。石橋夫妻ら四名の一行は、石橋が八〇歳の誕生日を迎えた九月二五日にモスクワに到着し、ソ日協会会長ネステロフらの歓迎を受けた。しかしフルシチョフとの会談が容易に実現しなかった。一〇月五日の石橋日誌には、「面会の要請するも確たる返事なきため面会を断念し帰国を決意する」とある。一行は失意の内に帰国を余儀なくされた。フルシチョフ辞任（のち解任）が公表されたのは、その帰国から二日後のことであった[12]。

こうして石橋の「日中米ソ平和同盟構想」は頓挫した。しかも中ソ対立は激化の一途を辿ったばかりでなく、一九六五（同四〇）年二月から米軍のベトナム介入が本格化するに従い、米中関係も険悪化していく。さらに中国では文化大革命が発生して対外関係が悪化するなど、石橋の描いた事態に逆行する状況を呈したのである。

それでも彼はこの四カ国安全保障体制の構築に熱意を失わず、政治行動を継続した。同年一月に石橋は、訪米を直前に控えた佐藤栄作新首相に対して、自己の構想をジョンソン大統領に伝達するよう依頼した。また岸元首相が『フォーリン・アフェアーズ』誌上に「共産主義は恐るべきものであり、東洋の不安の根元は中共」であるとの見解を掲載すると、石橋は「非常に危険な考え方」であると批判した。同時に「米国の対中〝封じ込め〟政策は成功しない」と断言し、日米安保体制にのみ依存しようとする日本政府の考え方に反省を求めた。そして持論の「日中米ソ平和同盟」の必要性を強調したのである。

はたして劇的なニクソンショック、つまり〝米中接近〟が起こったのは一九七一（同四六）年七月のことであった。そしてその直撃を受けた佐藤内閣は退陣し、翌七二年九月二九日、田中角栄新政権の下で日中国交正常化を一気に達成する。石橋はそれを見届けるかのように、一九七三（同四八）年四月二三日に他界する。享年八八であった。

注

（1）石橋湛山（一九九四）『湛山座談』岩波書店（同時代ライブラリー）五六頁。

（2）牧野邦昭・小堀聡「石橋湛山と「戦時経済特別調査室」――名古屋大学所蔵「荒木光太郎文書」より」『自由思想』第一三五

号・平成二六年一一月参照。
(3)　中山伊知郎「達見」長幸男編（一九七四）『石橋湛山――人と思想』東洋経済新報社、一五七頁。
(4)　吉田茂（一九五七）『回想十年』第三巻、新潮社、一八二頁。
(5)　増田弘（一九八八）『石橋湛山――占領政策への抵抗』草思社参照。
(6)　石橋湛山（一九九二）「第三次世界大戦必至と世界国家」『自由思想』第六三号・平成四年七月刊参照。
(7)　中島政希（一九九五）「石橋政権と石橋派」『自由思想』第七三号・平成七年二月。
(8)　宮崎吉政（一九八九）「石橋湛山と三木武夫」『自由思想』第五〇号・平成一年三月。
(9)　石田博英（一九八五）『石橋政権・七十一日』第三章、行政問題研究所。
(10)　増田弘（一九九二）「石橋湛山の「日中米ソ平和同盟」構想の形成（一二）」『法学研究』第六五巻所収参照。
(11)　石橋湛山（一九八〇）「中国を再び訪ねて」『自由思想』第一六号所収参照。
(12)　石橋湛山（一九六四）「フ首相退任後のソ連にのぞむ」『石橋湛山全集』第十四巻所収参照。

参考文献

石橋湛山編纂委員会編（一九七〇）『石橋湛山全集』第十三・十四巻　東洋経済新報社。

石橋湛山（一九五一）『湛山回想』毎日新聞社（復刻版・岩波書店　一九八五）。

石橋湛山（一九八一）「蔵相時代を振り返って（上下）」『自由思想』第一八号・昭和五六年二月、第一九号・同年五月。

石橋湛一・伊藤隆編（二〇〇一）『石橋湛山日記㊤㊦』みすず書房。

増田弘（一九九五）『石橋湛山――リベラリストの真髄』中公新書。

第5章　岸　信介
――アジア重視と日米協調――

池田慎太郎

〈略歴〉

一八九六（明治二九）年一一月　山口県山口町生まれ、のち田布施《たぶせ》に転居。

一九二〇（大正九）年七月　農商務省に入省、のち商工省に配属。

一九三六（昭和一一）年一〇月　商工省を退職し、満州国実業部総務司長として渡満。

一九四一（同一六）年一〇月　商工大臣（東条内閣）。

一九四五（同二〇）年九月　戦犯容疑者として逮捕されるが、のち釈放。

一九五三（同二八）年四月　衆議院議員に当選。

一九五五（同三〇）年一一月　自由民主党初代幹事長。

一九五六（同三一）年一二月　副首相兼外務大臣（石橋内閣）。

一九五七（同三二）年二月　石橋湛山の病気辞任に伴い、総理大臣に就任（第五六代）。

一九六〇（同三五）年七月　総辞職。

一九八七（同六二）年八月　逝去。九〇歳。


多くの国家指導者を輩出した長州・山口県に生まれた岸は、早くから政治家を志した。大学時代には北一輝や大川周明と出会い、国家社会主義やアジア主義の洗礼を受けた。商工省の革新官僚として頭角を現し、満州では産業政策の責任者として辣腕をふるった岸は、商工次官、次いで東条内閣の商工相となり、戦時統制経済を担った。このため戦犯容疑者として逮捕されたが、冷戦の発生が転機となる。岸にとって、人間の自由を認めない共産主義を世界に広めるソ連は脅威にほかならない。岸はアジア・アフリカのナショナリズムに共鳴する一方、米ソ対立の下で中立主義はとりえないとして、日米協調を持論とした。そして反植民地主義を掲げ西欧と対立しがちなアジアと自由主義圏との紐帯になることこそ、日本の使命と考えたのである。講和後、政界復帰した岸はまず保守合同に取り組み、自由民主党の幹事長をつとめた。自民党総裁選で石橋湛山に敗れたものの、石橋内閣の副首相兼外相に就任し、石橋が病気辞任すると首相に昇格した。岸政権は①国連中心主義、②自由主義諸国との協調、③アジアの一員としての立場の堅持、という「外交三原則」を掲げた。岸は二度にわたる東南アジア歴訪で賠償問題に取り組み、オセアニア、欧州、中南米を回る首脳外交を展開した。その一方で、より近隣の中国や韓国との関係は改善できなかった。また「独立の完成」を目指す岸は、不平等な日米安保条約の改定に成功したが、安保騒動で退陣した。その後も岸は自主憲法制定に執念を燃やしたが、一九七九年に政界を引退し、八七年八月、他界した。

1　革新官僚から政治家へ

(1)　生い立ちと思想形成

岸信介は山口県山口町（現山口市）で出生したが、三歳の時、父・佐藤秀助が山口県庁を辞めて郷里で酒造業を営むこととなり、田布施へ転居した。山口中学在学中、父の生家を継ぎ岸姓となった。この頃、よく萩を訪れた岸は、吉田松陰や松下村塾の高杉晋作、久坂玄瑞といった門下生、そして彼らを貫く孟子の思想に触れた。山口県では軍人を夢見る若者が多かったが、岸は体が丈夫でなく、軍人志望熱は冷めていった。初代首相の伊藤博文が同じ熊毛郡の出身という地縁もあり、岸は政治家になることを考え始めた。旧制第一高校独法科に入学した岸は、ドイツ語を中心とした授業を受け、あらゆる書物を乱読した。東京帝国大学法学部独法科に進学後は、一高以来の同級生である我妻栄と首席を争った。我妻が民法の鳩山秀夫（鳩山一郎の弟）から目をかけられたのに対し、岸は国士然とした憲法学の上杉慎吉に惚れ、上杉主宰の木曜会（後の興国同志会）に入会した。しかし、無政府主義者クロポトキンに関する論文を発表した森戸辰男を興国同志会が糾弾するのに嫌気がさし、脱会した。

岸が理論的に最も共鳴したのは、上杉の極端な国粋主義でも、吉野作造の民本主義でも、美濃部達吉の天皇機関説でもなく、北一輝の思想であった。岸は秘密出版された『国家改造案原理大綱』を徹夜で筆写し、社会主義革命と対外膨張論が合体した国家社会主義思想に傾倒した。猶存社を訪れた岸を隻眼で睨み付けた北は、「空中に君らの頼もしい青春の血をもって日本の歴史を書くんだ」と語り、強烈な印象を与えた。大川周明の影響も大きい。岸のアジアに対する関心や満州への渡航は、日本を盟主としてアジア諸国民の連帯を図ろうとする大川の大アジア主義と結びついており、戦前と戦後で一貫していると、本人も認めている。

岸は上杉から憲法講座を継ぐよう求められたが、政治家志望は変わらず、官僚になる道を選んだ。しかし周囲から勧められた内務省ではなく、農商務省に入省した。一九二五（大正一四）年、農商務省が農林省と商工省に分かれると、後者に配属された。その翌年の欧米出張は、岸に多大な影響を与えた。日本が一年間の鉄鋼生産一〇〇万トンを達成できなかった時代に、米国は一カ月に五〇〇万トンも生産していた。日本ではまだ自動車が珍しかったが、米国では使い捨ての自動車が原っぱに積み重ねられていた。米経済のスケールに圧倒された岸は、一種の反感すら抱いた。その後、岸は英国を経て、ドイツを訪れた。日本と同じく資源に乏しいドイツで産業合理化運動を目の当たりにした岸は、米国ではなくドイツこそが日本の経済政策のモデルになりうる、と確信した。軍部からも評価された岸は、国家改造を担う革新官僚として期待を集めた。岸は上司の吉野信治（吉野作造の弟）とともに重要産業統制法を起案するなど、商工省内で「吉野・岸ライン」を形成した。

一九三六（昭和一一）年、岸は商工省を辞し、満州国実業部総務司長として満州に赴任した。先に渡満していた部下の椎名悦三郎らとともに、産業開発五ヵ年計画を実施した。満州で岸は、大蔵省出身で満州国総務長官の星野直樹、関東軍参謀長の東条英機、外務省出身で南満州鉄道総裁の松岡洋右、日産創始者で満州国重工業総裁の鮎川義介と並び、「二キ三スケ」と称された（岸は松岡、鮎川とは姻戚関係でもある）。三九（同一四）年、岸は帰国して商工次官となったが、財界（阪急電鉄）出身ゆえ統制経済を嫌う小林一三大臣と対立、四一（同一六）年一月辞任した。同年一〇月、東条内閣が発足すると、岸は商工相として入閣して対米開戦を迎え、翌年の翼賛選挙で衆議院議員に当選した。しかし四三（同一八）年、商工省が軍需省に改組されると、軍需次官（兼国務相）へと実質的に降格された。戦局悪化を受け、東条は内閣を改造し岸を辞任させようとしたが、岸は拒否し倒閣を図った。四四（同一九）年七月、東条内閣は総辞職した。

（２）冷戦の勃発と政界復帰

一九四五（昭和二〇）年九月、Ａ級戦犯容疑者として逮捕された岸は、東京裁判に反発し、米国人看守から「言語道断の扱い」を受けて、米国の「仮装の民主主義」に対する敵愾心を強めた。しかしその一方で、米ソ冷戦の勃発を好機ととらえ、そこに自らの復権の可能性を見出した。中国内戦で共産党軍の優勢を知った岸は、東アジア全体の赤化を防ぐべく、米国が日本で義勇兵を募集し米軍に編入して介入すべきと考えるなど、アジアにおける「日米軍事協力」すら夢想した。岸はいっさいの自由を奪われた三年三カ月に及ぶ監獄生活の中で、自由を防衛していくことが政治の基礎である、と確信した。世界を覆い始めた共産主義は、人間の自由を認めない点で、排撃すべき思想であった。戦後の日本共産党の破壊活動とソ連の世界政策は、岸の反共主義を強く形作った。

東条ら七名の死刑が執行された翌日の一九四八（同二三）年一二月二四日、未起訴のまま釈放された岸は、盟友の藤山愛一郎が社長をつとめる日東化学の監査役に、続いて東洋パルプ会長に就任した。戦前、立憲民政党に所属した三好英之や武知勇記らは、五一（同二六）年九月、岸を担いで新日本政治経済調査会を結成した。翌年四月、対日講和条約が発効し、岸は公職追放を解除され、政治活動を再開する。この頃、岸は一高、東大で同級生であった三輪寿壮を通じて、右派社会党への入党を打診したが、実現しなかった。新日本政治経済調査会は日本再建連盟に改組され、「共産主義の侵略の排除と自由外交の堅持」「日米経済の提携とアジアとの通商」「憲法改正と独立国家体制の整備」といった政策を掲げた。

日本再建連盟会長として行った講演の中で、岸は次のように述べている。米ソ対立の下での厳正な中立は強大な軍備があって初めて可能であり、独立ホヤホヤの日本は米ソいずれかの側につく以外にない。米国の国防力がソ連を圧倒的に抑えつけている間に、日本は経済を再建しなければならない。それには米国の経済力を「極度に利用する」ことである。アジアを離れて日本は存在しえないが、アジア最大の資源国である中国が共産化した以上、未だ日本に反感を抱いている東南アジア諸国と賠償交渉を速やかに行い、国交を回復すべきである。(1) 日本再建連盟は「抜き打ち解散」による総選挙に十数名が立候補したが（岸は不出馬）、武知のみの当選に終わった。一九五三（同二八）年二月、岸は海外視察に出発し、インド、イタリアを経て、ドイツを訪れた。滞在中、岸は東ベルリンにも入り、「惨憺たる東の状態」を目の当たりにした。その一方で、西独の人々が米国文化を尊敬しておらず、ドイツ復興のために米国の経済力を利用しなければならない、という態度であることに感心した。

三月、「バカヤロー解散」によりまたも総選挙となり、弟の佐藤栄作幹事長によって自由党入党の手続きがとられた。急遽帰国した岸は当選し、自由党憲法調査会長に就任した。しかし、新党運動を展開した岸は自由党を除名され、鳩山一郎らと日本民主党を結成した。一九五四（同二九）年一一月の鳩山内閣発足後も、岸は保守合同を模索し、翌年一一月に自由民主党が結党されると初代幹事長に就任した。鳩山内閣では、バンドン会議への参加、日比賠償の妥結、日ソ国交回復と国連加盟の実現といった重要な進展を見た。その一方、防衛分担金削減交渉では激しく対立し、岸自身同席した重光・ダレス会談で相互防衛条約案が拒絶されるなど、日米関係は動揺した。鳩山内閣期の経験は、後の岸外交に大きな影響を与えた。

岸はバンドン会議以来、「今日の世界政治を動かしつつある大きなファクターとしての新民族主義」に強い関心を抱く一方、日本が自由主義陣営にあり日米親善関係を増進させるべきことは当然と考えていた。日本がアジア、アフリカの民族主義的傾向を重視し、とくに東南アジア諸国との経済的文化的親善関係を強化することは、決して日本の立場が自由主義圏にある基本線とは矛盾しないのであって、むしろともすれば反英米、反西欧的に動かんとするアジア諸国と自由主義諸国との紐帯たらんとするところに「日本の特殊の立場と使命」を見出したのである。(2)

（3）外相から首相へ

一九五六（昭和三一）年一二月、鳩山内閣退陣を受けて、自民党総裁選が実施された。岸は決選投票で石橋湛山・石井光次郎の二位・三位連合に敗れたものの、石橋内閣に副首相兼外務大臣として入閣し、「自由主義国としての立場の堅持」「対米外交の推進」「経済外交の推進」「国内政治に根差す外交」「貿易中心の対中国関係」という原則を示した。

職業外交官出身でない外相は戦前でも少なく、戦後は初である。岸は自身が外交の「素人」であることを自覚しつつ、以下のような所信を表明している。第一は、内政と外交は一体不可分ということである。戦前は軍事と外交が一体不可分であったが、今日の民主国家では内政の裏打ちのある外交によって民族の発展を国際場裡で確保できる。第二は、国連中心主義である。日本は国連加盟によって真の自主独立外交の立場を獲得したのであり、今後の外交は国連憲章を基準としなければならない。第三は、経済外交である。それは単に貿易増進、企業投資、移民促進だけでなく、日本民族の持つ経済能力を国際舞台で十分発揮させることが狙いであり、日本という狭い島にとらわれず経済力、技術、優秀な商品、労働力を以て未開発地域を開発する、という意欲的なものである。ただし、日本が海外進出する地域は植民地から解放されて建国の過程にある国々が多く、これらの民族主義の勃興には十分配慮しなければならない。インドネシアなどとの賠償問題解決は、経済外交の基礎的条件となる(3)。

石橋首相が病気で執務不能になったのを受け、一九五七（同三二）年一月三一日、岸は総理大臣臨時代理に指名された。二月二二日、石橋が辞任すると、二五日、岸は首相に昇格した。岸は石井光次郎を無任所国務大臣に加えた以外、石橋内閣の全閣僚を引き継ぎ、内閣を発足させた。

首相となった岸が最初に手掛けた外交案件のひとつに、核実験への対応がある。この頃、英国は南太平洋にある英領クリスマス島で水爆実験を行う計画を発表していた。岸は英政府に特使を送って中止を要求したが、拒絶された。その後も岸政権は、国連への登録制を提唱するなど核実験禁止を呼び掛けた。その一方で岸は、現憲法下でも自衛のためなら核兵器の保有は可能だが、政策論として核武装するつもりはない、という立場をとった。

ようやく七月になって、岸は党役員の刷新と内閣改造を行い、自前の政権を形成した。岸は自身が兼務してきた外相ポストに、民間人の藤山愛一郎を据えた。財界人を外相としたことは、岸の経済外交にかける思いの現れでもあった。藤山は大日本製糖など様々な会社の経営者であり、日本商工会議所会頭として財界の顔でもあった。商工官僚であった岸と知り合って以来、資金面でも岸を支えてきた。岸同様、藤山もまた外交には素人であったが、経済界を代表する形でバンドン会議に参加したことが転機となった。藤山は、ソ連の東欧政策が新しい型の植民地主義であると批判したセイロンのコテラワラ（John Kotelawela）首相と中国の周恩来首相との間で交わされた「帝国主義論争」に強い印象を受けた。藤山はまた、日本側代表の高碕達之助経済審議庁長官と周恩来との日中接触の場にも同席した。帰国後、藤山はインドネシアとフィリピンとの賠償問題早期解決を各方面に訴え、翌年、日比賠償交渉に特使として派遣された。バンドン会議と日比賠償交渉へ参加は、藤山が外相を引き受ける素地ともなった。

藤山外相は民間の移動大使を発案し、開発銀行総裁を退いたばかりの小林中に東南アジアを、国際電電会長の渋沢敬三に中南米を、大阪商船社長の伊藤武雄に中近東をそれぞれ回らせた。大使の資格で各地の公館を視察し、経済に弱い外交官では目の届かないところを補う意見を出させたのである。また東大名誉教授（農業経済学）の那須皓を駐インド大使に、戦前同盟通信ブエノスアイレス特派員だった津田正夫を駐アルゼンチン大使に起用した。

（4）「外交三原則」――国連中心主義・西側協調・アジアの一員

外務省は一九五七（昭和三二）年九月、初めて『わが外交の近況』（『外交青書』）を発行し、①国連中心主義、②自由主義諸国との協調、③アジアの一員としての立場の堅持、という「外交活動の三原則」を掲げた。大野勝巳外務次官の腹案をもとに斎藤鎮男総務参事官らが議論し、その結論を武藤利昭官房書記官が起草して出来上がったこの三原則は、次のような内外の環境を反映しているという(4)。

①終戦後の思想的空白を埋める役目と日本人特有の新奇を追う心情に応える魅力が、国際連合の誕生を理想化したが、その後国際政治の現実に直面して、対米、対アジア考慮を加味することにより、戦後日本の外交を現実的なものにす

る必要があったこと。
②日米協力を日本外交の実質的主軸とすることが、戦後外交の必然的方向であったが、一部の根強い反米感情を同時に配慮せざるをえなかったこと。
③アジアに対する国民の愛着と国際関係におけるアジア諸国との連帯の必要性にもとづくアジア重視の立場に対し、激しい反植民地運動と中立主義からくる共同体感の冷却傾向が、対アジア外交のあり方を複雑にしたこと。

とはいえ、三つの原則は微妙なバランスの上に立っており、相互に矛盾する面があった。たとえば中国の国連加盟を容認する賛成票が増大し、「国連中心主義」に基づいて日本がその大勢に従った場合、米国の中国不承認政策と相容れなくなる。この三原則を矛盾なく適用するには、南北間の橋渡しをするという名目で「国連中心主義」と西側協調を両立することが鍵になる。そもそも、日本が国連に加盟した際に重光葵外相が行った演説にある「東西の架け橋」論は、東西冷戦の緩和ではなく、アジアの反植民地主義と西欧諸国との調和を意味していた。「アジアの一員」としての日本は、国連の場においてアジアと西欧の仲介に努めることで、日本外交の一貫性は保たれることになる。そこにこそ、岸のいう「日本の特殊の立場と使命」がある。

「外交三原則」のひとつとして「国連中心主義」を掲げた翌月、日本は国連安全保障理事会非常任理事国に選出された。一九五八（同三三）年六月、レバノン内戦に対して国連安保理は監視団の派遣を決定したが、翌月イラクで革命が発生し中東情勢が不安定化すると、米国はレバノンに派兵した。安保理では、ソ連が米軍撤退を求め、米国は国連警察軍の編成を求める決議案を提出して対立した。日本は、レバノンに対する監視団を強化し米軍撤退を図る独自案を安保理で提案した。ソ連の拒否権にあい日本案は採択されなかったが、日本の国連外交は高く評価された。その後、ハマーショルド（Dag H. A. C. Hammarsjold）事務総長は日本の構想を容れて国連監視団を増員すべく自衛隊将校の派遣を要請した。日本国内にはこれを肯定する声もあったが、安保改定を控えた岸は慎重であり、この要請を断った。日本の「国連中心主義」の限界が、早くも露わになったのである。

2　アジア外交の位相

(1) インドとの紐帯――第一次東南アジア歴訪

外交三原則のひとつとして「アジアの一員としての立場の堅持」とある通り、岸政権は積極的なアジア外交を展開した。ただし、ここでいう「アジア」は、北東アジアと東南アジアに大別され、位相が異なっていた。また東南アジアという場合、インドやパキスタンなど、現在では「南アジア」に分類される国々も含まれていたことは注意が必要である。以下ではまず、対東南アジア外交を見てみよう。

一九五七（昭和三二）年五月、岸は第一次東南アジア歴訪に出発した。訪問国は、ビルマ、インド、パキスタン、セイロン、タイ、中華民国（台湾）である。戦後、日本の首相が東南アジア諸国を訪問するのは初めてであった。岸は東南アジア歴訪の直後に訪米を設定していたが、そのことは二つの外遊が一つのパッケージであることを意味していた。外遊に同行した福田赳夫の言を借りれば、岸は「アジアでひとり日本だけが、譬えば富士山のようにそびえておる」ことを米国に認識させることが必要と考えていた[5]。岸には「アジアの一員としてアジアを理解し、新しいアジアの建設に最も力をかしうるものは、日本をおいてない」という自負があった。すなわち、アジア問題の処理については「米国はわが国に学ぶべき多くのものがある」のであり、「あくまでも日米対等の立場でゆかなければならない」のである[6]。

岸は外遊の看板政策として、東南アジア開発基金構想を打ち出した。その内容とは、次のようなものである。アジア諸国の開発には巨額の資金が必要だが、世界銀行は全世界を対象としており、貸し出し条件も厳重である。そこで、対象をアジアに限った金融機関を設置し、基金は米国などコロンボ・プラン参加国から拠出する、というものである。あわせて岸は、優秀な技術者を速やかに多数養成するための技術研修センターの設立も提唱した。中国が国内建設を完成して東南アジアに経済的に浸透してくる前に、先手を打つべく反共経済圏を形成するのが、岸の狙いであった。

第一次東南アジア歴訪で、岸はインドのネルー（Jawaharlal Nehru）首相との会談を最も意識していた。それというのも、ネルーは米ソいずれの陣営にも与しない非同盟政策を国策としており、二年前にはアジア、アフリカのナショナリズムと団結を全世界に誇示したバンドン会議の立役者であったからである。日米協調を持論とする岸と議論が噛み合うか、注目された。果たして、岸の構想に対するネルーの反応は、「米国の援助計画が姿を変えたもの」という、厳しいものであった。

会談後の記者会見で、岸はインドが対日講和条約の中に領土条項など不平等条項があるという理由でこれに加わらず、後日、日本と平等な平和条約を締結したこと、そして東京裁判でただ一人パル（Radhabinod Pal）博士が日本の無罪を宣告したことに謝意を表した。これに対しネルーは、独立運動ゆかりの広場で岸を歓迎する集会を開催し、日露戦争での日本の勝利が自らとインドの独立運動に深い影響を与えたことを聴衆に語った。

なお、岸訪印を成功させるべく、かつてともに大亜細亜協会を結成した中谷武世（元衆議院議員）や下中弥三郎（平凡社創業者）らが先にインド入りしていた。東大で岸の後輩にあたる中谷は、興国同志会から分かれた日の会や猶存社に出入りして北一輝、大川周明らの影響を受け、戦後は米国の占領政策によって制約された日本の民族精神を再建すべく『民族と政治』を刊行していた人物である。中谷と下中は岸の後を追ってパキスタンに向かい、岸外遊に随行していた中曽根康弘と合流した。この後、中谷や中曽根らは岸一行に別れを告げ、イラン、イラク、シリアを歴訪し、岸の親書を携えてエジプトのナセル（Gamal Abdel Nasser）大統領とも会談した。

一〇月、岸の招待に応えてネルーが来日し、広島を訪問して反核の連帯を呼びかけると、日本中が歓迎ムードに包まれた。岸はネルーとの会談で核実験禁止問題などをめぐって日印提携を模索し、インドが希望していた円借款の供与に踏み切った。戦後日本の円借款供与はこれが第一号であり、翌年には日印通商協定も締結された。

（2）インドネシア賠償の妥結——第二次東南アジア・オセアニア歴訪

一九五七（昭和三二）年一一月、岸は第二次東南アジア・オセアニア歴訪に旅立った。訪問先は、南ベトナム、カンボジア、ラオス、マレーシア、シンガポール、インドネシア、オーストラリア、ニュージーランド、フィリピンである。

これらの中には未だ対日感情の厳しい国もあり、岸は戦時中に与えた被害に対し遺憾の意を表明するとともに、賠償問題を解決し、東南アジア開発基金構想について理解を得るよう努めた。この歴訪で岸が最も重視していたのが、インドネシアであった。日本は前年にフィリピンとの賠償交渉を妥結して以来、残るインドネシアとの交渉を進めようという機運が高まっていた。政財界の中には、インドネシアを「第二の満州」と見る向きすらあった。一方のインドネシアでは、独立後も主要産業の中枢を握るオランダ資本に代わるものとして、日本からの賠償に期待をかけたのである。

インドネシアとの賠償交渉が停滞していたのは、日本側がフィリピン・インドネシア・ビルマへの賠償額を四対二対一の比率で決定する方針であったのに対し、インドネシアがフィリピンと同額を主張したためであった。岸はインドネシア滞在中、実質賠償四億ドルに経済協力四億ドルを加え、フィリピンと同額にすることで合意を図った。スカルノ（Sukarno）大統領は賠償四億ドルから対日貿易債務分を引くことを要望していたが、岸は大蔵省の反対を抑え政治決断した。こうして一九五八（同三三）年一月、藤山外相がインドネシアを訪れ、平和条約と賠償協定を締結した。

この頃、インドネシアは解体の危機にあった。ジャワ島優先の国家運営に不満を持つスマトラ島では反乱が起きていた。中ソとの関係強化やバンドン会議の開催に見られる左翼的な外交政策、そしてインドネシア共産党の躍進を憂慮していた米国は、反乱勢力を支援した。すなわち岸政権は、米側に立ちインドネシアの共産化を恐れる気持ちと、「アジアの一員」として民族主義者スカルノを支援する気持ちの二者択一を迫られたのである。「アジアの一員」と「自由主義国の一員」が一致しない場合、アジアの立場に立つ意思を示していた岸は、イデオロギーよりナショナリズムを重視し、スカルノに肩入れしたのである。日本との賠償妥結に力を得たスカルノは、オランダ王立汽船会社を接収するなど、脱植民地化策を進めた。しかし、接収を察知して主な船が逃避したため、群島間の海運が途絶え、経済は打撃を受けた。そこでスカルノは来日して岸にかけあい、賠償を前倒しする形で中古船舶の緊急輸入を申し出たが、ここでも岸は外務省の頭越しに異例の決定を行ったのである。

岸はまた、オーストラリアにも重きを置いていた。メンジース（Robert G. Menzies）豪首相は一九五七（同三二）年四月来日し、小麦をはじめとする貿易問題を話し合った。すでに米国からの余剰農産物受け入れを止めていた日本は、七月に日豪通商協定を締結した。同月には日豪間の戦犯問題がすべて終了した。こうして岸は日本の首相として初めて訪豪した。在郷軍人連盟が岸の招待を取り消すよう求める動きもあったが、岸はアジアにおける日豪協力の必要性を訴えた。一方のオーストラリアは、ネルー来日に見られる通り、反植民地主義を掲げて西欧諸国と対立するアジア・アフリカブロックに日本が傾斜していること、核実験禁止提案が自由世界の団結を弱めることなど、懸念を率直に岸に伝えた。

岸の東南アジア開発基金構想は台湾とラオス以外から積極的な支持を得られなかったものの、岸の東南アジア歴訪は賠償問題の解決を加速させた。旧仏領インドシナ三国のうち、賠償請求権を放棄していたラオスとは一〇億円の、カンボジアとは一五億円の経済技術協力協定を結んだ。賠償を請求していた南ベトナムとの交渉には、岸と近い財界人の植村甲午郎があたった。交渉は長引いたが、五年間で三九〇〇万ドルを支払う賠償協定が締結された。

（3）韓国と中国――困難な北東アジア

東南アジアおよびオセアニアを隈なく訪問し、賠償問題や経済協力の道筋をつけた岸であったが、最も身近な北東アジアについては、多大な困難に直面した。

隣国である韓国の大統領は、反日政策をとる李承晩《イスンマン》であった。「五族協和」を掲げた満州で朝鮮人の扱いが一番難しかった、という経験を持つ岸は、日韓関係の前途が多難であることは覚悟していた。しかし、岸は韓国を外国というより隣県のように身近に感じており、日韓関係の打開を決意していた。岸は首相就任直後、韓国外務部の金東祚《キムドンジョ》と面会した際、「萩港は徳川幕府時代の貿易船だった朱印船が朝鮮と頻繁に往来した寄港地でした。それだけに、当地人の血には韓国人のそれが少なからず混じっているのが事実で、私の血統にも韓国人の血が流れていると思うほどです。いわば両国は兄弟国といえるわけです」と述べて、国交正常化への意欲を示した。(7) この際、岸は同席していた同じ山口県選出の田中龍夫衆議院議員（田中義一元首相の長男）を「日韓の窓口」として金に引き合わせた。

一九五七（昭和三二）年末、久保田発言や対韓請求権の撤回、日韓相互釈放、日韓全面会談再開に関する覚書が調印された。五月、岸は国策研究会常任理事の矢次一夫を特使として韓国へ派遣した。李承晩と会談した矢次は韓国併合が失敗であったとした上で、「岸首相は、同じ山口県出身である伊藤博文の後輩として、そのあと始末をしたい気持ちでいる」と述べた(8)。しかし、矢次の行動は「謝罪外交」であるとして、日本国内で激しい反発を招いた。

ちょうどこの頃、長崎県の大村収容所の韓国人不法入国者が即時釈放と北朝鮮への帰国を要求する運動を起こしていたが、岸政権は彼らを仮釈放した。このためようやく再開した日韓会談は中断した。北朝鮮の金日成《キムイルソン》首相は在日朝鮮人の帰国を歓迎すると表明し、在日本朝鮮人総聯合会は大規模な帰国運動を展開した。北朝鮮としては、在日朝鮮人の受け入れによって体制の優位を宣伝し、日韓関係に楔を打ち込む狙いがあった。これに対し韓国は帰国事業を「北送」と呼んで非難した。日本の立場は基本的に人道問題というものであったが、在日朝鮮人が受け取る生活保護費を削減し、彼らに多かった犯罪者や暴動加担者を減らす「厄介払い」という動機も潜んでいた。一九五九（同三四）年二月、岸政権は在日朝鮮人の北朝鮮帰還を閣議了解した。インドで日本赤十字社と朝鮮赤十字社が在日朝鮮人の帰還に関するカルカッタ協定を結び、一二月には最初の帰国船が新潟を出航した。その後九万人以上の在日朝鮮人や日本人妻が北朝鮮に渡った。これを受け、日韓会談は打ち切られた。

次に、日中関係を見てみよう。岸は政治問題と経済交流を峻別して中国政策を進める「政経分離」を考えていた。しかし、岸が台湾を訪れた際、蔣介石の大陸反攻を支持した、と報じられて以来、中国は岸を激しく批判した。一九五七（同三二）年一〇月、ソ連が世界初の人工衛星「スプートニク」打ち上げに成功すると、社会主義陣営の優位を確信した毛沢東は、対外的に強硬な態度を取り始めた。実際、翌年八月、中国は金門島を砲撃し、第二次台湾海峡危機を引き起こしている。またこの五〇年代末の中国では、数年で米英を追い越すことを目標とする大躍進政策の失敗により数千万人が餓死するなど、経済的にも混乱していた。

一九五七（同三二）年九月、北京で始まった第四次日中民間貿易協定交渉は、通商代表部の相互設置や日本で開催予定の中国見本市関係者の指紋押捺問題が懸案であった。翌年二月、中国側の強硬姿勢を受けて、日本側は指紋押捺免除などの譲歩を余儀なくされ、三月には国旗掲揚問題を残したまま第四次協定が調印された。しかしこの協定では通商代表部は大使館と同格になり、職員には外交官特権が認められており、実質的に中国を国家承認するものだとして、台湾と米国が反発した。そこで岸は蔣介石に書簡を送り、この協定は中国承認を意味しない、通商代表部に特権を与えない、代表部に国旗掲揚権は認めないと約束した。

五月、長崎市のデパートで開かれていた中国切手、剪紙、錦絵展覧会の会場に飾られていた五紅星旗を、酩酊した日本人青年が引き下ろす、という事件が発生した。青年は業務妨害と標示物撤去・汚辱の罪で処罰されたが、中国は外国国章損壊罪が適用されないのは岸内閣が中国を敵視しているからだ、と非難した。貿易代表部に国旗掲揚権や不逮捕特権を与えない日本政府に不満を持っていた中国の反発は長崎国旗事件により激化し、貿易や残留日本人の引き上げといった人道問題を含むすべての日中交流が停止した。

この事件後、中国は岸内閣に打撃を与えるのに役立つ者を選んで中国に招待する新たな対日政策を採用した。この新方針の下、中国は日本政府との接触は拒絶しつつ、左傾化を進める社会党との関係を緊密化させていく。一九五九（同三四）年三月、訪中した社会党の浅沼稲次郎は、「米国は中国の一部である台湾に力を拡大し日本においては沖縄を占領している。米国は日中共同の敵だ」と演説した。中国は浅沼発言を高く評価して繰り返し引用し、社会党を扇動していくことになる。

3　「日米対等」を求めて

（1）訪米と安保改定の胎動

外交三原則にいう「自由主義諸国との協調」の根幹をなすのは日米関係である。岸は米国よりもドイツに親近感を持っており、吉田茂のような親英米派ではない。しかし、冷戦下にあって、岸は「米国を利用する」という観点から日米協調を掲げ、米大使館に自らを積極的に売り込んだ。マッカーサー（Douglas A. MacArthur II）大使が赴任すると、岸はすぐさまチャネルを確立し、忌憚のない意見を交わすようになる。マッカーサーは岸を高く評価し、米国にとって「唯一の賭」とすら認識するほどであった。

「独立国家体制の整備」を持論とする岸にとって、吉田茂が締結した旧安保条約では「日本がアメリカに占領されているようなもの」であり、安保改定は政権の最重要課題であった。岸は安保改定の先に、憲法改正を構想する。「強制された植民地憲法が独立国家としての日本の国情に合わない」からである。アジア・アフリカに勃興する民族運動に同調する岸は、占領政治の残滓を清算し完全独立の骨格を確立する意欲を持っていた(9)。

岸内閣発足直前に発生したジラード事件は、日米関係再調整の必要性を認識させる出来事であった。群馬県の相馬ヶ原演習場内で薬莢を拾い集めていた日本人主婦が米兵に射殺されたこの事件は、日本の反米感情を高めずにはおかなかった。また、講和後も米統治下に置かれていた沖縄では、米軍による軍用地の接収や地代支払い方法をめぐって「島ぐるみ闘争」と呼ばれる抗議運動が発生していた。一九五六（昭和三一）年一二月、反米的な瀬長亀次郎が那覇市長に当選すると、米国は瀬長を弾圧したが、こうした沖縄の状況は日本本土にも伝わっていた。沖縄問題もまた、岸政権が日米関係において直面する難題の一つであった。

一九五七（同三二）年五月、国防会議が開かれ、「国防の基本方針」が決定された。この中で、「外部からの侵略に対しては、将来国際連合が有効にこれを阻止する機能を果たし得るに至るまでは、米国との安全保障体制を基調としてこれに対処する」ことが定められた。続いて岸の訪米直前、再び国防会議が開かれ、第一次防衛力整備計画が決められた。この一次防では在日米地上軍の撤退に備えるための陸上自衛隊の人的拡充に重きが置かれたが、その背景には米地上軍がいると占領が終わった気がしないという世論への配慮があった。

六月、「日米新時代」をキャッチフレーズとして訪米した岸は、アイゼンハワー（Dwight D. Eisenhower）大統領、ダレス（John F. Dulles）国務長官ら政権首脳と会談し、米議会でも演説した。岸が求めていた沖縄問題の解決や東南アジア開発基金構想への同意はかなわなかったが、安保条約を検討するための日米合同委員会設置で合意した。日米共同声明では、米国が日本の防衛力整備計画を歓迎し、米陸上戦闘部隊の速やかな撤退を行うとされた。なお、米国は最後のBC級戦犯拘禁国となっていたが、岸訪米を契機として仮釈放審査を日本側に委ねる政治的解決が図られた。一九五八（同三三）年末までにすべての戦犯が出所し、岸自身が三年余を過ごした巣鴨プリズンは閉鎖された。

岸訪米から四カ月後、西側を揺るがす出来事が起きる。前述の通り、ソ連が人工衛星打ち上げに成功したのである。「スプートニク・ショック」を受けた米国は、日本を含むアジア諸国がソ連に傾斜し、米国離れを起こすことを恐れた。明くる五八（同三三）年一月、追放された瀬長の後任を決める那覇市長選で、米国が共産主義者とみなす候補が当選した。スプートニクと沖縄によって危機感を強めた米国は、対日政策を修正する必要に迫られた。

米国務省は、沖縄に散在する米軍基地を数ヵ所の飛び地に集約し、残りの土地は一括して返還する「沖縄部分返還」を構想した。しかし沖縄の基地は広範囲に分散しており、構想は頓挫した。そこで、マッカーサー大使を中心に東京の米大使館が検討していた安保条約の全面改定が浮上する。この「マッカーサー草案」の特徴は、安保条約の名称に「相互協力」という文言を入れ、「経済条項」を設けることで安保条約の軍事的側面を薄め、経済協力を含めた総合的なパートナーシップを強調するところにある。条約期限については、「各締約国は他方の締約国に通告した一年後には、これを終了させることができる」とした。条約区域については、「各締約国は、一方の締約国の領土またはその施政権下にある地域に対する、西太平洋地域内での武力攻撃がみずからの平和および安全を危うくするものであることを認め、自国の憲法上の手続きに従って共通の危険に対処する」とされた。

（2）安保改定交渉の開始

一九五八（昭和三三）年八月二五日、マッカーサー大使は岸首相、藤山外相と会談し、安保条約をそのまま残して補助的取り決めで処理するか、海外派兵の負担を追うことなく憲法に抵触しない範囲で根本的改定を行う、という選択肢を示した。これに対し岸は、「国会で大いに論議されることが良い。論議は烈しいものであろうが、これを経た上は、相当期間に亘って日米関係を安定した基礎におくことができる」と述べて、根本的改定を望んだ(10)。九月、藤山は訪米してダレスと会談し、安保改定交渉の開始で合意した。この際、藤山は、憲法上の制約から自衛隊の海外派兵はできないこと、在日米軍の日本領域外の戦闘行動の際には、補給協力は現行の関係を継続するが、作戦基地として日本の施設を使用する場合には協議してもらわなければ困ること、そして核兵器持ち込みは極めて神経質な問題であるので、配備・

装備について協議すると条約に書いてあれば国民は安心する、と述べた。しかし、在日米軍基地の自由使用を最優先と考えるダレスは、即答を避けた。(11)

一〇月に始まった正式交渉で、米側はマッカーサー草案にある条約区域を「西太平洋」から「太平洋」へと拡大させた案を提示した。藤山は、日本の領土外で軍事攻撃があった場合、日本は海外派兵すると野党から追及される恐れがある、と訴えた。これに対しマッカーサーは、米国は日本が憲法上海外派兵できないことは理解していること、そして日本は日本領土外の条約区域または米軍基地が攻撃された場合、米軍への施設提供で実質的貢献をなしている、との認識を示した。

一一月に入り、マッカーサーは条約区域を「太平洋」から「日本の施政権下にある領土または区域、または対日講和条約第三条で規定されている島嶼領土」に縮小させた。この案に反発した米軍部は、条約区域を日本本土に限定し、沖縄と小笠原での米国の自由行動を確保するよう要求した。ダレスは条約区域を「日本の施政権下にある領土または区域」とすることに同意した。岸は本来、条約区域に沖縄と小笠原を含めることで、沖縄・小笠原に対する日本の潜在主権を確認し、返還を求める意思を明らかにし、安保改定への日本国民の支持を取り付けたい、と考えていた。しかしこの頃、岸は国会に上程した警察官職務執行法改正法案をめぐり、厳しい立場に立たされていた。こうした中にあって岸や藤山は、日本国内の幅広い支持を得るためには、条約区域を日本本土に限定する方が賢明である、と判断した。

一九五八（昭和三三）年末に閣僚を辞任した池田勇人や三木武夫は、日米行政協定見直しの必要性を唱え始めた。同じく自民党総務会長を降りた河野一郎も、条約区域に沖縄・小笠原を含めることや、日米行政協定の改定を主張した。彼ら反岸勢力は日米行政協定改定を持ちだすことで、岸の安保改定を遅延させ、失敗に追い込む狙いがあった。党内からの要求を無視できなくなった藤山は、日米行政協定の大幅改定を申し入れた。マッカーサーは激怒したが、岸の置かれた政治状況にかんがみて、日本側の要求を受け入れた。

一九五九（同三四）年七月から八月にかけ、岸は英国、西独、フランス、イタリア、ブラジル、アルゼンチン、ペルー、チリ、メキシコの九ヵ国を歴訪した。戦前戦後を通じて、日本の首相が中南米諸国を訪問するのは初めてである。

岸は「日韓の窓口」でもある田中龍夫をあらかじめ中南米に派遣し、下準備を行わせている。岸が巨大な潜在的資源国として重視していたブラジル訪問は日伯関係に好影響を与え、翌年には日伯移住協定が調印された。

（3）新安保条約の調印

一九六〇（昭和三五）年一月、岸首相、藤山外相ら全権団は渡米し、「日本国とアメリカ合衆国との間の相互協力及び安全保障条約」と、同条約第六条に基づく施設及び区域並びに日本国における合衆国軍隊の地位に関する協定（日米地位協定）、そして事前協議に関する交換公文など七つの文書に署名した。

新条約の第二条には、「締約国は、その国際経済政策におけるくい違いを除くことに努め、また、両国の間の経済的協力を促進する」という「経済条項」が盛り込まれた。日本国内の内乱に米軍が出動できるとする「内乱条項」と、米国以外の国に対する基地貸与を禁じた第三条は削除された。第五条で条約区域は「日本の施政権下にある領域」となり、「いずれか一方に対する武力攻撃が、自国の平和及び安全を危うくするものであることを認め、自国の憲法上の規定及び手続きに従って共通の危険に対処するように行動する」とされ、米国の日本防衛義務がようやく明記された。さらに第一〇条で条約期限は一〇年となり、一年前の予告によって解消できることとなった。国連と新安保条約の関係も明確化した。また日米行政協定も改正され、防衛分担金条項が削除された。附属文書の交換公文では、領域外への米軍の戦闘行動や、米軍の配置や装備の重要な変更については事前協議が必要とされた(12)。日本が米国に基地を貸し、米国が日本を守るという従来の構図に変化はなかったものの、旧安保条約の不平等性はかなり解消されたといえよう。

二月、政府は新安保条約を国会に提出した。事前協議制や米軍の活動できる「極東の範囲」などをめぐって、野党は政府を厳しく追及した。赤城宗徳防衛庁長官は、核搭載艦船の寄港・通過は事前協議の対象となる、という独自の解釈を示したが、社会党はそもそも事前協議そのものが、日米の不平等な関係の中で合理的に作動するはずがない、と批判した。「極東の範囲」について、政府は最終的に「フィリピン以北並びに日本及びその周辺の地域であって、韓国、中華民国の支配下にある地域もこれに含まれる」と答弁したが、米軍の行動は「極東の平和と安全」を目的とする限り地理的には制約されない以上、無意味な論議であった。

日本の周辺も緊迫していた。韓国では、三月の大統領選で李承晩が再選されたが、不正選挙と権力乱用に対するデモが全国に広がると辞職し、ハワイに亡命した。学生が政権を倒した「四月革命」は、日本の安保反対運動にも刺激を与えた。安保改定を受けて、ソ連は一九五六（同三一）年の日ソ共同宣言に基づき「歯舞・色丹を日本に引き渡せば外国軍が使用可能になる地域が拡大する」として、「日本領土から全外国軍が撤退しなければ返還しない」と一方的に通告した。五月一日、ソ連の領空で偵察活動を行っていた米U2型機が撃墜される事件が発生した。同型機は神奈川県の厚木基地にも配備されていたため、ソ連の報復を恐れる日本国民の間に不安が広がった。北京の天安門広場には一〇〇万人の群衆が動員され、「日本軍国主義反対」「打倒米帝国主義」を叫んで、安保闘争を「支援」した。

五月二〇日、新日米安保条約が強行採決されると、国会周辺はデモ隊に包囲された。六月一〇日、アイゼンハワー大統領訪日に備えて視察に訪れたハガティ（James C. Hagerty）大統領秘書官を乗せた車がデモ隊に取り囲まれた。岸は赤城防衛庁長官に自衛隊の治安出動を要請したが拒否された。一五日、デモ隊は国会に突入し、警官隊と衝突したが、その際、東大生の樺美智子が死亡した。ここに至り、岸はアイゼンハワーに訪日延期を要請した。二〇日、新条約は自然承認された。新条約の批准書が交換された二三日、岸の退陣が発表されると、革命前夜のようであった国会周辺のデモ隊は潮が引くように収まっていった。

4　岸外交の遺産

外相・首相として岸が取り組んだ主な課題は、アジア重視と日米協調の二つに大別されよう。前者に関して、岸の意識の中に、日本が「アジアの盟主」であるという自負心があったことは疑いがない。岸は総理になる前、東南アジアを勢力圏に入れて「中型帝国主義」をつくる以外、一億人の国民を食べさせる方法はない、とオフレコで語ったとされる(13)。しかが、戦後においても「大東亜共栄圏」を肯定する大アジア主義的な思考が色濃く残っていたことをうかがわせる。しかし、そのような岸が展開したアジア外交が相手国の大きな反発を受けることもなく、インドやインドネシアといった新興国との関係は大いに深まった。またオーストラリアやブラジルのような資源国との関係も強化された。これと対照的に、中国や韓国との関係は冷え込んだままだったが、岸自身は日韓関係打開に強い意欲を持っていたし、中国に対しても「政経分離」に基いて慎重に対処していたことは重要である。

アジア・アフリカの民族主義に触発された岸は、日本自身の「脱植民地化」を目標とした。日本が「アジアの盟主」であることは、米国に対するアピールでもあった。岸が情熱を傾けたもうひとつの課題、すなわち日米安保改定は占領体制の克服、独立の完成にとって不可欠であった。学生時代からドイツに親しんでいた岸は必ずしも親米派ではなかったが、日本の敗戦と米ソ冷戦という状況下で、日本が再興し自らも復権する上で「米国を利用する」ことに活路を見出した。その戦略は、公職追放解除後わずか五年での首相就任、そして安保改定として実を結んだ。その一方で、東南アジア開発基金構想に米国の資金を拠出させることはできず、沖縄と小笠原の施政権返還に道筋をつけることもできなかった。岸外交の経験はアジア重視と日米協調を両立させることの難しさを物語っていよう。

注

(1) 岸信介(一九五二)「アジアに孤立せず」『先見経済』三〇六号、一三―四頁。
(2) 岸信介(一九五六)「日ソ交渉、沖縄問題及び新民族主義に就いて」『民族と政治』一四号、一〇―一一頁。
(3) 岸信介(一九五七)「経済外交の内容と背景」『民族と政治』二〇号、六―九頁。
(4) 斉藤鎮男(一九九一)『外交』サイマル出版会、四一―三頁。
(5) 福田赳夫(一九五七)「日米協力の新段階」『アジア問題』七巻二号、四九頁。
(6) 岸信介(一九五七)「アジアに対するわが抱負」『アジア問題』七巻二号、四六頁。
(7) 金東祚(一九八六)『韓日の和解』林建彦訳、サイマル出版会、一一五―六頁。
(8) 矢次一夫(一九五八)「李承晩大統領会見記」『文藝春秋』三六巻七号、一八七頁。
(9) 岸信介(一九五六)「保守党本来の骨格と使命」『民族と政治』一五号、三三―五頁。
(10) 河野康子(二〇一〇)「日米安全保障条約改定の歴史的意義」『国際問題』五九四号、七―八頁。

(11)　菅英輝（二〇一〇）「「核密約」と日米安保体制」『年報日本現代史』一五号、六頁。
(12)　しかし、調印に先立ち、藤山とマッカーサーは、核搭載艦船の寄港は事前協議の対象外とした「討論記録」と、朝鮮半島有事の際の在日米軍の出撃が国連軍としての行動であれば事前協議を迂回できるとした「朝鮮議事録」という二つの秘密文書に署名した。
(13)　岩見隆夫（一九九四）『新版・昭和の妖怪　岸信介』朝日ソノラマ、一八九―一九〇頁。

参考文献

五百旗頭真編（二〇一四）『戦後日本外交史　第三版補訂版』有斐閣。

池田慎太郎（二〇〇四）『日米同盟の政治史』国際書院。

池田慎太郎（二〇一一）「自民党の「親韓派」と「親台派」」李鍾元ほか編『歴史としての日韓国交正常化Ⅰ』法政大学出版局、一四七―一七六頁。

池田慎太郎（二〇一二）『現代日本政治史②』吉川弘文館。

井上正也（二〇一〇）『日中国交正常化の政治史』名古屋大学出版会。

岩川隆（一九七七）『巨魁―岸信介研究』ダイヤモンド社。

大日向一郎（一九八五）『岸政権・一二四一日』行政問題研究所出版局。

菊池努（一九九二）「「敵対」から「和解」へ―オーストラリアの対日政策・一九五二―一九五七」『国際研究』八号、一―八〇頁。

岸信介・高碕達之助（一九五四）「アジアの経済開発とナショナリズム」『アジア問題』三巻一号、二―二二頁。

岸信介・矢次一夫・伊藤隆（一九八一）『岸信介の回想』文藝春秋。

岸信介（一九八二）『二十世紀のリーダーたち』サンケイ出版。

岸信介（一九八三）『岸信介回顧録―保守合同と安保改定』廣済堂。

岸信介（一九八三）『我が青春　生い立ちの記・思い出の記』廣済堂。

岸信介伝記編纂委員会編（一九八九）『人間岸信介　波乱の九十年』岸信介遺徳顕彰会。

木村隆和（二〇一〇）「岸内閣の「中国敵視政策」の実像」『日本歴史』七四一号、七二―八八頁。

倉沢愛子（二〇一一）『戦後日本＝インドネシア関係史』草思社。

権容奭（二〇〇八）『岸政権期の「アジア外交」』国際書院。

坂元一哉（二〇〇〇）『日米同盟の絆』有斐閣。

佐藤正志（二〇一四）「革新官僚・岸信介の思想と行動」『経営情報研究』二一巻二号、一五―三四頁。

田中龍夫（一九六〇）『憧れの中南米を往く』言論時代社。

陳肇斌（二〇〇〇）『戦後日本の中国政策』東京大学出版会。

テッサ・モリス＝スズキ（二〇〇七）『北朝鮮へのエクソダス』田代泰子訳、朝日新聞社。

豊田祐基子（二〇〇九）『「共犯」の同盟史』岩波書店。

中島信吾（二〇〇六）『戦後日本の防衛政策』慶應義塾大学出版会。

中島岳志（二〇一五）『下中彌三郎』平凡社。

中谷武世（一九八三）『アラブと日本』原書房。

中村隆英・宮崎正康編（二〇〇三）『岸信介政権と高度成長』東洋経済新報社。

野村高将（二〇〇四）「岸信介の政治思想に関する一考察」『政経論集』七号、六五―八九頁。

長谷川隼人（二〇一〇）「岸内閣の対外経済戦略におけるラテン・アメリカ」『一橋法学』九巻一号、一四三―一九八頁。

長谷川雄一編（二〇一四）『アジア主義思想と現代』慶應義塾大学出版会。

波多野澄雄・佐藤晋（二〇〇七）『現代日本の東南アジア政策』早稲田大学出版部。

波多野澄雄（二〇一〇）『歴史としての日米安保条約』岩波書店。

原彬久（一九九五）『岸信介』岩波新書。

原彬久（二〇〇三）『岸信介証言録』毎日新聞社。

藤山愛一郎（一九七六）『政治わが道』朝日新聞社。

保城広至（二〇〇八）『アジア地域主義外交の行方』木鐸社。

宮城大蔵（二〇〇八）『「海洋国家」日本の戦後史』ちくま新書。

村上友章（二〇〇三）「岸内閣と国連外交」『国際協力論集』一一巻一号、一四一―一六五頁。

吉田真吾（二〇一二）『日米同盟の制度化』名古屋大学出版会。

若宮啓文（二〇一四）『戦後七〇年　保守のアジア観』朝日新聞社。

渡辺昭一編（二〇一四）『コロンボ・プラン』法政大学出版局。

第Ⅱ部　日本の発展期

第6章　池田勇人
――「自由主義陣営の有力な一員」を目指して――

吉次公介

〈略歴〉

一八九九（明治三二）年一二月　広島県に生まれる。

一九四七（昭和二二）年二月　大蔵事務次官に就任。

一九四九（昭和二四）年一月　衆議院議員に初当選。

一九四九（昭和二四）年二月　大蔵大臣（第三次吉田内閣）。

一九五二（昭和二七）年一〇月　通商産業大臣（第四次吉田内閣）。

一九五六（昭和三一）年一二月　大蔵大臣（石橋内閣）。

一九五八（昭和三三）年六月　国務大臣（第二次岸内閣）。

一九五九（昭和三四）年六月　通商産業大臣（第二次岸内閣）。

一九六〇（昭和三五）年七月　自民党総裁選で勝利し、内閣総理大臣に就任（第五八代）。

一九六四（昭和三九）年一一月　内閣総理大臣を辞任。

一九六五（昭和四〇）年八月　逝去。六五歳。


「国民所得倍増計画」で知られる池田勇人には、内政・外交の両面にわたって「経済中心主義」を貫いたという強烈なイメージがある。だが、池田の実像は、大きな軍事力を持たず、国際政治の難しい問題からは距離を取り、経済発展に専念したという意味での「経済中心主義」では語りきれない。すなわち、反共主義と「大国志向ナショナリズム」を有していた池田は、「自由主義陣営の有力な一員」となることを主要な外交目標に据えていたのである。そして、「自由主義陣営の有力な一員」となるために、日米「イコール・パートナーシップ」を演出し、訪欧にあたっては米欧日「三本柱」論を掲げた。さらに池田は、「自由主義陣営の有力な一員」として、アジアで応分の役割を果たそうとする。中ソの間接侵略に対抗するために、ビルマ、インドネシア、南ベトナムなどのアジア諸国への経済援助を実施したのである。池田にとっての「経済中心主義」とは、国益の追求にあたり、軍事的手段よりも経済的手段を重視するというものであった。戦後日本外交史において、「大国志向ナショナリズム」の起点というべき池田政権期は、「敗戦国・被占領国」として「独立の完成」を目指す時代にピリオドを打ち、日本が「大国」へと向かう重要な転換点であった。

1　池田政権の外交課題

(1) 池田政権と「経済中心主義」

一九六〇（昭和三五）年七月に総理大臣となった池田勇人は、「国民所得倍増計画」を掲げて日本を高度経済成長に導いた「経済中心主義」を体現する宰相として、歴史に名を刻んでいる。萩原延寿が池田政権を「『経済的』合理主義」と評し、その後、高坂正堯が「吉田茂によって国家の政策としてすえられた経済中心主義は、池田勇人によって定着させられた」と書いたことで、池田政権には「経済中心主義」という強烈なイメージが与えられた。そして、高坂のいう「経済中心主義」とは、対米協調を軸としつつ「大きな軍事力をもたず、国際政治のむずかしい問題にはできるだけ触れないで、経済発展に力をそそぐ」という意味であった(1)。だが近年の研究は、池田政権の外交を上述の意味での「経済中心主義」と理解することの妥当性を問い直す必要性を示している。では、池田の外交思想はどのようなものだったのだろうか。

本章では、「自由主義陣営の有力な一員」をキーワードに据えて、池田政権の外交目標、手段、そして結果を検討し、池田の外交思想を明らかにする。そして、池田の外交思想を評価し、戦後日本外交史における池田政権の位置を考えてみたい。具体的には、第一に、池田政権が経済発展だけでなく、「自由主義陣営の有力な一員」としての国際的地位を追求したことを踏まえつつ、池田の「経済中心主義」とは何だったのかを問い直す。第二に、「自由主義陣営の有力な一員」というナショナル・アイデンティティに結びつく、池田の反共主義とナショナリズムのあり方を検討したい。

(2)「内政外交一体」論と国内体制の強化——「所得倍増計画」の狙い

首相官邸に入った池田を取り巻く環境は、極めて厳しいものであった。まず、「安保闘争」で岸信介内閣が退陣に追い込まれ、自民党はかつてない苦境にあった。また、アイゼンハワー(Dwight D. Eisenhower)米大統領の訪日が中止となり、日米関係は深く傷ついていた。政府・与党内には、安保改定をめぐる混乱は、国内的には国民に民主政治に対する不安を与え、対外的には国際信用を失墜させたとの危機感があった。よって池田が最初に取り組むべき課題は、内政では自民党支配の立て直し、外交では傷ついた日米関係を修復し、「自由主義陣営の一員」としての国際的地位を再建することであった。そして、これらの内政・外交上の課題は密接に連動していた。総選挙で自民党が敗北し、社会党政権が誕生すれば、日本は自由主義陣営から離脱することになるからである。

岸との違いをアピールし、自民党に対する国民の支持を取り戻すべく、池田政権は「自由民主党新政策」を発表した。「新政策」は、第一項で、「国会運営の公明なルール」の確立と、「寛容と忍耐」の話合いによる「民主政治の擁護」を掲げ、「低姿勢」で政治に臨む方針を示した。「新政策」のもう一つの目玉は、「国民所得倍増計画」であった。一〇年で国民所得を倍増させるという大胆な計画は、国民の注目を浴びた。池田は、「新政策」で「政治の季節」に終止符を打ち、「経済の季節」の到来を演出したのであった。

池田政権が打ち出した〝新しさ〟は、社会党に対抗するための冷徹な計算に基づいていた。「寛容と忍耐」の「低姿勢」は、社会党との融和を志向するものではなく、自民党支配を貫徹させるための工夫であった。そして、「国民所得倍増計画」は国民の支持を革新勢力から取り戻す手段であった。

重要なのは、「新政策」が「国内の融和団結と経済の繁栄が外交の基礎」であるとして「内政外交一体」の原則を示したことである。池田自身、退陣まで、この原則を何度も口にする。ここで言う「国内の融和団結」は「安保闘争」にみられた国内の〝分裂と対決〟の緩和を意味しており、そのための手段が「寛容と忍耐」の「低姿勢」による「民主政治の擁護」に他ならなかった。また、「国民所得倍増計画」は、経済の繁栄のみならず、国内の統合による政治の安定を目指すものであった(2)。

池田にとって、「民主政治の擁護」と経済発展による国内体制の強化は、自由主義諸国の信頼回復のために不可欠であった。一九六二（同三七）年一月一九日の衆議院本会議で、池田は「民主的秩序の確立、自由な経済体制による豊かな経済力の充実」によって、はじめて「自由国家群の一員」たりうるのであり、「かくしてのみわが国の国際的信用の向上を期待することができる」と述べている。また、国内体制の強化は、共産主義勢力に対抗するためにも必要であった。池田は、「外交はその国の信用をたかめ、自由主義諸国から尊敬され、共産諸国からバカにされないようにしなければならない。それには、国内体制を安定させることが大切だ」と語っている。「共産諸国からバカにされない」とは、小坂善太郎外相によれば、共産主義勢力による内政干渉を許さない、ということであった(3)。

池田は改憲や防衛政策を正面から取り上げることを避けたが、それも国内体制強化のための意匠であった。池田は、改憲や防衛政策が大きな政治問題となり、「安保闘争」の二の舞になることを回避しようとしたのである。かといって、池田が軍事力の必要性を認識していなかったわけではない。池田は、一九六二年の訪欧時に、「日本に軍事力があったらなあ、俺の発言権はおそらくきょうのそれに一〇倍したろう」と伊藤昌哉秘書官に漏らした。また、あるインタビューで、国際問題において軍事的解決と政治経済的解決のいずれを重視するかと問われた池田は、「文句なしに軍事的解決です」と即答した(4)。広島出身でありながら、「日本も核武装しなければならん」と口にして、伊藤にたしなめられたこともあった。こうした考えのもと、世論の強い反発を惹起しないよう留意しつつ、池田政権は第二次防衛力整備計画を策定し、着実に防衛力を増強させた。さらに池田は、一九六三（同三八）年頃から、経済成長だけでなく「人づくり」が大切だと訴えたが、伊藤によれば、それは「日本の国は日本人の手で守らねばならぬ、他人の世話になってはいけない」との気持ちからであった(5)。

（3）自由主義陣営との関係修復・強化を目指して

池田は、一九六〇年一〇月二一日の施政方針演説で「自由民主主義国としてのわが国の基本的立場を堅持」すると断言するなど、日本が「自由主義陣営の一員」であることを強調した。それは米国を中心とする自由主義諸国との関係を修復・強化するために不可欠であった。

日米関係の中核は日米安保体制だったが、「安保闘争」で国民の日米安保に対する支持は大きく揺らいだように見えた。池田は総裁選立候補声明で、「国内でもこれ〔日米安保―引用者注〕についての疑惑と反対のあることをきわめて遺憾に思う」と述べている[6]。新安保の円滑な運用を目指す池田政権は、国民に日米安保の必要性を納得させるべく、「安保効用論」を展開した。それは、池田の側近だった宮沢喜一によれば、「安保条約の結果として、日本は非生産的な軍事支出を最少限にとどめて、ひたすら経済発展に励むことができた」という考え方であった[7]。池田自身も「安保効用論」の信奉者であり、一九六三年一〇月一八日の所信表明演説で、日米安保体制のもとで「初めてわが国は現状程度の防衛力をもって、よくその安全を保ち、経済のたくましい成長を具現することができた」と演説している。

さらに、「自由主義陣営の一員」としての地位を再構築し、かつ「非武装中立」を掲げる社会党に打撃を与えるべく、池田は中立主義を激しく排撃した。池田は政権発足直後の遊説で、「自由主義諸国と共に歩み、いわゆる中立政策はとるべきではない」と断言した[8]。一九六〇年一〇月二一日の施政方針演説ではさらに踏み込み、中立論は、第一に国際情勢についての具体的検討を怠り、第二に日本が東西のパワー・バランスに多大の影響を与える事実を看過し、第三に日本の経済成長が自由主義諸国との協力によるものであることを無視する「幻想」だと断じたのであった。

（4）池田の「大国志向ナショナリズム」

池田による中立主義の排撃は、「大国」意識と表裏一体であった。池田は、一九六〇年一一月に開かれた野党党首とのテレビ討論会で、「日本という国は大国」であり、「世界において堂々たる地位を占めている。その日本がここで中立外交をとったらどうなるか、それをひとりぎめで、かってに考えられては困るのだ」と述べている。つまり池田は、

「大国」である日本が中立をとれば、世界のパワー・バランスを崩してしまうと考えていたのである。池田は社会党から「日本帝国主義復活」との批判を浴び、メディアからも「むなしい大国意識」と揶揄された。だが、池田は「日本をどうして大国といって悪いのか、日本人は劣等感を捨てるべきであり、日本の本当の国力は他の大国と比べて優るとも劣っていない」と喝破した(9)。

「自由主義陣営の一員」と「大国」意識は、「自由主義陣営の有力な一員」という国家像に結実した。池田は、一九六一(同三六)年六月一三日の『朝日新聞』夕刊に掲載された米メディアとのインタビューで、日本は「自由諸国の重要なまた〝強力〟なメンバー」であるとの矜持を示している。また、一九日の同紙夕刊に掲載された対談で、冷戦における日本の地位を問われた池田は、「私は自由陣営の有力な一員と自分で考えている」と明言した。「自由主義陣営の一員」であるとのスローガンが反共主義と不可分であり、かつ「大国」意識がナショナリズムの一形態であるとするならば、池田は外交思想として反共主義と「大国志向ナショナリズム」を有していたといえる。

池田の「大国」意識は、彼の持論である、「自由主義国から信頼せられ共産主義陣営から畏敬される」との外交方針と重なり合っていた。池田は、日本が「自由国家群の一つの大きい柱として立った以上は、ソ連、中共からよろめかされることのないよう」にすべきだと考えていたのであった(10)。

一九五〇年代の外交課題は、「敗戦国・被占領国」から脱却し、「独立」を完成させることであった。吉田茂、鳩山一郎、岸信介が「独立」という言葉に込めた意味は同一ではないが、「敗戦国・被占領国」だった日本の復興を「独立」と表現した点では共通する。だが、日本の「大国」化を目指す池田にとって、「敗戦国・被占領国」として「独立の完成」を追求することは、もはや妥当な外交目標ではなかった。「敗戦国・被占領国」からの脱却と日本の「独立」を目指すナショナリズムを仮に「独立志向ナショナリズム」と呼ぶならば、池田勇人にそれを見出すことは難しい。池田は、「敗戦国・被占領国」として「独立の完成」を追求する時代にピリオドを打とうとしたといえよう。

2　「自由主義陣営の有力な一員」を目指して

（1）池田訪米と「イコール・パートナーシップ」

「安保闘争」後、米政府内には日本への不信感が燻っていたが、一九六〇年一一月の総選挙で自民党が勝利を収めたことで、日米関係は落ち着きを取り戻した。翌六一年一月に発足したケネディ（John F. Kennedy）政権は、対日政策を進めるにあたり、「イコール・パートナーシップ」を掲げた。それを案出したのは、日本国民が日米関係を「不平等」だと感じていることを問題視し、日米の「完全な平等が将来に向かって絶対に不可欠」であると考えたライシャワー（Edwin O. Reischauer）駐日大使であった。「イコール・パートナーシップ」は、日米関係を強化することで日本中立化を阻止し、かつ、日本の「負担分担」を促すというケネディ政権の対日姿勢を象徴する言葉であった。ライシャワーによれば、米国人にとって日本は「防衛では米国の出費に『ただ乗り』し、国際政治では責任を分担したがらない」国だった。エマーソン（John K. Emmerson）駐日公使が指摘するように、「イコール・パートナーシップ」は、「占領心理を払拭し、日本人に対等者としての意識を持たせ、自由世界でより重要な役割を果たすよう促す」ためのものであった[11]。

ケネディとの信頼関係を築き、「自由主義陣営の有力な一員」としての地位を構築するために、一九六一年六月に池田は訪米した。二〇日に開かれた第一回の池田・ケネディ会談の冒頭で、ケネディは「米国の安全保障にとって日本は欠くべからざるもの」と、日本の重要性を指摘した。この言葉は、日米関係の修復を象徴していた。続いて、ケネディからヨーロッパ情勢について説明があり、池田は「西方は断乎として西ベルリンを守るべきで、これに屈服すれば自由陣営の統一が破壊され由々しいことになる、共産主義に対しては決して弱みを見せるべきではない」と応じた。外務省幹部によれば、池田はこの発言で「自分は反共だということをはっきり印象付けた」のであった。また池田は二二日、米議会で、今回は援助を求めるために訪米したのではないと喝破し、経済成長を遂げた日本は、対外援助面で「たとえ、わずかであっても、より多くの貢献を果たしうるようになった」と演説し、喝采を博した。池田は、日本がもはや米国の支援をうける「敗戦国・被占領国」ではなく、「自由主義陣営の有力な一員」となったことを強調したのであった[12]。この訪米では、ケネディが自分のヨットに池田を招待したことに加えて、日米貿易経済合同委員会などの設置が決まり、日米の「イコール・パートナーシップ」が演出された。そして池田は、訪米後の記者会見で、日本の国際的地位の向上と日米関係の強化を誇示したのであった。

池田訪米で日米関係における問題が全て解決したわけではないが、日米両政府は引き続き「イコール・パートナーシップ」の演出に努めた。一九六一年一一月の第一回日米貿易経済合同委員会の開催や、一九六二年二月のロバート・ケネディ（Robert F. Kennedy）司法長官来日は、「イコール・パートナーシップ」を盛り上げた。そして一九六二年一〇月、「イコール・パートナーシップ」の真価が問われる出来事が発生した。キューバ・ミサイル危機である。二三日、ライシャワーが池田邸を訪れ、日本の支持を求めた。池田は二四日に外務省幹部、黒金泰美官房長官、宮沢喜一経済企画庁長官、そして伊藤昌哉秘書官を総理官邸に集め、対応を協議した。重苦しい空気が漂う中、外務省幹部や宮沢は米国の行動に制約されなくてもよいとの見方を示した。だが池田は、きたるべき訪欧で米欧日「三本柱」論を唱えることを念頭に置きつつ、米国支持を決断した。そして、日本の迅速な支持表明に、米政府は深謝したのであった。

（2）米欧日「三本柱」論

政権発足当初より、自由主義陣営との関係を強化するべく西欧を重視していた池田は、一九六二年一一月に西欧諸国を歴訪した。関税および貿易に関する一般協定（GATT：General Agreement on Tariffs and Trade）三五条の対日援用を撤廃して西欧諸国の対日貿易差別に終止符を打つこと、新たに創設される経済協力開発機構（OECD：Organization for Economic Cooperation and Development）に加盟して日欧経済関係を強化すること、そして米欧日の「三本柱」論を各国首脳に示すことが主な目的であった。訪欧にあたり、池田は「今後の日本は、同じ自由陣営のヨーロッパ各国と太いパイプで結ばれねばならない。……今度日本とヨーロッパとがしっかり手をつなぎ合うことによって、アメリカとヨーロッパと日本の三つの柱ががっちりと結びあうことになる」と述べている[13]。

ケネディとの会談における発言からも分かるように、かねてより池田は自由主義陣営の結束を重視していた。同時に、池田はソ連の攻勢に神経を尖らせていた。彼は「フルシチョフ〔ソ連首相―引用者注〕は、今後欧州、米国とカナダ、日本が世界の経済の三つの柱になるだろうということを、近頃盛んにいっている。……私は、フルシチョフはこの三つの柱を離反させようとの狙いでこういっているのだと思う」との懸念を示している。[14]

こうした認識に基づいて、池田は、「三本柱」論で米欧日の結束を強めて自由主義陣営を強化し、共産主義陣営に対抗しようとした。彼は、「私の最大の目標は、自由陣営の強化のために世界の三ブロック、すなわち日本、アメリカ、西欧が、あたらしい連帯性を形成」し、米欧日を結びつけて「自由陣営をより強くしようということだ。……日本を中心とするアジア、西欧、アメリカの三地域が連帯することになれば、いわば世界は自由陣営の三脚の上に立つかたちをとるわけだ」と語っている。[15]

「三本柱」論は、アジア外交とも連動していた。池田は、日本は欧米とアジアの〝架け橋〟たるべきだと考えていたのである。池田は、西欧に向かう機内で、日本は米、西欧、アジアを「つなぐ役割を果たす」と明言した。[16]「三本柱」論は、ソ連に対抗して、米、西欧、日本、そしてアジアを結びつけるグローバルな国際秩序構想であった。

（3）池田訪欧

池田は、西欧各国で「三本柱」論を熱心にアピールした。ドゴール（Charles de Gaulle）仏大統領との会談では、「米州と欧州と日本を中心とするアジア諸国との三つの自由主義陣営が緊密に提携して繁栄を維持し、共産主義に対する対抗勢力を強化することが必要である」と述べ、ドゴールから好意的な反応を得た。池田は、イギリスでも「自由陣営の団結の強化は世界的規模で行なわれるべき」であり、日本は東西対立が激しい東アジアにおいて「国際共産主義の進出に対するとりでとしての役割を果たし、自由陣営全体の強化にも相当貢献しているものと自負している」と演説した。そして、米、西欧、日本の間に楔を打ち込むソ連の策略に対抗せねばならないとして、「三本柱」の強化と結束の必要性を説いたのであった。[17]

訪欧で池田は、GATT三五条の対日援用撤廃と日本のOECD加盟という果実を手にした。これらは、貿易の拡大という経済面だけでなく、日本の国際的地位の向上や自由陣営の結束という政治面でも重要な成果であった。また、西欧で「三本柱」論が歓迎されたことも大きな成果だった。池田が日本の国力を見極める冷静さを失っていたわけではないが、訪欧は池田に自信を与えた。帰国後、池田は「〔米・西欧・日の〕三つは相互に競争し、相互に協力しあわなければならない。……各国首脳との会談において、私は、日本が自由陣営の一員として、またアジアの一員として、アジアで演じている役割を述べた。各国首脳は一様にこのことを重視し、アジアにおける日本の判断を傾聴する態度がうかがえた」と訪欧の成果と日本の国際的地位の向上を誇示したのであった(18)。

3　日中と日韓

(1) 日中貿易の再開

一九六二年一二月一〇日の所信表明演説で述べたように、池田は、「三本柱」の一つとして「アジアにおいてわが国の負うべき責務の重大さ」を強く認識していた。では、池田はどのような考えのもと、アジア外交を展開したのであろうか。

まず、日本のアジア外交における回転軸というべき対中関係から見ていきたい。池田政権にとっての課題は、岸政権期に断絶していた日中貿易の再開であった。池田は、一九六〇年一〇月二一日の施政方針演説で、対中関係の改善が望ましいと語り、断絶状態にある日中貿易の再開を歓迎すると明言した。そして一九六二年秋、日中関係に大きな変化が訪れた。一一月、自民党の高碕達之助が訪中し、五カ年長期総合バーター貿易、いわゆるLT貿易に関する覚書が成立したのである。これで、岸政権期に断絶した日中経済関係は全面的に修復された。またLT貿易は、日中ともに政府に関係のある人物がかかわったことから、「準政府間協定」と呼ばれた。日中貿易再開をリードしたのは松村謙三や高碕だったが、池田は彼らと連携していたという。

ただし、池田は中国市場に関心を寄せつつも、少なくとも短期的には、経済的利益を期待していなかった。池田は、一九六一年のアユブ・カーン（Mohammed Ayub Khan）パキスタン大統領との会談で、「日中貿易は望ましいが中共が勝手に契約を破棄するなど将来は別として現在では日本としては安心して附合えないと感じている」と述べた。一九六二年一〇月にも、池田は、日中貿易を「過大に考えるべきでない……中共側は日本から買いたい物はいろいろあろうが、日本が中共から買う物として、一体何があるのか」と発言している[19]。

むしろ池田は、日中貿易の政治的意義を重視していた。一九六二年一一月、池田は仏政府要人との会談で、「中共の実情を知り共産圏対策をたてるため、すなわち、経済よりも政治の面において少しづつ貿易を進める」考えを示した。池田は英国でも、「敵を知る」意味で対中接触が必要だと説いた。さらに池田は、日中貿易を中ソ離間策と位置づけていた。池田は一九六二年のアデナウアー（Konrad Adenauer）西独首相との会談で、「この際、中共に対し弾力的態度を採れば中共が自由陣営に一歩近づくことは十分有得る」として、中ソ離間という「政治目的のため漸進的に貿易を伸していきたい」との意欲を示したのである。池田の中ソ離間論は、中ソ対立の激化に裏打ちされていた。池田によれば、「西側としてはこの機会は逃さずに中ソの離間を計る必要がある」のであった[20]。だが外務省は、中ソ離間は簡単ではないと考えており、池田の考えが政府内で共有されていたわけではなかった。また、米国政府も池田の中ソ離間論には懐疑的であった。

（2）中国の国連加盟問題

日中貿易と並んで、中国の国連加盟問題も重大な案件であった。一九六〇年の国連総会では、中国の共産党政権を台湾の国民政府に代えて中国代表とする問題について来年まで議論しないという、いわゆる「棚上げ案」が従来どおり可決された。だが、新興諸国の国連加盟が進んだ結果、「棚上げ案」への賛否が拮抗するようになり、一九六一年における「棚上げ案」の可決が危ぶまれる状況になっていた。

この問題はケネディとの会談でも話題となったが、池田は「地理的、歴史的関係」や「戦争によって迷惑をかけたこと」から中国に「親近感」を有しているを述べた上で、六億の住民が国連に代表されていないことは「非現実的」だと発言した。その一方で、池田は「日本は国民政府と平和条約を結んでおり中共承認は国論が承知しない」と中国承認を否定し、さらに「台湾は決して共産側に手渡してはならない」ため、国連で「台湾の地位を高める」べきだと説いた。[21]

こうした池田の見方は「中共、台湾双方とも中国は一つだと主張しているが、現実には二つの中国」であるとの判断と、「中共が台湾を支配すれば、西太平洋の自由諸国にとり大変なこととなる」との認識によるものであった。「永い将来について、行く行くは、現実の問題として2つの中国的な解決が必要になる」との発言に照らしても、池田が「二つの中国」的発想を持っていたことは確かだろう。[22] さらに池田は、将来中国を承認する可能性を否定しなかった。一九六四年一月三〇日の衆議院予算委員会で池田は、中国が国連に加盟し、多くの国が中国を承認すれば、日本も中国を承認すると述べている。

池田が中国に対して前向な姿勢をとったのは、中国への親近感や贖罪意識だけでなく、中国の直接的脅威を深刻に捉えていなかったからであった。一九六二年一〇月、キューバ・ミサイル危機とほぼ時を同じくして、中印国境紛争が発生し、米国は中国の直接的脅威を強く警戒する。だが、紛争勃発直後に訪欧した池田は各国首脳に対して、繰り返し、中国に領土的野心はなく、これが中印間の全面戦争になることはないとの見通しを示した。また中国の国力を高く評価していなかった池田は、中国の核開発についても冷静であった。それは、中国の核を強く警戒する米国とは異なる態度であった。池田にとっては、むしろソ連の核ミサイルのほうが重大な直接的脅威であった。[23]

対中関係の改善に意欲を示す一方で、池田は共産主義への警戒感を隠さなかった。彼にとって、反共主義と対中接近は矛盾するものではなかったのである。一九六二年一二月六日の『朝日新聞』夕刊に掲載されたインタビューで池田は、「アジアでの共産主義侵略政策に対しては米国や西欧諸国とともに日本も堅い決意で戦うのは当然だ」と述べると同時に、日中貿易再開は「当然」であり、「共産主義の侵略は絶対阻むが、中共の大衆、民族には親近感を持っている」と語った。また別の機会にも、池田は「アジアにおいて共産主義を封じ込めることと、日本が中国貿易を控えることは全く違う」と述べた。共産主義との戦いと対中貿易は矛盾しないかと記者から問われた池田は、「西欧は矛盾を感じてい

ない、日本も矛盾を感じていない。米国だけがこれを矛盾だと感じているようだ」と答えた。(24)

(3) 日韓交渉の進展——請求権問題の妥結

対東アジア外交という点では、日韓交渉の停滞も深刻な問題であった。池田は、戦後処理の観点だけでなく、冷戦戦略上の観点から日韓交渉に取り組む。一九六一年の訪米に向けた外務省との打ち合わせで、「日本にとっても、又自由主義陣営にとっても最後の線」である韓国と南ベトナムを援助すべきだと述べたように、池田は冷戦戦略上の韓国の重要性を認識していた。(25) そして日米首脳会談でケネディが池田に対韓支援を要請したことが、池田を後押しした。

一九六一年の韓国のクーデターは、日韓関係の流れを変えることになった。新たに発足した朴正熙政権が、主に経済援助への期待から、日本との関係改善に意欲を示したのである。他方、池田は、朴正熙《パクチョンヒ》政権を支えねば韓国が共産化するとの懸念を持っていた。一九六二年二月に来日したロバート・ケネディ司法長官に、池田は「今の朴政権が倒れると韓国は共産化する危険がある。今が援助の最後のチャンスである」と述べている。(26) このように日韓関係を前進させる環境は整いつつあったが、請求権をめぐる日韓の溝は大きく、日韓交渉の妥結は容易ではなかった。日本国内では、社会党が、日韓交渉は朝鮮半島分断を固定化し、東アジアの軍事同盟体制強化につながると批判していた。

事態が動いたのは、一九六二年七月に外相に就任した大平正芳が日韓関係に本格的に取り組む姿勢を示してからである。一九六二年一一月、来日した金鍾泌韓国情報部長が大平と会談し、最大の懸案事項である請求権問題で合意に達した。「金・大平メモ」に記された合意内容は、無償経済協力三億ドル、円借款二億ドル、民間信用供与一億ドルであった。「金・大平メモ」は、日韓国交正常化に向けた一里塚となるだけでなく、韓国の経済発展を通した反共体制の強化に寄与するものであった。

4　池田政権の対東南アジア外交

（1）反共の手段としての経済援助

「自由主義陣営の有力な一員」としての地位を確立し、それに相応しい役割を果たすべく、池田は東南アジア外交に力を入れた。池田政権成立後に発行された『わが外交の近況』第五号が、自由主義陣営との協調を外交の基本方針と位置付ける一方、「ＡＡグループの一部の国の立場と相違することがあっても、それはやむをえない」と述べているため、池田政権のアジアへの関心は弱かったとする見方もある。だが、池田は「東南アジア開発を援助することは、日本が生き、発展して行く上にも、また共産主義に対する面からもどうしても必要」だと認識すると同時に、「日本のアジアにおける地位は重要であり、日本はアジアにおける共産主義の拡大を阻止するため先頭に立って闘う」との決意を有していた[27]。

では、いかにして東南アジアにおける共産主義の拡大を食い止めるのか。池田は、中国の直接的脅威を重大視していなかったが、中ソの間接的脅威は深刻に受け止めており、それに対抗する上では経済援助が有効だと考え、積極的に援助に取り組む姿勢を示した。一九六一年の訪米時、池田はナショナル・プレス・クラブの演説で、共産主義勢力は第三世界を主な標的としており、「民族革命の流れを、共産世界の湖に導き入れようとの企図に対して、自由世界の諸国が約束し協力し合って対抗する必要がある」と訴えた。そして、アジアへの支援は、「アジアの一員」であり「アジアにおける唯一の工業先進国」である「わが国の責務」だと述べたのであった。また一九六三年七月にも、池田は、激化する中ソ対立の「日本への影響もさることながら、東南アジアへの中共の出方が重要だろう。日本としてはその猛威が東南アジアに及ばぬよう、東南アジア諸国に実力をつけるための援助を今後もいっそう進めていく」との考えを示した[28]。

池田にとって、経済発展そのものが、効果的な反共の手段であった。一九六一年に訪米した際、池田は、日本は「自由企業制度のもとにおいて健全な経済発展が可能なことを実証し、これによって共産主義が経済発展と生活水準向上の近道であるという共産主義者の主張が誤りであることを示そうとしている」と語った。また彼は、「共産主義は生活水準の低い地域にはいり込み勢力をふるうものだ。生活水準向上で進歩があれば、共産主義は自然に弱まる」とも述べている。(29)

(2) 池田の「ビルマ重視路線」

東南アジアの中で、池田政権が重点地域と位置づけたのが、中立主義をとるビルマ(現ミャンマー)であった。岸政権期、ビルマ米の輸入量削減や、ビルマ側が賠償の増額を求めていた賠償再検討問題がこじれ、日緬関係はささくれだっていた。そのビルマとの関係を、池田政権は立て直そうとしたのである。

池田政権がビルマに注力する契機となったのが、一九六一年九月にビルマの有力者アウンヂー(Aung Gyi)准将が来日し、日緬関係の強化に意欲を示したことであった。アジア太平洋戦争期、日本軍の「南機関」が、ビルマ建国の父といわれるアウンサン(Aung San)将軍らに軍事訓練を施して以来の「特殊関係」もあり、池田はビルマに強い関心を寄せる。そして彼は、援助を拡大させればビルマの共産主義勢力に大きな打撃を与えることができると考えるに至るのである。

一九六一年一一月、池田はパキスタン、インド、ビルマ、タイを歴訪したが、この外遊の中心課題の一つはビルマを自由主義陣営に引き寄せることであった。池田は最初の訪問国パキスタンで、早速、アユブ・カーンにビルマの東南アジア条約機構(SEATO：Southeast Asia Treaty Organization)加盟というアイデアを披露した。ビルマでは、池田はウー・ヌ(U Nu)首相と二度にわたって会談を行った。池田は、中ソの脅威を強調した上で、日本が自由主義のもとで経済発展を遂げていることを指摘し、「共産主義に対し、はっきりした政策をとるべき時期が来ているのではあるまいか」とビルマに反共姿勢の明確化を迫り、SEATOへの加盟を促した。さらに池田は、米国への不信感を有するビルマ側に、日本が米緬間の橋渡し役を果す用意があることを示す。だが、池田の熱意も空しく、ウー・ヌが外交姿勢の見直しに言及することはなかった。また、懸案の賠償再検討問題についても、支払額をめぐる日緬間の溝は大きく、この会談で結論は得られなかった[30]。ビルマを自由主義陣営に引き寄せるという点でも、賠償再検討問題の解決という点でも、池田のビルマ訪問は決して満足できるものではなかった。

池田のビルマ訪問から間もない一九六二年にビルマで軍事クーデターが発生し、ネ・ウィン（Ne Win）政権が発足した。ネ・ウィン政権は「ビルマ式社会主義」を掲げ、外交では中立を堅持する姿勢を示した。日本はすぐにネ・ウィン政権を承認し、一九六三年一月から日緬賠償再検討交渉が再開された。クーデター後も政権中枢に留まったアウンヂーが来日し、大平外相と交渉にあたったが、支払額に関する両者の溝は埋まらず、交渉は決裂したかと思われた。最終的には、日本側がビルマ側に譲歩し、無償一億四〇〇〇万ドルを一二年、有償三〇〇〇万ドルで合意が成立した。かくして日緬賠償再検討問題は決着し、一九六三年三月に日緬経済技術協力協定が調印された。これで日緬「特殊関係」が前進したことは確かだが、ネ・ウィン政権が中立主義を固守したため、池田政権が所期の目標を達成したとは言い難かった。

なお、池田がビルマにだけ関心を向けていたわけではない。一九六一年の訪タイ時には、懸案事項だった特別円問題を九六億円の八年払いで解決した。それには、東南アジアにおける自由主義陣営の柱というべきタイを支援する狙いがあった。また、東南アジア戦略上、メコン河を確保しておかねばならないとの判断から、激しい内戦を経て中立を掲げるに至っていたラオスにも援助を実施した。

(3) マレーシア紛争とベトナム戦争への対応

日緬賠償再検討問題が妥結した頃、中立主義をとるインドネシアの雲行きが怪しくなっていた。スカルノ（Sukarno）大統領が、英国が主導するマレーシア結成の動きに対して「新植民地主義」だと猛反発し、「対決」を宣言したのである。米英豪などはスカルノに厳しい姿勢をとり、緊張が高まった。池田は、東南アジアに強力な反共国家ができるとしてマレーシア結成を歓迎する一方、インドネシアを自由陣営に引付けておくことが極めて肝要だと考えていた。マレーシア紛争を鎮め、インドネシアを自由主義陣営に引き寄せるべく、池田はマレーシア問題への関心を強める。

一九六三年九月下旬から、池田はフィリピン、インドネシア、オーストラリア、ニュージーランドを歴訪した。インドネシアでスカルノと会った池田は、一二〇〇万ドルの緊急援助を申し出ると同時に、話し合いによる問題解決を強く勧めた。スカルノは、マラヤ側を糾弾しつつも、最後には、話し合いに応じる姿勢を示した。池田は、他の訪問国でも対話による問題解決を慫慂した。米英豪と異なり、池田が融和的な態度をとったのは、一方的にスカルノを批判すれば「彼を共産陣営に追いやることになり自由世界にとって大きな損失となろう。スカルノを1種の患者とみて親切に介抱する態度でこれを善導すべきである」との判断からであった[31]。だが、インドネシアとマレーシアの紛争はエスカレートし、マレーシアが非常事態を宣言するに至る。池田内閣総辞職後には、インドネシアは中国に接近し、「ジャカルタ＝北京枢軸」路線を突き進む。マレーシア紛争の平和的解決と、インドネシアの左傾化阻止という池田の試みは未完に終わった。

マレーシア問題に池田政権が苦悶していた頃、ベトナム情勢も悪化していた。南ベトナム解放民族戦線の攻勢を受けて、ゴ・ジン・ジェム（Ngo Dinh Diem）政権が大きく揺らいでいたのである。一一月、南ベトナム軍がクーデターを決行し、ジェム政権は倒れたが、南ベトナム情勢は好転しなかった。一九六四（同三九）年八月のトンキン湾事件をきっかけとして、ジョンソン（Lyndon B. Johnson）政権は本格的な軍事介入へと舵を切る。そして苦境に陥った米国は、南ベトナムを支援するよう日本に求めた。

だが、池田政権にとって、対南ベトナム援助は簡単ではなかった。そもそも池田政権内には、軍事力を重視する米国のベトナム政策に批判的な見方があった。さらに、国内政治的に見ても、南ベトナムへの援助が社会党の反発を招くのは必至であった。だが、米国の要求を無視することはできず、外務省は、既に実施が決まっている借款の前倒しや医薬品の提供などを決める。「自由陣営に属するとともに、本来ヴィエトナムを自由陣営に止めることにつき深いインタレストを有するわが国としては見通しのいかんを問わず、米国政府の要請を無下に斥けるわけにゆかず、いわばおつき合いとして応分の援助を供与せざるを得ない」というのが外務省の本音であった。だが、米国への「おつきあい」という理由付けでは、「対米追随」との誹りを免れない。そこで外務省は、「わが国の援助は米国の要請のいかんに拘らず、同じアジアの一国としての独自の立場からヴィエトナム国民に対する平和的、人道的ないしは民生の福祉向上の見地に立って供与するとの建前を執る」ことにした。小川平四郎外務省国際資料部長の言葉を借りれば、「米国が困っているのに、日本がそっぽを向くことにより、日米安保体制にひびが入るということが心配」であるため、ベトナムでも「日米間にひびが入らない程度におつき合いしたらよい」のであった(32)。かくして一九六四年の夏以降、池田内閣は、医療団の派遣など総額一五〇万ドルの対南ベトナム緊急援助を閣議決定したのであった。

5　戦後日本外交史における池田の位置

池田の言動から、彼の外交思想の特徴として、以下の点を挙げることができる。池田は、第一に、日本の国際的地位の向上を志向する大国意識、即ち「大国志向ナショナリズム」を有していた。第二に、池田は、国内外における共産主義勢力の拡大阻止を追求する反共主義者であった。池田が狂信的な反共主義者だったわけではないし、時には政治的な駆け引きのためのレトリックとして「反共」を活用したこともあるだろう。だが、池田が共産主義勢力の間接的脅威を警戒していたことは疑いない。そして第三に、彼は、国際的地位の向上や共産主義に対抗する上で、軍事的手段より経済的手段を重視していた。池田にとっての「経済中心主義」は、国益の追求にあたり、軍事的手段より経済的手段を重視するという考え方であった。「経済中心主義」の池田は反共色が薄かったと指摘されることもあるが、池田にとって「経済中心主義」と反共主義は何ら相反するものではなく一体のものだったのである。

こうした思想のもと、池田は、日米「イコール・パートナーシップ」や米欧日「三本柱」論を通して、日本を「自由主義陣営の有力な一員」にするという目標を一定程度達成できたといえる。だが、ビルマやインドネシアを自由主義陣営に引き寄せることはできなかった。ビルマやインドネシアが中立主義を採用したのは、旧宗主国への反発や、冷戦に巻き込まれることへの危惧ゆえであった。池田は、アジア情勢を冷戦の枠組みで把握した結果、ビルマやインドネシアの指導者たちのナショナリズムを十分理解していなかったといえる。また、共産主義に対抗するために南ベトナム、韓国、ビルマの権威主義的政権を支援したことは、民主主義よりも反共や対米協調を優先させたことを意味する。アジアのナショナリズムや民主主義よりも反共を優先させた点は、「冷戦思考」にとらわれた池田の限界として指摘されてよいだろう。

では、こうした池田の外交思想は、戦後日本外交史の中でいかなる位置にあるだろうか。国益の追求にあたり、軍事的手段より経済的手段を重視するという意味での「経済中心主義」は、吉田茂から継承したものだといえる。だが、注意が必要なのは、改憲・再軍備を唱えた鳩山一郎や岸信介も、共産主義に対抗する上で経済発展が重要であるとの認識を持っていたことである。即ち、上述の意味での「経済中心主義」という点では、振幅はあるものの、吉田から池田までの連続性を看取することができる。そして、佐藤栄作以後の多くの首相たちにも、この「経済中心主義」は継承されているといえよう。無論、反共主義も池田のみに見られるものではない。吉田、鳩山、岸、そして佐藤栄作以降の歴代首相も、共産主義に対する警戒感を有していた。

他方、池田の「大国志向ナショナリズム」は、一九五〇年代の首相たちには見られない思想的特徴である。池田にとって日本は「独立」を目指す「敗戦国・被占領国」ではなく、「自由主義陣営の有力な一員」でなければならなかった。そして、佐藤以後の宰相たちは、日本が「大国」であるとの認識を強めていく。「大国志向ナショナリズム」の起点である池田政権期は、「敗戦国・被占領国」から「大国」への重要な転換点であった。

注

（1）萩原延寿「首相池田勇人論」『中央公論』一九六四年七月、同「池田時代の遺産」『中央公論』一九六四年一二月。高坂正堯「吉田茂以後」『中央公論』一九六七年八月。高坂正堯著作集刊行会編（二〇〇〇年）『高坂正堯著作集』第八巻、都市出版、二三一頁。

（2）鈴木宏尚（二〇一三）『池田政権と高度成長期の日本外交』慶應義塾大学出版会、八二頁。

（3）伊藤昌哉（一九八五）『池田勇人とその時代』朝日新聞社、一一一、一三六頁。Tokyo to Secretary of State, 1960. 7. 21. 694. 00/7-2160, *Confidential U. S. State Department Central Files JAPAN 1960-January 1963 Internal and Foreign*

Affairs, (University Publications of America, MD, 1998, microfilm), reel. 32.

（4）伊藤（一九八五）二三四—九頁。

（5）同前、二三一—四頁。

（6）『朝日新聞』（以下『朝日』と略記）一九六〇年七月一〇日。

（7）宮沢喜一（一九六五）『社会党との対話』講談社、一九二—三頁。

（8）『朝日』一九六〇年九月八日。

（9）伊藤（一九八五）一三六頁。『朝日』一九六二年一月一二日、一月二〇日。

（10）池田勇人（一九六〇）「日本政治の課題」自民党宏池会『進路』七巻二号、一九六〇年二月。同（一九六〇）「所信を述べて国民の皆様に訴える」『進路』七巻八号、一九六〇年八月。

（11）Edwin O. Reischauer (1986), *My Life Between Japan and America* (New York: Harper & Row), p. 165, p. 196. John K. Emmerson (1978), *The Japanese Thread ; A Life in the U. S. Foreign Service* (New York: Holt, Rinehart and Winston), p. 373.

（12）吉次公介（二〇〇九）『池田政権期の日本外交と冷戦』岩波書店、四〇—六頁。

（13）『朝日』一九六二年一一月五日、夕刊。

（14）欧西「総理記者会見要旨」一九六二年一〇月二〇日、外務省外交記録（以下、外交記録と略記）A'0364。

（15）『読売新聞』一九六二年一一月五日、夕刊。

（16）『朝日』一九六二年一一月五日、夕刊。

（17）吉次（二〇〇九）第二章。

（18）伊藤（一九八五）一九七—二〇五頁。

（19）アジア局「池田総理アジア4カ国（パキスタン・インド・ビルマ及びタイ）訪問の際の各国首脳との会談要旨」一九六二年四月、外交記録A'0357。『朝日』一九六二年一〇月六日。

（20）欧亜局「池田総理訪欧の際の会談要旨」一九六二年一二月、外交記録A'0363。

（21）外務省『池田総理の米国及びカナダ訪問』一九六一年八月、外交記録A'0362。

（22）「第2回日仏定期協議会談録」一九六四年四月八日、外交記録A'0421。欧亜局「池田総理訪欧の際の会談要旨」一九六二年一二月、A'0363。井上正也（二〇一〇）『日中国交正常化の政治史』名古屋大学出版会、池田直隆（二〇〇四）『日米関係と「二つの中国」』木鐸社、も参照。

(23) 吉次公介（二〇一一）『日米同盟はいかに作られたか』講談社、一二五—八頁。
(24) Emmerson to Secretary of State, 1962. 12. 6, Foreign Service Posts of the Department of State, Record Group 84. Tokyo Embassy, box. 85 (National Archives of the United States, College Park, MD).
(25) 「議題1(2)極東情勢」一九六一年五月二八日、外交記録A'0361。
(26) 吉次（二〇一一）『日米同盟はいかに作られたか』一四八—九頁。
(27) 池田（一九六〇）一六頁。欧西「池田総理とゲルステンマイヤードイツ連邦議会議長との会談要旨」一九六四年五月一九日、外交記録A'0393。
(28) 『朝日』一九六三年七月一九日、夕刊。
(29) 外務省『池田総理の米国及びカナダ訪問』一九六一年八月、外交記録A'0362。『朝日』一九六一年六月一三日、夕刊。
(30) 吉次（二〇〇九）一三〇—四頁。
(31) 在オーストラリア大使発外務大臣宛「池田、メンジス第二回会談の件」一九六三年一〇月二日、第四九八号、外務省情報公開2003-00601。
(32) 吉次（二〇〇九）第四章第三節。

参考文献

伊藤昌哉（一九八五）『池田勇人とその時代』朝日新聞社。
井上正也（二〇一〇）『日中国交正常化の政治史』名古屋大学出版会。
内田健三（一九六九）『戦後日本の保守政治』岩波書店。
金斗昇（二〇〇八）『池田勇人政権の対外政策と日韓交渉』明石書店。
高坂正堯（一九六八）『宰相吉田茂』中央公論社。
高坂正堯著作集刊行会編（二〇〇〇年）『高坂正堯著作集』第八巻、都市出版。
鈴木宏尚（二〇一三）『池田政権と高度成長期の日本外交』慶應義塾大学出版会。
波多野澄雄編（二〇〇四）『池田・佐藤政権期の日本外交』ミネルヴァ書房。
樋渡由美（一九九〇）『戦後政治と日米関係』東京大学出版会。
宮城大蔵（二〇〇四）『戦後アジア秩序の模索と日本』創文社。
吉次公介（二〇〇九）『池田政権期の日本外交と冷戦』岩波書店。

吉次公介（二〇一一）『日米同盟はいかに作られたか』講談社。

〔本稿は、科学研究費補助金・基盤（C）15K03342による研究成果の一部である〕

第7章　佐藤栄作
――ナショナル・プライドと外交選択――

中島琢磨

〈略歴〉

一九〇一（明治三四）年三月　山口県生まれ。
一九四七（昭和二二）年二月　運輸次官。
一九四八（同二三）年一〇月　内閣官房長官（第二次吉田内閣）。
一九五〇（同二五）年四月　自由党幹事長。
一九五一（同二六）年七月　郵政大臣兼電気通信大臣（第三次吉田内閣）。
一九五二（同二七）年一〇月　建設大臣兼北海道開発庁長官（第四次吉田内閣）。
一九五三（同二八）年一月　自由党幹事長。
一九五八（同三三）年六月　大蔵大臣（第二次岸内閣）。
一九六一（同三六）年七月　通商産業大臣（第二次池田内閣）。
一九六三（同三八）年七月　北海道開発庁長官兼科学技術庁長官（第二次池田内閣）。
一九六四（同三九）年一一月　内閣総理大臣（第六一代）。
一九七四（同四九）年一二月　ノーベル平和賞受賞。
一九七五（同五〇）年六月　逝去。七四歳。

佐藤栄作の外交思想は、西側の自由主義イデオロギーへの志向性を基調とし、ナショナル・プライドに根ざした国家の再興と、国の「繁栄」と「安全」の一体的実現というかたちで体現された。佐藤には「右より、官僚的、高姿勢」というイメージがついてまわったが、実際には非核三原則による核非武装と核不拡散の政策方針を定め、首相退任後はノーベル平和賞を受賞した。彼の性格は几帳面かつ生真面目で、その行動については慎重な印象が強い。しかし、いくつもの重要な外交場面で、そうした印象とは裏腹の大胆な決断を行っている。その思い切った行動は、講和交渉を導いた吉田茂のやり方と通じるところがある。

佐藤の強みは、還暦後も年上の助言者が何人もいたことであった。とくに旧日米安保条約を締結した吉田と、安保改定を行った岸信介という、タイプの異なる二人の大政治家との日常的接触は、佐藤にとって無二の機会となった。加えて、首相就任以前の長い権力闘争を通じて鍛えあげた行動様式は、外国の政治家たちとわたりあう胆力に結びついた。

その佐藤の行動の特徴は、沖縄返還交渉に凝縮されてあらわれている。この一〇年間の文書資料の公開や、関係者の口述記録の蓄積によって、佐藤が各重要場面で下した判断や行動についてのさらなる検討が可能となった。本章では、まず佐藤の外交観についてみた上で、首相期の沖縄返還への取り組みについて、彼が下した五つの重要決定の場面を中心に検討し、その外交思想を辿りたい。

1　佐藤の外交観――外交にナショナル・プライドを埋め込む

(1)「繁栄」と「安全」の一体性――経済争点から政治争点へ

佐藤栄作の外交観の輪郭は、彼が政治家になるまでの鉄道官僚としての半生の中で形成された。一九二四（大正一三）年に鉄道省に入省した佐藤は、三〇代から四〇代前半の間に満洲事変、日中戦争、日米戦争という長い戦争の時代を経験した。兄の岸信介は満洲国経営に辣腕をふるい、親戚の松岡洋右は日独伊三国同盟を主導した。また佐藤本人が携わった鉄道業務や行政は、軍事輸送を含め戦争の遂行と密にかかわっていた。一九四四年に大阪鉄道局長となった佐藤は、本土決戦の声が高まる中、線路の保守に注力したが、一九四五（昭和二〇）年三月一四日未明のB二九の大空襲などによって、大阪の街は灰燼に帰した。佐藤は、御堂筋が焼け落ち数多くの人々が亡くなった状況を目の当たりにしたのだった。戦後の佐藤は、鉄道総局長官として日本全体の鉄道経営事業に携わった(1)。

このように佐藤は、公私の場面を問わず、国家の行く末と欧米諸国との関係のあり方を考え続ける立場にあった。政治家になるまでの経験を通して、彼の中に強烈なナショナル・プライドとそれに根ざした国家再興の思いが湧出していたことは想像に難くない。一九四八年に吉田茂内閣の官房長官として政治家デビューした佐藤は、岸内閣期には大蔵大臣としてIMF総会に二度出席し、またガリオア・エロア返済交渉では、アンダーソン（Robert B. Anderson）財務長官との差しの話し合いで交渉を妥結に導いた。

そして池田勇人内閣期には、佐藤は通商産業大臣として貿易自由化の問題に取り組みながら、欧米との経済差別の是正を主張した。経済に通暁した佐藤のナショナル・プライドは、経済の繁栄と国民生活の安定への志向性としてあらわれた。一九六二（昭和三七）年三月一九日、来日中のアメリカのハリマン（W. Averell Harriman）国務次官補が、「日本経済の九％の成長率というものは、ソ連が非常に自慢している七％をはるかに上回っている」と述べたのに対し、佐藤は「自由経済の一つの勝利だと思う」と自負した。また同月に来日したソ連のジューコフ対外文化交流国家委員会議長が、日本を「栄える島」と表現したことに佐藤は満足し、各地で彼らの発言を紹介している。

この年、佐藤は欧米諸国を訪問し、各地で日本経済の成長を説いた。パリでは『ル・モンド』の記者が、パリの百貨店に並んでいる日本の繊維製品は流行遅れでパリの人の嗜好に合わないと、日本製品の安いイメージを批判した。すると逆に佐藤は、「売れるから百貨店が並べているのだ」と言い返すばかりか、記者が繊維など軽工業品にだけ着目していることを指摘し、「今後重工業の方向へ変わっていくはずなんだ。正しく認識してもらわなければ困る」「そういう話をされたのでは非常に迷惑だ」ときっぱり言った(2)。

欧米訪問中の佐藤は、吉田茂の手紙による口添えもあり、西独のアデナウアー（Konrad Adenauer）首相やフランスのドゴール（Charles A. J. M. de Gaulle）大統領と会談することができた。またイギリスでは労働党のウィルソン（Harold Wilson）と、アメリカではケネディ（John F. Kennedy）大統領と会談した。西側各国を代表する政治家たちとの会談の中で、佐藤は日本経済の復活を説き、自由主義経済に関する意見交換を行ったのだった。

しかし、半面で佐藤は、欧米の政治家たちとの対話から日本の政治に足りない点を自覚した。それは欧米の政治家たちが、自由主義経済の「繁栄」といった経済争点だけでなく、政治争点、とくに国の「安全」という問題に対してそれぞれ明確な意見を主張したことであった。西独訪問中、佐藤は前年にできたベルリンの壁を見て人間的な憤りを感じ、欧米の政治家の世界平和に対する考えに関心を寄せた。ドゴールとの会談で佐藤は、ドゴールがソ連の千島占領のことまで問題視して取り上げてきたことに胸を打たれ、「自由の下においてこそ、政治的成功があり、経済的繁栄がある」「政治・経済、軍事のすべての面で、共産主義陣営より少しでも優位に立つことが、自由と平和を確保する道である」という彼の意見に共鳴した。

またケネディ大統領と会談した佐藤は、後日ケネディがキューバ危機への対応中にもかかわらず会談時間を割いていたことを知り、自由主義諸国の提携の重要性を認識した。イギリスでは、野党だった労働党のウィルソンが核兵器の保有方法について堂々と意見を述べたのを見て、「繁栄」のことは言うけれども「安全」が禁句のようになっている日本の政治状況を対照的にとらえた。「誰か祖国を愛さざる」という感を深くした佐藤は、経済争点だけでなく安全保障など政治争点とも向き合うこと、すなわち「安全即繁栄、繁栄即安全」という一体的な考えが必要だと強く思い至ったのだった。そして佐藤は、それらを実現するためには、西側陣営の自由主義イデオロギーがふさわしいと再認識した。(3)

ただし佐藤は、社会主義国にあっても、ナショナル・プライドを行動で示す国のことは評価した。一九六三年に佐藤はヨーロッパを訪問したが、社会主義国の中でも独自政策をとるチトー（Josip Broz Tito）が大統領だったユーゴへの訪問は、印象深いものとなったようだ。ユーゴ訪問中の九月二七日、佐藤は日記で「民族共産主義の立場を堅持してソ連に一歩も譲らぬ処が魅力である」と評価している。(4) また中国との関係について、佐藤は相手国が共産主義国であったとしても「毛嫌いせず、普通の付き合いをするのは当たり前」と考え、政治と経済とは分けて、中国との貿易は拡大させるべきだという考えを示していた。

（2）外交構想の原型をつくる

他方、派閥の長としての佐藤の日常は、権力闘争をともなう自民党内の有力政治家たちとの対立と調整の連続であった。佐藤は池田首相との関係に気を払いながら、大野伴睦《おおのばんぼく》や河野一郎といった党人派の大物政治家たちとわたりあい、かつ次回の自民党総裁選挙での勝利を求める佐藤派内の強硬意見をなだめ、自らの影響力の確保に努めた。池田は佐藤を牽制するため、次期首相候補の一人とされた河野を重用し、佐藤は忍耐を要した。佐藤は時に池田への批判を日記に書き込んでいるが、一九六四（昭和三九）年の正月には池田の自宅を訪問するなどしている。こうした党内における慎重な判断と行動の連続が、彼の首相就任後の外交行動における忍耐と明断を可能とした精神基盤をつくったと考えられる。

こうした中、佐藤にとって重要な機会となっていたのが、吉田茂や岸信介とのやり取りであった。一九六三（昭和三八）年から六四年にかけての日記には、佐藤が頻繁に吉田と会っていた様子が書かれており、佐藤の敬愛ぶりがうかがえる。二人の会話はポスト池田を意識した自民党内の話が多かったが、外交の話も出た。東西冷戦下、佐藤は韓国や台湾との関係について吉田から助言を受け、とくに台湾のことは重視した。義理堅い佐藤は、かつて日本が敗戦したのち、蔣介石が日本占領に関して、日本を連合で占領する資格があるのは中国（ここでは中華民国）だけであるにもかかわらず、中国は占領を放棄しておりソ連に日本を占領する資格はないと反対したエピソードや、二百万人を超す日本人の中国からの早期帰国を指令したこと、および日本に対する賠償請求権を放棄したことを、のちのちまで忘れなかった。

また、佐藤の外交観を支えるナショナル・プライドも、吉田や岸譲りであった。アムール・プロプル（amour-propre）――国家的自尊心――の考えは、そもそも吉田が講和交渉の初っ端にダレス（John F. Dulles）特使に講和のあり方として主張したことであったし、岸も首相在任中、ナショナル・プライドの問題として不平等な旧日米安保条約の是正と、沖縄返還問題の進展を主張した(5)。吉田・岸・佐藤の対米観は、戦前の日本人の欧米に対する対抗意識と、敗戦という経験が折り重なったものとして捉えられ、冷戦の文脈からだけでは読み解けない。そのほか佐藤は、同じ一九〇一年生まれの昭和天皇にはとくに尊敬の念を抱いており、また池田内閣期の日記を辿ると、安岡正篤、矢次一夫、ライシャワー（Edwin O. Reischauer）駐日大使といった人物たちとの意見交換の機会をつくっていたことが目にとまる。

佐藤の外交構想の原型がつくられたのは、池田首相と正面から争った一九六四年七月の自民党総裁選挙の時であった。

佐藤の依頼で、『産経新聞』記者だった楠田實《くすだみのる》や千田恒ら「Ｓオペレーション」が提案した政権公約案には、対中関係の根本的再検討、沖縄と北方領土の返還など、まさしく政治争点が並んでいる。Ｓオペとの検討の中で佐藤は、「安全保障のないところに自由も平和もない」という原則に立って平和論を補強するよう求めた。そこには、欧米の政治家たちとの議論から、経済争点だけでなく政治争点を打ち出したいと考えた佐藤の思いが感じ取られる。

しかし、このときの佐藤は本気で勝利を求めており、政権公約の発表の際には前記の政治争点は出さないこととした。どれも実現が困難な外交課題であり、池田内閣の閣僚だった佐藤がそこまでして池田を批判すると、逆に評価を下げるからである。代わりに佐藤は、七月四日の記者会見の中で沖縄返還をアメリカに要求すると述べた。しかし、報道関係者は額面通りに受け止めなかった。当時の反応については、千田の回想が実態を正確に再現している(6)。

結局、七月一〇日の総裁選では池田が二四二票を獲得して勝利を収めた（佐藤は一六〇票）。しかし、慎重な出し方ではあったが、佐藤は経済争点から政治争点へという、心中にあった外交構想をＳオペのメンバーと検討し、日本外交の次の段階のイメージを共有できたのだった。

（3）佐藤内閣成立時の状況

一九六四年一〇月、池田首相が病気のため東京オリンピック終了後に退陣することとなり、一一月九日、池田の指名を受けた佐藤が首相に就任した。佐藤は、Ｓオペと検討した外交政策に首相として取り組む機会を得たのである。このとき佐藤は六三歳で、その行動に軽率さはなく、政権移譲の経緯から前政権を批判するような政策提案の仕方はしなかった。ただし、頭の中では外交に取り組む準備をしており、翌一一月一〇日、佐藤は早速ライシャワー大使にジョンソン（Lyndon B. Johnson）大統領との早期会談を提案した。彼の中に、沖縄問題を取り上げる意向があったことは明らかである。

Ｓオペは、中国との関係改善やソ連との間の北方領土問題の進展も進言していた。しかし、佐藤はこれらについては前政権の外交路線を踏襲し、対米関係のような急いだ進め方はしなかった。たしかに佐藤はこの頃の記者会見で、中国との関係に関心があることを示したが、松村謙三など従来のパイプに頼らない中国とのチャネルづくりが必要だと考えていた。また石橋湛山も対中関係の進展を佐藤に打診したが、佐藤は石橋との協力には消極的だったようだ。現実には、自民党内では親台湾派・親韓国派と、親中国派の対立関係があり、首相就任直後の佐藤は立ち位置が難しく動けなかった。一一月一九日、佐藤は中国共産党政治局員の彭真《ほうしん》が東京で行われる日本共産党の党大会に出席するのを拒否した。そしてとくに佐藤は、一〇月に実施された中国の核実験に反発し、批判していた。

一方、中国政府にとって核実験は、安全保障上の脅威だったソ連との関係において緊要な意味を持っており、その核実験を日本から批判されることは看過できない問題であった。周恩来国務院総理は、一二月二一日と二二日に行われた全国人民代表大会で佐藤を批判した。中国は、佐藤が韓国と台湾への援助路線を続けたことも批判的に見ていた。さらにその後の文化大革命は、日中の政治対話の可能性を一層難しくした。

また、佐藤のソ連に対する姿勢ははっきりとしたものだった。一二月三〇日にビノグラードフ（Vladimir M. Vinogradov）ソ連大使がコスイギン（Aleksei N. Kosygin）首相の書簡を佐藤に届け、佐藤のソ連訪問を打診した。だが、佐藤は北方領土問題を抱えているため断ることとし、年明け一月に正式の返書を行って、機をみて訪ソしたいという意向を示すにとどめた(7)。

このように佐藤政権発足直後、中国との関係改善、北方領土返還問題といった政治争点は、いずれも解決の糸口がすぐに見える状況にはなかった。こうした中、佐藤は沖縄返還に向けた端緒づくりを吉田と相談しながら考えるようになったのである。

2　沖縄返還に向けた政策判断——「待ちの政治」の応用

（1）五つの重要場面

佐藤首相は、外交デビューとなる一九六五年一月のジョンソン大統領との首脳会談で、政治争点を全面に打ち出した意見交換を実践しようとした。ジョンソンは当時、まだ対ソ核戦力で優位にあると認識していたが、中国の核実験問題もあり、日本の安保政策に関心を寄せていた。佐藤の会談意欲は非常に強かった。佐藤は前年一二月二九日、事前打ち合わせに来たライシャワー大使を前に、六二年にイギリスで会ったウィルソン（六四年に首相となっていた）の発言を引き合いに出して、日本も将来的な核兵器保有を視野に入れた防衛問題全体の再検討が必要だと論じた。

佐藤は、外務省の消極的姿勢を押し切って、一月二〇日の大統領就任式より前の会談開催を求めた。一月一二日の会談は、はじめ通訳以外は同席せず、テタ・テート、つまり二人で行われた。その会談記録を読むと、ジョンソンが他国の核攻撃から日本を防衛する意思と核不拡散の決意を伝え、佐藤が同意と安堵の表情を示した様子が分かる。訪米時の会談の中で佐藤は、朝鮮半島の三八度線、台湾、南ベトナムの線の確保の必要性を強調した。また佐藤は中国の国連加盟問題にも言及し、「日本としてはこのような事態ができるだけさきになることを希望する」と、中国の国連加盟の先延ばしを求めた。またベトナム問題については、「日本としてはモーラルサポート以上のことをしたい」とジョンソンを励ました。

ジョンソンは、「国府（台湾の中華民国国民政府）が自ら国連から脱退するような事態を阻止しなければならない」と語るなど、佐藤と政治認識を共有した。このように国際政治の争点に対して意見を述べ合う中で、佐藤は沖縄問題を考える必要性を指摘した。実際に会談の結果、日本が現行の日米協議委員会で、沖縄への経済援助だけでなく自治権の拡大など行政問題についても発言ができるようになった。(8)

二人の相性も良かったようだ。一月一二日に佐藤がテンガロンハットをジョンソンに無心したところ、翌一三日、ジョンソンは派手なリボンのついた、つばの広い綺麗な帽子を佐藤に贈った。佐藤は一二日の日記に、「実際心から友人になれた様だ」と好印象を書き込んでいる。後日、佐藤は家族の前で、ジョンソンが話しやすい人物であったことを、「大野伴睦みたいな感じがした」と例えながら話した。また家族でゴルフに行く時には、よくこのテンガロンハットをかぶってきたという。(9)当時アメリカとの間には、不平等な日米航空協定や日米加漁業条約の是正という大きな問題があった。しかし、まずは佐藤は、ジョンソンとの個人的な関係づくりと、政治争点をめぐる率直な意見交換に努めた。この関係づくりが、二年後の沖縄の施政権返還問題の進展につながる素地をつくったといえよう。

このあと佐藤は、首相として沖縄返還に総力をあげてコミットすることになる。そして、政権発足から五年後の一九六九年一一月に沖縄返還合意が実現するわけだが、この五年間をふり返った時、私は佐藤が行った五つの重要な決定の場面があると考えている。それらは、①首相として沖縄の施政権返還の問題にコミットすることを表明した、六五年八月の那覇空港での演説、②施政権の一括全面返還という方針を表明した、六七年一月の「大津談話」、③沖縄返還の時期を「両三年内（二、三年内）」に決めることでアメリカと事実上合意した、六七年一一月の佐藤・ジョンソン会談、④沖縄に配備されていた米軍の核兵器の撤去を交渉方針とすることを表明した、六九年三月の国会答弁、そして⑤沖縄からの核兵器の撤去に合意した、六九年一一月の佐藤・ニクソン会談、である。

いずれも、佐藤の外交思想が具体的に反映された場面だ。そして、関係者の証言や文書資料から、これらの決定場面では、首相就任以前の佐藤の「待ちの政治」が沖縄返還交渉に応用されていた様子が分かる。すなわち佐藤は各決定を行う前に、まず沈思黙考して周囲より思考的に先回りし、事が進む前に先に目標を示して、それから周囲の議論が進み、自分の待っている落としどころの段階まで追い付いてくるのを待っているのである。私は、佐藤は鉄道官僚時代や首相就任前に行ってきた先手の取り方を、自覚的に領土問題に応用したと考えている。しかし、そのためには相当の忍耐が必要だったはずである。この方法は、本人が長く方々からの批判と圧力を受け続けることになるからだ。しかも、相手国の真意に関する確証がない不安の中で、タイミングを見定めて明断する大胆さも必要となる。佐藤は周囲に対して癇癪を起こすことがあったが、こと沖縄政策においては、上記のことを我慢強く実践していた。

これらの五つの場面は、いずれも判断に失敗すると佐藤内閣へのダメージとなり、またアメリカが反発して沖縄の早期返還にコミットする可能性がなくなってしまう。私たちは沖縄返還をふり返る際、まず一九六九年一一月の沖縄返還の合意内容やそれをめぐる密約の問題に目がいきがちである。だが、そこに辿り着くまでの五年間全体のプロセスを見て、佐藤が下した外交判断と当時の歴史風景を捉えることが必要だ。このことを踏まえながら、以下ではこれら五つの重要場面を取り上げ、佐藤の外交選択とその背景を検討したい。

（2）佐藤の那覇空港での演説と「大津談話」

まず、第一の場面である、一九六五年八月一九日の佐藤の那覇空港での演説についてである。当時、沖縄返還をすぐに対米交渉の議題にすることは無理な状況にあった。そうした中での、「私は沖縄の祖国復帰が実現しない限り、わが国にとって『戦後』が終わっていないことをよく承知しております」という佐藤の演説は、彼が沖縄返還にコミットした場面として語り継がれてきた。総理演説がここまで注目されたケースは珍しく、そのためこの言葉が演説に取り入れられた経緯については諸説あった。「『戦後』が終わっていない」の発案者に関する有力な資料的根拠だと私が考えているのが、本格的な外交官オーラルの嚆矢となった「本野盛幸オーラルヒストリー」である。Sオペメンバーだった本野はこの言葉の発案者について、「我々の会議のなかで出てきた表現なんです。それは北米一課長《ママ》をやってた枝村〔純郎〕君が提案したものなんです」と述べている。[10] この点は、私が二〇一一年以降実施してきた枝村へのインタビュー内容とも一致した。

佐藤も、前述の一九六四年七月四日の記者会見で同様の言葉を使っており、「『戦後』が終わっていない」の文言は関係者の頭に思い浮かぶ、沖縄問題への関心を束ねる象徴的な意味をもっていたと考えられる。総理府特連局もこの言葉を重視したし、楠田實が残した資料からは、この言葉が一旦は那覇市の映画館「沖映館」での総理演説原稿に盛り込まれるも、佐藤の沖縄での第一声となる那覇空港での演説文に移された経緯が裏づけられる。さらに最後の日米外交当局の検討段階で、安川壮北米局長はこの佐藤演説文を局長決裁でとめ、下田武三事務次官にあげなかった。下田は後年、この言葉について「驚愕した」「青天の霹靂」と回想している。[11] 安川は、下田が事前に内容を把握したら、文言の削除を指示することを予想していたのだろう。

何よりも佐藤が、内閣が安定していなかったにもかかわらず、演説を実行に移した判断が重要だ。一九六五年七月四日の参議院選挙で自民党は議席を四つ減らし、二三日の東京都議選では惨敗して第二党となっていた。佐藤の沖縄訪問当日に発表された『朝日新聞』の世論調査（八月五日・六日実施）では、内閣支持率は三七％へ下がり（不支持二五％）、二〇代では社会党への支持率の方が高い結果が出た。[12] 短期政権で終わるという声も聞かれた中、佐藤が「跳ね上がり」

となる沖縄の施政権返還の問題にコミットする意思を内外に示すことは、大きなリスクをともなった。しかも、佐藤の中でうまくいく確証はなかったと考えられる。戦後二〇年の節目の年、与野党を問わず沖縄問題の進展に対する声が強まったことと、佐藤のナショナル・プライドが組み合わさった結果としての敢行であった。

ただし、施政権の問題にコミットする意思を示しても、実際に施政権問題を取り上げる雰囲気は日米間にはなかった。那覇から戻った後の佐藤は、国会運営に労力を費やし、社会党や共産党など韓国との国交正常化に反対する革新勢力と激しく対立した。またこの間、佐藤は一九六五年四月のジョンソンの「ボルチモア演説」を即座に支持し、またベトナム和平に向けた「アジア平和計画」の検討を外務省に指示した。実現には至らなかったが、ベトナム和平によって米中関係と米ソ関係がよくなれば、日中関係の改善に向けた期待が見込めた。しかし、佐藤は中国向けプラントに輸銀融資を使用しない決定を下し、他方で韓国や台湾への援助姿勢は継続したため、中国政府は佐藤への批判的姿勢を強めた[13]。このように、佐藤がジョンソンの期待に応じて西側同盟国の立場を明確にすることは、沖縄返還問題にとってプラスの要素になり得たが、半面、中国政府との関係改善を難しくした。

こうしたなか国内では、沖縄の施政権の一括全面返還を諦め、アメリカの態度軟化に向けて、施政権を一部分離して返還する案が提起されていた。一つは米軍基地以外の施政権の分離返還で、外務省の安川北米局長もこれを前向きに考えていた。二つめは教育権の分離返還で、これは森清総理府長官が佐藤の沖縄訪問から一年目となる六六年八月に、あまり根回しせずに提示したものである。そして三つめは、先島諸島のみ先行して返還する島別分離返還案で、中曽根康弘が論じていた。

佐藤の第二の重要決断は、この施政権の返還方式についてである。一九六七年一月一九日、佐藤は大津市で一連の分離返還論を否定し、沖縄の施政権の一括全面返還の考えを打ち出した。だが、この「大津談話」の発表は、佐藤にとってある種のかけであった。というのも、一九六六年には自民党議員の汚職と不祥事が次々と明るみになり、野党が勢いを増して衆議院解散の雰囲気がつくられていたからである。佐藤は同年一二月一日の自民党総裁選挙では勝利を収め、総裁任期を二年伸ばしたが、そのあと二七日に衆議院を解散した（黒い霧解散）。総選挙は年明け一月二九日に予定されたが、世論の批判は強く、自民党は敗北する可能性があった。

佐藤が方針を述べたのは、まさしくこの一二月の自民党総裁選挙と一月の総選挙の間だったのである。総裁選挙での勝利の後であり、佐藤は党内でこの方針を通しやすかった。かりに総選挙を乗り切ることができれば、施政権の一括全面返還方針という流れが、政府・与党内で固まることになる。このとき佐藤は、個人で発表を決断したとみられる。ただし、必要な情報はすでに佐藤の耳に入っていた。島別分離返還を唱えた中曽根は、一九六六年五月にライシャワー大使から一括全面返還論でいくべきという示唆を得て、内々に佐藤に報告していた。また外務省北米局は、施政権の分離返還は法理論的に難しく、また中途半端だと結論した。Sオペの楠田も分離返還に批判的だった。そして六六年には、米国務省内で沖縄の施政権問題について従来の方針を転換する基地の軍事的評価の調査が開始されたが、楠田と関係のあった高坂正堯によれば、佐藤はこうしたアメリカの動きを把握していたということである(14)。

たしかに一連の分離返還論は、ナショナル・プライドの問題としても大きな後退であった。佐藤はすぐには方針を出さず、政府・与党内の議論が進むのを待った上で、総選挙の前に示すというやり方をとったのであった。「大津談話」の発表のタイミングは、結局、佐藤に有利に働いた。その後の総選挙では、社会党が内部の派閥対立のため力を発揮できずに議席を伸ばせず、自民党は過半数を維持し、負けたという評価にはならなかった。総選挙後の一九六七年二月、佐藤は下田外務次官を通じてジョンソン（U. Alexis Johnson）駐日大使に訪米を打診した。するとＯＫの回答が来て、この年の後半に二回目のジョンソン大統領との首脳会談が行われることになった。こうして、佐藤が施政権の一括全面返還を方針化したことで、日本側の考えはまとまっていくことになったのである。

（３）ターゲット・デイトを先に決定する――順番の逆転

続けて、第三の重要場面について見ていきたい。「大津談話」はあったものの、肝心の米軍基地の態様について日本側がどう考えるのかを示さなければ、交渉進展にはつながらなかった。この点、佐藤は二つの対立構図と向き合っており、慎重な判断を要した。一つは国内政治の対立軸である。沖縄返還は保革対立を象徴する政治争点であり、沖縄の米軍基地と日米安保条約を認めた上で沖縄返還を目指す与党自民党と、沖縄の基地の撤去と現行の日米安保条約の廃止による沖縄返還を求めた社会党・共産党・公明党などの野党という対立構図があった。もう一つが、日米間の政策対立である。すなわち、なるたけ現行の日米安保条約の枠内で沖縄の基地問題を解決したい日本政府と、日米安保条約の範囲を超えて返還後も沖縄の基地の自由使用を求めたいアメリカ政府という対立構図があったのだ。

たとえば、当時は一案として、返還後の沖縄の米軍の基地使用を保証する特別取り決めの作成が日米の関係者の間で考えられていた。しかし、沖縄だけに適用する特別取り決めをつくって基地の使用を保証することは、米軍の他国出撃と日本への核兵器持ち込みに法的制約をかけた、現行の事前協議制度からの後退を意味した。この事前協議制度は、一九六〇年の安保改定の際、日本側が制度上の対等性を求めてつくられたもので、国会承認まで得た経緯があった。

佐藤の外交思想を正確に捉えるためには、彼がこれら二つの対立構図と向き合っていたことを重視すべきである。対米交渉を早く進めることを優先すれば、沖縄からの米軍の自由出撃と沖縄での核兵器配置の存続を初めから容認すればよかった。しかし、国会で厳しい批判を受けるのは明らかで、政権がもたなくなる。反対に、沖縄の基地使用の制約を初めから打ち出せば、アメリカは返還交渉の土俵に上がってこない。佐藤は国内の革新勢力とアメリカを同時に見据えて、実現可能な接点を見定める必要があったのである。

こうしたなか、特別取り決めを視野に入れた外務省幹部は、いよいよ沖縄の基地の役割についてアメリカと率直に話し合うべきだと考え、一九六七年八月八日に佐藤と会い、そのことを進言した。しかし、佐藤は基地の交渉を許さなかった。佐藤は、基地の問題については「俺の腹にあり」と言ってぽんっと自分の腹を叩き、「俺が決めればよろしい」と述べ、日本側からは提案を出さず、引き続きアメリカ側が可能な沖縄返還の条件を探るよう指示したのだった。結局外務省は、首脳会談を一カ月後に控えた一〇月、基地の条件には踏み込まないまま、「できる限り早い時期に」沖縄を返還することを目指すという内容の日米共同声明案をつくった。この文言自体、従来のラインから日本側の主張を強く押し出したもので、アメリカ側は批判的な反応を示した。

しかし、佐藤は一一月に入り、さらに「両三年内（二、三年内）」に沖縄返還の時期を決めることを交渉目標とする決断を下したのである。佐藤の方針は、肝心の基地の条件は決めずに先に返還の時期を決めるという、順番を逆にした大胆な提案だった。この間、佐藤が心の拠り所としてきた吉田茂が一〇月二〇日に八九歳で死去しており、佐藤は気持ちを奮い立たせ、吉田のやり残した沖縄問題を進める決意を固めたのであった。東郷北米局長らは返還の時期の決定を目標とすることに消極的だったため、佐藤は一一月初旬、国際政治学者の若泉敬京都産業大学教授にホワイト・ハウスとの交渉を依頼した。若泉は三〇代で若かったが、ロストウ（Walt W. Rostow）大統領特別補佐官との個人的関係という決定的な強みを持っていた。今日では、諸研究からロストウが外交政策決定過程で影響力を持っていたことが明らかになっているが、当時の佐藤がどこまでホワイト・ハウス内の状況を把握できていたのかは分からない。バック・チャネルでの交渉もまた、佐藤にとってかけであった。

佐藤の要求は、ロストウの影響力と、佐藤とジョンソンが二年前の会談で築いていた個人的関係、そしてベトナム戦争でジョンソンが置かれていた厳しい立場が絡み合って、一気に通っていった。首脳会談で佐藤は、ターゲット・デイトがないと準備が困難だと述べ、「この二、三年のうちにいつ返せるかとの目途をつけられないか」とジョンソンに要求した。一方、二年前と比べてジョンソンの置かれた状況は変わっていた。国際収支の悪化に悩むジョンソンは、西独との国際収支をめぐる交渉が思うようにいかず、西側同盟諸国への不満があった[15]。彼には日本に助けを乞いたいという本音があり、インドネシアや南ベトナムへの援助拡大、アジア開発銀行特別基金への2億ドル追加出資、アメリカに対する5億ドルの国際収支協力（中期債）を求めた。六七年には東南アジア閣僚会議が開催されており、佐藤もアジアでの責任分担をアピールした。しかし佐藤は、国際収支協力について、3億ドル以上の言質は与えなかった[16]。

佐藤はジョンソンへのモラル・サポートを繰り返し示しながら、「両三年内」に沖縄返還の時期について合意するよう提案したのだった。その結果、「両三年内」に返還の時期について合意することが、佐藤が強調したこととして日米共同声明に盛り込まれた。当時の野党は文言が曖昧だと批判し、またこの時の進展を消極的に捉える研究もある。しかし、米政権幹部は遅くとも一九七〇年春までに返還期日について合意することで了解しており、東郷北米局長も、共同声明を現在の段階において進みうる限界まで到達したものだと理解した。こうして、アメリカが返還交渉の土俵に上がってきたことは、決定的な場面だったといえよう。

3　沖縄の核兵器撤去問題

(1)「核抜き」返還の表明——タイミングの重要性

佐藤首相たちは、一九六七年一一月の日米首脳会談から最短二年となる六九年の沖縄返還合意を目指した。佐藤の第四の重要判断の場面は、彼が「核抜き・本土並み」返還を交渉方針として発表した、六九年三月一〇日の国会答弁である。ここでの佐藤による方針と提案の仕方にこそ、佐藤の外交思想と行動様式があらわれているといってよい。

先に用語の整理を行っておきたい。「核抜き・本土並み」のうち、「核抜き」は文字通りメースBなど沖縄の核兵器の撤去を意味するが、分かりにくいのがもう一つの「本土並み」である。この語は時期やアクターによって、①沖縄からの核兵器の撤去、②日米安保条約を沖縄へ本土並みに適用すること、③沖縄の基地を本土並みに縮小すること、という三つの意味があった。最終的に政府は②の意味で「本土並み」を主張しており、この定義に従えば、沖縄の「本土並み」返還は実現したことになる。しかし、野党や沖縄住民は③の意味で「本土並み」の語を使っており、現在も論者や報道によって③の意味から「本土並み」返還が実現しなかったと説明される時がある。②と③の意味を混同しないよう、文脈によってこの語の意味を考える必要がある。

佐藤は、このように多様な意味で使われる「本土並み」というスローガンと向き合いながら、落としどころの方針を考えていた。佐藤はすでに一九六七年七月に、「核つき返還は考えていない」という旨を楠田秘書官に個人的に話している。[17] だが六七年当時、佐藤は基地の条件には踏み込まなかった。さらに六八年はアメリカの大統領選挙の年だったため、選挙が終わるまで交渉を進めることはできず、待たねばならなかった。この間、佐藤は返還後の基地について「白紙」と言い続けたが、非常にストレスの募るやり方であったことは間違いない。六八年は国内で学生運動、基地反対運動がとくに激しく、佐藤が国会で「白紙」と言うたびに方々から批判されたからである。

さらに一一月の自民党総裁選挙では、立候補者の一人である三木武夫が世論を意識して、早々と「本土並み」(ここでは「核抜き」の意)を期して交渉すべきだと表明し、党内から佐藤を批判した。アメリカを刺激しないように、かつ野党との下手な論戦を避けるため「白紙」と言い続けてきた佐藤は、三木の行動に激怒した。他方、佐藤の考えには揺れがあった。同じ一一月の米大統領選挙で共和党のニクソン(Richard M. Nixon)が当選し、民主党のジョンソン政権との約束が仕切り直しになる可能性が出てきたからである。佐藤は一一月に共和党系の人脈をもつ高瀬保京産大教授をニクソンの外交顧問アレン(Richard V. Allen)のところに派遣したが、佐藤は当初「核つき、基地の自由使用」まで譲歩する意思を高瀬に示し、高瀬の渡米前に撤回した経緯があった。(18)

一一月二七日の総裁選挙で勝利し、内閣改造を終えて年が明けると、国会では核問題が一気に注目され、「核抜き」の世論が明確化した。一月一七日、屋良朝苗《やらちょうびょう》琉球政府行政主席は来沖中の衆院沖特委調査団に核基地の撤去を要望した。(19)また佐藤は二月二八日、新政権とコネクションのあるカーン(Harry F. Kern)に「核抜き」の考えを示唆し、「白紙だということは何も考えていないということではない」と述べ、外交でフリーハンドを持たないということは愚かだと述べた。(20)また三月五日には沖縄基地問題研究会の末次一郎が、佐藤に個別に「核抜き」を進言した。

こうして三月に入り佐藤は、木村俊夫官房副長官に対して、「核抜き」の腹を決めた旨を話している。そして佐藤は、三月一〇日の参議院予算委員会で、非核三原則を十分心得て交渉したいと述べた上で、核は必要ないという主張が可能ではないかと表明したのであった。非核三原則を理由とした佐藤の言い様は、国内世論を背景に対米説得を図ろうとしたもので、このタイミングが決定的に重要であった。第一に、外務当局の交渉はこれからで、下田駐米大使と東郷アメリカ局長は「核抜き」は難しいと考えていた。事が進む前に佐藤が表明したことは、首相から外務省への「核抜き」の指示という意味があった。第二に、自民党内では他派閥の三木武夫、前尾繁三郎、中曽根康弘も「核抜き」に支持を表明し、自民党の政策の流れができた。第三に、佐藤の国会答弁は、対日政策を検討中だったアメリカ政府関係者へのメッセージとなったのである。

さらに、ニクソンと旧知の間柄の岸信介が、渡米して四月一日にニクソンと会談し、核兵器撤去の考えを述べている。

すでにニクソンは大統領就任前に佐藤に書簡を送り、役に立ちそうなことがあったら直接書簡を送るよう述べ、手書きで岸と会えるのを楽しみにしていると伝えていた[21]。この手書きメッセージのことを、佐藤は前述のカーンとの会談でも言及し、喜びを伝えている。その後、実際に渡米した岸はニクソンとの会談で、「国内の一部が外国に占領されていることは国民的にたえ難い」と述べ、沖縄返還と、核兵器の撤去に向けた理解を求めたのであった[22]。

日本にとって核兵器の存置は、これだけ世論が反発している以上、国の威信にかかわる問題となっていた。佐藤のナショナル・プライドは、「核抜き・本土並み」返還の方針表明としてあらわれたのである。このように佐藤はニクソン新政権の成立を待って、国会での議論状況を見定め、しかも本格交渉が進む前というタイミングを見計らって「核抜き」を表明した。ただし、ここでの「核抜き・本土並み」は、核兵器問題を主に念頭に置いたものであった。法的な「本土並み」、つまり日米安保条約の沖縄への全面適用という交渉方針は、このあと四月に、これも世論の高まりを背景に定まっていくことになる。

(2)「核抜き」のための最終決断——佐藤がバック・チャネルを使った理由

佐藤が行った、五つ目の重要判断の場面は、一九六九年一一月の佐藤・ニクソン会談である。この時、佐藤は最後にバック・チャネルを使って緊急時の核持込みを密約で認めるという、大きなリスクを背負って交渉を妥結させた。なぜ佐藤は、このような形での決着を図ったのだろうか。

私はこれまでの研究から、この佐藤の最終判断の背景を理解するためには、先に交渉が進んだ米軍の戦闘作戦行動をめぐる日米交渉の推移に着目する必要があると考えている。外務省は「本土並み」の争点である米軍の戦闘作戦行動をめぐる交渉で、沖縄を差別する新たな特別取り決めはとらない方針を貫き、韓国・台湾・ベトナムの三地域への出撃保証を求めた国務省と対立した。その結果九月、戦闘作戦行動については国務省が譲歩した。すなわち一一月に発表される日米共同声明において、米軍の韓国出撃については日本側が行政権限で可能な最大限の政治的保証を行うものの、台湾出撃についてはトーンを落とし、さらにベトナム出撃については将来の検討対象とすることで大筋合意に至ったのだ。

二〇〇〇年代には、NSCのハルペリン（Morton H. Halperin）が起案したNSDM13に沿って交渉が進んだという見方が広まったが、実際の交渉記録を読むと、九月、米軍部はNSDM13どおりに話が進んでいないことに強く反発した。すなわち、戦闘作戦行動の問題でアメリカが譲歩を迫られたからこそ、米軍部が抵抗して核持ち込みの密約要求が一層強まり、その結果、佐藤がバック・チャネルでの交渉を開始したというストーリー・ラインが浮かび上がってきたのである。

核問題が進まないことに対し、佐藤も苛立っていた。佐藤は一〇月七日、牛場信彦次官や東郷局長に対して、「核の問題は俺が決めなければならぬと云うことは分るが、事実を充分知らなくして下手な決め方もやりようがない」「逆に日本が自ら核武装しようと言ったら米国も困るのではないか」と不満を述べている[23]。さらに一〇月下旬から一一月にかけて、国務省はNPT署名への佐藤の前向きな考えや繊維輸出問題での対応まで押し込んだ日米共同声明案を主張し、さらに九月に外務省が提案していた核兵器撤去に関する条項を受け入れず、新たな対案提示の可能性にまで言及した。肝心の日米共同声明で譲歩し、外務省が密約までつくらされては、日本政府にとって禍根を残すことになる。実際に外務省条約局は、日米共同声明とは別の非公表文書をつくって核持ち込みへの理解を示す腹案を作成しはじめていた。

こうして、核撤去の条項に関する外務省の最終案すら通らない可能性が出てきて、佐藤はバック・チャネルと外務省ルートを同時に使ったカウンター・パンチを図った。佐藤は、バック・チャネルの若泉敬と、東郷アメリカ局長に、それぞれ核条項の強硬案を含めた交渉を指示した。東郷は中島敏次郎条約局条約課長と共に、スナイダー（Richard L. Sneider）公使と交渉した。その会談記録はジョンソン国務次官が残した文書群の中にあり、国務省最高幹部に届いていたことが分かる[24]。しかし、この件では国務省幹部は動かず、佐藤は最後は、バック・チャネルでの事前交渉を経た後、ニクソンとの差しの会談で核問題を決着させることになる。

一一月一九日の首脳会談でニクソンは、「自由アジアを強くすることが必要」「五者（米国、西独を含む西洋、ソ連、中国、日本）の間の力の均衡をきずくことが必要」と自らの構想を述べた。対する佐藤は非核三原則をあげた上で、自衛力強化の考えを説明した。その後、二人は緊急時の沖縄への核配備を認めた秘密合意議事録へ署名し、沖縄の「核抜き」返還に合意したのだった。一方、翌日と翌々日の会談で佐藤は、繊維輸出の自主規制に対する前向きな姿勢を示した[25]。

国会で核兵器問題が非常に注目されていたことからすれば、非核三原則に半ば矛盾する密約の決断は、それが表に出て野党や党内の他派閥政治家に使われれば、佐藤の政治生命にかかわることは必至だった。後世に明るみになっても、党全体に悪影響が及びかねない。かつて吉田茂は、講和交渉の際に先に国内の米軍基地の存続を容認し、基地に関する条件交渉はせずに、念願の早期講和を優先して実現する道を選んだ。代わりに吉田は旧日米安保条約に一人で署名し、責任をとった。佐藤も、最後の決断場面では一人で密約に署名し、自らが責任をとるかたちで終わらせたのだった。

私は、佐藤が一人で責任を負うかたちで動かなければ、日米共同声明での文言の譲歩か、外務省が密約ととられかねない非公表文書をつくるか、どちらかを選択しなければ沖縄返還合意は成立しなかったという心証を強くしている。かくして一一月二一日に発表された日米共同声明で、一九七二年の沖縄返還が合意された。佐藤は当日の日記に、「コムミニケも事新しく変更する様な問題はなく、事務当局で仕上げたコムミニケの通り」と書いている。この佐藤の言葉は、自らの最終決断によって、外務省が日米共同声明での譲歩を免れたことへの安堵として読める。また同日の項に書かれた、「後は後世史家の批評にまつのみ」という言葉は、佐藤の選択以外に最悪のシナリオを避ける手段がなかったことを、後世の人間に問いかけたメッセージのように思える。

（3）首相が決めるべきこととは何か

さて第一節でみた通り、初期の段階でSオペは、対中関係の根本的再検討や北方領土返還を構想していた。だが、日ソ関係は米ソ冷戦構造に大きく規定されており、進展は難しかった。米ソは一九六九年にSALT交渉を開始し、ICBMやSLBMの保有数の制限に関する協議が進んだが、そのことは日ソ関係を変える動因にはならなかった。

そして日中関係である。この関係は、結局は佐藤が国府を重視する限り、先には進まなかった。一九七〇年の国連総会で、国府を国連から追放することを内容としたアルバニア案への賛成票数が反対票数を上回り、国府の国連での議席喪失がいよいよ現実のシナリオとなった。だが、その後も佐藤は楠田秘書官に対し、「国府の立場を考えてやることが大事だ」「やはり東洋流に信義を重んずることが大事だと思う」と説いている。[26] 佐藤は前述した過去の蔣介石の対日措置を忘れていなかったのである。

一九七一年七月のニクソン訪中声明発表後も、佐藤は台湾を重視した。佐藤は九月二二日、国連での台湾の議席を守るため、早々と「逆重要事項指定案」（国府の国連追放に総会を三分の二の得票を必要とする案）と「複合二重代表制案」（国府の議席を確保したまま、中国の国連加盟と安保理常任理事国入りを認める案）の共同提案国になることを決めた。佐藤は記者会見で、「ものごとにスジを通していくことが、国益に合致する」と話したが、「中国策の転機失う」と批判された(27)。最近の研究が指摘しているように、この時の佐藤は敗北を予期して信義に殉じるだけではなく、今後の政局を見据え、これを負けられない戦いとして捉えていた(28)。

一〇月二五日の国連総会で、「逆重要事項指定案」は否決され、国府は国連脱退声明を発表した。国会で佐藤に対する批判が強まる中、その後、佐藤は江鬮真比古《えぞえまさひこ》という謎の人物を通じて、香港経由で北京政府との接触を図った。江鬮と会ったことのある中曽根康弘は、一九九〇年代の証言では江鬮の役割を評価しているが、二〇一〇年代の証言では、「私はあまり信用しなかった」「佐藤本人も、江鬮のことをどれだけ信用していたのかわからんね」とトーンが変わっている(29)。いずれにせよ結局佐藤は、周恩来が示した復交三原則に応えず、国府との関係を捨てずに日中国交正常化を目指す考えを優先した。ここは、佐藤が戦後国府に抱いてきた心情と、周恩来首相らの長年にわたる苦難の経験に根ざした政策とが真っ直ぐぶつかる場面であって、どちらかがすぐに折れる解決は無理であった。結局、一九七二年前半も日中関係の進展は難しく、沖縄返還を見届けた後の同年七月七日、佐藤は首相を退任し、七年八カ月にわたる在任期間を終えたのだった。

さて総理を退任してから約半年後、佐藤は首相時代をふり返る中で、過去の日米戦争に言及し、日米関係を破滅に導いた責任を負う人物として近衛文麿をあげている。その理由として佐藤は、「決められることを決められなかった総理大臣だった」と説明し、次のように述べている。「総理大臣がきめなくてはならないことは、そう沢山ないんだよ。その代り決めることはキチンと決めなくてはダメだ(30)」。

佐藤は、その日米戦争が残した大きな未解決の問題だった沖縄返還に全力を賭し、いくつもの重要決定を下した。

「焼身自殺」とまで比喩された那覇空港での演説や、「核抜き・本土並み」返還の提起、密約をともなう「核抜き」返還の決着は、おそらくいずれも首相が政治責任を負わないと次の道が開けない、忍耐と明断を要する場面であった。東南アジア政策は前政権の流れを踏襲したが、とくに台湾問題についてはこだわりを見せた。佐藤は国際情勢の大勢にかかわらず国府を見捨てなかった。ベトナム戦争が拡大した年に沖縄返還にコミットしたり、米中接近のさなかに国府を支援したりと、国際情勢の動向と佐藤の外交選択が、ある場面において必ずしも連動しないのは、政局だけでなく、彼のナショナル・プライドの滾《たぎ》りの部分が作用していたからではないかと考えられる。ナショナル・プライドを保ちつつ、いかに「繁栄への道」を外交で実現するかというところに、佐藤の理想と悩みがあったのではなかろうか。

他方、かつてドゴールやウィルソンとの会談から、国家の「安全」と経済的「繁栄」を一体化して論じようとした佐藤だが、実際には、外交判断を行う際には国内の平和主義的価値と向き合う必要があった。この場合の平和主義とは、革新政党の看板政策という狭義の意味ではなく、戦争を皮膚感覚で知る国民に広がっていた広義の平和主義である。象徴的なのが非核三原則である。佐藤は沖縄の核兵器撤去に向けて非核三原則を打ち出したが、その後、非核三原則は佐藤の意図を超えて、一九七一年一一月に沖縄返還協定の承認とセットのかたちで国会決議となった。首相就任当時は、将来的な核保有を視野に入れた防衛問題全体の再検討を考えていた佐藤だったが、実際には佐藤政権期には、非核三原則の国会決議という憲法規範を強化する動きと、日米安保条約を強化する動きが同時に進んだのである。一見つながりの見えにくい、佐藤の外交思想と、彼の実際の外交選択、およびその結果との間の因果関係は、佐藤のナショナル・プライドに根ざした行動を、自民党内の状況や野党との関係だけでなく、国内の平和主義的価値に象徴される当時の時代風景の中に当てはめて捉えることで、正確に理解できると考えられるのである。

注

（1）佐藤栄作（一九六四）『今日は明日の前日』フェイス、一六七―一七四頁。
（2）佐藤栄作（一九六三）『繁栄への道』周山会出版局、八、九、三三―三五、八五、八六頁。

（3）佐藤『今日は明日の前日』二五四―二八〇頁、佐藤『繁栄への道』三三、四七―五〇、五七、六七、一五二、一五三、一六一、一六二、一七四頁。

（4）佐藤榮作／伊藤隆監修（一九九八）『佐藤榮作日記 第二巻』朝日新聞社、一九六三年九月二七日の項。

（5）Takuma Nakashima, "Building the Japan-US Alliance, 1951-72: A Diplomatic Reassessment," *Japan Perspectives*, No. 16 (March 2016), 3-13.

（6）千田恒（一九八七）『佐藤内閣回想』中央公論社、一五―一六頁。

（7）『佐藤榮作日記 第二巻』一九六四年一二月三〇日の項。

（8）中島琢磨（二〇一二）『沖縄返還と日米安保体制』有斐閣、三二頁。

（9）佐藤龍太郎への電話によるインタビュー、二〇一六年二月二五日。

（10）C・O・E・オーラル・政策研究プロジェクト（二〇〇五）「本野盛幸オーラルヒストリー」政策研究大学院大学、一二一頁。

（11）下田武三（一九八四）『日本はこうして再生した 下田武三 戦後日本外交の証言』下巻、行政問題研究所、一五七頁。

（12）『朝日新聞』一九六五年八月一九日付朝刊。

（13）井上正也（二〇一五）「アジア冷戦の分水嶺――一九六〇年代」宮城大蔵編著『戦後日本のアジア外交』ミネルヴァ書房、一二四―一二五、一二九―一三〇頁。

（14）高坂正堯（二〇〇一）「佐藤栄作――『待ちの政治』の虚実」渡邉昭夫編『戦後日本の宰相たち』中公文庫、二三一―二三三頁。

（15）Hubert Zimmermann (2002), *Money and Security: Troops, Monetary Policy, and West Germany's Relations with the United States and Britain, 1950-1971*, Cambridge University Press, chap. 8 and 9.

（16）高橋和宏（二〇一二）「佐藤・ジョンソン会談（一九六七年一一月）再考――対米国際収支協力問題をめぐる日米関係」『二松学舎大学国際政治経済学部 Discussion Paper Series』Discussion Paper No. 2, 二二―二七頁。

（17）楠田實／和田純・五百旗頭真編（二〇〇一）『楠田實日記――佐藤栄作総理首席秘書官の二〇〇〇日』中央公論新社、一九六七年七月二九日の項。

（18）高瀬保（一九九一）『誰も書かなかった首脳外交の内幕』東洋経済新報社、三五―三八頁、高瀬保へのインタビュー、二〇一二年一一月二七日。

（19）沖縄県総務部広報課（一九八〇）『沖縄県行政記録第2巻』沖縄県総務部広報課、六四五頁。

（20）「Harry Kern と佐藤総理大臣の会談について」一九六九年二月二八日「日米関係（沖縄返還）一九」0600-2010-00070, H22

-021, 外務省外交史料館所蔵。

(21) Letter, Richard M. Nixon to Eisaku Sato, undated「楠田實資料（佐藤政権関係）」神田外語大学和田研究室所蔵。

(22) 在米国下田大使発愛知外務大臣宛電報第九九四号「キシ特使とニクソン大統領との会談」一九六九年四月二日「日米関係（沖縄返還）一九」0600-2010-00070, H22-021, 外務省外交史料館所蔵。

(23) 米局長「総理に対する報告（沖縄関係）」一九六九年一〇月七日「一九七二年の沖縄返還時の有事の際の核持込みに関する『密約』に係る調査関連文書 No. 2」0611-2010-00794_02, H22-013, 外務省外交史料館所蔵。

(24) Memcon, "Sato Visit," November 16, 1969, Lot Files, Records of U. Alexis Johnson, 1932-1977, box 46 (National Archives at College Park).

(25) 中島『沖縄返還と日米安保体制』二六五―二六八頁。

(26) 『楠田實日記』一九七一年五月一一日の項。

(27) 佐藤榮作／伊藤隆監修（一九九七）『佐藤榮作日記 第四巻』朝日新聞社、一九七一年九月二二日の項、『毎日新聞』一九七一年九月二二日付夕刊。

(28) 井上正也（二〇一〇）『日中国交正常化の政治史』名古屋大学出版会、四六一―四六二頁。

(29) 中曽根康弘（一九九六）『天地友情』文藝春秋、二六一―二六二頁、中曽根康弘（二〇一二）『中曽根康弘が語る戦後日本外交』新潮社、二二五―二二六頁。

(30) 佐藤栄作「今だから話そう――自慢の長髪を撫でながら語る激動の七年八カ月」『文藝春秋』一九七三年一月、一四八―一五八頁。

参考文献

枝村純郎／中島琢磨・昇亜美子編（二〇一六）『外交交渉回想』吉川弘文館。

佐藤寛子（一九八五）『佐藤寛子の宰相夫人秘録』朝日文庫。

信夫隆司（二〇一二）『若泉敬と日米密約――沖縄返還と繊維交渉をめぐる密使外交』日本評論社。

「鉄道人 佐藤榮作」刊行会編（一九七七）『鉄道人 佐藤榮作』「鉄道人 佐藤榮作」刊行会。

中島琢磨（二〇一二）『現代日本政治史3 高度成長と沖縄返還 一九六〇―一九七二』吉川弘文館。

山田栄三（一九八八）『正伝 佐藤栄作』上下巻、新潮社。

若泉敬（二〇〇九）『他策ナカリシヲ信ゼムト欲ス――核密約の真実〔新装版〕』文藝春秋。

第8章　田中角栄
――「内政の達人」、「外交の素人」の実像――

佐藤　晋

〈略歴〉

一九一八（大正七）年五月　新潟県に生まれる。

一九三九（昭和一四）年三月　北満州に出征（翌年病を得て、翌々年二月内地送還）。

一九四三（同一八）年一二月　田中土建工業設立、一九四五年二月に朝鮮で終戦を迎える。

一九四七（同二二）年四月　民主党から出馬し衆議院議員となる。

一九七一（同四六）年七月　通商産業大臣（第三次佐藤内閣）。日米繊維交渉を決着させる。

一九七二（同四七）年七月　内閣総理大臣就任（第六四代）。

九月　北京を訪問し日中国交正常化を達成する。

一九七三（同四八）年九〜一〇月　西欧諸国・ソ連歴訪途上、第四次中東戦争勃発。

一九七四（同四九）年一月　東南アジア諸国歴訪、反日デモに迎えられる。

一二月　内閣総辞職。

一九九三（平成五）年一二月　逝去。七五歳。

本章は首相在任中に日中国交正常化を成し遂げた田中角栄の外交思想を、主に首相在任中の国際情勢認識から検討するものである。一般に田中角栄という政治家は「内政の達人」であって、外交政策については特段の思想はなく、むしろ内政の延長として外交問題に対処していたと言われている。確かに日米繊維交渉を国内政治における補助金の問題として処理したこと、日中国交正常化を政策の中核に取り上げたのは政権獲得戦略としてであったこと、日ソ交渉が順序として日中交渉の次に単に机の上に積み上げられていただけであったことなど、そうした「外交の素人」を傍証するエピソードには事欠かない。

とはいえ、国交のなかった中国と外交関係を開くという画期的な業績を上げ、さらには安価・安定供給が所与であった石油供給の不安定化をもたらした石油危機という類稀なる激動に対処したのは、紛れもなく田中角栄であった。仮に首相就任前に田中に外交問題への定見が無かったとしても、こうした激動を前になんらの外交思想が無かった、またはこうした激動によってなんらの思想も彼の中に芽生えなかったということも想定しづらい。そこで、本章では、田中角栄が未曾有の外交問題を処理する中で、いかなる国際社会への認識を形成したか、その上でどのような外交的タクトを振るったのかを中心に検討する。

1　国際政治観

(1)　政治家としての経歴と外交思想

田中角栄は内政重視型の政治家であった。雪深い新潟に生まれて政治家となった田中の政策における最重要課題は「日本列島改造論」であった。新幹線や高速道路といった輸送インフラを整備して、「一日経済圏」の範囲を地理的に拡大し、過密すぎる都会から過疎の地方へと人口を逆流させることで、過疎と過密の同時解決を図るという国土政策こそが田中のライフワークであった。それは、ある時、海外首脳から累積した経常黒字の使い道を質されて、この黒字は「列島改造に使う」と答えたほどであった。この「列島改造」を内政上の目玉に掲げて、福田赳夫、大平正芳、三木武夫との総裁選を勝ち抜き、田中は一九七二年七月に首相の座に就いたのであった。

とはいえ、田中が、政治家としての経歴の上で、外交問題にまったくタッチしなかったわけではない。佐藤栄作政権期、アメリカのニクソン（Richard Nixon）政権との日米繊維交渉が紛糾し、大平正芳、宮沢喜一といった歴代通産大臣が交渉妥結に失敗した末に、この難交渉をまとめ上げたのが田中であった。ただし、その解決策は、国内の繊維業界に対米輸出自主規制を飲ませ、その結果生じた損害は政府からの補助金で補てんするという「外交問題を内政問題として処理する」ものであった。一方、外交思想的には自民党保守本流、吉田路線の系譜に連なる政治家であった。すなわち限定的な自衛力と日米安保条約によって、中ソの共産主義国を抑止するというオーソドックスな思想である。田中の外交思想に保守本流らしからぬものがあるとすれば、安全保障と経済を切り離し、経済面では多角化を志向していたことである。安全保障面ではアメリカに依存し、経済的にはアメリカ以外へも多角的な関係を広げようとした。しかし、そこで広がった関係を生かして安全保障の分野での「対米一辺倒」を改善しようという意図は見られない。

よく知られているように総裁選に臨む田中が掲げた外交テーマは日中国交正常化であった。ただし、これには福田との多数派工作競争に勝つために、大平正芳・中曽根康弘・三木武夫とそれら派閥の支持を得るための側面があったことも否定はできない。一方、資源面での日本経済の依存を多角化させるという考えは、より継続的な関心であったと言える。ただし、田中の多角化志向は、対米自立思想から由来しているのではなく、彼の「資源小国」意識から生じており、実際に中東への全面的石油依存からの脱却をはじめ、より幅広い文脈を含むものであった。その背景には、詳細はのちに石油危機への対応を論じる際に述べるが、資源を経済活動の基盤として最重要視し、かつ資源を世界市場で自由に取引される世界商品と見るのではなく、国家やメジャーズといった主体に権力的に支配されていると理解する考えがあった。したがって、その外交の関心は、アメリカ、中国、ソ連、中東、東南アジア、中南米、オセアニア、西欧と世界大に広がった。それは、田中がヒース（Edward Heath）英首相に対して、原材料になる資源については、シベリア、インドネシア等の東南アジア、豪州、ペルー、アラスカ、カナダなどの太平洋周辺を中心に長期的な供給計画を樹立しないと安定した供給を確保することが難しくなる、と説明していた通りである。経済的合理性を追求すれば、資源は輸送コストの割安な環太平洋地域から輸入するべきで、それも長期的安定供給が政府間で保証されることが望ましいのであった。

このような資源重視の外交思想は石油危機発生以前からのもので、第四次中東戦争勃発直前の西欧諸国訪問を前にして、田中はイギリスで議題とされる予定の北海油田開発参加問題について、ヒース首相も乗り気のはずなので、日本はスコットランド開発とバーゲンで参加するとの提案を考えていた。そのほか、中東原油開発、インドネシアの液化天然ガス開発・ロンボク石油基地開発を西側共同で行うことも構想していた。

基本的に狭小な国土に多くの人口を抱える日本としては、諸外国から資源を輸入して加工し世界に売りさばくことでしか生きていけないというのが田中の認識であった。従って戦間期のような世界経済のブロック化の恐れには懸念を示し、開かれた自由貿易秩序が望ましいという立場を鮮明にしていた。一方、経済問題を安全保障や他の外交課題とリンクさせるという発想はほぼ見られない。前任者の佐藤は、想定していた中国との交渉で中国の対日貿易依存という立場を利用して、台湾問題において有利な条件を勝ち取れると考えていたが、田中が日中国交正常化交渉において経済援助の誘いを取引道具にした形跡はない。

田中には、中国との交渉はもちろん、日本との経済協力を熱望していたソ連相手にもそのような発想はなかった。訪ソにおいて経済協力問題を持ち出し資源の豊富さをアピールしたのはブレジネフ（Leonid Brezhnev）の方であり、田中の主張の主眼は、あくまでも平和条約交渉、すなわち北方四島一括返還の問題であった。ここに経済協力をテコにしようとの意思はなかった。その経済協力についても、チュメニ油田からの供給量の上限が年間四〇〇〇万キロ・リットルから二五〇〇万キロ・リットルに引き下げられたことなどに抗議し、日本側の交渉主体を民間に任せるとの主張を貫き、それほどの関心もコミットメントも示していない。実は訪ソ前から田中は「ソ連が供給は減らす、金は増えるというようなことは怪しからん。駄目になってもよい、供給先は他にもあるという姿勢で臨む」と述べていた。ただし、このエネルギー依存先の多角化問題については、日本としては共産圏とも協力しないと解決不能の問題であるとの立場で、田中内閣期にはソ連から濃縮ウランの供給を受けるといった話まで出てくる。

（2）外交思想形成要因としての個人的経験

田中の海外経験としては、短期間の満州への出征と、戦時中に理研の工場を朝鮮半島へ移転させるために海を渡ったということが挙げられる。つまり、北東アジア、少なくとも朝鮮半島には実地の経験があったわけだが、その経験から何らかの外交思想を構築していたであろうか。まず、朝鮮半島については、イギリスのヒース首相に対して「朝鮮の人民は優秀な民族である。優秀な民族が二つに分かれた場合之を一本化することは仲々容易なことではない」と述べたように、早期の南北統一実現には懐疑的な見方をしていた。当時動きが見られた南北接近についても、「北鮮及び韓国の双方が歩み寄りをみせているのは、後方にある勢力が少し手をぬいていることによる」一時的な現象であるとし、南北の話し合いは歓迎するが統一は非常に難しいという認識を示していた。さらに、こうして分断が続く南北朝鮮の軍事バランスの判断は、北が圧倒的に有利というものであった。工業能力ばかりか、「農村地帯では、南の方が民度が低い。北鮮では住宅も提供され、農地整理も行われている。南の農村地帯における生産性、生活水準が北の水準をこえるようになるまでは、南北の統一はできないのではなかろうか」と述べ、経済的には圧倒的に南が不利だと見ていた。さらに「北にくらべ南では一次産品の比率が高い。人口の比率は南が二で北が一であるが、航空機の数では一：二である」という上に、「現在、北鮮は、ソ連及び中共との間に一線を画しているが、兵器はソ連のものを用いている」ことから、田中は「米軍が駐留しているから平和が保たれているといってよいと思う」との認識を抱いていた。韓国の経済力、それによって培われる防衛力に対して相当悲観的な見方を田中はしていたのである。また、田中内閣期には日本と北朝鮮との交流が模索されたが、田中の認識としては「北鮮には石炭、鉄鉱石等の鉱産物があり、バーター貿易の対象になり得る」というもので、朝鮮半島の安全保障環境を安定させようとか、日朝国交を開くといった政治的な考えはなかった。あくまで資源志向の考えからであった[1]。このような認識から、田中はハワイでのニクソンとの首脳会談において「韓国は日本防衛上の生命線である」から「米国としては駐留軍を撤収しないでもらいたい」との発言を行った[2]。

　そのほか、田中の国内における個人的経歴から生み出されたと言えるような発言を探してみると、田中の核保有についての考えに行き着く。それは、七三年七月に訪日したソ連の文化相に向かって、自分は以前サイクロトンの仕事に関係していたので核兵器の脅威についてはよく承知しているとし、日本の科学・技術水準から判断すれば、核兵器を生産することはできるが、我々はこのような核兵器の生産、持込み、搬出をおこなわないとの原則をとっていると述べたように、ソ連等に対して核保有がすぐにでも可能であることをアピールして、その出方を牽制するというものであった。当時、その批准が論議となっていたNPT（核不拡散条約）についても田中は早期批准の考えであり、基本的にアメリカの核の傘を信頼して、独自核武装はしないという立場であった。

（3）外交思想と中国問題

以上から、田中が勢力バランス重視の外交思想を持っていたと言えよう。そこで、次にこうした思想と田中が実現した日中国交正常化はどのような関係にあるのかが問題となる。詳しくは次節で詳述するが、最初に一言しておきたいのは、早坂茂三によって田中が「中国がソ連と同じように、日本にとって脅威であるというならば、台湾は絶対の拠点だ。しかし、中国が脅威であることはないんだから」、中国と台湾が一体となることに他国がとやかく口出しする問題ではない[3]と述べたという記述の真偽についてである。これがいつの「時点の」田中の考えかはわからないが、少なくとも田中の訪中前の判断においては、中国は台湾を武力解放するほどの国内的な余裕はなく、さらにアメリカが台湾防衛にコミットし続けるものと考えられていたため、台湾が中国の支配下に入るというようなことは一切考えられていなかった。このように世にはいわゆる「角栄本」があふれかえっているが、それらの内容は以下で行っていくように一次資料に基づいて厳しく真偽を判断する必要がある。

田中は、アジアの安全保障環境について「朝鮮半島、ヴィエトナム一七度線という東西の接点を守り極東に対する脅威をなくす」ことを重要視していた。先に引用したヒース英首相との会談で述べたように、田中はその方法を中国との国交回復に求めていた。すなわち、田中は「朝鮮半島の背後には中共とソ連との二つがあり、この脅威をわれわれは常に感じている。中共との関係を正常化することは極東の平和にとり不可欠なもの」と説明していたのである。田中の考えでは、「極東の安全を確保するためには中共との間にパイプを作っておく必要がある」というのであった。あくまでも田中にとって、北朝鮮、ソ連、さらに中国も含め共産主義国家は脅威の対象であり、その脅威を低減させる文脈上に中国との国交正常化は位置付けられていた。

したがって、日中友好一辺倒の思想を田中と結びつけることは困難である。まず、田中は共産主義国家としての中国の脅威をある程度は感じていた。それは、国交回復二年後の時点で、カナダのトルドー（Pierre Trudeau）首相に対して、「日本の北には白くまがおり、日本の南には眠れる獅子がいる。その獅子は今や目をさましつつある。日本はこの二大国にはさまれ何としても米国やカナダや豪州といった平和国家の支持が必要である」と述べていた通りである。決して田中は将来的な中国の脅威を感じていなかったわけではない(4)。

実際、北京での交渉でも、田中は周恩来に向かって「国交正常化の結果、中国が内政に介入しないこと、日本国内に革命勢力を培養しないことにつき、確信を持ちたい」と述べた(5)。また、日中共同声明には、「両国のいずれも、アジア・太平洋地域において覇権を求めるべきではなく」との、いわゆる反覇権条項が入ったが、この点についても、大平外相がキャリントン（Peter Carington）英国防大臣に向かって、北京での会談でもコミュニケでも、中国はアジアでヘゲモニーを求めない、国の大小に拘らず互恵平等を維持すると言ったことを、自ら評価していた。

一方、一九六〇年代における佐藤栄作や外務省主流ほど、田中が中国を脅威視し、日本の安全保障についての重要性を抱いていたようには見えない。ただし、佐藤は、ソ連の方が穏健勢力であり中国は何をしでかすかわからないと考えていたほどの中国脅威論者であるため、比較対象としては極端であろう。また、一九八〇年代の中曽根康弘のように、ソ連の脅威に対抗するため中国の経済強化に貢献しようとするほどでもなかった。田中は、この両者の中間に位置していて、せっかく中国が西側へと目を向け始めたのであるから、「開放体制を維持し中共をこれへ導く」という点に狙いを置いていた。その理由は、ニクソンにハワイで述べたように「生活水準の低い国を封じ込め鎖国を強いると、先方はかえって国内的に団結する」と考えていたからであり(6)、つまりは脅威と認識する中国の脅威レベルをこちらから関与することで次第に引き下げていこうという発想であった。

2　日中国交正常化

(1) 台湾問題

田中は上記のような国際政治認識を持ちつつ、戦後保守本流の基本政策を継承していた。つまり、中ソの共産圏を脅威と捉えつつも、独自核武装などの軍事力増強は避け、日米安保条約による抑止力に依存するというものであった。一方、経済力を軍事力のベースと捉え、天然資源の配置状況を重視して外交を展開しつつも、経済と安全保障をリンクさせようとする発想は希薄であった。資源確保と経済的依存の多角化への志向が対米自立とみられることもあるが、これは、その都度、現実の状況を合理的に判断してのもので、思想的にアメリカからの距離を取りたいということではなかった。

それでは、田中はそのような国際政治観のもとで日中国交正常化をどのように成し遂げたのであろうか。一般に日中国交正常化については、大平外相以下の外務省事務当局が中心に進めたものとの見方がされる。確かに北京での実際の交渉については、そうした主張はあてはまろうが、訪中を決断する過程では田中の意思がやはり重要であった。田中は、日中国交正常化によっても、日米安保関係が揺るがないこと、日台断交後も台湾の安全に影響がないことの二点については深い思考をめぐらせていた。また、政権獲得の際に日中国交を公約として掲げた派閥領袖の支持を得たこと、財界・国民世論の盛り上がりを受けていたことなどから、訪中は既定の路線であったかのようにも思われる。しかし、日米安保の不変と台湾の現状維持という条件が満たされなかったとしたら、田中はどうしたであろうか。もし、これらの点に田中が納得していなかったら訪中が実現しなかったかどうかは仮定の話で確かめようがないが、逆にこれらの点に田中自身確信が持てたからこそ訪中が実現したとは言える。以下、詳細に見ていく。

まず、田中は訪中直前の九月二〇日、前掲したヒース英首相来日時に、中国の急速な対日接近の動機について、一つは中国側が周恩来のリードで対日接近を模索しつつも「毛沢東が健在な中に正常化を行う方が周恩来一人でやるよりもやりやすいと考え」ている点を挙げ、二つ目には中国がソ連と国境問題を抱え、さらにはソ連が「北ベトナムやバングラデシュなどをも含めて中国を包囲しようとしている」点を挙げていた。こうしたソ連への脅威認識を中国指導部が抱いていることを重視して、中国側の対日国交開設意欲が真剣なものであるとの感触を田中は得ていた。

次に、台湾の現状が維持される見込みであるかどうかであるが、田中はハワイ会談においてニクソンに「問題は台湾である。しかし中国との関係が現状のまま推移すれば、ソ連がからんで来てむつかしくなる」と述べていた(7)。これは、佐藤もかつてニクソンにサンクレメンテで「日本は二つの中国という政策はとらない。台湾独立に反対である。独立すればソ連が来るかもしれぬ」と述べたことがあるが(8)、当時の日本政府首脳の中では、台湾が米中接近などを受けてソ連と結託するのではないかという恐れがあったことを示している。もちろんソ連が台湾を拠点とすることは、中国が台湾を解放してしまうことと同等か、それ以上に日本にとって地政学的な脅威となるものであった。そこで田中はニクソンに「今後台湾とソ連との関係も微妙である。しかし米台条約がある限り大丈夫であろう(9)」と、アメリカが台湾防衛にコミットし続けることへの期待を伝えている。確かに米中上海コミュニケで米軍の台湾からの撤兵は明らかにされていたが、日本側はそれにもかかわらずアメリカによる台湾防衛義務の履行は確実だという判断をしていたのである。その結果、田中は帰国後、佐藤にハワイ会談の内容を報告した際、「米は台湾や韓国問題を重視してその基本線を動かすようなことはしないと云っていた(10)」と伝え、アメリカの台湾防衛意志を信じた上で訪中を決行する。

(2) 日米安保体制と中国

実は、これより前(七二年七月二九日)に大平外相も佐藤栄作へ中国問題について報告しているが、その際、大平は「台湾問題は米国を頼りにして、米台条約が当方の救いになり日米安保は中国にとっても救いもの(11)」と述べている。同時期の二七日から北京で竹入・周会談が行われており、その中で、中国側が日米安保には触れず、一九六九年の佐藤・ニクソン共同声明にも言及しない、という内容が竹入義勝の帰国後伝えられるが、いわゆる「竹入メモ」なしの状態で、日本側はこうした予測を立てていた。この大平の言葉は日米安保の現状維持という訪中決断のもう一つの条件にも関係するが、まず、米華相互防衛条約をアメリカが遵守することで、日本が断交したとしても台湾の現状が維持されることが日本にとって「救い」であることを言っている。さらに台湾のソ連への接近を防止する上で日米安保条約が中国にとっても役立つ、つまり米中・日中の接近によって不安を覚える台湾がソ連へ接近しないよう、安心感を与え続ける役割を日本における米軍が果たす、このことは中国にとっても利益で、それを中国側は理解しているという、佐藤から見ればかなり「穿った」認識である。

もっとも別の解釈として「ビンの蓋論」、すなわち日米安保と米軍の日本駐留が日本の軍国主義の復活を防いでいるという点が中国にとって「救い」になっているということを中国側が認識していて、北京は日米安保を受け入れると、大平が判断していた可能性もある。確かにキッシンジャー（Henry Alfred Kissinger）は周恩来との七月の会談で、こうした文脈による説得を試みており、その事実はキッシンジャー自身から牛場信彦大使を通じて「もし日米安保条約がなくなれば日本に残された道は、再軍備、核武装しかない旨説明し、日米安保体制の廃棄は中共にとっても利あらざるところなる旨説明した」と、日本側に伝えられていた。(12) ただし、この考えを毛沢東・周恩来らが受け入れたであろうとの確信を、日本側が抱くには情報は不足であったであろう。とにかく、このどちらの場合であったにせよ、中国が日米安保に利益を見出し、それを容認するであろうというのが日本側の認識であったことに違いはない。従って、こうした認識によれば、中国が自国の利益になる日米安保と台湾条項に触れるはずもないであろうという判断から、大平が訪中直前に面会したヒース英首相に対して伝えたように、「日米安保問題につき北京は触れないのではないかとの予感」を持って北京へと向かったのである。

一方、田中はニクソンに対して、台湾との友好関係・経済交流について「従来の日・台関係が日台・米の三国関係という運用をせざるをえない。米国が台湾と国交関係を有することは日本の救いであり(13)」と述べているが、これだけでは経済関係の維持にアメリカの力を借りたいと言っているのか、米華条約が安全保障上の台湾の現状維持に救いになると言っているのかわかりづらい。そこで、先のヒースとの会談資料と突き合わすと、まず田中は「日台関係の消滅」によっても日台間の経済関係は、現在日中経済関係があるように、台湾側から断絶してくることはないと見ていた。それは

「今、北京で日中回復に携わっている人は、皆、日本をよく知っている人です。周恩来は二年間留学していたし、廖《りょう》承志《しょうし》やその他の人も皆日本で勉強したことがあります。台湾でも蔣介石は、日本の士官学校を出た人です」という中台双方の指導者の日本への近さ、さらには「四〇年にわたる台湾統治は台湾で高く評価されています。日本と台湾の関係は非常に深い」からであるという。このように台湾から経済的断絶が突きつけられないとすれば、田中がアメリカに期待するのは台湾防衛ということになる。

そこで、台湾の防衛問題についてであるが、これについて田中はヒースに「すべての日本人」は「日本が北京と国交を開くことにより台湾が危険に陥ることがないことも知っている」と述べている。ヒースが、こうした田中の判断の根拠を質すと、田中はアメリカが台湾への防衛取り決めを守ることと、国内に問題山積する「中共が台湾を武力解放するようなことはないとみられる」ことを理由に挙げた。さらに、田中によれば、「台湾では、現在、大佐級までの軍人は本島人が多くなって」いること、また「台湾と中共の国民所得の比率は四：一で台湾の方が高いので、中共としても容易に台湾の武力解放はなし得ない」というのであった。つまり、日本が台湾との関係を切っても、それは日本の安全保障上の不安には跳ね返ってこないのである。こうして台湾と断交する決断は、田中にとってそれほど難しいものではなくなった。

また、田中はヒースに「北京との国交樹立後台湾に総領事館を持つ」という自民党内一部の構想を伝えていたが、これについて田中は「北京、台湾の双方が一つの中国論を譲らない限りむずかしい」と述べており、そのような要求を実現できるとは考えていなかった。さらに、日本と中国が手を組んで世界を支配するのではないかという懸念について、田中は「全く馬鹿げたこと」で、それは「ソ連と西独が手を結ぶというにも等しい」と答えた。もっとも、その際ヒースが、そのような事態（西独とソ連の結託）を防ぐことこそがイギリス外交の目的であると答えたことに、田中は何のコメントもしなかった。

(3) 中国の意図についての認識

北京に乗り込んだ田中ら一行を迎えたのは周恩来の次の言葉であった。「台湾問題にソ連の介入を許さないという点で、日米中三国の共通点がある。中国側としては、今日は日米安保条約にも米華相互防衛条約にも、ふれずにいきたい(14)」。

この発言は日本側を安心させるものであったが、ほぼ訪中前に検討していた予測通りの展開であった。その後、日中間で共同声明の案文をめぐって交渉が行われるが、その詳細は他書に譲る。要するに、その交渉の結果、日本と中国の国交が回復し、日本と台湾との外交関係は消滅した。日本側として有利なことに、中国から台湾と日本の経済関係が維持されることが黙認され、日米安保条約の存続、それに関連する台湾条項なども現状が容認された。さらに、田中の予測通り、台湾から対日経済関係の断絶を通告されることもなく、一連の交渉の結果、ほぼ日本側が期待していた全ての条件が実現した。さらに重要な点は、こうした結末が、ほぼ日本側の予測した通りであったことである。

その後、日中間では実務協定締結に向けた動きが始まるが、田中は中国との交渉でどのような認識を得たのであろうか。まず、田中は中国側の対ソ脅威認識の強さを感じ取った。田中はブラント（Willy Brandt）西独首相に対して、中国が日米との関係改善を図る理由を以下のように説明した。「中国側にとっては七〇〇〇キロの中ソ国境のためには日米との協力が望ましい」。かかる背景で日中正常化ができ、北ヴィエトナム問題も解決した」。田中は中国の対ソ脅威認識は対ベトナム政策にも反映され、その点でも米中の国益が一致することを指摘する。「中国は南北ヴィエトナムの合併を望んでいない。仏もそうである。また現実的にも統一はできない。他方、統一ができることは、ソ連の勢力拡大を意味する。つまり、北ヴィエトナムについては米中の意見は一致している」。田中は、この時点ですでに北ベトナムはソ連の影響下にあると認識しており、ベトナム統一を通じてソ連の影響力が東南アジアに拡大することは米中の共通利益に反すると判断していたのである。その結果、田中によれば「中国の対米関係は既に外交関係があるのと同じである」のであった。次に米中間の最重要争点であった台湾問題についても、中国は「台湾については当分の間米国にあずけておくという態度である。それは、それが一番安全だからである。もし米軍が台湾から引上げれば、ソ連の勢力が入ってくる。しかもソ連海軍はインド洋に進出している。もし第七艦隊が撤収すると、中国はソ連に包囲されることになる」と述べ、中国は台湾の安全をアメリカに守ってもらうことを期待しているものと判断していた[15]。

このような理解を田中は強く信じていたようで、インドネシアのスハルト（Soeharto）大統領に対しても「中国は、台湾を米に委託しておくことが一番利口であると考えているものと思う」と伝えていた。もっとも、田中が言うように、田中自身が北京交渉時に中国側に向かって「台湾から米が引いて別のものが入ってこないと云う保証はない、そこを中国は、高度の政治的判断をすべきである」と伝えたことが影響したと言えるかは疑問であるが[16]。

以上のように田中の日中国交正常化への決断は、中国側が日米安保体制を容認していること、さらに日本が台湾を切っても台湾の安全は守られるという確信のもとで下されたものであった。すなわち、北東アジアにおけるアメリカの軍事的プレゼンスとコミットメントの継続を前提に、その現状を日米のみならず中国も受け入れているという認識が根底にあったのである。とりわけ台湾の将来について言えば、アメリカの力と意思に依存した決断であった。

3　石油危機への対応

(1)　対米「自主」外交

一方、田中が石油危機の際に見せた対応は、アメリカとの利害の一致を基盤に行動した日中国交正常化とは大きく異なるものであった。七三年一〇月六日に勃発した第四次中東戦争は、日本を石油危機の大混乱の渦中に投げ込んだ。とりわけ同月一七日にOAPEC（アラブ石油輸出国機構）石油相会議が翌年一月における五％減産と友好国などのカテゴリーに応じての供給制限を行う決定をしたことは、田中内閣に激震を与えた。田中は後日、カナダのトルドー首相に、今回アラブ諸国が石油を政治的武器に使ったことは第三次世界大戦とも言える程の出来事であったと述べるように、石油の入手危機に強烈な印象を受けることになるのである。

やがて日本が非友好国に分類されていることが明らかとなり、かつ一一月五日のOAPEC石油相会議がいっそうの厳しい削減率を発表すると、田中首相、中曽根通産相らは石油入手について強い不安感を抱いた。この後、一一月一四日からのキッシンジャー来日を経て、同月二二日の二階堂進官房長官談話による「アラブ寄り」政策の態度表明へと至るが、この過程における田中個人の思考をインガーソル（Robert Ingersoll）との会談から考えてみる。(17)

田中はキッシンジャーの来日直後の一一月一六日に離任挨拶に来たインガーソル大使に対して、以下のような情勢認識を伝えている。まず、田中は、キッシンジャー訪日まではいかなる行動をも控えてきたと言い、次に、日米友好と対米条約義務を遵守すると述べつつも、日本の置かれた苦境をあらためて訴えた。ここには田中が、アラブ側の対日批判を極めて厳しいものと捉えていたことが示されている。つまり、田中は、アメリカの中東和平努力が実を結んで停戦となったとしても、日本がアラブ寄りの態度を表明しない限り友好国とは扱われず、日本への輸出削減は解除されないものと見ていた。それは、元来、サウジアラビアの減産は第四次中東戦争勃発以前に決められていたものであったとの認識から生じたものであった。

そこで、田中は「日本の独自の態度表明が石油確保の唯一の方途である」と断言した。田中は、特使として中東に派遣していた前サウジアラビア大使の田村秀治からの電報を示しつつ、①イスラエル占領軍の即時全面撤退、②パレスチナ難民の正当な権利の回復、③（上記の）①②が満たされない場合には、日本は対イスラエル外交を再考するとの表明等が求められており、「以上がうまく行くかない場合には日本の対イスラエル国交断交をも示唆している」と、インガーソルに説明した。さらに、田中はこれら諸点の態度表明を「直ちに行なえ」と言われていると付け加えた。一方で、この態度表明でどれだけの石油が約束されるのかとのインガーソルの問いには、「友好国として供給するための ticket を与える」と言われていると答えた。アラブ側は、武器援助など具体的な行動をしている英仏は友好国と分類しており、日本には「親アラブと口で言うか紙を出すかという踏絵を踏むことを迫っている」、ここで日本が踏まないとなれば、日本はアラブを理解していないことになると「脅されている」と述べた。田中は、日本は「親アラブ」政策に転換しない限り、和平成立によっても「友好国」になりえず、さらにイスラエルを抑制して和平を成立させたアメリカよりも、何も行動をしなかった日本はアラブ産の石油入手の点で不利になると考えていた。その場合、すでに実施されていた二

○％削減率が、翌年一月からは四○％水準にされるとの「脅しを受けている非常に厳しい状態」をアメリカ側に理解してもらいたいというのであった。

田中個人としては以上のような認識から、日本はキッシンジャーの言う通りにしたとしても、イスラエル抑制を果したアメリカに比べて日本はいっそう不利になるため、アメリカの要望を聞くことはできず、日本自身の独自の外交を必要とするという立場であったのである。決して日米協調が必要でないとか、思想として自主外交を好んでいたというわけではなかった。アラブ諸国からの石油入手に日米協調が無効であると判断して、日本自身の態度表明を行うということであった。

（2）資源依存先の多角化構想

こうした情勢認識から行われたのが一一月二二日の二階堂官房長官談話である。田中がインガーソルに説明した①②③の条件が含まれていた。この声明は、田村特使からの情報をもとに悲観的なシナリオを前提とした態度表明であったと言える。もちろん、この内容は外務省を中心に事務当局でまとめられたもので、田中が具体的内容を指示したわけではない。ここで重要な点は、田中がこうした危機感をもとに、キッシンジャーとの会談を行い、その際のアメリカ側の反応を非協力的と捉えて、こうした声明を出すことを容認したことである。田中は、これだけでは足りずと見て副総理の三木を中東諸国訪問の特使に任じた。中東産油国を回った三木は、各国で経済協力提案と引き換えに日本を友好国として取り扱ってもらえるように交渉した。もっとも、その後訪米した三木が、エクソンのジェイミソン会長から、エクソン社の一一月及び一二月の対日原油供給は一～九月平均の九八％で、それ程大きな打撃は与えていないはずである、と打ち明けられたように、実際の日本への石油供給量は全体としてみて大きくは減少していなかった。

田中は、このころ日本と各国との借款協定の確実な履行と効率的な実施に責任を負う海外（経済）協力担当大臣の創設を考えたが、これは、田中が石油危機直後に派遣した三木特使が中東諸国において約束してきた経済協力の確実な履行を資源確保上きわめて重視していたことを示している。もともと田中は経済活動に対する政府介入を好む政治家で、一般的な日本企業の海外進出における外国企業との提携についても放任するのでなく、政府は民間の苦情を聞くだけでなく、一つずつ子を生んで行くように両国の政府も参加して、プロジェクトを成功させるようにしたい、と考えていた。したがって、当然、石油危機に際しては政府が先頭に立って石油確保に動くべきであるという考えであった。また、日本側には、ＯＰＥＣ（石油輸出国機構）産原油が減産され、さらに西側への禁輸が行われた場合、非ＯＰＥＣ産原油の動向を支配するメジャーズが英米などを優先して融通することで、日本の石油入手が二重に困難となることへの危惧もあった。

官房長官声明、三木らの特使派遣が実を結んだのかどうかには議論があるが、一二月二五日のＯＡＰＥＣ会議で日本への生産削減が撤回され、日本国内に一応の安心感があふれたのは事実である。しかし、市場メカニズムを信頼することなく政府介入に頼る田中の手法は自ら石油確保を危険に陥らせることになる。[18] まず、メジャーズから供給カットの通告が石油元売り・精製会社に伝えられたが、それを受けて各社が販売数量の削減と原油価格上昇に合わせた製品価格へのコスト転嫁を行った。その結果、大口需要家・消費者は供給削減と価格上昇の二重の打撃を受けることになり、世間からの石油業界への批判は強まった。そこで「国民生活安定緊急措置法」に基づいて七四年一月から石油製品価格は前年一二月水準に凍結される措置がとられた。しかし、この結果、石油精製会社は、二倍以上に上昇した原油価格の上昇を製品価格に転嫁できなくなり、逆ザヤの発生が確実となったために、三月初めには生産を抑制し始め、市場に灯油・ガソリン等の石油製品が出回らなくなった。以前は価格高騰を批判していた世間・マスコミの矛先は逆に政府の価格統制政策に向けられるようになった。

ついで田中内閣には、国内石油会社とメジャーズからの圧力が加えられ、石油製品価格の凍結を見直さざるを得なくなった。既にエクソンは一五％の供給削減を発表していたが、三月六、七日にモービルとシェルが価格凍結を解除しない場合には供給削減を行うと通告した。このままでは三月中旬には深刻な製品不足が予想され、朝日新聞が、田中の価格統制政策について「経済原則を重要視すべきだ」と批判するようになった。

こうした政治的圧力を受けた結果、通産省は一二月水準に据え置いていた石油製品価格を一キロ・リットル当たり九一六四円値上げする案を作成した。これは三分の一の元売り、精製会社が赤字を計上するものとして算出された数値であった。しかし、夏の参議院議員選挙を見据えていた田中が九〇〇〇円以下の値上げに抑えるように指示したために、結局三月一八日に八九六四円引き上げで決着した。さらにこの時、世論を気にした政府・自民党からは、石油価格上昇を認める代わりに、通産省に対して石油製品以外の一般物資の価格を凍結する手段をとるべきとの条件が課せられた。政府は、石油製品価格への統制が招いた石油製品の品不足への国民の不満と、一般物価上昇への国民の不満をともに満たすべき必要に迫られたのである。

これで石油製品の平均価格は一キロ当たり二万三三〇三円となったが、この額はメジャーズなどの生産意欲を刺激するには低すぎる額であり、その一方で生産性の低い国内独立系を含む生産者全体の二分の一が赤字となる数字であった。メジャーズ、独立系ともに石油企業は一万一〇〇〇円から一万三〇〇〇円程度の引き上げを要求していたが、国民世論への配慮から上記の数字に落ち着いたのであった。まさしく「石油会社は上げ幅が小さいと不満で、消費者は高すぎると不平を言い、経済界は価格統制が石油不足を招くと批判」していると、アメリカ大使館員が要約したようなレベルの数字であった。植村甲午郎経団連会長らは、この決定を「基本的な経済原則を無視したもので、自由市場価格に反する」と批判した。

石油企業は、赤字が出ることが分かっている石油製品の生産は行わないし、原油の輸入も手控えることになるのであった。実際、出光興産は、この価格統制の結果として、一九七四年の第二・四半期には原油の輸入を前期比一一％マイナスにすると通告したし、エクソンは、原油輸入・石油製品生産を、市場価格の下で実施したはずのレベルから一五％削減し続けると述べた。この結果、価格統制によって石油元売り・精製各社が生産調整を行って供給を絞ったために、国全体の石油消費量は減少し、同時に輸入も減少することになったのである。世界経済における市場メカニズムを信頼せず、経済への介入を得意とした国内政治の延長で、国際政治経済システムを理解せざるをえないという田中の限界がここにも示されている。

4　田中の外交思想

(1) 対米観の転換か?

以上見たように、田中外交の足跡を追っていくと、対米関係を基準に分析した場合、約二年半の任期が前半後半で二つに分けられる。つまり、ハワイ会談から日中国交正常化までは緊密な日米関係をベースに置き、田中はアメリカへの信頼感を抱くことで安心して台湾とも断交して日中国交正常化を実現できた。一方、七三年九月の西欧・ソ連訪問、時を同じくして勃発した石油危機あたりから、対米自主的な外交の色彩が強くなる。

ただし、ここにアメリカへの反発や自立意識の表出といったような転換があったとは思われない。そもそも田中の外交思想の特徴は、安全保障問題と経済問題を切り離すことである。その上で、安全保障での対米依存と資源面での多角化志向の共存が可能となっていたのである。そこで、日中国交正常化が中心的外交テーマであった前期は結果的に対米依存的な性質が表面に現れ、資源確保が重要テーマとなった後期は対米自主的な性質が表に現れたのである。

例えば、石油危機時にいわゆるバンカーオイル問題が世界各地で顕在化した。これは世界中を航行している船舶への燃料供給を従来通り寄港地などで行うか、また行えるかという問題であった。日本では、それまで在日米軍への燃料供給を日本の石油会社が行っていた。それが石油危機により難しくなったというのが日本側の判断であった。しかし、日米安全保障関係を考えると、当然一方的に打ち切りの通告をおこなうわけにはいかない。そこで、対米折衝の結果、七四年初頭に訪米した三木が、「在日米軍石油需要について代替供給源の確保が行われ次第現地調達は中止するとの最近の米政府の方針及び「キ」長官がメジャーズに対し、日本の立場を説明してくれたことについて謝意を表明された」と述べたように、アメリカ側がメジャーズからの供給に切り替えるべく処置することで落ち着いた。また、田中内閣期に空母ミッドウェーの横須賀母港化が実現している。あくまでも安全保障面では対米合意を得つつ進めていくのが田中内閣の方針であった。

一方、田中の対中脅威認識はさらに低下していった。政権末期において、中国について田中はウィットラム（Edward Gough Whitlam）豪首相に述べたように「中国は大きな国を統一して将来経済的にも大国になるであろうが、現在、経済建設とGNPの引上げに専念しており、わが国が中国から侵略を受けることは心配していない」、さらに中国とソ連との間の「六千キロに及ぶ中ソ国境は数百年来の紛争の場であり、特に中国東北地方は、不安定な河の中心線が対ソ国境であるため（川の流れは動くので）、仲々解決は困難であろう」と述べ、ソ連との対立と国内経済建設の課題を抱える中国への脅威は抱いていなかった。[19] 他方、ソ連については田中が七三年九月にニクソン・キッシンジャーとの会談の席で、「中国については米中関係の改善もあり、特に脅威は感じていないが、ソ連については、その強大な軍事力は日本にとって脅威である。日本周辺で、ソ連は所謂「東京急行」といわれる訓練乃至偵察飛行を行っている」と述べたように、対ソ脅威認識は一貫して強かったようである。

(2) 経済と外交

また、田中内閣期には、日本が国内需要の大半をアメリカからの輸入に依存していた大豆を、事前の話し合いもなくアメリカがいきなり禁輸するという大豆ショックが生じた。田中が「最後のところではエネルギーよりも食糧のほうが死活的な資源だ」と振り返ったほどの事件であったが、この事件は、対米自立を促したというよりは、やはり資源面での依存の多角化への動きを強めていったと言える。七四年九月のカナダ訪問の際のトルドー首相との会談では、トルドーが、米国の理解を得つつカナダの伝統的な米欧志向の外交を貿易・投資の多角化に向けて転換したいと述べたのに対し、田中は「今後は環太平洋の協力関係を推進すべきであり、その中核になるのは日本、カナダ、豪州及び（ちょっと問題はあるが）インドネシアであろう」と述べ、この構想を一一月の訪豪時に持ち出すと述べた。田中は「昨年の米国の大豆輸出の苦い経験」もあって、カナダ同様、アメリカ一辺倒ではない多角的な経済関係を模索していた。田中によれば「日本はあらゆる方向を向いて行かなければ生きていけない」のであった。

もっとも田中の外交思想において経済と安全保障が全くリンケージしてなかったわけではない。例えば、ソ連のシベリア開発協力は、田中にとっても単なる資源問題として片付けられないものであった。ソ連とのチュメニ油田プロジェクトは、ナホトカまでのパイプライン敷設費用三〇億ドルのうち一〇億ドルを日本が分担し、五、六年後に予定された完成年月から二〇年間、年間二五〇〇～四〇〇〇万キロ・リットル（日本の推定消費量の五％～一〇％）の供給を受けるというものであったが、田中はアメリカ企業を関与させて、日ソ間の約束を破棄されないように協定に安定性をもたらすこと、さらには中国の反発について考慮していた。このパイプラインによって中ソ国境で対峙するソ連軍に石油が供給されることになることを、中国が懸念していると田中はみていたのである。さらに、その後、ソ連側がパイプライン計画を、第二シベリア鉄道建設案に組み替えてくると、中国のみならず日本へも安全保障上の影響が発生するため、とうてい受け入れられない代物となっていった。したがって、訪豪時にウィットラム首相に向けて、田中は「わが国が、日米協力に基づくシベリア開発を希望しており、これが、東西緊張緩和に寄与するであろう」と述べているが、実際に田中が、日本の経済力による対ソ協力を冷戦の緩和と結びつけていたわけではなく、むしろ日本はソ連の脅威を一方的に受ける身であって、こちらから積極的にソ連の穏健化を働きかけようとしていたとは思われない。この発言は豪州の対日資源輸出減少を心配するウィットラムに向けての方便的な言辞であったと思われる。

田中にとって「資源小国」日本こそが自国のイメージであった。資源のない国は経済的に脆弱性を抱えている、経済力が安定的基礎を持ち強力でないと軍事的に強大になることはできない。したがって田中は自国を経済大国と捉え、その経済力をテコに対ソ外交の展開を図るというような発想を持たなかった。むしろ資源を持たざる国としての脆弱さを、強迫観念といっても良いほどの強さで抱いていた。一方、周辺からの脅威についてはソ連についての恐れはある程度抱いていたものの、中国からの脅威は感じておらず、日米安保を維持していれば十分対応できると考えていた。これは、台湾の「防衛」についても言え、アメリカがアジアにおいてプレゼンスとコミットメントを維持していれば、いかなる現状の変更も起こり得ないだろうと見ていた。つまり、基本的には対米関係を重視していたといえよう。このようにアメリカに任せられる点は完全に依存し、アメリカに任せられないと考えた点では自主的な外交を展開するという田中の外交スタイルは、アメリカ側から見れば、「ただ乗り」への反感を招くには十分なものであった。

注

（1）「田中総理とヒース首相の会談」一九七二年九月二〇日、欧亜局西欧第二課（外務省外交史料館蔵『ヒース英国首相訪日（公賓）』二〇一四―一七三六）。
（2）服部龍二（二〇一〇）「田中首相・ニクソン大統領会談記録」中央大学人文科学研究所『人文紀要』六八。
（3）早坂茂三（一九八七）『早坂茂三の「田中角栄」回想録』小学館、二二八頁。
（4）「田中総理・トルドー首相第二回会談」一九七四年九月二五日、西山在カナダ大使発外相宛（『田中総理カナダ訪問』二〇一四―五〇四三）。
（5）石井明・朱建栄・添谷芳秀・林暁光編（二〇〇三）『記録と考証　日中国交正常化・日中平和友好条約締結交渉』岩波書店、六〇頁。
（6）服部（二〇一〇）。
（7）同右。
（8）楠田實（二〇〇一）『楠田實日記』中央公論新社、八一六頁。
（9）服部（二〇一〇）。
（10）佐藤榮作（一九九七）『佐藤榮作日記』第5巻、朝日新聞社、一八九頁。
（11）楠田（二〇〇一）、一六四頁。
（12）「大使・キッシンジャー会談」一九七一年一〇月一六日、牛場大使発外相宛（『日米要人会談』二〇一三―三三一五）。
（13）服部（二〇一〇）。
（14）石井・朱・添谷・林編（二〇〇三）、六〇頁。
（15）「田中総理・ブラント首相会談」一九七三年一〇月四日（欧亜局西欧第一課「総理訪欧会談録（ドイツ）」一九七三年一〇月『』）。
（16）「田中総理・スハルト大統領会談録」一九七四年一月一五日（『田中総理インドネシア訪問』二〇一〇―〇〇二六）。
（17）「中東問題（インガーソル大使離任に際しての大平大臣及び総理表敬）」一九七三年一一月一六日（『中東問題／アラブ産油国の対日石油供給削減問題』二〇一四―三三八二）。
（18）以下の石油危機時の対応についての記述は、拙稿「一九七〇年代アジアにおけるグローバル化の波及と日本――『大豆ショック』と『石油ショック』への対応――」（『国際政経』、第一四号、二松学舎大学国際政経学会、二〇〇八年一一月）参照。
（19）（「田中総理の豪州訪問とその後の動き」一九七五年五月、欧亜局大洋州課『田中総理豪州、ニュー・ジーランド、ビルマ訪問／豪州、ニュー・ジーランド』二〇一〇―六三〇〇）。

参考文献

服部龍二（二〇一一）『日中国交正常化』中公新書。

井上正也（二〇一〇）『日中国交正常化の政治史』名古屋大学出版会。

若月秀和（二〇〇六）『「全方位外交」の時代』日本経済評論社。

栗山尚一（二〇一〇）『外交証言録　沖縄返還・日中国交正常化・日米「密約」』岩波書店。

白鳥潤一郎（二〇一五）『「経済大国」日本の外交』千倉書房。

新井弘一（二〇〇〇）『モスクワ・ベルリン・東京――一外交官の証言』時事通信社。

有馬龍夫（二〇一五）『対欧米外交の追憶　一九六二―一九九七』上、藤原書店。

朝賀昭（二〇一五）『田中角栄　最後の秘書が語る情と知恵の政治家』第一法規。

第9章　三木武夫
――「理想をもつバルカン政治家」の外交――

竹内　桂

〈略歴〉

一九〇七（明治四〇）年三月　徳島県板野郡生まれ。
一九三七（昭和一二）年四月　明治大学卒業後、三〇歳で衆議院議員に初当選。
一九四七（同　二二）年六月　逓信大臣（片山内閣）。
一九五六（同　三一）年一二月　自由民主党幹事長に就任。
一九六六（同　四一）年一二月　外務大臣（第一次佐藤内閣）。
一九七二（同　四七）年八月　副総理（第一次田中内閣）。
一九七四（同　四九）年一二月　椎名裁定。総理大臣に就任。
一九七六（同　五一）年一二月　総理大臣を辞任。
一九八七（同　六二）年四月　衆議院議員在職五〇年。
一九八八（同　六三）年一一月　逝去。八一歳。

三木武夫は保守傍流に位置付けられる政治家で、政治資金の規正や派閥解消などを訴えてクリーンなイメージを作り出し、「クリーン三木」と称された。また、小政党や小派閥に属しながら、政界を巧みに渡り歩く様から、「バルカン政治家」とも評される。

こうした世評とは別に、三木は自らを「理想をもつバルカン政治家」(1)と位置付け、一方で理想主義的な政策や提言を行いつつ、他方で現実に対応していた。このことは、たとえば派閥解消を唱えながら、自ら領袖として派閥を運営していた点に顕著に表れている。

一九七四（昭和四九）年一二月、田中角栄前首相が金脈問題への批判の高まりから辞任した後、三木は椎名悦三郎副総裁の裁定により後継総裁に指名され、首相に就任した。首相として外交では、二つの「ニクソンショック」で冷え込んだ日米関係の修復、日中平和友好条約の締結、ソ連との平和条約締結といった従前の政権からの課題と、先進国首脳会議やロッキード事件など、三木政権期に浮上した課題に対処していった。

一九七六（同五一）年、ロッキード事件の徹底究明をはかったが、自民党内の猛反発を招き、党内抗争が激化するなか、一二月の総選挙における敗北の責任をとって退陣した。

1　三木内閣の外交課題

（1）首相就任以前からの外交思想

三木は、明治大学時代に二度にわたって欧米を訪問した経験を持つ。二度目のアメリカ滞在時には、ロサンゼルスにあったアメリカン・カレッジを卒業している。政治家になってからも頻繁に外遊しており、外交には強い関心を抱いていた。

首相に就任する以前の段階において、三木の外交思想にはいかなる特徴があったのか。第一に、日米関係を外交の基軸に据えていた。保守傍流と位置づけられる三木も、この点では他の保守政治家と差異はなかった。三木は、安全保障のみならず経済面からも良好な日米関係の維持が必要と確信していた。

第二には、ソ連との関係の重視である。三木は共産主義には賛同しておらず、日本は自由主義陣営の一員であるべきだと考えていた。その一方で、ソ連を中心とする共産主義勢力が世界で影響力を有しているという現実も重くみていた。そのため鳩山一郎首相がソ連との国交回復を推進した際には賛成の立場を取った(2)。また、日ソ間の懸案、とりわけ北方領土問題を解決するためにも、ソ連との国交回復が必要と判断していた。その後領土問題が膠着するなかで、外務大臣時代の一九六七（昭和四二）年七月に訪ソし、コスイギン（Aleksei N. Kosygin）首相から領土問題の中間的措置という提案を引き出している。とはいえ、三木は領土問題の早期解決は困難と見込んでおり、着実な前進を目指した。結局三木の外相期に領土問題は解決されなかったが、三木は首相就任後も対ソ交渉に意欲的に取り組んでいく。

第三に、アジアを重視する姿勢であり、講和問題の頃から三木はこの主張を展開していた。ただし、日本が、立ち遅れているアジアを指導、援助するというのが三木の基本的な姿勢であった。日本がアジアの盟主たらんとする意図はなかったものの、ある種の大国意識を有する発想だったことは否めない。かかる留意は必要ではあるものの、アジア重視の姿勢は、三木に通底する思想の一つであった。

第四に、中国問題に強い関心を抱いていた。この問題の最大の焦点は、台湾問題と中国政府の正統性である。講和の段階で、三木は中華民国を正統政府とした吉田書簡を是認するとともに、中華人民共和国との関係強化の必要性も認識していた。岸内閣期には「二つの中国」を唱えた(3)。しかし、中華民国も中華人民共和国も「二つの中国」には否定的だったため、当事者が解決すべき問題との立場を取り始めた。その後、一九七一（同四六）年一月からは、中華人民共和国が中国の唯一の正統政府と主張するようになった(4)。国交正常化を強く望んでの転換である。一九七二（同四七）年四月には訪中して周恩来首相と会談し、国交正常化を協議した。この経緯から、三木は自らと周との会談で日中国交正常化は事実上実現しており、周との個人的な結びつきがあるとの自負を抱くようになった。

第五に、南北問題の解決への熱意である。東南アジア諸国の貧困問題に対処する必要があるとの認識がその起源となった。貧困が蔓延ると、共産主義勢力が浸透しやすくなるとの判断からである。三木は一九五五（同三〇）年の年末から鳩山首相の特使として東南アジア諸国を歴訪した際にこの意を強く抱いた。その後一九六六（同四一）年には、「アジア太平洋構想」を提唱するに至る(5)。三木は、アジア太平洋の諸国を、東南アジア諸国などの後進国からなる「アジア」と、米国、カナダ、オーストラリア、ニュージーランド、日本という先進五ヶ国の「太平洋」に区分し、「太平洋」が「アジア」を援助して貧困問題を解決しなければならないと訴えた。この構想には、西側陣営によるアジア太平洋地域の同盟の結成という側面が存在する。同時に、三木構想の背景には、第三次世界大戦の回避という思いもあった。そのため、一九七〇年代にデタントが進行すると、三木は「アジア太平洋構想」を唱えなくなる。ただし、この構想を進展させて南北問題の解決への関心を強めたことは重要である。三木が先進国首脳会議に参加した際に、南北問題の解決を提起する下地がすでに存在していたのである。

（2）外相人事

三木は椎名副総裁による指名という異例の形式を経て首相となったため、組閣では各派閥に配慮せざるを得なかった。その人事では、一七年ぶりに民間から起用された永井道雄文相が目玉の一つとなった。永井の国務大臣就任は、武内龍次と平沢和重がいずれも外相就任を固辞したことで実現した。

武内の外相案は、椎名が三木に直接持ちかけた案である。椎名は外交を重視し、外務次官や駐米大使を務めた武内の起用を三木に求め、三木も同意していた。しかし、武内本人が強く固辞して実現しなかった。

平沢は元外交官で、三木のブレーンの一人として活躍した。三木のブレーンには平沢のほか、平沢と同じく元外交官の福島慎太郎、経済企画庁出身の大来佐武郎などがいた。このなかでも平沢は外交や政策全般に関して三木に助言し、さらには三木のスピーチや論文などの草案の多くを執筆するなど、とくに三木に影響を与えていた。三木の思想や政策を考察するうえで、平沢の存在は重要である。その平沢の外相就任を三木は望んだが、平沢は入閣しない方が利便性があるとして三木の要請を受け入れなかった(6)。

武内と平沢が固辞した結果、外相には宮沢喜一が就任し、三木―宮沢のラインで三木内閣の外交政策が進められていく。なお、三木が一九七六（同五一）年九月に内閣改造を行った際、外相は宮沢から小坂善太郎に替わっている。

（3）三木内閣の外交方針

三木は政権期にいかなる外交上の課題があると認識していたのか。三木が在任期間中に行った所信表明演説と、施政方針演説からみていきたい(7)。

一連の演説で、三木は中東問題とアジア・太平洋問題について一貫して言及している。

石油危機は発生時と比べて鎮静化していたとはいえ、中東問題やエネルギー問題は依然として重要事項であった。すでに日本政府は石油危機の際にアラブ寄りの中東政策をとると表明しており、三木も国連安保理決議第二四二号の実行、イスラエルを含む中東諸国の存立と安全の保障、国連憲章に基づくパレスチナ人の正当な権利の回復という方針を繰返し強調した。

またアジア・太平洋問題について、三木はアジア・太平洋地域の安定が必要とし、その安定のためには、アジア諸国との友好関係の構築に加え、日米中ソの四カ国の動向が関わってくるとして、米中ソとの善隣友好を推進すべきとの認識を示した。

その後、アジア・太平洋地域の安定の条件は、一九七五（同五〇）年九月には朝鮮半島の緊張緩和、一九七六（同五一）年一月には日韓関係の強化、東南アジア諸国連合（Association of South-East Asian Nations, ＡＳＥＡＮ）と大洋州諸国との関係強化、インドシナ諸国との外交関係、北朝鮮との交流と、順次拡大されていった。ここに「全方位外交」の志向があらわれている。一九七〇年代に入り、日本は、日米関係を基軸にしつつ、イデオロギーを超えた各国との友好関係の打ち立てる「全方位外交」を志向していた。かかる方向性が三木内閣の後半により明確化されたのである。

次に、三木がとくに重視した米中ソとの二国間関係についてみると、歴代の内閣と同様に三木も日米関係を外交の中心に据えた。日米安保条約を「日米協力の基本憲章」（一九七五年一月）と称したり、米国を安全保障、民主主義、経済の面における「自然なパートナー」（一九七六年一月）とするなど、その重要性を改めて強調している。

日中関係では、日中平和友好条約の締結を目指す姿勢を強調し続けた。周恩来と毛沢東が死去した後の演説では、その死去に触れて哀悼の意を表している。また、一九七五（同五〇）年一月の施政方針演説では台湾との関係について唯一言及し、日台間の実務関係を維持する方針を明らかにした。党執行部や閣内の親台湾派に配慮した表明である。しかし、三木はその後の演説で台湾に言及していない。中国からの反発を招き、平和友好条約の締結にマイナスとなるため、言及を避けるようになったと思われる。

日ソ関係については、平和条約の締結を訴え続けた。また、日ソ関係に関する三木の演説で注目すべきは、一九七五（同五〇）年一月の施政方針演説で日ソの協力が「世界史的意義を持つ」と位置付けられたことである。これにより、北方領土問題の解決に対する強い決意を三木は示したのである。もっとも、その後の演説ではこうした高揚したトーンは使用されていない。

以上の課題を認識しながら、三木は外交を展開していくのである。

2　日米関係の重視

日米関係を重視していた三木は、首相としての最初の外遊先に米国を選んだ。一九七五（昭和五〇）年八月の訪米が決まると、日米双方が会談のトーキングポイントを検討し始めた。三木の訪米時において、日米間で早急に解決すべき懸案は存在しないと認識されていたため、両国首脳の関係強化が訪米の主要な目的となった。それでも、インドシナ撤退後の米国のアジア政策、エネルギーや貿易などの多国間にわたる問題など、検討すべき課題もあり、三木とフォード（Gerald R. Ford）大統領との会談で協議されることになる。

三木は訪米に先立ち、外務省に情報収集や情勢分析にあたらせるとともに、ブレーンの平沢を米国、大来佐武郎《おおきたさぶろう》を東南アジア諸国など、各地に使節を派遣して情報収集を行った。

三木・フォード会談は八月五日と六日に行われた(8)。国際政治、国際情勢、国際経済など多岐にわたった会談内容で、中心となったのはアジア太平洋地域の情勢である。

インドシナ情勢については、東南アジア各国の大使会議や東南アジア諸国に派遣した大来佐武郎の報告から、東南アジア諸国は自国の政情安定のために、アジアにおける米国のプレゼンスを望んでいるとフォードに伝え、アジア太平洋地域の安定のためには日米協力が前提となるとして、日米関係の強化を訴えた。

朝鮮半島情勢に関しては、韓国の米軍駐留継続を要望した。三木は、韓国の安全が日本の安全保障に関わっており、朝鮮半島の安定には韓国における米軍のプレゼンスが必要と判断していた。また、個人の資格で北朝鮮を訪問した宇都宮徳馬が金日成首相と会談した内容を伝えた。三木は米国や韓国も交えた北朝鮮への対応で主導的な役割を果たそうとしたが、米国にとって目新しい情報はなく、目論見が外れた。

その他、中東問題について三木は中東和平に向けて米国への協力姿勢を示し、米国の先進国首脳会談への参加問題では、フォードから参加の方向との言質を引き出した。

会談後、日米による共同声明と共同新聞発表が発表された。従来の日米首脳会談では、会談内容や合意事項は共同声明に記載されていた。三木・フォード会談後の共同声明には一般的な原則が謳われ、会談の詳細は共同新聞発表に掲げられた。これは平沢が三木に提案し、三木が取り入れた形式である。日本側は国務省にこの形式を申し入れ、キッシンジャー（Henry A. Kissinger）国務長官も同意したため、異例の形式での発表となった。(9) 新方式により三木は自らのカラーを打ち出そうとした。しかし、その意図は不明確であり、三木が期待した効果は挙げられなかった。事実、共同声明と共同新聞発表に分ける形式は、この日米首脳会談で唯一採られただけであった。

共同新聞発表では、韓国の安全が朝鮮半島の平和の維持にとって緊要で、朝鮮半島の平和維持が東アジアの平和と安全に必要と謳った第三項が注目された。米国側は、一九六九（同四四）年一一月の共同声明とほぼ同一の表現の記載を望んだ。しかし、日本側の要望で対決色彩を薄められた表現となった。厳密にいうと「朝鮮半島条項」であるが、事実上日本は「韓国条項」を再確認した。これにより日米韓による安全保障と朝鮮半島の現状維持を両立させようとしたのである。

また、第四項では、極東の平和と安全の維持に寄与している日米安保条約の維持が、日米両国の長期的利益に資しているとの確信が表明された。一九七〇年代に入り、日米両国は日米安保条約を極東地域の安定要因として捉え始めており、この日米首脳会談でその点を再確認した。その上で、効果的に運用するべく密接に協議することを決定した。すでに防衛庁は日米安保条約の新たな観点に対応した政策を検討していた。三木内閣の防衛庁長官に坂田道太が就任するとその検討が進展し、一九七六（同五一）年一〇月に「防衛計画の大綱」が閣議決定されるに至る。この「防衛計画の大綱」の決定とともに、防衛費の歯止めも図られ、防衛費を国民総生産（Gross National Product, GNP）の一％以内とすることが決定された。GNP一％枠は三木が松野頼三政調会長に提案して決定されたものである。新たな防衛計画の策定と防衛費の抑制という課題に三木が対処した方策であった。

三木は、訪米によりフォードとの個人的な関係を強化したと確信した。その確信が、ロッキード事件にあたって、三木が直接行動に出る理由となる。

3　中ソへの「等距離外交」

(1) 日中平和友好条約の締結交渉

一九七二（昭和四七）年九月に日中共同声明が発せられ、日中国交正常化が実現した。この共同声明では、貿易、海運、航空、漁業の四分野に関する実務協定と平和友好条約の締結に向けた交渉を開始するとされていた。四つの実務協定は一九七五（同五〇）年末までに順次締結されたが、平和友好条約の交渉は予想外に難航する。

最大の争点となったのは、「反覇権」問題である。日中共同声明の第七項では、アジア・太平洋地域で日中は覇権を求めず、また覇権を求める国に反対すると規定されていた。中国がソ連を牽制する目的で入れた条項である。平和友好条約への「反覇権」の記載をめぐり、日中の見解が相違していた。日本は「反覇権」の趣旨には賛成しつつも、もし条約に盛り込めば特定の第三国を意識した印象を与えるとして反対した。この反対の理由にはソ連への配慮があった。日本は中ソに対する「等距離外交」を展開しており、中国に肩入れをする形となる「反覇権」の挿入を認めたくなかった。他方、中国側は、日中共同声明からの後退は許されず、条約への「反覇権」の明記は絶対に必要との立場であった。

双方の主張が平行線を辿ると、三木は、外務省に覇権以外の交渉が疎かになっていると指摘し、覇権問題と条文交渉を並行的に行うよう指示を与えたり、覇権をより高い次元で扱って解決を図るよう中国側に提案することを求めるなど、積極的な姿勢を示した。

そうしたなか、一九七五（同五〇）年四月三〇日の交渉で、東郷文彦外務次官は覇権反対の条約前文への記載を中国側に提案した。日本側の最初の譲歩である。しかし、中国側は「反覇権」の条文中への記載を主張し、この提案を認めなかった。

次いで三木は、「反覇権」を前文に記載し、さらに「条文で受ける」形式を新たに提案する。(10) 条約の前文で日中共同声明の第七項をそのまま引用して再確認し、その上で「条約の本文中にそれを受けた適当な表現を用いて明らかにする」形式である。

この「条文で受ける」方式を三木に教示したのは、元スウェーデン大使の三宅喜二郎であった。三宅は、条約の前文に、日中両国が日中共同声明の合意などで平和維持と善隣友好を発展させ、かつアジアの平和に貢献することを願望して協定する旨を、条約の本文中に覇権を意味する文言を入れ、やむを得なければ「覇権」の字句を明記するよう提言していた。中国側には三宅の提言に近い内容が条文として提案されたものと思われる。

三木は、「条文で受ける」方式を周恩来に伝えるとともに、周の見解を報告するよう小川平四郎大使に命じた。周との個人的なつながりを重視して、三木は日中首脳が譲歩し合って平和友好条約を締結しようと訴えたのである。

しかし、六月五日の小川と喬冠華《きょうかんか》外相との会談で中国側から伝達されたのは「条文で受ける」方式の拒絶であり、中国側はあくまでも覇権を条文中に記載するよう求めた。こうした中国側の一貫した姿勢に、三木は「反覇権」の条文への明記を決断する。

九月下旬、国連総会のためにニューヨークに来ていた宮沢外相と喬外相が会談した。宮沢は三木の決断を踏まえて作成された日本側の新原則を提示した。「宮沢四原則」と呼ばれる新原則の内容は、①アジア・太平洋地域だけでなく世界のどこでも覇権には反対する、②覇権反対は特定の第三国に向けていない、③覇権反対は日中の共同行動を意味しない、④国連憲章の精神と矛盾することは受け入れられない、というものである。

一一月には「宮沢四原則」を反映させた新たな日本案が中国側に提示された。「反覇権」については、日中共同声明にあった「アジア・太平洋地域」が「国際関係」とされていた。中国側は一九七六（同五一）年一月六日の回答で、「声明の精しん《ママ》を具現しておらず、声明にあるは《ママ》権条項の実質を落している」と日本案を評して反発した(11)。結局この問題で一致できず、三木は自らの首相時代に日中平和友好条約を締結できなかったのであった。

政治家は結果に責任を負わなければならず、締結できなかったことに三木は批判を受けなければならない。しかし、「反覇権」に関して中国側は一貫して強硬で、日本側の譲歩をいつまでも待つ姿勢であった。誰が日本の首相であっても、その明記は不可避であった。意欲の強さゆえに、三木は交渉の早期段階で「反覇権」の条文への記載を決断した。

一方で、中国側の三木への評価は、三木の思いとは裏腹に芳しくはなかった。周恩来も条約締結に対する三木の姿勢には批判的であった。中国側の三木への批判は、三木の台湾に対する姿勢でさらに強まった。三木は自民党内の親台湾派に配慮せざるをえなかった。一九七五（同五〇）年四月六日、台湾の蔣介石総統が死去すると、三木は自民党総裁名で弔電を送った。また七月には前年四月から途絶えていた日台航路が復活された。こうした三木の台湾への姿勢は、いずれも中国からの反発を招いた。

中国側の政治指導部の状況も混乱していた。建国から中国を指導してきた毛沢東と周恩来が一九七六（同五一）年に相次いでに死去すると、指導部が目まぐるしく入れ替わった。かかる混乱は、日中平和友好条約の締結にはマイナスであった。

（2）日ソ関係

一九七五（同五〇）年一月に宮沢外相が訪ソし、グロムイコ（Andrei A. Gromyko）外相と会談した。宮沢は、三木内閣となっても外交政策に変動はないと述べ、平和条約の締結交渉の継続と日ソ間の諸問題の協議を行いたいと伝えた。宮沢は北方四島の返還を要求したが、グロムイコから色よい返答はなかった。交渉は難航し、共同声明を出さないと一度は決まったが、両国間の再調整の結果、共同声明が発表された。

声明では、一九七三（同四八）年の日ソ共同声明における合意に基づく諸問題を協議したとされた。領土問題は明記されなかったものの、日本側は領土問題が引き続き交渉課題となるとの立場をとった。またグロムイコの一九七五年中の来日が記載されるとともに、両国首脳による直接会談の必要性が訴えられた。三木はソ連の三首脳の来日を招請する旨の親書を宮沢に携行させていた。ソ連の指導者の来日はかねてからの懸案であったが、その実現は容易ではなかった。結局、宮沢外相の訪ソは大きな成果を挙げることはできなかった。

この外相会談後の一月二三日、東京新聞が日中平和友好条約の締結交渉に関するスクープ記事を掲載した。その内容は、①日中両国が「反覇権」の記載をめぐって対立している、②その対象がソ連を指しているのは常識である、というもので、日中がソ連を対象とする「反覇権」問題を協議しているとの印象を与える記事であった。

この記事が掲載されると、ソ連は交渉を牽制する動きを取り始める。トロヤノフスキー（Oleg A. Troyanovsky）大使は、椎名悦三郎副総裁に日中平和友好条約はソ連に好影響を与えないと伝え、三木にも、平和条約とは別に善隣協力条約を締結したいと申し入れた。三木は平和条約の締結が先決として、ソ連側の提案を拒否した。

ソ連の牽制はなおも続き、六月一七日にはタス通信を通じて、日中平和友好条約の交渉でソ連を敵視する覇権条項を入れようとしている中国を批判し、日本政府には日ソ関係を阻害する措置をとらないよう希望する声明を発表している。

こうしたなか、一九七五（同五〇）年九月、平沢和重が米国の『フォーリン・アフェアーズ（Foreign Affairs）』誌に発表した論文が物議を醸すことになる。この論文で平沢は、三木が施政方針演説で日ソの協力は「世界史的意義を持つ」と強調した点にも触れ、歯舞・色丹の返還、国後・択捉の二〇世紀中の返還凍結によるソ連との平和条約の締結を主張した。これは日本政府の四島一括返還論と相容れず、国内の猛反発を招き、霧消していった。

平沢の「二島返還・二島凍結」論について、平沢が三木の意向を受けて発表したとする見解もある。しかし、三木は内輪では平沢の提案について「一つの案だな」との感想を漏らしていた[12]。平沢も、「時がみんなの冷静を回復してくれるだろう。時代の求めが領土の怨念を変えて呉れるであろう」との無念さを書き残している[13]。以上から、平沢の返還論は、平沢が三木の施政方針演説を踏まえて打ち出したものとみるべきであろう。

翌一九七六（同五一）年一月には、グロムイコ外相が来日した。三木は一月一二日にグロムイコと会談し、日中平和友好条約、領土問題、アジア安全保障構想を協議した。日中条約については、日本が同条約を締結するならば日ソ関係を考え直すと威圧するグロムイコに、三木は覇権は第三国に向けられたものではないと反駁を加えた。領土問題では三木は四島一括返還を繰り返し主張した。平沢が前年に「二島返還・二島凍結」を主張して猛反発を受けた経緯から、三木は領土問題で妥協しない姿勢を示す必要があり、強硬な態度に終始した。またグロムイコが提案したアジア安保構想も、日本側が受け入れる余地はなかった。

共同声明では、一九七三（同四八）年の日ソ共同声明に基づいて平和条約の内容に関する諸問題を交渉したとされた。継続審議となったものの、一年前の宮沢外相の訪ソから平和条約締結に向けた動きで具体的な進展はほとんどなかった。首相に就任してから、三木は中ソに対する「等距離外交」を展開してきた。しかし、中ソはいずれも日本に強硬で、三木は困難な対応を迫られた。結局三木内閣期には、日中平和友好条約の交渉では中国に譲歩を重ねたものの結実せず、日ソ交渉では平和条約の締結に至らない結果となった。

4　先進国首脳会議への参加

（1）日本への参加招聘と三木の反応

一九七〇年代に入り、世界経済の体制は変動期を迎えていた。第一に、ドルと金との兌換停止を発表した一九七一（昭和四六）年八月のニクソンショックである。ニクソンショックは、多極化する世界経済において、国際通貨基金（International Monetary Fund, ＩＭＦ）と関税および貿易に関する一般協定（General Agreement on Tariffs and Trade, ＧＡＴＴ）を柱とするブレトンウッズ体制を米国が支えきれなくなったことを意味した。第二に、一九七三（同四八）年一〇月の第四次中東戦争を発端とする石油危機と、石油危機に基因する景気後退とインフレへの対応である。経済の相互依存が深まるなかで、国内経済の悪化が国際経済の悪化にもつながりかねず、各国は対応を迫られていた。

こうした状況下で、先進国の首脳が一堂に会して経済問題を協議する構想が浮上する。この構想を推進したのは仏国のジスカールデスタン（Valery G. Giscard d'Estaing）大統領である。ジスカールデスタンは、全欧安保協力会議のためヘルシンキに集まっていた米・英・仏・西独の四ヶ国の首脳が一九七五（同五〇）年七月三一日に会合した際、自らの構想を伝えた。その後開催に向けた準備会合が進められ、一一月のサミット開催が決定した。参加国は、ヘルシンキで先進国首脳会議の開催を協議した四ヶ国に日本とイタリアを加えた六ヶ国となった。

日本側では、北原秀雄駐仏大使がサミット開催に関する情報の収集に努めた。北原は日本政府にサミットへの参加を訴えるとともに、三木にも情報を報告している。(14)

サミットに招聘されると、三木は日本にとって画期的な出来事と受け止めた。「今回初めて大西洋世界と太平洋世界とが、各々の最高レベルにおいて出合《ママ》い、日本が初めて欧米の諸国の会合に参加した」ことに歴史的な意義を見出していたからである。(15)三木は、首脳同士が互いに理解を深めて解決を目指す舞台とサミットを位置付け、その開催の意義深さを強く認識していた。そして、先進国首脳の努力は継続されなければならず、そこから「創造的協力のランブイエ精神」が生まれ、この精神をもって、「①インフレなき経済拡大への大局的努力、②自由貿易の原則とオーダリー・マーケテングとの調整、③発展途上国との信頼と協力体制の確立、④安定した国際通貨制度の再確立、⑤産油国も含めて世界的な緊急エネルギー開発協力」といった課題に取り組む必要がある、との思いを抱いてサミットに臨むのである。(16)

（2）ランブイエサミット（一九七五年一一月）

第一回のサミットは、一一月一五日から三日間、仏国のランブイエで開催された。会議の議題は、一般経済情勢、国際経済（貿易、通貨）、開発途上国との関係、エネルギー問題、一次産品問題、東西経済関係で、参加国が誘導役を務めた。日本は貿易問題の誘導役となり、三木はその役目を無難にこなした。

このサミットで、南北問題の是正の必要性が三木によって各国首脳に提起された。(17)三木はヘルシンキ宣言が採択された結果、世界情勢の関心は東西問題から南北問題へ移行しつつあるとみていた。「貧困と安定は両立しない」ため、この問題の調整に「明日の人類の運命がかかっている」とまで述べている。また、三木はアジア代表という意識を持っていた。南北問題の是正は、「世界最多の人口を擁し、多くの途上国を抱えるアジアにはもっとも緊急な問題」であり、

「アジアに位する日本としては、重大な関心を有せざるえな」かったのである。南北問題の是正の主張は、その後のサミットで大きなテーマの一つとなるものであり、それをいち早く主張したことは三木の先見の明を示してはいた。しかし、先進国間の経済問題を協議する会議で南北問題が主要テーマとなる余地はなかった。

三日間にわたったサミットで、各国首脳は、①参加国首脳が共通の信念と責任を分かち合い、実りの多い意見交換を行った、②失業の増大、インフレの継続、重大なエネルギー問題の克服を決意する、③着実で継続的な成長を目的としてインフレを克服しつつ、確固たる経済の回復をはかる、④為替相場の乱高下を防止する、⑤多角的貿易交渉（東京ラウンド）を一九七七年中に完了する、などで合意し、合意事項は経済宣言として発表された。

すでにサミットを前にロンドンで開催された準備会合において、会議後に何らかの形で発表を出すことが決められていた。その発表について、三木は「簡潔で格調高い宣言」と「具体的成果をもつた文書」の二つを出したい意向を有していた。八月の日米首脳会談と同様の方式を構想していたわけである。準備会合には外務省を通じて、自らの考えを反映させた宣言案を提出した。宣言案は日本のほか、米国と英国からも提出され、これらをもとに各国はサミットで宣言文を検討することになった。しかし、二本立ての発表形式は、量が増大するとの理由から見送られた。宣言の内容も、米国案をもとに作成されることになり、宣言に関する三木の提案は各国首脳に受け入れられなかった[18]。

総じて、ランブイエサミットで三木が主導的な役割を果たしたとはいいがたい。それでも三木は、各国首脳が三日間にわたって共同生活を送ったことで相互理解と信頼を深めたとサミットの成功を強調したのである。

（3）サンファンサミット（一九七六年六月）

続く第二回サミットは、翌一九七六（同五一）年六月にプエルトリコのサンファンで開催された。サミットの定期化は決められていなかったが、米国のフォード大統領が自らの大統領選を優位にするため、各国首脳に呼びかけて開催の運びとなった。ランブイエサミットから七ヶ月しか経過しておらず、各国首脳が緊急に参集する必要から開催されたサミットではなかったため、ランブイエサミットと大きく異なる議論は展開されてはいない。

そのなかで三木は、次回のサミットをアジアの日本で開催したいとの希望を明らかにした。ランブイエサミットの際にも、三木はサミットの日本開催を要望しており、サミットでホストを務めたい三木の強い意向が見て取れる。

このサミットでは、①参加国の経済状況が回復傾向にあることを確認する、②「秩序ある持続的な経済の拡大」と、失業ならびにインフレの除去を共通の目標とし、これらを達成しうると確信する、などを内容とする宣言が採択され、ランブイエサミットにおいて決定された方針を引き続き継続させることが決定された。

サミットへの参加は日本が経済面では国際的に不可欠な存在となっていたことを表していた。日本の参加を画期的と受け止めた三木は、サミットに意欲的に臨んだのであった。

5　ロッキード事件への対応

(1)　ロッキード事件の発覚と三木の思惑

米国時間の一九七六（昭和五一）年二月四日、米国上院外交委員会多国籍企業小委員会で、ロッキード社が自社の航空機売り込みのため、各国に違法な政治献金を行っていたことが明るみになった。委員会では日本の政府関係者にも献金がなされていたとの証言も出て、ロッキード問題は日本の政界を揺るがす大事件へと発展していく。

三木は、ロッキード事件が二月五日深夜（日本時間）に発表されるとのワシントンの日本大使館の情報を伝えられると、「これで予算委員会が遅れるだろうか」との懸念を表した(19)。三木は昭和五一年度予算の成立後、直ちに衆議院を解散させるつもりであった。政権誕生の経緯から、三木は国民の信を受ける必要性を認識していた。三木が解散総選挙の時期を決意していたなかで、ロッキード事件は発覚したのである。

二月六日、三木は「日本の政治の名誉にかけても、問題を明らかにする必要がある」と述べ、事件の真相究明に対する強い意欲を内外に表明した。自民党結党の頃から、派閥の解消や政治資金の規正など、党の近代化を訴えてきた三木としては、政界関係者が関与しているとされた事件を見過ごすことはできなかった。その一方で、三木の事件解明への積極的な姿勢の要因には、個人的な思惑も存在していた。事件発覚の段階で、三木は田中前首相が関係しているとの情報を入手しており、「相手が若いから許さない」との思いを抱いていた[20]。事件解明への強い決意の背景には、一九七四（同四九）年から政敵となっていた田中の逮捕につなげたいという三木の思惑も存在していたのである。

（2）関係資料をめぐる交渉

事件は外国企業による日本国内への贈収賄疑惑のため、その解明には米国に資料の提供とその公表の許可を求めなければならなかった。三木は資料提供について米国と交渉するよう外務省に命じ、外務省は米国に正式に要請した。しかし、米国政府は日本政界に与える影響への配慮から、資料提供と事件に関わった政府高官名の公表に消極的であった。

こうした米国政府の姿勢に、三木は次の手を講ずる。二月二三日、衆参両院で米国上院と米国政府に資料の提供を求める「ロッキード問題に関する決議案」が可決された。衆議院における可決後の本会議で、三木は自ら直接フォード大統領に書簡を送って協力を要請することを明らかにした。三木自身の発意による措置である。三木は翌二四日に、事件がうやむやとなることは「日本の民主政治の致命傷になりかねないとの深い憂い」を抱いているとして、関係資料の提供と関係者の氏名公表を求める書簡をフォードに送った。

さらに三木は、キッシンジャー国務長官を説得すべく密使を派遣している。二月二六日、国務省のロッドマン（Peter W. Rodman）に、平沢を「三木の秘密の特使」としてキッシンジャーのもとに派遣したいという三木の意向が伝えられた[21]。ロッドマンに三木の意向を伝えたのは、京都産業大学教授の若泉敬である。沖縄返還交渉の際に佐藤首相の密使として活動した若泉を通じて密使の派遣を提案したのである。若泉は三木とも繋がりがあり、三木が首相に就任する以前には、何度か三木事務所で三木と会談していたという[22]。

キッシンジャーは三木の提案を受け入れ、三月五日に平沢と会見した[23]。両者は日本に提供される関係資料について協議した。平沢は資料の公表の可能性を探った。しかし、キッシンジャーは非公表が資料提供の条件と重ねて強調した。会談のさなかに、キッシンジャーはこの点をより明確にするよう三木へのフォード大統領の返書案を修正させており、この会談は秘密扱いを条件とする資料提供をより厳密化させる結果となった。

フォード大統領の返書は、三月一一日付けで日本側に手交された。フォードは、事件の早期の解明が日米関係の利益にかなうという三木の見解には賛同しつつ、秘密扱いを条件として資料を提供するとし、日米間で資料の提供に関する取り決めの締結にも合意すると返答した。フォード返書を受け、取り決めの締結に向けた交渉が開始され、二四日に法務省と米国司法省との間で締結された。日本側にとっては厳しい条件ではあったが、四月に資料が提供され、事件の解明に向けて前進することになる。

政府高官名の公表が認められなかったため、三木は秘密裏にその情報を得ようとし、四月上旬に平沢を通じてキッシンジャーに自らの意図を伝達した。三木は、元首相、現職閣僚、自民党幹事長のうちの誰かが事件に関与していないか、事前に極秘に知らせるよう打診した。この段階で生存していた元首相は、東久邇稔彦、片山哲、岸信介、田中の四名である。先に挙げた三木の思惑からすれば、ここにある元首相とは田中を指していると見て良いだろう。しかし、米国側はこの三木の要請を拒否し、三木の希望は果たされなかった[24]。

一方、四月二日、ロッキード社の代理人で事件への関与が疑われていた児玉誉士夫が米国中央情報局（Central Intelligence Agency, CIA）と関係があり、児玉への資金にはCIA資金も含まれていた可能性があると米国の雑誌『ニュー・リパブリック（New Republic）』誌が報じたとの記事が各紙に掲載された。また、これとは別に、『ニューヨーク・タイムズ（The New York Times）』紙が、一九五〇年代末から日本の複数の政党にCIA資金が流れていると報じた。ロッキード問題で、CIAの関わりという新たな問題が浮上したのである。この報道の翌日、三木は、CIA問題も重要で、解明の必要があるとの意向を表明している。CIAに関する二つの問題が報じられると、日本側は見解を明らかにするよう米国に申し入れた。

新たな問題が浮上したなか、三木は五月六日にホジソン（James D. Hodgson）大使と会談した。ホジソンは、民間企業と政府機関の行為による問題では大きな差異があるとして、CIAに関する問題を取り扱わないよう求めた[25]。三木は不服であったが、後にこれを受け入れた。米国側はCIA問題の詳細についてはコメントしない立場をとっており、その立場を堅持した。日本側は米国側の立場を覆すことは出来なかった。

日本側はＣＩＡ問題を追及しないと決め、三木が明言したロッキード事件全容解明は不可能となった。その後、六月二二日からロッキード事件に関する容疑者が逮捕され始め、七月二七日に田中が逮捕されるに至ったのである。

（3）ロッキード事件の影響

ロッキード事件が国内にもたらした影響は甚大であった。第一に、国会の空転である。政府によるロッキード事件の対応への不満から野党は審議を拒否した。自民党執行部による対応の不手際も加わり、国会の空転が続いた。そのため、三木が意図していた予算成立後の解散総選挙ができる状態ではなかった。

第二に、自民党内の激しい党内抗争を引き起こした。事件の真相究明に執念をみせる三木に、党内から反発が出始め、五月には椎名副総裁による三木退陣に向けた動きが表面化した。田中が逮捕されると党内抗争は一層激化し、八月には反三木勢力を糾合する挙党体制確立協議会（挙党協）が結成され、党が二分される状況となった。退陣を求める挙党協に対して、三木は衆議院の解散で対抗しようとしたが、断行できなかった。一二月の総選挙で敗北した結果、三木はその責任を取って内閣総辞職を決意することになる。

第三に、三木自身による外交の停滞である。ロッキード事件の発覚後、三木はロッキード事件と、野党の反発、さらには事件を端緒とする自民党内の抗争に対応せざるを得ず、外交に力を注ぐ余裕がなくなった。

三木の首相在任期間中における外遊は、一九七五（同五〇）年八月の訪米、同一一月の先進国首脳会議、一九七六（同五一）年六月の先進国首脳会議と米国訪問の三回で、訪問先も二ヶ国（米国・仏国）と一自治領（プエルトリコ）に留まった。一九七〇年代の首相では最も少なく、三木が積極的に自らの外交を展開できなかったことを示している。

それでも、日米関係を改善させ、ＡＳＥＡＮ諸国との関係強化に着手するなど、三木は外交面での成果も挙げていた。ロッキード事件についても、事件の全貌解明には至らず、自らの思惑も絡んでいたとはいえ、三木の強い姿勢が真相の究明に貢献したことは確かであろう。日中平和友好条約の締結交渉でも三木が「反覇権」問題で譲歩し、台湾との関係を修復させたことは、三木が意図した効果ではないとはいえ、福田内閣期における同条約の締結を準備した側面を持った。従来、三木首相による外交は低く評価される傾向にある。かかる評価以上に三木が果たした役割は大きいといえるだろう。

注

（1）三木武夫「保守政治改革の原点」『中央公論』第八九巻第九号、一九七四年九月。

（2）「日ソ交渉妥結後の政局　三木武夫氏の主張を聴く」『自立　文化と緑化』第六巻第一一号、一九五六年一一月。

（3）三木武夫「台湾・中共問題の解決と自民党」『経済時代』第二二巻第六号、一九五七年六月、三木武夫「現実主義に立って」『世界』第一四九号、一九五八年五月。

（4）三木武夫「明日の政治」一九七一年一月一四日。三木武夫関係資料八〇七三―四―一三。明治大学史資料センター所蔵。『朝日新聞』一九七一年一月一五日。

（5）一九六六年九月にロサンゼルスで行った「太平洋時代の明暗」と題する講演で、初めてこの構想を打ち出した。この講演の全文は、『羅府新報』一九六六年一〇月一日、にある。

（6）Cable, SecState to AmEmbassy Brussels, "Message to Secretary from Japanese Prime Minister Miki", Dec 11 1974, File unit: Electronic Telegrams, 1/1/1974-12/31/1974, Series: Central Foreign Policy Files, created 7/1/1973-12/31/1978, General Records of the Department of State RG59, National Archives at College Park, MD [retrieved from the Access to Archival Databases at www. archives. gov].

（7）首相在任中、三木は三回の所信表明演説（一九七四年一二月一四日・一九七五年九月一六日・一九七六年九月二四日）と、二回の施政方針演説（一九七五年一月二四日・一九七六年一月二三日）を行っている。演説の内容は、国会会議録検索システム（kokkai.ndl.go.jp）に拠る。

（8）Memorandum of Conversation, "President's First Meeting with Prime Minister Miki", Aug 5 1975: "President's Second Meeting with Prime Minister Miki", Aug 6 1975, Gerald R. Ford Library [retrieved from Web Search at http://www.fordlibrarymuseum.gov/ford_full_search.html].

（9）Memorandum of Conversation, "Prime Minister Miki's Visit", Aug 5 1975, National Security Adviser NSC East Asian and Pacific Affairs Staff Files, 1969-1977, Box22 Visits File, Prime Minister Miki of Japan, August 6-7, 1975 (5), National

Security Adviser NSC East Asian and Pacific Affairs Staff Files, 1969–1977, Gerald R. Ford Library.

(10)『日中関係（平和友好条約についてのもの）』。三木武夫関係資料一〇八八五。

(11) 宮沢外務大臣あて小川大使発「（部内連絡）」一九七六年二月六日。三木武夫関係資料九五三四―四六。

(12) 岩野美代治氏インタビュー（二〇一〇年一〇月九日）。岩野氏は当時三木の公設第一秘書。

(13) 平沢和重「メモ」。岩野美代治関係文書九三。明治大学史資料センター所蔵。

(14) 北原秀雄「報告」一九七五年七月二五日。三木武夫関係資料一一三〇六―八九。

(15) 宮沢外務大臣あて北原大使発「ランブイエ首のう会談（三木・ジスカール会見）」一九七五年一一月一六日（『第一回主要国首脳会議』二〇一四―四一三四）。外務省外交史料館所蔵。

(16) 三木武夫「メモ」。三木武夫関係資料五三六三―四。

(17)「主要国首脳会議における首脳のみの会議での三木総理の発言要旨」（『第一回主要国首脳会議』二〇一四―四一三四）。

(18)「ランブイエ宣言成立の経緯」（『第一回主要国首脳会議』二〇一二―七七〇）。外務省外交史料館所蔵。

(19)『ロッキード』。三木武夫関係資料二　八〇七―一。明治大学史資料センター所蔵。

(20) 岩野美代治氏インタビュー（二〇一〇年一一月四日）。ロッキード事件発覚の翌朝か二日後の早朝、岩野氏が打合せのために首相公邸で三木に面会した際の三木の発言内容。

(21) Memorandum, Peter Rodman to Henry Kissinger, “Miki's Confidential Adviser Wants to See You on Lockheed”, Feb 26 1976, folder “Chronological File, January-February 1976”, Box2, National Security Adviser Staff Assistant Peter Rodman Files, Gerald R. Ford Library.

(22) 岩野美代治氏インタビュー（二〇一〇年一〇月九日）。

(23) Memorandum of Conversation between Henry Kissinger and Kazushige Hirasawa, Mar 5 1976, Records of Henry Kissinger 1973-1977, folder “Nodis Memcons, March, 1976”, Box16, RG59, National Archives at College Park, MD.

(24) Memorandum, Peter Rodman to Henry Kissinger, “Message from Miki through his Confidential Adviser”, Apr 6 1976, folder “Chronological File, March-May 1976”, Box2, National Security Adviser Staff Assistant Peter Rodman Files, Gerald R. Ford Library.

(25) Cable, AmEmbassy Hodgson to SecState, “Lockheed: Prime Minister's Comments on Special Envoy and Diet Delegation”, May 6 1976, folder “Japan-State Department Telegrams To SECSTATE-NODIS (7)”, Box8, National Security Adviser Presidential Country Files for Far East Asia and the Pacific, Gerald R. Ford Library.

参考文献

有馬哲夫（二〇一三）『児玉誉士夫　巨魁の昭和史』文春新書。

江藤（猪股）名保子（二〇〇八）「中国の対外戦略と日中平和友好条約」『国際政治』一五二、三六―五〇頁。

奥山俊宏（二〇一六）『秘密解除・ロッキード事件』岩波書店。

木宮正史（二〇一三）「日本の対朝鮮半島外交の展開―地政学・脱植民地化・冷戦体制・経済協力」波多野澄雄編著『日本の外交二　外交史　戦後編』岩波書店。

小宮京（二〇一三）「三木武夫研究序説　『バルカン政治家』の政治資源」『桃山法学』二二。

添谷芳秀／ロバート・D・エルドリッヂ（二〇〇八）「危機の中の日米関係　一九七〇年代」五百旗頭真編著『日米関係史』有斐閣、二四五―二五〇頁。

竹中佳彦（一九九四）「中道政治の崩壊――三木武夫の外交・防衛路線」近代日本研究会編『年報近代日本研究一六　戦後外交の形成』山川出版社。

竹中佳彦（二〇一五）「三木武夫の国交正常化前の対中認識」福永文夫編『第二の「戦後」の形成過程』有斐閣。

中西寛（二〇一四）「自立的協調の模索――一九七〇年代の日本外交」五百旗頭真編著『戦後日本外交史　第三版補訂版』有斐閣。

パットナム・D・ロバート／ベイン・ニコラス（一九八六）『サミット「先進国首脳会議」』山田進一訳、TBSブリタニカ。

松浦晃一郎（一九九四）『先進国サミット』サイマル出版会。

吉田真吾（二〇一二）『日米同盟の制度化――発展と深化の歴史過程』名古屋大学出版会。

李恩民（二〇〇五）『「日中平和友好条約」交渉の政治過程』御茶の水書房。

若月秀和（二〇〇六）『「全方位外交」の時代』日本経済評論社。

若月秀和（二〇一五）「冷戦構造の流動化と日本の模索――一九七〇年代」宮城大蔵編著『戦後日本のアジア外交』ミネルヴァ書房、一五三―一六〇頁。

渡邉昭夫（二〇〇〇）『日本の近代八　大国日本の揺らぎ――一九七二』中央公論新社。

第10章　福田赳夫
――「連帯」の外交――

井上正也

〈略歴〉

一九〇五（明治三八）年一月　群馬県出身。
一九二九（同四）年三月　東京帝国大学卒業　同年四月大蔵省入省。
一九四七（同二二）年九月　大蔵省主計局長。
一九五〇（同二五）年一一月　同省退官。
一九五二（同二七）年一〇月　衆議院議員当選（以後、連続一四回当選）。
一九五九（同三四）年六月　農林大臣（第二次岸内閣）。
一九六五（同四〇）年六月　大蔵大臣（第一次佐藤内閣）。
一九六六（同四一）年一二月　自民党幹事長。
一九七一（同四六）年七月　外務大臣（第三次佐藤内閣）。
一九七四（同四九）年一二月　副総理兼経済企画庁長官（三木内閣）。
一九七六（同五一）年一二月　内閣総理大臣（第六七代）。
一九七八（同五三）年一二月　総理大臣を辞任。
一九九五（平成七）年七月　逝去。九〇歳。

福田赳夫がその九〇年の生涯を終えたのは一九九五（平成七）年七月五日のことである。一九七〇年代の日本政治を彩った「三角大福」の宰相たちの中で最も長命を保った。福田の外交思想に向きあう時、直面するのは彼をめぐる一見して相反する二つのイメージである。

第一は、福田を自民党のナショナリストや「タカ派」の系譜に位置付けるものである。確かに福田は「日本経済の復興」と「政界の刷新」の旗を掲げて政界に入り、改憲再軍備を唱える岸信介と行動を共にしてきた。また、岸派の流れを汲む福田の周囲には、対中政策や安全保障問題で強硬姿勢をとる政治家が多くいたことも事実である。

しかしながら、外交をめぐる福田個人の言説から浮かび上がるのは、前者のイメージとは対照的な国際主義者の側面である。一九七二（昭和四七）年に自民党総裁選に立候補した際、福田は日本が「軍事大国」の道を歩まず、その経済力を通じて世界平和に貢献すべきという国家構想を示した。彼の構想は、首相就任後に全方位平和外交や福田ドクトリンという形で結実する。

これらの相反する福田イメージのいずれが実像であったのか。それとも、双方を貫く思想を彼が有していたのであろうか。本章では福田の政治家としての足跡を追体験することを通じて、福田が好んで用いた「連帯」という言葉を鍵概念に彼の外交思想を明らかにしたい。

1　大蔵官僚として

福田の外交思想を理解する上で重要であるのは、彼の財政家としての経験である。一九〇五（明治三八）年に群馬県金古町に生まれた福田は、第一高等学校、東京帝大を経て一九二九年に大蔵省に入省した。当時の大蔵省では鉄道の一等切符の色になぞらえ、早くから海外に派遣される有望株は「白切符組」と呼ばれていた。福田もその例外ではなく入省間もなくしてロンドン大使館勤務を命ぜられている(1)。

福田の在英時代は、一九二九（昭和四）年一〇月のニューヨーク証券取引所での株価暴落を引き金とする世界恐慌のただ中であった。世界経済が混乱するなか、各国は自由貿易体制から離脱し、関税引き上げや外為規制強化といった経済ナショナリズムの道を模索し始めた。英国でも帝国特恵関税制度が設けられ、英帝国域外貿易の関税が引き上げられるなどブロック経済化が進行した。まだ二十代半ばであった福田は、世界経済が縮小し、ドイツやイタリアでファシズムが台頭していく模様を目の当たりにしたのである。

三年間のロンドン駐在を終えて帰国した福田は、一九三四（昭和九）年七月に主計局の陸軍省担当事務官となる。世界恐慌が日本にも及ぶなか、満州事変を機に軍部の発言力も強まりつつあった。昭和一一年度予算編成では、陸軍費の増額要求に対して、「健全財政」を目指す大蔵省は自然増収分の国債発行の削減を譲らなかった。そのため議論は総理官邸に持ち込まれ、「三十六時間閣議」と呼ばれる長時間の協議にまで発展した。しかし、二・二六事件で高橋是清蔵相が暗殺されると、大蔵省は軍部の要求を全面的に受け入れるようになり、公債漸減政策も放棄されたのである。

日中戦争が本格化するなか、福田は一貫して陸軍省の予算を担当した。「軍人からは軍刀で脅されたこともあれば、お世辞を言われたり、ネコなで声で丁寧に陳情されたこともある」とは福田の弁であるが、陸軍側の評判は概ね良好であった。軍務局軍事課予算班長であった西浦進は、福田を「大蔵省官僚としては幅もあり政治性もある人で、仕事はやり易かった」と評している。(2) 軍の政治介入が強まるなかで、福田は軍人との予算折衝を通じて、一能吏に留まらない政治的感覚を磨いていったといえよう。

一九四一（昭和一六）年五月、汪兆銘《おうちょうめい》率いる南京国民政府の財政顧問に就任した福田は、南京の地で太平洋戦争開戦を迎える。四三（昭和一八）年六月に帰国して本省の秘書課長に就任し、敗戦を迎えた後も官房長、銀行局長、主計局長と昇進を重ねた。しかし、出世街道をひた走る福田の運命は、昭電疑獄事件に巻き込まれ逮捕されたことで暗転する。結局福田は無罪判決を勝ち取ることになるが、一九五〇（昭和二五）年一一月に大蔵省を退職し、政界入りを決意したのである。

2　自主独立から対米協調へ

一九五二（昭和二七）年一〇月に衆議院議員に初当選した福田が、立候補に際して旗印としたのは「日本経済の復興」と「政界の刷新」であった。福田は「占領体制からの脱却」を財政面から実現する必要があると考えていた。当選間もない頃、福田は次のように記している。「形の上の独立国となっても、真の独立国と何故なれないか。色々の理由はあるが最大の問題は、不幸にして我が日本が未だ自主独立の経済体制を持たぬことである。［中略］日本の政治は凡ゆる力を結集して、先づ経済の自主独立を獲ちとらなければならぬ(3)」。

この頃の福田の主張からは、米国の占領統治に対する反発が色濃く見てとれる。福田から見れば吉田政権の経済政策は「自由放任」に過ぎる上に、米国からの特需に依存した「殖民地精神的」なものと映った。福田が採るべきと考えた経済政策は、「総合計画の下に調和よく逐次自主経済を達成する方策」であり経済の計画性を重視したものであった(4)。

当選直後の福田が社会党から西尾末広を通じて、「大蔵大臣を約束する」という条件で入党を勧誘された逸話は興味深い。共に吉田政権の「対米従属」に反発し、経済の計画性を重視する福田と、修正資本主義を採る社会党との政治的距離はそれほど離れたものではなく、福田が右派社会党で財政政策に辣腕を振っても不思議はなかったのである。

主計局長を経験し財政のエキスパートとして知られた福田である。社会党はもとより、与党自由党も大蔵省の先輩である池田勇人を通じて入党を勧誘したが、福田はこれを拒絶し無所属を貫いた。福田は「当時の国会には大蔵省出身者が参議院を入れて二十四人いたが、そのうち吉田自由党に属する者が二十三名、属せざる者は福田赳夫ただ一名であった（中略）みんな池田さんの世話になったのだろう。とにかく、私は光栄ある一議席であった」と晩年に著した回顧録（『回顧九十年』）に記している。

池田への対抗心を隠さない福田が盟主と仰いだのは岸信介であった。一九四八（昭和二三）年に巣鴨プリズンを出所した岸は、「独立の完成」を目指して政治運動を再開し、新党結成を模索していた。回顧録にあるように福田が岸に最も共鳴したのは、選挙制度を一人一区の小選挙区制に改めて二大政党制を確立しようという政治理念であった。在英時に英国の政党政治に感銘を受けた福田は、岸と同じく保守政党の近代化を図る必要があると考えていたのである。

政界で岸信介と行動を共にしたことは福田の政治家としての将来を決定づけた。一九五七（昭和三二）年二月に岸政権が成立すると、福田は岸の最有力の側近として活躍することになり、自民党副幹事長、政調会長、幹事長、農林大臣と次々と要職に抜擢されることになる。元来財政経済政策が専門であった福田が、本格的に外交問題に関心を持ち始めたのは副幹事長を努めていた頃であろう。福田は、幹事長であった川島正次郎が「政治家は外交をおろそかにしてはならぬ」と彼に教え、「外交問題にうとかった私が、外交に関心をもつきっかけをつくって」くれた恩人であると記している(5)。

この頃の福田の対米観を語る上で見落とせないのが一九五七年の対米借款交渉である。一九五五（昭和三〇）年から一九五七年にかけて日本経済は神武景気と呼ばれる好況が続き、一九五七年度予算では「千億減税千億施策」と呼ばれた拡大政策が採られた。しかし、国際収支の天井が未だに低かった日本は、拡張政策によって外貨保有高が急減していたのである(6)。

一九五七年六月、岸首相に随行して、二七年振りに渡米した福田は、外貨準備を確保すべく、米国側との借款交渉に入った。借款交渉は本来首相訪米とは切り離して行われる予定であったが、米国側の厚意で同時に交渉が行われることになった。そのため、岸訪米によって盛り上がった「日米協力の気運」を背景に交渉が出来たと福田は述べる。最終的に二週間の交渉を経て、福田と大蔵省の交渉団は、世界銀行から一億二千五百万ドル、ワシントン輸出入銀行から一億七千五百万ドル、合計三億ドルの借款借り入れに成功したのである(7)。

帰国後に福田は、岸訪米を日米両国が戦後始めて「対等の資格」で向きあった首脳会談として高く評価している。そして、福田は会談が成功した背景には、日本の経済力の急速な拡大があったと指摘し、日本の国際的地位の向上が、米国が日本と対等に接する結果をもたらしたと語っている。占領時代より米国依存からの脱却を説いてきた福田にとって、岸訪米と借款交渉の成功は、被占領者心理を払拭した日米関係の新時代の幕開けを意味したのである。

戦後政治における吉田茂の政治的系譜はしばしば保守本流と位置付けられ、反吉田勢力であった福田はそれとは異なる系譜にあった。しかし、保守本流とは日米協調路線の維持発展を図る外交政策にあるとする北岡伸一の定義に従えば、岸政権期以降、福田も紛れもなく保守本流の一翼を担うようになったといえよう(8)。

3　未完の「平和大国」論

福田の政治家としての本領はマクロ経済運営において発揮された。岸政権下の一九五七年に開始された「新長期経済計画」を党内で取りまとめたのは福田であった。池田政権で閣議決定された「国民所得倍増計画」の起源については諸説あるが、福田が幹事長時代に「生産力倍増十カ年計画」を打ち出した事実から見て、その源流の一つであったことは間違いない(9)。

経済政策において福田は「安定成長論」を持論とした。それは景気循環の変動を極端にしないことが、持続的な経済成長につながるという信念に基づくものであった。福田には、池田政権の「高度成長論」は計画性に乏しく早晩破綻を来すものと映った。池田政権から距離を置いた福田は、党風刷新運動を起こしたが、岸派の分裂もあって池田政権を脅かすに到らず、福田は不遇の時期を強いられることになる。

福田が再びその手腕を振うのは、佐藤栄作政権の発足後である。一九六五(昭和四〇)年六月に福田は念願の大蔵大臣に就任した。この時、日本経済は東京オリンピック後の「四十年不況」のただ中にあった。この不況から脱却すべく、福田は大蔵省の均衡財政主義を破り、戦後初めての国債発行を決断した。福田の政策的措置もあって、景気は同年一〇月から再び上昇局面に転じ、以後一九七〇(昭和四五)年六月まで五六ヶ月にわたり好況が続く「いざなぎ景気」をもたらした。この間、福田は幹事長を経て一九六八(昭和四三)年一一月に再び大蔵大臣に就任し、財政経済の司令塔的役割を担うことで佐藤政権の長期安定化に貢献したのである。

一九七一年七月、佐藤政権最後の内閣改造で福田は大蔵大臣から外務大臣に転じた。この頃、福田は周囲から佐藤の後継者と目されるようになっており、福田の外相就任もその布石と見られた。この時期の福田の外交観は、一九七二(昭和四七)年七月の自民党総裁選出馬に際して公表された「平和大国」論に集約的に示されている。福田の「平和大国」論は、まず高度経済成長を背景に国際的地位を向上させた日本が、歴史上の大国が歩んだような

「軍事大国」の道を歩まないとする自己規定から始まる。福田はその根拠を、㈠敗戦による日本人の平和主義への信念、㈡日本人の核アレルギー、㈢自衛以上の戦力保持を禁じた憲法九条の存在に求めている(10)。

次いで福田は、こうした日本人の意識の存在にも関わらず、諸外国からは日本が「軍事大国」の道を辿ることが懸念されていると述べ、日本が核兵器も開発可能な工業生産力や技術力を有するにもかかわらず、「平和大国」に徹することが、外国が日本を正しく認識する基礎になると主張する。そして、その前提として、日本がその巨大な経済力を通じて「平和な国際環境の確保」を目指す必要があり、そのためにも対外経済協力を外交の基本的な柱にすべきであると主張したのである(11)。

福田の「平和大国」論は決して彼の独創ではない。それは佐藤政権の外交との連続性を強く意識したものであり、福田が軽軍備・経済中心からなる「吉田路線」を継承することを意味した。「経済大国」の地位を確立した日本が、その経済力を軍事力に振り向ける懸念は佐藤政権期から存在していた。そのため佐藤政権は、非核三原則を含む核四政策を発表して非核国家としての立場を明確にするなど、こうした懸念を払拭しようとしていた(12)。

また、対外経済協力の拡大についても、佐藤首相は一九七〇年一〇月の国連総会の演説で、「巨大な経済力を持つ国は、それに見合った軍事力を持つのが普通の姿である。しかし、日本は、こん後《〔ママ〕》とも経済成長で得た余力でもって世界の平和建設に貢献する決意であり、国力の大きな部分を軍事目的にさく意思は毛頭ない」と述べている。そして、佐藤は同じ演説で、一九七五（昭和五〇）年までに途上国向け援助額をＧＮＰの一％にすることを目指すと述べ、開発途上国との「平和的な経済協力」を重視する考えを打ち出していた(13)。佐藤の後継者を確実視されていた福田にとって、佐藤外交の延長線上に自らの外交構想を描いたのは当然であったといえよう。

しかしながら、福田の「平和大国」論は全てが佐藤政権期に形成されたわけではない。例えば、外交における「連帯」を重視した点は、福田の政治信条が色濃く投影されていた。福田は高度成長のなかで日本人の精神に蔓延した「利己主義、刹那主義」の風潮に批判的であり、日本人の「モラル」の退廃を憂いていた。福田はこの「モラル」の中心は「社会的連帯感」であるとして、相互の信頼、尊敬と同情を通じて「人と人とが結び付く根本」と位置付けている。

福田にとって政治とは「最高道徳」を体現するものであらねばならなかった。倫理観規範を重視する福田の政治姿勢は、国内政治では池田に対する党風刷新に、後には田中角栄の金権政治への戦いに向けられた。だが、興味深い点は福田がこうした倫理的規範を国際政治にも適用しようとしたところにある。福田は「国際的社会連帯感」という言葉を用いて、国家は一国で存立できない国際的相互依存の時代だからこそ、資源や原料の多くを海外に依存する日本は、世界の平和と繁栄に積極的に貢献すべきであると主張したのである(14)。

実際、福田は対外経済協力の展開に際して、従前から目指されてきた量的拡大に留まらず質的な転換を重視した。外相就任から間もない一九七一（昭和四六）年七月七日、外務省の中近東大使会議で福田は、「これまでの経済協力は輸出と深いつながりがあり、協力ではなく侵略だという印象を与えがちであった」として、「日本と諸外国との関係の基本は、物を通じるのではなく、心と心の触れ合いに重点を置かねばならない」と述べている(15)。一九七二年一〇月に設立された国際交流基金（The Japan Foundation）においても、「心の交流」を重視する福田の外交思想が反映されていた。五〇億円の基金と民間資金によって開始された国際交流基金は、「日本版フルブライト計画」を目指したものであり、人材交流や文化交流といったソフト面での外交強化が目標とされた。福田は国際交流基金による文化事業を通じて、日本と諸外国とのコミュニケーション・ギャップを埋める狙いがあったのである(16)。

福田の「平和大国」論は、戦後日本で左右に分裂した国家像の架橋する試みであったように思われる。添谷芳秀も述べるように、戦後日本の国家像は、革新勢力が専売特許としてきた「平和国家」と、自民党を中心とする保守層が目的としてきた「伝統的大国」の左右双方から引き裂かれていた(17)。佐藤の後継として本格政権が期待された福田は、佐藤政権の外交路線を継承しながらも、「経済大国」としての実質を備えつつあった一九七〇年代の日本に新たなアイデンティティを付与しようとしていたのである。

4　中国問題の陥穽

(1) ニクソンショックと福田外交

ところが、福田の前に立ちはだかったのが中国問題であった。福田の外交思想が世論に浸透しなかった最大の要因は、アジア国際情勢の急変とそれに続く日中国交正常化の過程において、福田が岸政権以来の自民党親台湾派の影を拭えなかったためである。福田は「平和大国」論のみならず、中国問題という外交課題も佐藤から継承せねばならなかった。一九七一年七月一五日、世界を揺るがしたキッシンジャー訪中の一報を、福田は虎ノ門病院で受けた。六月に外相に就任した福田は、予定されていた天皇訪欧の首席随員就任に備えて胆石摘出のため入院していた。米中接近の衝撃はニクソンショックとして国内に広がり、野党に加えて自民党内からも、反主流派を中心に佐藤政権の中国政策への批判の声が高まり始めた。

日中関係における難題は台湾問題であった。中国政府は一九七一年六月に周恩来国務院総理が、後に「復交三原則」と呼ばれる原則を提示していた。この原則は、国交正常化の前提として日本が受諾すべき条件を提示したものであり、㈠中華人民共和国は中国を代表する唯一の合法政府である、㈡台湾は中華人民共和国の不可分の一部である、㈢日華平和条約は不法・無効であり、廃棄されねばならない、といった項目からなるものであった。

しかし、日本政府は中国側の第二項にある台湾は中国の不可分の一部であることを受け入れることに難色を示した。それは西側諸国で台湾の法的地位を明確にした国が存在していなかったことに加えて、仮に日本政府が、台湾が中国の一部であると法的に認めた場合、日米安保条約の台湾地域への適用が困難になる恐れがあったためである。

外務大臣である福田にとって最大の苦悩は、日本政府の基本線を維持しながら、中国との政府間交渉を実現せねばならない点であった。当時、佐藤政権は公式・非公式双方の経路で中国側との接触を模索していた。結果的にほとんどが失敗に終ったが、このうち福田の承認の下で進められた対中接触が、保利茂自民党幹事長による保利書簡の発出であった。

保利書簡は私信の形であったが、実は佐藤側近による合作であった。だが、周恩来は保利書簡を「まやかしで信用できない」として受け取りを拒否した。周は、保利書簡が「復交三原則」で求めた「唯一の合法政府」を認めておらず、「二つの中国」論に通じると非難した。そして「台湾は中国国民の領土である」とした保利書簡の文面が、「中国国民」を中華人民共和国と特定できず、「復交三原則」の第二原則を認めていないと批判したのである。

福田が「アヒルの水かき」と呼んだ対中接触が手詰まりになるなか、一〇月二六日、国際連合で中国代表権問題が決着して中華人民共和国の国連加盟が実現した。自民党内でも藤山愛一郎や三木武夫といった親中国派の派閥領袖に加え、中国問題には中立的であった大平正芳、中曽根康弘も、相次いで日中国交正常化に向けた積極策をとるよう主張するようになった。彼らの姿勢転換は目前に迫った自民党総裁選を見据えたものであった(18)。

しかし、福田は世論の潮流に流される形で日中国交正常化に動くことを好まなかった。

第一の理由は台湾問題である。外相として台湾の法的地位を守らなければならない立場と、親台湾派との政治的距離は、福田が柔軟姿勢を取ることを難しくしていた。また、福田自身も日中国交正常化の実現のためには、台湾問題や日米安保条約など、北京政府との間で十分な時間をかけた交渉の必要があると考えており、拙速外交を警戒していたのである。

福田の慎重姿勢は佐藤に比べても際立っていた。一九七二年二月の米中上海コミュニケの発表後、佐藤が、国会答弁で台湾の法的地位について中国側の主張に歩み寄ることを示唆した際、福田は佐藤の発言を否定し、従来の台湾の帰属未定論を主張した。そして、「首相が政治的発言をするのはわかるが、外交はもっと慎重でなければならない」と記者団の前で苦言を呈している(19)。

第二の理由は日ソ関係である。当時、中ソ対立が激化するなかで、ソ連政府は日中接近を警戒するようになっていた。こうしたなか、ソ連政府はグロムイコ（Andrei A. Gromyko）外相の訪日を急遽日本側に申し入れる。一九七二年一月に訪日したグロムイコは、佐藤首相に対して、ソ連政府が一九五六年の日ソ共同宣言に立ち返り、歯舞、色丹の二島を返還し、平和条約を締結することを提案したのである。[20]

沖縄に続く北方領土の返還は日本外交における悲願であった。福田自身も、農林大臣時代の一九六〇（昭和三五）年に日ソ漁業交渉でモスクワを訪れた際、フルシチョフ（Nikita S. Khrushchev）首相の「アメリカが沖縄を返せば、私の方は即座に北方四島を返しますよ」という発言を印象深く記憶していたと回顧録に記している。沖縄返還を果たした佐藤政権に続いて、福田が自らの政権で北方領土の返還を視野に入れていたとしても不思議ではない。外相であった福田は、領土問題解決の可能性を示唆してきたソ連の動向を見極めたいところであった。それゆえ、福田は、日中関係において世論に逆行する憎まれ役を担ってでも、対中外交を慎重に進めようとしていたのである。

（2）角福戦争

だが、慎重な福田とは対照的に、中国問題をめぐる世論を背景に急速に台頭したのが田中角栄であった。佐藤が早期退陣を否定するなかで、田中は豊富な政治資金を背景に佐藤派内部の若手議員の切り崩しを図り、急速にその力を増大させた。田中が佐藤に公然と反旗を翻したのは一九七二年五月九日のことである。

田中の側近は、総裁選以前から田中が日中国交正常化の決意を固めていたと主張する。[21] だが、田中にとっての中国問題は、実際には反福田連合形成の大義名分の側面が強かったように思われる。七月二日、田中、大平正芳、三木武夫との三者会談が行われ「政策合意事項」が成立した。この合意事項では、「政府間交渉を通じて中華人民共和国との間に平和条約を締結することを目途として交渉を行う」という文言が含まれており、中国政策をめぐる政策協調が前面に押し出された。[22] この三派協定の成立によって、総裁選での福田の敗北は濃厚となった。そして、七月五日の自民党総裁選で田中は福田を打ち破ったのである。

中国問題に対する福田の姿勢は複雑であった。米中接近から国連中国代表権問題の決着に至る一連の展開を経て、福田も日本が対中国交正常化に向うことへの必要性を認識していた。だが、福田は、田中政権成立後も台湾「切り捨て」論には最後まで反対し続けた。福田は国交正常化交渉を、事務レベル協議を通じて段階的に進めるべきであると考えており、自らの訪中による日中首脳会談で一挙に国交正常化を実現しようとする田中の姿勢には最後まで否定的であった[23]。

　だが、こうした福田の真意は世論に理解されることはなかった。福田の言動は、岸、佐藤に連なる日中関係に否定的な親台湾派のそれと大差ないとみられたためである。国交正常化の成立後、航空協定交渉において、福田派や福田に近い青嵐会が激しく田中首相と大平外相を攻撃し、中国問題をめぐる党内対立が激化したことで、中国問題をめぐる福田の世論からの印象は一層悪化した。結局、福田が日本外交の基本線に据えようとした「平和大国」論は、角福戦争と日中国交正常化の前に完全に忘却されてしまったのである。

5　福田外交の始動

（1）「協調と連帯」

　福田は田中角栄との総裁選を理念の対決と捉えていた。回顧録で福田は、角福公選は列島改造論を掲げる田中の「高度成長論」と自身の「平和大国論」との対決であったと記している。また総裁選が敗北に終わった一九七二年八月、福田は「さきの自民党総裁選挙でわれわれは、たしかに破れた。だが、われわれは『平和大国の建設』というその理想が破れたとは決して思っていない」とも記している[24]。福田が無役であった時間は短かった。同年一二月に行政管理庁長官に就任し、一九七三（昭和四八）年一一月に愛知揆一蔵相が急死すると、福田は三度大蔵大臣に就任する。

　福田に求められたのは日本経済の立て直しであった。一〇％以上の成長率を二〇年間以上にわたり維持してきた日本経済は一九七〇年代に入って転換期を迎えていた。ニクソンショックに伴う輸出産業不振の中で、田中政権は金融緩和と公共投資の拡大を続け、「列島改造ブーム」による投機熱も相まって深刻なインフレーションを引き起こした。そして、一九七三年一〇月に第四次中東戦争を契機に発生した石油危機はインフレーションを決定的に加速する[25]。福田は蔵相として、物価上昇を抑制すべく厳格な総需要抑制政策を展開した。田中政権が倒れた後、続く三木武夫政権でも福田は副総理兼経済企画庁長官として経済運営を委ねられる。日本経済を「全治三年」と診断した福田は、高度成長から安定成長へと経済の基調を転換すべく、日本経済の司令塔として、物価抑制と景気浮揚に力を注いだ[26]。

福田が首相に就任したのは一九七六（昭和五一）年一二月である。角福公選の敗北から四年以上の歳月が経過していた。福田は回顧録で、自身の政権の外交面における使命は、第一に、日本外交の枠組みをいかに拡大するかであり、第二に、石油危機後の国際経済の混乱のなかで、世界経済のマクロ調整をいかに実現するかであった、と記している。

一九七〇年代は戦後米国が主導してきた国際経済秩序が動揺をきたした時代であった。一九七一年の米国による金ドル兌換停止を契機としたブレトンウッズ体制の崩壊は国際通貨市場の混乱を引き起こし、一九七三年の石油危機は各国に深刻な経済不況と国際収支不均衡をもたらした。国際金融秩序が混乱するなかで、西側先進国は一九七五年にマクロ経済の政策協調を協議する最初の先進国首脳会議（サミット）を開催したが、政策協調の方法をめぐる各国の対立もあり、未だ具体的な成果を示すに至らなかった。

こうしたなか、一九七六年以降、輸出拡大によっていち早く景気回復の緒についた日本に対して、世界経済の回復に向けた貢献を期待する声が、西側先進国で高まりつつあった。とりわけ、米国は、経常収支黒字国である日本、米国、西ドイツの三カ国が内需を拡大し、不況に陥る他の西側諸国を牽引する「日米独機関車論」を唱え、日独両国には具体的な経済成長率目標まで提示してきたのである[27]。

マクロ経済政策協調が先進国の政治問題として浮上するなかで、「経済の福田」の姿勢は明確であった。一九七七（昭和五二）年一月の施政方針演説で福田は、国際問題において「協調と連帯」の基本理念に立つことを明言した[28]。前述したように国際社会における「連帯」の精神を重視する福田は、先進国間のマクロ経済政策協調において、日本が積極的な貢献を示すことで国際経済秩序の参画者となる姿勢を明確に示したのである。

福田の脳裏にあったのは、若き日に欧州で目撃した自由貿易体制の崩壊であった。一九七七年のロンドン・サミットで、福田が唯一の体験者として世界恐慌時代を語った逸話は有名であるが、彼はそれ以前からも国内の講演で、折に触れては戦間期の経験を語り、保護貿易主義の台頭を戒めていた[29]。福田は開放的な国際経済秩序の維持に対して、日本が積極的な貢献を示すことが、世界の平和に直結すると考えていた。その意味で、福田は平和の基本は経済にあり、経済の安定こそが世界の安定につながるという経済主義的平和論の信奉者であったといえよう。福田が説いた「協調と連帯」は、一国の国益から離れたグローバルな視野での日本の国際貢献を模索するという点で、「平和大国」論と問題意識において通底していたのである。

(2) マクロ経済政策協調

ところが、マクロ経済政策協調の実現は容易ではなかった。「日米独機関車論」を掲げ、日独両国に財政拡大を迫るカーター政権に対して、福田政権は賛成姿勢を示し、大規模な公共投資を軸とした内需刺激策に加えて、実質経済成長率を六・七%に引き上げることを表明した。だが、景気後退による税収減や公債依存度の増大を懸念する大蔵省は、公債依存度三〇%未満という目標を死守すべく追加の内需刺激策には消極的であり、経済成長率予測の達成義務化を求める米国側との隔たりは未だに大きいものがあった。(30) また国際的にも西ドイツが米国の財政拡大要求に強く抵抗したこともあり、一九七七年五月のロンドン・サミットでは、日米独三カ国が独自に発表していた成長目標を堅持する約束に留まった。

だが、日本の対米貿易黒字が拡大するなかで米国側の圧力は強まる一方であった。また国内の産業界からも円高による不況が長引き、健全財政に固執する福田への批判が高まりつつあった。福田政権は一〇月三日に補正予算を成立させたのに続いて第二次補正予算の編成を開始し、公共事業を軸にさらなる増額を決定する。(31) 一一月末の内閣改造で福田は、河本敏夫を通産大臣に、宮沢喜一を経済企画庁長官に任命し、内需拡大を目指した人事刷新を行なった。さらに米欧との経済問題を協議するための新設の対外経済担当大臣に牛場信彦元駐米大使を起用し、米国との経済協議に入らせた。(32)

一九七八(昭和五三)年一月に発表された牛場・ストラウス合意では、日本側の七%という一九七八年度の実質経済成長目標が確認された。福田政権はこの七%成長に向けて一九七八年度予算でも、公共事業費を大幅に拡大し、前述の七七年度第二次補正予算と合わせて「十五カ月予算」を編成した。その結果、公債依存率はついに三〇%ラインを突破して三二%に達した。しかもこの措置は税収区分変更によって、本来は翌年度の財源になるはずの一九七九(昭和五四)

年度五月分の税収を取り込むことによって、公債発行を低く抑えたものであり、この変更がなければ三七％にも到達する状況であった[33]。

経済成長率目標という数値にまで踏み込んだマクロ経済政策協調が、国際収支不均衡や不況を打開する上で経済的効果があったのかについては、多くの研究が否定的である[34]。しかし、福田が恐れていたのは、経済的影響よりも経済問題をめぐる先進国協調の破綻がもたらす政治的影響であった。実際、福田は一九七八年の日米首脳会談後の雑誌座談会で、訪米の動機について、「七月の首脳会談［ボン・サミット］が失敗だということになると、世界経済全体が相当混乱し、やがて政治的混乱に発展しかねない」という懸念があったことを示している[35]。前述したように、福田にとって経済の問題は平和の問題に直結していた。福田は、保護主義の台頭を防ぎ、国際社会の「協調と連帯」を維持するためには、健全財政論に背馳するような異例の財政政策もやむなしという覚悟を固めていたのである。

（3）福田ドクトリンと東南アジア外交

福田の「協調と連帯」の思想が最も体現されたのは対東南アジア外交であった。回顧録の中で福田は、これまでの日米関係という二国間関係の枠内で受動的に対応してきた日本外交の基盤を拡大して、様々な地域的問題に働きかけることを目指していたと記している。この日本外交の枠組み拡大の対象として最も相応しい地域が東南アジアであった。

日本と東南アジアの関係は、一九七〇年代に日本企業の東南アジア進出が急増するなかで、現地との摩擦が拡大していた。とりわけ、一九七四（昭和四八）年一月に東南アジア諸国を歴訪した田中首相が、タイで学生デモに遭遇し、続くインドネシアのジャカルタで大規模な反日暴動に見舞われたことは、日本政府に少なからぬ衝撃を与えた。ジャカルタでの反日暴動は、インドネシア国内の権力闘争と連動したものであったとはいえ、日本の対東南アジア政策を再考する機会となったのである[36]。

一九七五年四月にサイゴンが陥落してヴェトナム戦争が終結すると、インドシナ全域の共産主義化が懸念されるなかで、外務省アジア局は、今後の東南アジアの動向として、存在意義が失われたアジア開発閣僚会議に代わって地域機構であるＡＳＥＡＮを重視し始めていた。一九七六年に入るとアジア局は東南アジア政策の再検討を開始し、その結果、㈠ＡＳＥＡＮの強靱性を高めること、㈡ＡＳＥＡＮとインドシナ諸国との協調的関係の樹立に貢献すること、からなるＡＳＥＡＮ重視政策の方針が固まりつつあったのである。

一九七七年八月、東南アジア歴訪に出発した福田は、クアラルンプールでのＡＳＥＡＮ五カ国首脳会議に出席した。そして各国を訪問した後、八月一八日に最後の訪問地であるフィリピンのマニラで、㈠日本の軍事大国化の否定、㈡心と心がふれあう相互信頼関係の確立、㈢ＡＳＥＡＮ各国間の連帯と強靱性強化への積極的協力並びに、インドシナ諸国との間の相互理解の醸成と東南アジア全域の平和と繁栄の構築への寄与、の三点からなる福田ドクトリンを発表する。

この福田ドクトリンはアジア局が検討を重ねてきた東南アジア政策と、福田の外交思想が融合したものであった。外務省の小和田恆首相秘書官が起草した福田ドクトリンは、第三原則がアジア局の政策が明確に打ち出されていることに比べて、第一原則の日本の軍事大国化への否定と、第二原則にある「心と心のふれあい」というフレーズは、「平和大国」論以来の福田の持論が反映されていた。

事実として福田の歴訪は、日本の対東南アジア政策における大きな画期となった。この歴訪に合わせて日本政府は、ＡＳＥＡＮを視野に入れた政府開発援助（ＯＤＡ）の倍増計画を打ち出し、ＡＳＥＡＮ工業プロジェクトに対して一〇億ドルの円借款供与を約束した。さらに日本とＡＳＥＡＮ諸国との交流プログラムを支援するＡＳＥＡＮ文化基金計画に対する出資も決定したが、この計画は「心の交流」に象徴されるソフト面を重視してきた福田の外交思想を体現するものであった[37]。

6　未完の全方位平和外交

（1）日中平和友好条約と日ソ関係

福田外交の象徴としてよく知られているのが全方位平和外交である。福田は回顧録で日本の外交基盤拡大の目指す方向としてこの全方位平和外交を掲げている。森田吉彦によれば、福田の外交ブレインでもあった国際政治学者の若泉敬が、一九七三年一月にフォーリン・アフェアーズ誌に掲載した論文で、"all-directional foreign policy for peace"という言葉を提唱していたという。若泉が提唱したこの言葉を、福田が自らの外交政策として採用したと考えても不思議ではない[38]。

しかし、注意すべきは、福田が政権当初から全方位平和外交を提唱していたわけではない点である。政権発足直後の所信表明演説で「協調と連帯」という言葉を用いたこととは対照的に、福田が全方位平和外交という言葉を国会答弁で初めて用いたのは一九七八年一月と比較的遅い。それは外交に関する一般論を語ったというよりも、日中平和条約交渉が本格的に動き始めた段階で、日中交渉が日ソ関係には影響を与えないという文脈で語られている[39]。福田自身の全方位平和外交という理念が福田政権の外交政策に反映されたというよりも、共産圏も含めた福田政権期の外交的地平の拡大を理論付ける目的で、意識的に全方位平和外交という言葉が用いられていた点に注意を払う必要があろう。

福田は退陣後の一九八〇年に公表した「私の首相時代」で、全方位平和外交について、「非常に端的に言うとソビエト・ロシアですね」と語っているように、日ソ関係を常に念頭においていた[40]。前述したように、沖縄返還後に残された外交課題としての北方領土問題を打開すべく、政権発足当初の福田は対ソ交渉を重視していた。第一次内閣で福田が、大蔵事務次官から参議院議員に当選して政界入りしたばかりの鳩山威一郎を外相に任命したのは、日ソ国交回復を実現した鳩山一郎の息子を入閣させることで、福田政権の対ソ姿勢が真剣であるメッセージをモスクワに伝える意図があった。

しかしながら、日ソ関係は容易に前進しなかった。日ソ関係の前進を阻んだのは漁業問題である。一九七七年二月、ソ連政府が、日本の北洋漁業の操業区域と重なる海域に二〇〇カイリ漁業専管水域を設定した。このため三月から日ソ漁業交渉が開始されたが、長期協定の締結は難航し交渉は膠着状態となっていたのである。

一方、日中関係において福田政権が抱えていた課題は平和条約の締結であった。一九七四年一一月に中国側は、日中平和友好条約の締結交渉を日本に申し入れた。ところが、中国側がソ連包囲網を意図した「反覇権条項」を条約本文に盛り込むことを主張したため交渉は暗礁に乗り上げる。状況を打開すべく三木武夫政権は、覇権反対を「特定の第三国を対象としない」条件で条約本文に盛り込むことを容認した「宮沢四原則」を提示した。だが、周恩来、毛沢東の死去や四人組の逮捕といった中国側の国内政治的混乱もあって交渉は完全に停滞状態に入っていたのである。

福田は早期の条約交渉再開には慎重であった。第一の理由は日中交渉の再開がソ連を刺激し、漁業交渉に悪影響をもたらす可能性を懸念していたためである。そして、第二の理由は自民党内の調整である。福田は日中条約に慎重姿勢を示していた自民党内の親台湾派を時間をかけて説得する必要があると考えていた。

しかし、日ソ漁業交渉が膠着するなか、中国側が平和友好条約の交渉再開に動き出すことになる。一九七七年七月に鄧小平が復権すると、翌八月の第一一回党大会で近代化建設を掲げ、国民経済発展一〇カ年計画を策定した。中国政府は近代化路線を進めるために日本からの経済協力の導入を急ぐようになっていた[41]。こうした中国側の動きに対応する形で、日本側も日中条約交渉を、停滞していた日ソ関係と切り離して進める方針を固めたのである。

一九七七年秋から福田は日中平和友好条約交渉に向けて本格的に動き始めた。同年一一月二八日の内閣改造で福田は、日中交渉に積極的であった園田直内閣官房長官を外相に横滑りさせる。鳩山から園田への外相交代は、福田政権が日中交渉にシフトしたことを示唆していた。一九七八年二月に日中事務レベル協議が開始されると、福田は自民党内の親台湾派への調整工作を開始した。福田は、大平正芳幹事長に党内意見のとりまとめを依頼する一方、自らの派閥に多い条約締結反対派への説得を展開した[42]。福田は党内調整に時間をかけることで、日中国交正常化の際のような中国政策が自民党内での政争の具にされることを避けようとしていた。

しかし、その一方で福田は対ソ関係改善の希望を捨てたわけではなかった。一九七七年六月に福田は、東海大学総長であった松前重義を通じて、福田政権が日中条約を締結した後に日ソ関係に取り組む意思をソ連側に伝達した。ソ連に人脈を持つ松前は、同年九月にモスクワでコスイギン（Aleksei N. Kosygin）首相と会見している。この第一回松前・コスイギン会談の結果、一年後に再び会談を行い、その際に松前が日本側の意見をとりまとめてくるとの合意がなされた[43]。

福田が日中条約締結後の外交課題としてソ連を見据えていたことは間違いない。日中平和友好条約は一九七八年八月に北京で調印されたが、条約交渉での最大の争点となったのは反覇権条項の表現であった。日本側は、日中条約の反ソ色を薄めるべく、条約が特定の第三国に影響を及ぼさないとする第三国条項の挿入を主張し、中国側も最終的にこれを受け入れたのである。

日中条約締結の翌月、松前重義は昨年に続いてモスクワを訪問し、第二回松前・コスイギン会談に臨んだ。松前は福田との協議を経て、日ソ間の平和条約にいたるまでの中間的措置を検討した松前私案を持参して交渉に臨んだ。しかし、福田が対ソ外交に取り組む時間は残されていなかった。一九七八年一一月の自民党総裁予備選において福田は大平正芳に予期せぬ敗北を喫し退陣を余儀なくされたのである。

（2）「世界の福田」へ

福田は首相を退陣した後も、四十日抗争から二階堂擁立構想に至るまでの自民党内の権力闘争の渦の中心にあり続けた。それは福田から見れば田中支配に象徴される金権政治への挑戦に他ならなかった。一方、国内政局とは対照的に外交における福田の関心は「地球人類の問題」、すなわち今日でいうグローバル・イシューへと広がりを見せていく。福田は自身が述べたように「世界の福田」として、東西対立やマクロ経済政策協調に留まらず、人類全体の課題に対する世界各国の「連帯」に向けて積極的に取り組むようになるのである。

福田がとりわけ力を入れたのが人口問題とエネルギー・環境問題であった。元来、人口問題に積極的に取り組んでいたのは岸信介であった。一九七九年、福田は岸の後を継いで国際人口問題議員懇談会の第二代会長に就任して、各国を訪問して議員交流に力を入れることになる。一方、エネルギー・環境問題は、福田が石油危機の頃から強い関心を示していた分野であった。福田は経済発展に伴う大量消費社会にかねてから警鐘を鳴らしており、「資源有限時代の到来」を主張していた。一九七八年五月の日米首脳会談で福田がカーター大統領に、核融合などの基礎研究のための共同基金創設の提案を申し出たのは、単なる対米貿易黒字削減という狙いに留まらず、日米両国が共同してエネルギー問題に取り組もうとする福田の意思の現れであった。

こうした取り組みを通じて、各国の政治指導者と交流を深めるなかで、福田の外交活動の集大成となったのは、インターアクション・カウンシル（OBサミット）の創設であった。世界各国から元首級の政治家を集めて開催されるOBサミットは、㈠平和と安全保障、㈡世界経済の活性化、㈢人口、開発、環境関連の諸問題、の三分野から、毎年、当面する具体的な問題を取り上げて議論を行ない、各国の有力指導者に対して「提言」を打ち出すといったものであった。福田は一九八三（昭和五八）年の第一回総会から一九九五（平成七）年の第一三回総会まで一二年間にわたって議長、名誉議長としてOBサミットに参画し続けたのである(44)。

福田が掲げた「連帯」の思想は、国内政治と外交の双方を貫くものであった。内においては道徳の頽廃と利己主義の蔓延を嘆き、国民に社会的連帯を求めるナショナリズムに結び付き、金権に染まった自民党政治に対する党風刷新運動へとつながった。だが、外交においては福田の「連帯」は、戦間期の歴史的経験に根ざしたリベラルな国際協調主義と結び付くのである。一見相反するイメージを持った福田外交を理解するには、福田の持つこのヤヌスの面を理解する必要があろう。

注

(1) 沢木耕太郎（二〇〇四）『一九六〇』文藝春秋、五六頁。
(2) 西浦進（二〇一三）『昭和戦争史の証言』日経ビジネス文庫、一五四頁。
(3) 福田赳夫（一九五三）「新段階の日本財政」『経済展望』二五巻一号。
(4) 福田赳夫（一九五五）「危機解消は既に始まった」『経済展望』二七巻一号。
(5) 川島正次郎先生追想録編集委員会編（一九七一）『川島正次郎』交友クラブ、二一一頁。
(6) 大蔵省財政史室編（一九九八）『昭和財政史　昭和二七—四八年度　2』東洋経済新報社、一〇九—一一九頁。
(7) 福田赳夫・西原直廉・谷村裕（一九五七）「岸総理訪米の舞台うら」『予算』八巻六号。
(8) 北岡伸一（二〇〇一）「岸信介——野心と挫折」渡邉昭夫編著『戦後日本の宰相たち』中央公論新社、一六七頁。
(9) 「国民所得倍増計画」の起源については以下を参照。武田晴人（二〇一四）『「国民所得倍増計画」を読み解く』日本経済評論社、一〇—一二〇頁。

(10)　福田赳夫（一九七二）「平和大国日本の課題」『自由』一四巻八号。
(11)　福田赳夫（一九七四）「平和大国日本の設計」田中宏構成『福田赳夫　保守革命に賭ける』読売新聞社、一六六頁。
(12)　中島信吾（二〇一三）「佐藤政権期における安全保障政策の展開」波多野澄雄編『冷戦変容期の日本外交』ミネルヴァ書房、一五二―一五四頁。
(13)　中野士朗（一九八三）「絶頂のかげり」楠田實編『佐藤政権・二七九七日』下、行政問題研究所、一五三―一五七頁。
(14)　福田赳夫「新しい日本の進む道」前掲『福田赳夫　保守革命に賭ける』一七二―一七五頁。
(15)　「昭和四六年度中近東大使会議議事要録」一九七一年七月七日～九日、外務省情報公開（二〇〇九―七八二）。同文書については白鳥潤一郎氏にご教示頂いた。
(16)　福田赳夫「物より心の交流を」前掲『福田赳夫　保守革命に賭ける』一三三―一三七頁。
(17)　添谷芳秀（二〇〇五）『日本の「ミドルパワー」外交』筑摩書房、序章。
(18)　佐藤政権末期の中国政策については以下を参照、井上正也（二〇一〇）『日中国交正常化の政治史』名古屋大学出版会、第七章。
(19)　『朝日新聞』一九七二年三月二日（夕刊）。
(20)　名越健郎（一九九四）『クレムリン秘密文書は語る』中央公論社、二三二―二三四頁、小澤治子（二〇一五）「日ソ関係と『政経不可分』原則」、五百旗頭真・下斗米伸夫・A・V・トルクノフ・D・V・ストレリツォフ編『日ロ関係史』東京大学出版会、四六四―四六六頁。
(21)　早坂茂三（一九八七）『政治家田中角栄』中央公論社、三六二―三六三頁。
(22)　『朝日新聞』一九七二年七月三日。
(23)　時事通信社編（一九七二）『ドキュメント日中復交』時事通信社、一五二―一六〇頁。
(24)　福田赳夫・松岡英夫（一九七二）「敗将　兵を語る」八日会。
(25)　橋本寿朗他（一九九八）『現代日本経済』有斐閣、一四二―一四九頁。
(26)　古澤健一（一九八三）『福田赳夫と日本経済』講談社、一六三―一九五頁。
(27)　武田悠（二〇一五）『「経済大国」日本の対米協調』ミネルヴァ書房、八〇―九一頁。
(28)　「福田内閣総理大臣の施政方針に関する演説」「第八十回国会衆議院会議録第二号（二）」『官報号外』一九七七年一月三一日。
(29)　福田赳夫（一九七一）「日本経済・内外の課題」『経済人』二五巻六号。
(30)　飯田敬輔（一九九五）「先進国間のマクロ政策協調」、草野厚・梅本哲也『現代日本外交の分析』東京大学出版会、二七五―

二七七頁。
(31) 真渕勝(一九九四)『大蔵省統制の政治経済学』中央公論社、二八四—二八五頁。公共事業の増額について坊秀男蔵相は次のように記している。「公共事業等については、各省が要求した額を越えた金額が承認されている。そんな金額が手に入った各省は、どうしてそれが消化を行うのか、まことに気にかかる。それにしても大蔵省へ頼んだ予算は、ほとんど例外なく認められているようだ」「坊秀男日記」一九七七年一二月二八日の條、「坊秀男関係文書」(五六)国立国会図書館憲政資料室。
(32) 前掲『「経済大国」日本の対米協調』一一〇—一一二頁。
(33) 大蔵省財政金融研究所財政史室編(一九九九)『大蔵省史』第四巻、大蔵財務協会、二〇—二一頁。
(34) 前掲『「経済大国」日本の対米協調』八一—八二頁。
(35) 福田赳夫・江崎真澄・加藤寛(一九七八)「日米首脳会談の成果と課題」『月刊自由民主』二七〇号。
(36) 若月秀和(二〇一五)「冷戦構造の流動化と日本の模索——一九七〇年代」宮城大蔵編著『戦後日本のアジア外交』ミネルヴァ書房、一五二頁。
(37) 須藤季夫(一九九五)「『アイディア』と対外政策決定論」『国際政治』一〇八号、一三七—一四一頁。
(38) 森田吉彦(二〇一一)『評伝　若泉敬』文藝春秋、二二六—二三五頁、Kei Wakaizumi. "Japan's Role in a New World Order." *Foreign Affairs*. 51.2 (1973): 310-26.
(39) 「第八十四回国会参議院会議録第五号」『官報号外』一九七八年一月二六日。
(40) 福田赳夫(一九八〇)「わが首相時代」『中央公論』九五巻一三号。
(41) 江藤名保子(二〇〇八)「中国の対外戦略と日中平和友好条約」『国際政治』一五二号、四一頁。
(42) 緒方貞子著、添谷芳秀訳(一九九二)『戦後日中・米中関係』東京大学出版会、一五三—一五六頁。
(43) 松前重義(一九八六)『私の民間外交二十年』日本対外文化協会、一五一—一五八頁。
(44) 宮澤喜一監修、宮崎勇編(二〇〇一)『普遍的な倫理基準の探求』日本経済新聞社、一二一—一二三頁。

参考文献

五百旗頭真(二〇〇一)「福田赳夫——政策の勝者、政争の敗者」渡邉昭夫編『戦後日本の宰相たち』中央公論新社、[初版は一九九五年]。

武田悠(二〇一五)『「経済大国」日本の対米協調』ミネルヴァ書房。

福田赳夫(一九九五)『回顧九十年』岩波書店。

宮澤喜一監修、宮崎勇編（二〇〇一）『普遍的な倫理基準の探求』日本経済新聞社。

森田吉彦（二〇一一）『評伝　若泉敬』文藝春秋。

若月秀和（二〇〇六）『「全方位外交」の時代』日本経済評論社。

Sudo, Sueo.（1992）*The Fukuda Doctrine and ASEAN*. Institute of Southeast Asian Studies.

第11章　大平正芳

——「平和国家」日本の創造——

福永文夫

〈略歴〉

一九一〇（明治四三）年三月　香川県生まれ。
一九三六（昭和一一）年四月　東京商科大学（現一橋大学）卒業。大蔵省入省。
一九三九（同一四）年五月　興亜院蒙彊連絡部勤務となり、張家口に赴任。
一九五二（同二七）年一〇月　第二五回衆議院総選挙で初当選。
一九六〇（同三五）年七月　内閣官房長官（第一次池田内閣）。
一九六二（同三七）年七月　外相（第二次池田改造内閣）。
一九七二（同四七）年七月　外相・蔵相（田中内閣）を経て、蔵相（三木内閣）。
一九七六（同五一）年一二月　自民党幹事長。
一九七八（同五三）年一二月　第一次大平内閣成立（第六八代）。
一九八〇（同五五）年六月　初の衆参同日選挙中に急逝。七〇歳。

大平正芳は、戦後日本の政治・外交において、吉田茂―池田勇人の系譜に連なる、いわゆる「保守本流」に位置づけられる。つまり、対米協調、軽軍備経済主義を基調とする吉田路線の継承者としてその地歩を固めてきた(1)。だが、一九七二（昭和四七）年六月、大平は自民党総裁選挙に立候補するに際し、「吉田元首相流の安全運転の政治は許されない転換期に差しかかっている。世界史が経験したことのない、先人の遺訓にない新しい秩序をつくりださなければならない」と「脱吉田」と「戦後の総決算」を宣する(2)。

この宣言は、一九六〇年代末に「経済大国」となり、七二年の沖縄返還により戦後に一つの終止符を打った日本が新たな外交の地平を拓くときが来たという、彼なりの時代認識であり、覚悟であった。米国はベトナム戦争で国力を低下させ、七〇年代初め米中接近と金・ドル交換停止という新たな政策を打ち出す。二つのニクソン・ショックという国際政治の荒波を受け、日本は国際社会の「インサイダー」として、国際秩序の形成者の役割を引き受けようとしたのである。大平外交は戦後日本外交の中でどう位置づけられるのだろうか。

ここでは、およそ三つの時期に分け、大平の外交思想の形成過程をたどる。第一期は池田内閣官房長官を経て、六〇年代初め外相を務めた時であり、第二期は六四年一二月に外相を辞任し、七二年再び田中内閣の外相として日中国交正常化に携わった時である。そして、第三期は首相として総合安全保障・環太平洋連帯構想へと結実させていく時である。

1　大平外交の原点

(1) 大平の政治哲学──「楕円の哲学」と「永遠の今」

まず大平正芳の外交思想の背景をなす政治哲学および政治スタイルを形づくったものをみてみよう。大平は一九一〇（明治四三）年、香川県三豊郡和田村（現観音寺市）で生まれた。本人は「讃岐の貧農の倅」と称したが、一町二、三反を自・小作する、当時の香川県では中農に位置する。ただ、六人の子どもを抱えた大平家の生活は決して楽でなく、彼自身幼少時から田圃の世話から内職まで、自然と闘い労働に追われる毎日を送っていた。ここから、大平は「農魂」とでも呼ぶべき、彼の思想と行動の基盤となった気質──辛抱強さ、協調性、頑固さを培っていった。

この大平にとって一つの転機となったのが、高松高商（現香川大学経済学部）時代に出会ったキリスト教であった。彼はキリスト教信仰を通じて「人間は強くないし、愚かである」とその弱さを自覚し、こうした人間によってつくられる人類の歴史を「苦悩と苦闘」の積み重ねと見、「歴史に最終的な解決というものはなく、暫定的解決を無限に続けていくのが歴史であり、毎日汗をかいている姿が歴史である」と深く胸に刻み込んだ。それは彼の座右の銘「一利を興すより、一害を除くに如かず」や、あるいは政治に百点満点を求めない「六〇点主義」という人生哲学に集約される。

大平は高商卒業後、一年間の大阪での生活をはさみ、東京商科大学（現一橋大学）に進学。卒業後、大蔵省に入る。彼の基本的な考えは、この学生時代から大蔵省の役人時代のかなり早い時期に固められたという。

彼には物事を考えるとき、互いに相反する二つの中心を対峙させ、両者が作り出す均衡の中に調和を見つけて行こうとする態度が終生一貫して見られる（「楕円の哲学」）。政治を「治者と被治者」、経済を「政府と市場」、国際社会における日本の在り方を「米国とアジア」、それぞれの楕円が織りなす関係において、いずれにも偏することのない「中正」の立場を求めた。

もう一つ大平が好んで用いた言葉「永遠の今」は、時間における調和の論理である。「過去を捨象すると革命になり、未来を捨象すると反動になる」と田辺哲学を引いて、過去と未来が緊張したバランスの中にあるように努めていくのが、「健全な保守」であるという。ここからは単純な過去への回帰も、一足飛びの未来へ憧憬も出てこない。

彼の思想と行動の体系は、歴史をタテ糸に哲学をヨコ糸とし、それが紡ぎだす綾の中から生みだされた。対立から均衡あるいは調和を見出そうとするその「楕円の哲学」あるいは「永遠の今」は、「できること」と「できないこと」を明確に分け、機の熟するまで待つ彼の政治スタイルを生み出した。

（2）大平の原体験——中国と敗戦

大平の国際認識に影響を与えたのは中国での体験であった。一九三九年五月、大平は中国占領地の行政機関である興亜院に出向、蒙古自治連合政府の北京西北に位置する張家口に赴いた。赴任するにあたり、上司は「さしずめ君は大蔵大臣のようなもので、自分の裁量で白紙に絵をかくように、財政や経済の仕事をすることもできる」と口説いた。しかし、実際現地に赴くと、軍や政府から「何のためにやって来たのか」といわんばかりの冷遇を受け、アヘン政策にも関わるなど決して愉快なものでなかった。

とはいえ蒙古自治連合政府は一応政府であり、大平は約一年半の中国体験で「素朴ながら国家の『原型』というようなものを勉強するには、またとないよい機会を与えてくれた」と述懐している。[3] しかし、招かれざる支配者として、「日本の植民地行政の片棒」を担いだことは、彼の中国観に陰影を与えた。のちに「日中関係は成功の歴史よりも失敗の歴史の方が多かった」「わが国が中国に害を加え、中国が被害を受けたという、そういう日中関係を、あまりフェアにみていない」と語っている。[4]

一九四〇年一〇月に大平は帰国し、四二年七月大蔵省主計局に戻り、敗戦を迎える。大平にとって、戦前日本は国際的孤立という誤った選択を行い、ついで太平洋戦争という悲劇を招来したという苦い記憶であった。そして大陸での経験から、彼は「日本の未来は太平洋だ」と語り、「アジアに位する」海洋国家としての未来に思いを馳せる。[5]

2　池田内閣外相時代

(1)　大平外交の始動――吉田路線の継承

大平は戦後、池田勇人蔵相の秘書官を務めたことをきっかけに政界入りする。一九五二年一〇月総選挙で、地元香川県から立候補し当選、政治家となった。大平が政治の表舞台に登場するのは、六〇年一二月池田内閣の官房長官に就任したときである。

池田は組閣直後の記者会見で、外交の基本は「日本人が頼みがいのある国民、信頼できる国民だと思われることにある」と語り、傷ついた日米関係の修復と国内の統合を目標に定めた。対内的には改憲を棚上げし、「所得倍増計画」を打ち出し、岸信介の政治対決路線から経済主義への転換を図る。対外的には、経済を武器に日本の国際的地位の向上をはかった。六四年にはIMF八条国に移行し、さらに同年OECD（経済協力開発機構）に加盟して、「先進国クラブ」の仲間入りを果たした。大平は、前尾繁三郎や宮沢喜一らとともに、池田政権の演出家として首相を支えていく。

この時期の大平の外交姿勢は、バランス・オブ・パワーという普通の外交のオーソドックスに従うものであった。その大平にとって、対米協調は「歴史の成果であり、不動の前提」であった。[6] また彼には、占領期の米国の経済援助に対する深い感謝の思いがあり、それが彼の親米的、日米協調を非常に大事にした姿勢を支えていたという(7)。

一九六一年一月の池田訪米は安保騒動でぎすぎすした日米関係をある程度緩和した。そこでうたわれた日米の「イコール・パートナーシップ」というキャッチ・フレーズは、彼我の力の差から見て字義通りに受け取ることのできないものであったが、それでも新たな日米関係の地平を拓くものであった。大平は外交を専門としていたわけではないが、日米貿易合同委員会や日米安全保障協議会に列席し、次第に内政から外交へ視野を広げていく。

そして六二年七月、第二次池田改造内閣で外相に就任した。日本外交の舵取り役として、日米関係、戦後処理、対中関係などの課題に取り組む(8)。

大平はまず、懸案であった沖縄問題について日米協議委員会を設置することに合意を取り付ける。次いで、米国から要請のあった核兵器を搭載しない原子力潜水艦の日本への寄港を、「原子力を単に推進力として利用しているに過ぎない」として認める。これらを通じ、ライシャワー（Edwin. O. Reischauer）駐日大使と密接な信頼関係を築き、日米協調を固めていく。ただ、池田も大平も知らなかった岸内閣の時代に結ばれた核の「持ち込み（イントロダクション）」に関する「密約」については解決できず、宿題として残された。

さらに、ケネディ米大統領がドル防衛策の一環として、対外投資から生ずる利子の一割を徴収すると発表した「利子平衡税」問題に奔走する。六二年七月渡米し、ケネディら関係閣僚と粘り強く交渉し、日本経済の行方に関わる問題として「日本が国際収支の危機に陥るようなことがあれば、米国は利子平衡税の適用免除も含めて、特別の措置を講ずる用意がある」という声明を引き出した。六〇年代初めの日本はなお経済小国であり、他方「ケネディの目には満々たる自信にあふれた輝き」があり、米国はなお全体としてまだ自信と威信に満ちていた(9)。

（2）戦後処理――日韓関係

池田内閣期、日本にはなおタイ特別円問題、ガリオア・エロア問題、ビルマ賠償再検討問題など「戦後処理」問題が残っていた。その中で、大平が深く関与したのが日韓関係の改善であった。ただ池田は、日韓問題に下手に手を出せば、南北朝鮮の対立が日本に持ち込まれ、安保騒動に似た政治対決が再現することを恐れ消極的であった。

だが一九六〇年四月に韓国で反日の李承晩政権が倒れ、翌六一年五月の軍事クーデターで朴正熙が実権を握ると、日韓両国の風向きが変わってきた。韓国は経済復興のために日本との国交正常化に前向きとなり、米国も海峡を挟んでにらみ合う両国の融和を働きかけた。

大平は「両国は永遠の隣人」であり、「思い切って一切の過去を一杯の灰として捨て去り、未来の展望に立とうと呼びかけ、相当額の有償無償の経済協力をして、貴国の未来に向かっての前進をお手伝いしましょう」と応えた。焦点は、韓国が日本に要求する対日請求権をどう処理するかにあった。韓国の六億ドルに対し、日本側は三億ドルと、両国の隔たりは大きかった。一一月に、大平と金鍾泌との間で会談が開かれ、請求権に基づく支払ではなく「経済協力」の名義で無償三億ドル、有償二億ドルを中核とし、ほかに経済協力で一億ドル、総額六億ドルを日本が提供するという方式で合意が成立した。「大平・金メモ」である。実際の国交正常化は、韓国の政情不安もあり、次の佐藤政権まで待たなければならなかったが、大平ものちに述べているように「やっと日韓交渉において両当事者が同じ土俵の上に降り」「交渉の糸口が開けた」ことは確かであろう(10)。

（3）日中台関係——LT貿易と周鴻慶事件

大平はまた、岸内閣以来途絶えていた日中関係の改善を、民間貿易による経済関係の拡大で図ろうとした。六二年八月、大平外相は「日中貿易促進の機運がかなり出て来た。この機会に、懸案になっていた貿易促進の具体策を前向きに検討したい(11)」と意欲を示した。それは、一一月には廖承志華僑事務委員会主任と高碕達之助元通産相との間で結ばれた「LT貿易」に結実した。このLT貿易に関して、大平は六四年二月一二日衆議院外務委員会で、「政府と無関係にあり得ない面も」あり、「私とも直接的に関与した面皆無であるとは申し上げません」と述べ、暗に「準政府間貿易」であることを認めた。

しかし、池田と大平の対中貿易への積極姿勢は、覚書と同時に結ばれたビニロン・プラントの対中国輸出に際して日本輸出入銀行融資による延べ払いや、さらに重なるように起こった中国訪日団通訳が亡命した周鴻慶事件で、米国と台湾の不興を買う。台湾へ返せという議論と北京へ戻せという両論が対立する中、省内は「鳩首会議、国運を左右するような重い雰囲気」で覆われた。いずれもひとつハンドリングを間違えれば、中国との細い経済の糸が切れ、台湾とも切れる。大平は亡命については「本人の意志を尊重したい」と述べ、法治国家としての筋を通すと強調し、最終的に周の望み通り中国に返した。

この時期の大平は中国「封じ込め」政策をとる米国への配慮から、「二つの中国」の立場を踏み外すことはなかった。他方で日中接近を警戒する米国に対して、日中の歴史的、文化的に密接な関係を説き、日本が中国とヨーロッパ並みに貿易を行うことは当然であると説き続けた。また中国代表権問題についても、中国がいつまでも国連の外にいることは不自然で非現実的であると考え、「北京が世界の祝福を受けて国連に迎えられるようになれば、日本としても北京との国交の正常化をはかるべきである」と含みのある発言を残していた。

(4) 大平外交の序奏——日本外交の座標

一九六四年一二月、池田三選後、大平は外相を辞任する。三選の際の池田との行き違いもあり、大平は副幹事長へと格下げされ、つづく佐藤政権下でも政務調査会外交調査会の副会長・会長代理など閑職に甘んじた。その後政務調査会長、通産相となるものの、この時期、政治家としては概して不遇であった。このことは逆に、大平に政権から一歩距離をおいて、政治と外交を考察する機会を与えた。

こうした中、六六年四月に大平は自民党外交調査会副会長として、党本部主催の政治大学で「わが党の外交政策」というタイトルで、自らの外交論を述べている(12)。

第一に、「対米自主」という言葉を意識しつつ、「外交というは、本来、自主外交に決まっている」と断言する。第二に、外交の目的が「国益を守る」ことは自明の理であり、その場合「今日の時点における利益だけを基準に考えない」で、「遠い展望」に立つべきであるとする。第三に、外交は内政の外部的な表現であり、内政の確立なしに優れた外交の展開は難しく、一国が国際的に信用されるか否かは、ひとえにその内政の良否にかかっていると、外交の基本を内政と外交の一体化におく。つまり、国内政治では経済の安定によって政治の安定を図り、対外政策では相手国との経済協力関係を深めていくことによって政治的改善を目指すとした。その際、「自分の力量や寸法を見究める」ことが重要であると肝に銘じている。

そして、安全保障、国連政策、アジア外交、中国問題に入っていく。ここからいくつか、のちの大平の外交思想を彷彿させる発言を拾っておこう。

まず安全保障問題について、日本はその平和と安全を、米国との協力関係の上に置き、その運命をこの協力関係にかけているという。その中で、彼は絶対的な安全保障はありえず、「あるものは、おかれた条件の下においていずれがより安全か、いずれがより少なく悪いか、という選択」であり、「安保条約の問題にしても、軍事的側面はその一面、しかも補足的な一面にすぎないのであって、問題をより広い視野から取り上げなければならない」と、のちの総合安全保障を彷彿させる「広い視野から」の検討を説いている。

つづいて国連の平和維持機能——国連の休戦監視団（現在のＰＫＯ）や国連軍への日本の参加問題について、「国連を尊重し、これに協力する方針を堅持する以上、また日本の国際信用の上から言っても」派遣は当然であり、協力を惜しむべきでないと踏み込む。

またアジア外交については、「アジアとは何ぞや」と問い、アジアは多様であり、アジア的なものの考え方、アジア的生活様式、アジア的政治制度というものはまだ固まっておらず、現状ではアジア諸国は政治的にも経済的にも未来への明るい展望を描けない。また先の戦争で残した爪痕はまだ完全に癒えておらず、日本はアジア諸国の信頼を得ていないという。そして、「アジアの安定と繁栄に寄与する」ために、「わが国自らが品位のある豊かな民主主義体制を確立して、アジアの道標になる」ことが必要であり、「アジア諸国の最も親近な友人として、その喜びとともに、その苦難も分かち合わなければならない」と、「共存共苦」の姿勢を示した。同時に、賠償に代わる経済協力による共存を説く。

3　田中内閣外相として

（1）戦後の総決算――大平外交の新たな展開

一九七一年四月、大平は前尾繁三郎の跡を継いで第三代宏池会会長に就任し、総理・総裁を視野に、日本が国際社会の中で日本が果たす役割を模索し始める。

七一年夏、日本は米中和解とドル・ショックという二つのニクソンショックに見舞われる。国際社会は米ソの軍事的双極構造のもとで、政治的には多極化への道をたどる一方、平和維持手段としての軍事力が持つ意味は相対的に弱まりつつあった。

九月の宏池会の研修会で、大平は「日本の新世紀の開幕――潮の流れを変えよう」と題し、「わが国は、いまや戦後の総決算ともいうべき転機を迎えている」とうたい、次のよう続ける。

〔わが国は〕、対米協調に運命を委ね、ことさら国際政治への参加を避けてきたが、まさにドル体制の弱化の故に、けわしい自主外交に立ち向かわなければならなくなってきた。国をあげて自らの経済復興に専念してきたが、まさにわが国の経済の成長と躍進の故に、国際的インサイダーとして経済の国際化の担い手にならざるを得なくなってきた。これはまさに大きな転換期であるといわねばならない。この転換期に処して、これらの方向を誤らないことが政治の使命である。(13)

彼はベトナム戦争で傷ついた米国がアジアへの関与に消極的になる中、対米依存から脱却し、世界政治へのコミットを避けてきた「アウトサイダー」から「インサイダー」として日本が応分の政治的・経済的役割を果たすことを求めていく。大平は変転する世界地図を眺めながら、ある意味で戦略的な思考をもって世界政治のビジョンを展開し始めた。

(2)「平和創造国家」の模索

大平は、一九七〇年から八〇年の記録を手帳に書き綴っている。七一年五月頃、大平はこの手帳に「米国は大平を重視す」「中国は私を求めておる」という二つのメモを残している。後者は古井喜実の仲介で、ピンポン外交で来日中の王暁雲と秘かに会った頃に記されており、そこで何が話されたかは不明だが、「国際政治家」としての自負をうかがわせる。

九月に開かれた大平派の夏季研修会で、彼は佐藤政権のとった「逆重要事項指定案」や「二重代表制」を批判し、国連の大勢が北京に中国の代表権を認める方向に急速に傾斜し、わが国の世論もその方向に動いてきたと述べ、いわゆる中国問題に決着をつける時期がいよいよ熟してきたと態度を鮮明にする。

また七二年四月頃のメモには、「核外交の展開、内政における外交の二元化を防ぐ方法、非武装中立に傾斜す　国内の防衛↓社会党との差異、柱をたてる――思想本位にする」と記されている(14)。もっとも大平は、社会党のいう中立主義は「厳密な検証にたえない政策」と強く批判している。七月には、「平和国家の行動原則」を公にする(15)。

　わが国は、海に囲まれた狭い国土に一億の人口を持ち、資源や市場の多くを国外に依存する国であり、拡大したわが国の経済は、地球全体を裾野とした、グローバルな背景を持つものとなった。わが国は世界中が平和で、自由な通商が保証されなければ自らの存立を確保しえない国となった。このことはたしかにわが国のもつ脆弱性である。わが国の市場と通商路は際限なく拡がり、これらを軍事力をもって守るなどということは幻想にすぎないからである。

　それゆえにわれわれは進んで国際社会の中で「平和希求国家」としての役割と責任を果たし、世界から信頼と評価を受けるよう努めなければならないと続ける。

大平は、国際政治が多極化し、軍事力の意味が減退する中、「量から質へ、ハードからソフトへ」、すなわち「パワー・ポリティックスの論理をこえた新しいビジョンとシステムを組み立て、この共通の敵を克服することができるかできないか」と問う。そのために日本の「核非武装と内政の充実」を柱に、「平和創造国家」として五つの原則をたてる。すなわち、①一切の核攻撃と核軍拡を許さない、②主権尊重、③あらゆる国際紛争を助長することを許さない、④海洋、大気、水の汚染、資源の乱獲を許さない、⑤世界の飢餓と貧困と疾病を放置することを許さない、である。その上で具体的には、①日中国交回復、②日米安保のあるべき位置づけ、③防衛力、④経済に偏しない対外援助、⑤国際機構における日本の役割を探ることを課題として掲げ、超党派で決議することを提唱する。

かつて大平は日本の進路を、ベトナムの泥沼とドミノ理論家から脱却した米国のアジアにおける新しい政策の「案内人」として、あるいは「新しい仕事に取り組むパートナー」として、日米間の新しい協力関係を打ち立てる必要があると説いたことがある(16)。

日本の「力量と寸法」を見定め、日米中ソの四大国がアジアのバランサーとして、とくに日中両国は「なんらかのかたちでこの地域に平和の条件をつくり出すように努力し、もし紛争が生じた場合にも、それを早期に解決できるような仕組をつくることが、最も重要になってきた」と、新しい国際情勢に適合した地域秩序の構想に挑む。

(3) 田中内閣の成立——大平と日中国交正常化

佐藤栄作は、一九七二年五月の沖縄返還を花道に、翌六月退陣を表明。後継総理・総裁を目指して、大平を含め田中角栄、三木武夫、福田赳夫の、いわゆる「三角大福」が名乗りを挙げた。総裁選挙は事実上、大福の一騎打ちと見られたが、田中、大平、三木は日中復交を軸に「反福田戦線」を結成、七月五日の総裁選挙で田中が福田を破り勝利した。七月七日、田中内閣が成立。田中は組閣当日、早くも「中華人民共和国との国交正常化を急ぎ、激動する世界情勢の中にあって、平和外交を協力に推進する」との首相談話を発表した。大平も「日中国交正常化に決意をもって当たる」と記者会見で語った。

中国側の反応も早かった。七月九日、周恩来首相は田中談話を歓迎する声明で応じ、孫平化（中日友好協会副秘書室長）を上海舞劇団の団長として派遣した。社会・民社・公明の三党も、国交正常化に積極的な姿勢を示すなど、風は北京に向けて吹き始めていた。

外交を苦手とする田中は、中国政策に通じ経験豊かな大平に頼り、彼に一切を委ねた。日中国交正常化の過程において、大平は「マスコミは特急、ぼくは各駅停車[17]」と述べているが、実際に用意周到かつ慎重に事を進めている。親しかった古井喜実（衆議院議員）と頻繁に会い、情報を収集するとともに勉強を重ねた。古井は、中国が新政権との間で国交回復に向けて交渉を開始する意志をもっていること、その際「復交三原則」に対し、「明確な態度を表明するよう」望んでいること、大平に期待していることを伝えた[18]。外務省では、橋本恕中国課長を中心に省内に中国問題対策協議会を設置して、問題の検討にあたった。

七月二〇日には、大平は藤山愛一郎主催の孫平化と肖向前の歓迎レセプションに顔を見せ、二人と接触。両代表と握手を交わした際、小さな声で「また、そのうち会いましょう」とささやいたという。八月三日の日中国交正常化幹事会で、大平は「台湾との外交関係をそのままにしていて国交正常化について日中双方の合意が成立することは困難だと思う」と発言し、親台派の反発を受ける。日中正常化とはまた「日台断交」にほかならず、彼も自覚していたように、日中問題は「日日問題」でもあった。日中航空交渉の時に、大平はそのことを痛いほど思い知らされた。

中国との交渉を始めるに際し、いくつかの課題があった。第一に、中国は日米安保条約の存続を前提として果たして国交正常化に応じるのか。第二に、国交正常化後も台湾との間で経済的・文化的関係を維持していくことができるのか。第三に、日華平和条約の取り扱いについて中国側が同意するのか。そして最後に、中国は対日賠償請求を放棄してくれるのかである。また米国がどう反応するかも定かでなかった。

八月四日、中国から帰ってきた公明党の竹入義勝が田中と大平に渡した周恩来との会談を記録した八項目のメモ（「竹入メモ」）は、これらの懸念を振り払うものであった。中国側は、日米安保条約の存在が正常化の妨げにならないこと、賠償請求の放棄、そして田中訪中に際し、日中両国は共同声明または共同宣言を出したいなどの意向を伝えてきた。「竹入メモ」は日中接近を加速し、田中と大平は北京に赴く前に、米国と台湾の了解を取りつけるために動いた。

九月二五日、大平は田中首相とともに北京に旅立った。日米安保と賠償問題は、交渉の早い段階から中国側が放棄したのですぐ片付いた。難航したのは、日華平和条約の取り扱いであった。大平は、日華平和条約には「そもそも無理はあった」と考えていた。日本側の、一旦有効に成立したが日中国交正常化により効力を失うとの主張に対し、中国側は、条約を結ぶ能力のない台湾との間の取り決めだから最初から無効だと反論し、真っ向から対立した。また田中首相の発言で、「迷惑をかけた」という表現が中国側で問題となったのも、このときである。決着は、大平の発案といわれる「両国間にこれまで存在していた不正常な状態に終止符を打つ」という表現によってつけられた。また台湾の領有権問題については共同声明に、中国側の主張（「台湾は中国の一省」）を盛り、日本側は「中国の立場を十分理解、尊重する」との意向を表現することで落着した。日台間の経済、文化など実務関係を民間レベルで継続していくことは、共同声明では一切ふれられず、中国側が暗に認めるとの意向を示した。最後に残った日台間の外交関係をいつどのような方法で断絶するのかという問題も、二九日の「日中国交正常化の結果、日華平和条約は存続の意義を失い、終了したものと認められる」という外相談話で片づいた。(19)

とはいえ大平にとって、日中国交正常化は「たんに日中両国の間に外交関係がもたれるようになった」に過ぎなかった。むしろ、これから三〇年間日中関係は困難を抱えるであろうと述べている。それゆえ、日本は国際社会に復帰した中国と今後どのように関係を形成していくか、そして日中がアジアならびにこの周辺の地域に対して、どういう貢献をするかが課題となった。(20)

ここで、八月九日の田中との会談のメモにある「事前協議」と、「脱核（沖縄）」「（1969）非常事態における核の持込み―協議×」の書き込みに触れておく。

一つは、大平の脳裏から常に消えることのなかった「核の持ち込み（イントロダクション）」の問題である。それは、核を「持たず、つくらず、持ち込ませず」のいわゆる「非核3原則」に反する。もう一つは「（1969）」と記してあることから、同じく佐藤とニクソン米大統領の間で交わされた、いわゆる有事の際の沖縄への核持ち込みに関する「密約」を指している。二つの「密約」は、新たな日米関係の構築を目指す、大平の喉元に突き刺さった棘であった。「沖縄（脱核）」の記述は、その一つの方途を指すものとして注目される。結果的としては×印が付けられているように、この問題が日米の議題となることはなかった。日中国交正常化交渉を進めていく上で、米国との間に新たな火種をまくことは得策でないと考えたのかも知れない。

(4) 金大中事件――大平外交の〝影〟

このの ち大平は、日中国交正常化を説明するために、オーストラリア、米国、ソ連を訪問する。オーストラリアでは、日豪両国が環太平洋諸国の協力推進について長期的視野に立って協力していくことが望ましいと呼びかけた。

田中・大平が訪米の旅を終えて帰国した二日後の八月八日午後、韓国の政治家金大中（のちの韓国大統領）が、東京九段のホテル・グランドパレスから白昼堂々と韓国人らしい男たちに拉致されるという事件が起こった。行方の分からなかった金大中は、事件発生から五日後の一三日、目隠しをされたままの姿でソウルの自宅に姿を現した。事件は日本の主権を侵害するものであり、人権を蹂躙するものであった。記者会見で、大平は「事件の事実関係を究明することがわれわれの第一の任務である」と答えたものの、側近には「他人の家にヌーッと何者かが入ってきたような感じがする」と内心の不快感をもらした。三一日には、大平のもとに、金東雲（本名金 炳 賛《キム・ビョンチャン》）書記官関与の報が入った。日本政府は事件の真相究明のために、金大中の来日を韓国政府に要求したが、韓国側は強硬に拒否した。

事件発生から約三カ月後の七三年一一月に、帰国後軟禁状態にあった金大中の自由が回復され、書記官の単独犯行として更迭するとともに、金鐘泌首相が朴正熙大統領からの親書を携えて訪日、一応の政治的決着をみた。

大平外相は、「チリ一つ残さないまで解決したとは言えぬが、精一杯努力した結果なので国民の諒承をえたい」と述べたが、自身は必ずしも満足していず、側近に対し「致し方ない」とつぶやいていた(21)。しかし、日韓関係は七四年八月の文世光事件（朴大統領暗殺未遂事件）もあり、極度に悪化する。

(5) オイルショック

七三年一一月に起こったオイルショックは、日本に衝撃を与えた。これまで中東紛争に関与せず平和な通商外交に徹してきていたはずの日本も、アラブ諸国から見れば「友好国」でないことを知らしめた。政府は、中東外交をアラブ寄りに転換するよう、またメジャー以外のルートから石油を確保する途を講ずるよう求めた。このとき大平は田中、三木、中曽根らに最後まで抵抗した。

私は、産油国といえども、石油を売らなければやっていけないし、日本のような大口の安定した需要国の存在は、彼らにとっても大切な顧客である筈である。したがって、何もそう周章狼狽することはないと観念し、これらの要請には終始クールに対処することにした。(22)

一一月アラブに対する結束を求めて来日したキッシンジャー国務長官に共同歩調をとることを拒否し、政府は急遽三木武夫副首相を中東諸国に派遣して、日本の立場を説明して支援国家リストから外す様に交渉するなど、いわゆる「アブラ外交」を展開した。

4　大平内閣の成立

(1)　相互依存と総合安全保障

大平は、七四年七月福田蔵相辞任を受けて蔵相に横滑りし、一二月に成立した三木内閣でも蔵相に留任、七六年一二月には福田内閣では自民党幹事長に就任した。

そして一九七八年一二月、福田との政争を制し、「三角大福」の最終ランナーとしてようやく首相の座に就いた。このとき、大平は均衡のとれた国づくりを目指して、「文化の時代の到来」をスローガンに、一つの戦略、二つの計画、すなわち総合安全保障戦略と家庭基盤の充実、地方田園都市計画を基本政策として掲げた。

大平は施政方針演説に、「地球社会の時代」という一項を設け、大要次のように述べている。

国際社会はますます相互依存の度を高める一方、戦後四半世紀にわたって国際秩序を支えてきたＧＡＴＴ・ＩＭＦ体制は大きな地殻変動に見舞われている。また資源問題やナショナリズムによる緊張も異常な高まりをみせ、南北間の格差も一層拡大しつつある。こうした国際情勢のなか、今や日本は世界を「一つの共同体」としてとらえ、世界に対する日本の役割と責任を考える必要に迫られている。(23)

そして、「政治の役割をどう設定するか。その文脈の中で、経済、文化、教育に関する政策を展開する」との心意気をもって、確信なき時代の展望を切りひらくため総合安全保障、環太平洋連帯など九つの政策グループを立ち上げた。七〇年代半ば以降、オイルショックの衝撃を受けて、資源やエネルギー、食糧などを含めた総合的な安全保障を求める動きが始まっていた。(24)安全保障問題について、大平は、日本の直接の武力攻撃に備えるには「現在の集団安全保障体制―日米安保条約と節度ある質の高い自衛力の組み合わせ」が必要である。それ自体はもちろん、吉田ドクトリン以来の保守本流の考え方であり、大平独自のものではない。肝要なことは、彼が資源と市場を広く海外に求める必要のある日本にとっては、国際政治・経済システム全体が安定してはじめて日本の安全も保障されるので、日本だけの平和はあり得ない。したがって、これまでの「集団安全保障体制すら不十分」であり、「内政の充実をはかるとともに、経済協力、文化外交等必要な外交努力」の強化がこれに伴わなければならない、というところにあった。

（2）初の訪米と東京サミット

大平は、七九年五月訪米の途につく。六月末の東京サミットを控え、経済問題で波風が立っている日米関係を修復し、米国側と事前に意見を交換しておく必要があった。

会談で、カーター米大統領は「日本は、米国がアジア政策を実施して行く上でのコーナーストーンである」と、日本重視の考え方を表明した。これに対し、大平は「我々は、豊かな物質的、技術的資源のみならず精神的な糧を共有している。かけがえのない友邦であり同盟国である米国との緊密で実り豊かな「プロダクティブ」パートナーシップを通じて、日米両国は遂行すべき任務を共有している」と応じ、「イコール・パートナーシップ」から転換した。日本政府が、公式に「同盟国」という言葉を使った最初として知られる。

大平は「米国という国は大変な国だ。自分の国があれだけ大きな国でありながら、しかも世界中の問題を抱え込んで、世界中の面倒をみてやらなくちゃいけない国なんだよ。これは只事じゃないんだ」としばしば口にしていたという。日本の「力量や寸法」をはかり、「同盟」という表現で、大平は自由主義諸国が直面している危機と、その運命を左右する米国の責任を指摘するとともに、日本がその米国をどこまでも支持していく意志を表明したのである。

五月七日に米国から帰ると、九日にはマニラに飛び、第五回国連貿易開発会議（ＵＮＣＴＡＤ）に出席した。日本が南北問題、アジア外交を重視していることを印象づけるとともに、東南アジア各国の考え方を先進国代表に伝えることを約束した。

東京サミットの中心議題は各国経済の安定的発展を如何に確保するかにあったが、折しもサミットの直前、ジュネーブで開かれたＯＰＥＣ総会が石油価格の大幅値上げを決定したことで石油問題に集中した。

会議は冒頭から、石油節約策の調整をめぐって難航し、一時はあわや暗礁に乗りあげかけた。ジスカールデスタン仏大統領発案による「先進国七ヵ国は一九八五年の石油輸入量を一九七八年の実績以下に抑える」という提案は、日本の「新経済七ヵ年計画」に反するものであった。この案では、八五年の日本の石油輸入量は一日あたり五四〇万バレルとなり、計画に必要な七〇〇万バレルをはるかに下回り、日本経済の困難が予想され、世界経済の発展にも責任を果たせなくなるとして即座に拒否した。

窮地に立たされた日本に手を差し伸べたのはカーターであった。大統領は、六三〇万バレルから六九〇万バレルの範囲を超えないようにするという妥協案を支持し、これを皮切りに参加国全員の合意が得られたのである。

（３）第二の出発――ソ連のアフガン侵攻

東京サミットを何とか無事に終え、大平は解散総選挙に打って出た。しかし、結果は過半数割れという惨敗に終わった。ここに大平に退陣を求める声が湧き起こり、自民党を二分する四〇日抗争へと展開し、それは首班指名に大平と福田が立候補するという醜態を招いた。一九七九（昭和五四）年一一月八日、新自由クラブの支持を得て、第二次大平内閣が発足。官房長官に盟友伊東正義が、外相には非議員の大来佐武郎が就任した。

しかし、再スタートを切った大平内閣に、早くもイラン米大使館人質事件（七九年一一月）、ソ連のアフガニスタン侵攻（一二月）など頭を悩ませる問題がふりかかった。日本がイランの革命政権の求めに応じて始めた石油化学プロジェクトを続行したことは、米国の神経を逆撫でした。翌八〇年六月に、大平はヨーロッパと協調するかたちで、対イラン禁輸措置に踏み切り、対米協調路線を演出した。

翌八〇年一月の施政方針演説で、大平は、「自由主義陣営の一員」としての自覚を強調するとともに、ソ連のアフガニスタンからの速やかな撤退を求め、そのための国連緊急特別総会の決議を強く支持する、との基本的立場を明らかにした。①ココム（対共産圏輸出統制委員会）による輸出規制の強化、②他の友好諸国の対ソ措置を妨げるようなことはしない、③パキスタンはじめ周辺諸国の安定を維持するため欧米諸国と協調して経済協力を進める、の三項目を挙げた。この中で、大平は「それが我が国にとって犠牲をともなうものであっても、それは避けられない」と述べた。そして四月、日本政府はモスクワ・オリンピックへの不参加を決定した。アフガニスタンはその後、ソ連にとってのベトナムと化した。ただソ連について、大平はもともと「米国もソ連も愚かな国ではない。ソ連はあの国を守るために多くの血を流した。そのことを民族は忘れていない。ソ連は侵略的な国というが、私はそうは思わない。ただ自己防衛の非常に発達した国ということはいえる」[25]と考えていた。

（4）「環太平洋連帯構想」の展開

大平は、福田の掲げた「全方位外交」を一面で継承しつつ、「対米協調」「西側陣営の一員」という立場を鮮明に打ち出し、米中を含めアジア太平洋の地域秩序の形成を日本外交の新たな選択として示す。

七九年一二月に北京、翌八〇年一月にはオーストラリア、ニュージーランド、パプアニューギニアのオセアニア三国を訪れる。北京では、鄧小平と会い、五〇〇億円の借款を約束する。借款供与において、第一に米国、西欧諸国と協調を図りつつ行う、第二にアジア諸国、とくにＡＳＥＡＮ諸国とのバランスを考える、そして第三に軍事協力は行わないとの「対中援助三原則」を明らかにした。

つづいてオーストラリアで、大平は太平洋をめぐる地域全体の安定と発展を期するため、始め関係諸国との間の多角的な協力関係を進める環太平洋構想を明らかにした。

わが国が日米友好を基軸に、地球上の全ての国と協調していくことは当然であるが、米国が中南米諸国に、西ドイツがＥＣ（ヨーロッパ共同体）に、そのＥＣがアフリカ諸国に特別の配慮を払っているように、わが国が太平洋地域諸国に配慮を払っていくことは当然であろう。

太平洋地域には、日本、米国、カナダ、オーストラリア、ニュージーランド、ＡＳＥＡＮ諸国をはじめ、極めて多くの国が存在している。先進工業国もあれば、発展途上国の中にも資源の豊かな国、かなり工業化の進んだ国など、発展段階もまちまちである。

したがって、ＥＣのような地域連帯を考えることは現実的でない。アプローチも、協力政策の進め方も、個々に慎重な配慮が必要であり、「緩やかな連帯」となるであろう（「政策綱領」）。

構想は第一に、世界に向かって開かれた連帯を求めるものであり、グローバリズムを排除した、排他的で閉ざされたものではない。第二に、アメリカもアジアも含む「環太平洋」を提示することで、対米協調とアジア地域主義との両立を目指している。第三に、「日本の理念なり思想を一方的に押しつけようとした」過去の負債ともいえる大東亜共栄圏構想に対し、地域の文化や歴史や民族の多様性を承認し、その中で共生と繁栄を図ろうというものであった(26)。このとき大平が「中国やソ連を排除する必要はない」と述べているように、それは中ソをも包み込もうとしたものであった。環太平洋連帯構想は、総合安全保障戦略と対をなし、むしろそれを補充し、強化するものであった。

そして四月、米国、メキシコ、カナダの三カ国を訪問、チトー・ユーゴスラヴィア大統領の国葬に出席して帰国。しかし、帰国した大平を待っていたのは内閣不信任案の可決と、つづく解散総選挙であった。大平は党内抗争の最中、総選挙中現職総理として急死する。

大平は自らの外交政策の成果を見ることなく亡くなった。しかし、八〇年九月日豪合意に基づく第一回セミナーが開かれ、それはやがて民間主体の太平洋経済協力会議（PECC）、さらに政府間レベルの「アジア太平洋経済協力会議（APEC）」へと展開していった。

こうした大平の姿勢を、駐日大使として大平に接し、彼と深く厚い信頼関係を築いたE・ライシャワーは、大平を「引っ込み思案であるように見えることによって目立った人物であり、人の後に追随するように見えることによって人を指導するような人物であった。これは、彼が未来についてのビジョンを持っていたからである」と評している[(27)]。

注

（1）大平外交については、渡邉昭夫（一九九四）「国際政治家としての大平正芳」公文俊平・香山健一・佐藤誠三郎監修『大平正芳・政治的遺産』一九九四年、大平正芳記念財団（以下『政治的遺産』と略す）、服部龍二『大平正芳 理念と外交』（岩波書店、二〇一四年）がある。また大平の伝記としては、福永文夫『大平正芳』中公新書、二〇〇八年参照。なお大平の多くの論稿は、『大平正芳全著作集（全七巻）』（講談社、二〇一〇年〜二〇一二年）に収められている（以下『著作集』と略す）。
（2）『朝日新聞』一九七二年六月二〇日。
（3）福永（二〇〇八）、四〇―四一頁。
（4）大平正芳・田中洋之助『複合力の時代』ライフ社、一九七八年（『著作集6』四〇―四四頁参照）。
（5）『政治的遺産』三二六―三二七頁。
（6）大平正芳記念財団編『在素知贅――大平正芳発言集』一九九六年、四〇五頁。
（7）大平正芳記念財団編『去華就実――聞き書き 大平正芳』大平正芳記念財団、二〇〇〇年、九一―九二頁。
（8）『著作集2』六二―九六頁参照。
（9）「外務大臣に就任して」一九七二年九月二〇日（『著作集4』四〇〇頁）。

(10)『著作集2』一一八頁。
(11)『朝日新聞』一九六二年八月七日夕刊。
(12)本講演は若干の修正を加え、題名も「日本外交の座標」と改め、『著作集2』に収められている。
(13)「日本の新世紀の開幕」(『著作集4』七六―七七頁)。
(14)「大平メモ」七一年五月九日～一五日および同一六日～二二日の項(『著作集7』三〇―三一頁)。
(15)「平和国家の行動原則」一九七二年五月八日(『著作集4』三六五―三七七頁)。
(16)「米の新アジア政策」一九六八年五月一三日(『著作集3』一二四―一二七頁)
(17)「現在の世界情勢とわが国の立場」一九七二年一〇月(『著作集4』四二五頁)。
(18)『著作集7』四七―五九頁。九月には、古井は外務省が用意した日本側の「日中共同声明要綱」を託され、密使として北京に飛び立った。
(19)公文俊平・香山健一・佐藤誠三郎監修『人と思想』大平正芳記念財団、一九九〇年、三一一―三一五頁。
(20)「日中国交正常化を終えて」一九七二年一〇月六日(『著作集4』一一五頁)。
(21)『人と思想』三二三―三二四頁。
(22)『著作集1』九〇頁。
(23)「第八七国会での施政方針演説」一九七九年一月二五日(『著作集5』所収)。
(24)中西寛「総合安全保障論の文脈」『年報政治学』一九九七年。
(25)川内一誠『大平政権・554日』行政問題研究所出版局、一九八二年、二二五―二二六頁。
(26)前掲『在素知贅』五二四頁。
(27)エドウィン・ライシャワー「大平正芳と私」(『著作集7』所収)。

参考文献

五百旗頭真編著(二〇一四)『戦後日本外交史〔第3版補訂版〕』有斐閣。
井上正也(二〇一〇)『日中国交正常化の政治史』名古屋大学出版会。
鈴木宏尚(二〇一三)『池田政権と高度成長期の日本外交』慶應義塾大学出版会。
宮城大蔵編著(二〇一五)『戦後日本のアジア外交』ミネルヴァ書房。
渡邉昭夫(二〇一四)『日本の近代8・大国日本の揺らぎ』講談社学術文庫。

第12章　中曽根康弘
――新冷戦を越えて――

服部龍二

〈略歴〉
一九一八（大正七）年五月　群馬県生まれ。
一九五九（昭和三四）年六月　科学技術庁長官（第二次岸内閣）。
一九六七（同四二）年一一月　運輸大臣（第二次佐藤内閣）。
一九七〇（同四五）年一月　防衛庁長官（第三次佐藤内閣）。
一九七一（同四六）年七月　自民党総務会長。
一九七二（同四七）年七月　通産大臣（第一次田中内閣）。
一九七四（同四九）年一二月　自民党幹事長。
一九七七（同五二）年一一月　自民党総務会長。
一九八〇（同五五）年七月　行政管理庁長官（鈴木内閣）。
一九八二（同五七）年一一月　内閣総理大臣（第七一代）。

内務省、海軍を経て政治家に転身した中曽根康弘は、現代日本の代表的な政治家である。中曽根の原点は、吉田茂の「官僚秘密外交」に対する批判であった。中曽根は自主憲法制定と首相公選制を唱え、エネルギー面では原子力政策を推進した。佐藤栄作内閣では、防衛庁長官として「自主防衛」を主張している。田中角栄内閣では通産相として石油危機に直面すると、イラン、イラクなど各国を歴訪して石油確保に努めた。

首相となった中曽根は「戦後政治の総決算」を掲げ、審議会を多用する「大統領的首相」として国鉄分割民営化などを進めた。新冷戦と呼ばれる米ソ対立のなかで日本の国力は最盛期を迎えつつあり、中曽根は経済摩擦に対処しながら、安全保障政策でも応分の役割を果たそうとした。中国、韓国との関係では、靖国神社公式参拝や歴史教科書問題で不和も生じつつも、指導者との絆を深めることに腐心した。

1　訪韓と「ロン・ヤス」関係

(1)　全斗煥大統領との会談

ソ連が一九七九（昭和五四）年末にアフガニスタンを侵攻して以来、国際政治は新冷戦の時代を迎えていた。米国では一九八一（昭和五六）年にレーガン（Ronald W. Reagan）政権が誕生し、ソ連との対決姿勢を打ち出した。その前年に日本では大平正芳首相が急逝し、鈴木善幸内閣が誕生していた。鈴木はレーガンとの会談後、日米同盟が軍事的な意味合いを持たないと記者会見で発言し、伊東正義外相が辞任した。もともと鈴木は首相を目指しておらず、外交に不安を抱えており、一九八二（昭和五七）年夏には歴史教科書問題で中国や韓国との関係も悪化した。

一一月に首相となった中曽根は、一二月の所信表明演説で「日米間の信頼関係」強化を謳った。中曽根には、日本の国際的地位が増してきたという自負があり、日本が外交面で積極的役割を担うべきだと考えた。中曽根は自らを「大統領的首相」と位置づけ、「吉田政治からの脱却」を意図した。後年の言ではあるが中曽根によると、吉田は「一国平和主義者」であり、経済重視のあまり安全保障をおざなりにしたという。

中曽根は組閣後、伊藤忠商事相談役の瀬島龍三に訪韓を調整させるとともに、韓国への四〇億ドル経済協力案を大蔵省と協議させた。一九八三（昭和五八）年一月一一日に日本の首相として初めて韓国を公式訪問すると、中曽根は、「日本と韓国は最も近い関係にあり、従って両国の関係も最も親しい国でなければならない。今回、大統領閣下の御英断により経協（経済協力――引用者注）問題が解決されたことを契機として、訪韓することになったが、この機会に両国間の友好関係をより一層深めて参りたい」と全斗煥大統領に述べた。

晩餐会で中曽根が韓国語でスピーチを始めると、韓国要人は驚き、涙ぐむ者も多かった。中曽根は晩餐会後も深夜まで、全と青瓦台《せいがだい》、つまり大統領官邸の一室で話し込んだ。首相秘書官だった長谷川和年によると、全は「ナカソネさん、オレ、アンタニホレタヨ」と日本語で言ったという(1)。

(2)「ロン・ヤス」関係と「不沈空母」発言

中曽根は一九八三(昭和五八)年一月一七日、ワシントンに降り立った。レーガンとは中距離核戦力の削減をめぐって意気投合し、日米が「運命共同体」であると確認した。中曽根は「政権の命はスタートダッシュ」と考え、防衛費の増額や武器技術供与で米国の意向に添うよう後藤田正晴官房長官らに指示し、元国連大使の加瀬俊一《としかず》を訪米の下工作に用いていた。

中曽根が、「今度のサミットでは、私がキャッチャーをやるから、あなたはピッチャーになりなさい。ただ、ピッチャーもたまにはキャッチャーの言うことを聞かないといけない」と述べると、レーガンは、「ピッチャーはキャッチャーのサインどおりにボールを投げるものだ。たくさんサインを出して欲しい」と応じた。

さらにレーガンが、「これからは自分をロンと呼んでほしい。あなたのファーストネームはなにか」と尋ねると、中曽根は「ヤス」だと答えた。「ロン・ヤス関係」の始まりである。中曽根は、「外交は手づくりである。現代は特に、その手づくりによる首脳間の信頼とリーダーシップによって、世界は動いている」と回想録に記した(2)。

中曽根は『ワシントン・ポスト(Washington Post)』紙の朝食会で、「不沈空母(アンシンカブル・エアクラフト・キャリヤー)」と発言したとされる。「不沈空母」は民間通訳の村松増美による意訳であったものの、米国での評判がよかったため、中曽根は訂正させなかった。この発言は日本のメディアを騒然とさせたが、米国では中曽根の覚悟を示したものと見なされ、対日不信を軽減した。

（3）ウィリアムズバーグ・サミット

中曽根は一九八三（昭和五八）年四月三〇日から五月一〇日にインドネシア、タイ、シンガポール、フィリピン、マレーシア、ブルネイを歴訪した。五月末のサミットを見据えた外遊であり、外務省アジア局を通じて、かつて田中首相が訪問したときのような反日デモを誘発しないように調整させていた。

五月二七日、中曽根はレーガンとホワイトハウスで米ソ関係などについて会談し、六五歳の誕生日を祝福された。二八日から三〇日には、ウィリアムズバーグ・サミットが開催された。ソ連が中距離核ミサイルＳＳ20を展開したことに対して、米国がパーシングⅡを配備すべきかが議論となった。

レーガンが基調発言を求めると、中曽根は五原則を述べた。

1、このサミットでは軍縮と景気回復をテーマにする。
2、安全保障に関する抑止と均衡に基づいて米ソ中距離核戦力（ＩＮＦ）は、グローバルでゼロ・オプションが基本であること。
3、ソ連がＳＳ20の撤去に応じなければ、西側陣営の既定の諸計画は実行すべきこと。
4、しかし、忍耐強く、ソ連を追い詰めることなく、交渉を進めること。
5、経済については、政策協調を強化して為替を安定させ持続的成長を図ること。

ゼロ・オプションとは、全廃のことである。しかし、フランスはＮＡＴＯの指揮下に入っていないため、ミッテラン（François M. Mitterrand）大統領が世界の安全保障は一体不可分という共同声明案に難色を示した。サッチャー（Margaret Hilda Thatcher）英国首相が、「ソ連には力で対抗するしかない」と迫るなど、議論は決裂しかけた。

冷たい時間が会議場を支配した。いままでの日本の首相であれば、発言を控えたであろう。だが、中曽根は声を上げた。

決裂して利益を得るのはソ連だけだ。大切なのは、われわれの団結の強さを示すことであり、ソ連がSS20を撤去しなければ、予定通り一二月までにパーシングⅡを展開して一歩も引かないという姿勢を示すことだ。

私が日本に帰れば、日本は何時からNATOに加入したのか、集団的自衛権を認めることに豹変《ひょうへん》したのかと厳しく攻撃されるだろう。しかし、私は断言したい。いまや、安全保障は世界的規模かつ東西不可分である。日本は、従来、この種の討議には沈黙してきた。しかし、私はあえて平和のために政治的危機を賭《と》して、日本を従来の枠から前進させたい。

あらためて安全保障の不可分を説き、日本も従来の枠から踏み込むと強調したのである。

レーガンが間髪を入れず、「とにかく声明の案文を作ってみる」と提案し、シュルツ（George P. Shulz）国務長官に案文を命じた。中曽根はレーガンと阿吽《あうん》の呼吸であった。政治声明には、ソ連との中距離核戦力削減交渉が合意に達しなければパーシングⅡを配備すると盛り込まれた。ソ連崩壊への序曲となる歴史的声明である。

コーヒーブレイクでは、中曽根がミッテランと聖書について話し込む一幕もあった。中曽根は記念撮影でレーガンと並んでおり、中央に写ったことが話題になった(3)。

2　「国際国家」日本の前途

(1) アジア外交

中曽根は一九八三（昭和五八）年九月一日の大韓航空機撃墜事件で、ソ連機の交信記録を公表させた。米国上院は対日感謝決議を採択している。中曽根は九月一〇日、第一〇〇回国会の所信表明で「国際国家」として「積極的に世界的役割りを果たす」ことを説いた。

内閣の前途に暗い影を射したのは、ロッキード事件の一審判決であった。東京地裁で一〇月一二日、懲役四年、追徴金五億円の実刑判決が田中に下ったのである。実刑判決を予期していた中曽根は、総選挙前に得意の外交で国民の支持を取り戻そうとした。一一月一日には来日したコール（Helmut Kohl）西独首相と会談し、一一日にレーガンを日の出山荘でもてなすと、二四日には中国の胡耀邦総書記を迎え入れた。いわば外交ラッシュである。コールとはパーシングⅡ配備や米ソ関係、レーガンとは自由貿易や米軍飛行場を協議し、胡耀邦とは「平和友好、平等互恵、長期安定、相互信頼」の四原則を約した。

中曽根は一一月二八日に衆議院を解散した。しかし、一二月一八日の総選挙は大敗であった。中曽根は新自由クラブの田川誠一を自治相に迎え、一二月二七日に第二次内閣を発足させる。自民党としては、初の連立政権だった。

第二次内閣において、中曽根は最初の訪問先に中国を選んだ。一九八四（昭和五九）年三月二三日から二五日に趙紫陽首相、胡耀邦総書記、鄧小平中央顧問委員会主任と会談し、円借款の増額や中ソ関係の展望を協議したのである。

中曽根は、「対中経済協力につき謝意表明があったが、かえって恐縮しており、対中協力は戦争により大きなめいわくをかけた反省の表れであり、当然のことである」と胡に述べた。円借款は中国の賠償請求放棄と公的には無関係なだけに、「反省の表れ」という発言は大胆だった。

胡は中曽根夫妻、長男の弘文《ひろふみ》夫妻らを中南海の自宅に招いて会食した。テーブルには、中曽根の好物である卵焼きと栗きんとんが並べられていた。胡の李昭夫人、二男の劉湖や孫なども加わり、中曽根と胡は家族ぐるみで親交を深めた。中南海の自宅で外国の賓客や家族と会食することは、極めて異例であった。前年に中曽根が、家族とともに胡を首相公邸で歓待したことの答礼でもあり、緊密な関係を内外に印象づけるに十分だった。

ゴールデン・ウィークに中曽根は南アジアを訪れ、ハク（Muhammad Ziaulr Haq）パキスタン大統領やガンジー（Indira Gandhi）インド首相と経済協力や核軍縮について会談した。パキスタンではアフガニスタン難民キャンプを訪れ、インド議会では古代からの「精神的な交流」について演説している。

中曽根は五月三一日にシハヌーク（Norodom Sihanouk）民主カンボジア大統領と東京でカンボジア情勢について会談し、六月七日から九日のロンドン・サミットでは、憲法九条を念頭に「紛争を解決する手段としての武力の行使を拒否する」と政治宣言第六項に盛り込んだ。外交は順調であった。

さらに中曽根は九月六日、全斗煥韓国大統領と東京で会談する。韓国大統領として初来日の全が、「日韓両国の千年先き《ママ》をみて、新しい章を開くための種をまくことが必要であるという決意で来日を決断した」と述べた。中曽根は、「大統領の訪日は、韓国内部の多少の反対勢力を押し切って行われたものであると聞いているが、その勇断に心から感謝し敬意を表するとともに、我が方としてもそれにお応えしたい。日韓両国の千年の基礎をつくりたい」と歓迎した。

中曽根と全は「千年の基礎」を築くべく、北朝鮮との軍事バランス、米国や中国との関係を率直に論じている。中曽根は九月七日にも全と会談し、「私の外交は、手づくりで、人間と人間の心を大事にするものであり、国家間とはいっても、互いの政治指導者の友情が重要である」と強調した。

（2）ＳＤＩとプラザ合意

一九八五（昭和六〇）年も上半期は外遊が際立った。米国とは経済摩擦が高まっており、日米首脳会談が正月早々の一月二日にロサンゼルスで開かれた。レーガンは戦略防衛構想（ＳＤＩ：Strategic Defense Initiative）について、「究極的には核兵器の廃絶を目指すものである」と述べた。核弾道ミサイルを迎撃することから、スター・ウォーズ計画とも呼ばれた構想である。

中曽根は「米国によるＳＤＩ研究を完全に理解している」と語り、防衛費は六・九％増を確保したと伝えた。レーガンが、電気通信、エレクトロニクス、木材、医療機器・医薬品の四分野で日本市場の開放を求め、中曽根は対策を約した。

四月に中曽根は対外経済対策を固めて、「国民のみな様、どうぞ外国製品を買ってください」とテレビを通じて求めた。テレビでの呼び掛けは、中曽根の発案であった。六月には米国半導体工業会が、日本を不公正貿易として米通商代表部、つまりＵＳＴＲに訴えた。経済摩擦には抜本的な対応が必要となり、竹下登蔵相など先進五カ国蔵相らは九月二二日、ニューヨークのプラザホテルにてドル高の是正で合意した。いわゆるプラザ合意である。

中曽根は七月末、竹下に「いろいろ臨床的に一つ一つ手当をしても、もうだめじゃないのかな。もっと根本的に、基礎的に構造を直す必要が出てくるのではないか」と告げていた。中曽根は二人の経済ブレーンから、経済摩擦解消には円高が望ましいと進言されていた。二人とは、元大蔵省財務官で海外経済協力基金総裁の細見卓《たかし》、元日銀理事で野村総合研究所社長の中川幸次である。

一ドルが二四〇円台から一四〇円台に急上昇すると、日本では円高不況が深刻になった。中曽根によると、「プラザ合意については、その後いろいろ批判があって、バブル経済の生成とその後の長期不況の出発点があそこにあったという議論もある。しかし、あの当時の情勢からすれば、プラザ合意はやらざるを得なかった。ただ、その後の不況対策がぬかっていた」という。(4)

（3）「太平洋協力」と訪欧

中曽根は外遊を重ねた。一九八五（昭和六〇）年一月一三日から二〇日には、フィジー、パプアニューギニア、オーストラリア、ニュージーランドを訪れていた。日本の首相としてフィジー訪問は中曽根が初であり、「太平洋の平和と安定なくして我が国の平和と安定はない。その観点から太平洋関係諸国の一層の協力推進を強く願っている」とマラ（Kamisese Mara）首相に語った。

ソマレ（Michael Thomas Somare）パプアニューギニア首相との会談に示されるように、中曽根の「太平洋協力」とはASEANを含めて、経済、文化、技術交流による「環太平洋諸国」との関係強化を意味した。中曽根は、ホーク（Robert J. L. Hawke）オーストラリア首相やロンギ（David Russell Lange）ニュージーランド首相と軍縮やSDIについて協議しており、「太平洋協力」は冷戦戦略の一環といえよう。

ソ連ではチェルネンコ（Konstantin U. Chernenko）共産党書記長が三月一〇日に死去し、ゴルバチョフ（Mikhail S. Gorbachev）が後継者となった。中曽根は三月一二日から一五日に訪ソしてチェルネンコの葬儀に参列し、三月一四日にはゴルバチョフと会談する。田中・ブレジネフ（Leonid I. Brezhnev）会談以来、一一年半ぶりの日ソ首脳会談である。

中曽根はゴールデン・ウィークにボン・サミットへ出席し、日本のSDI研究四条件を示した。四条件とは、SDIによる一方的優位の否定と全体的抑止の維持、攻撃的核兵器の削減、弾道弾迎撃ミサイル条約の枠内とすること、SDIの生産と配備は同盟国およびソ連と協議すること、であった。四条件のもとで、SDI研究に理解を示したのである。サミットはインフレなき成長と雇用拡大の維持について経済宣言を発し、政治宣言では戦後四〇周年に際して自由と民主主義という共通の価値を確認した。

中曽根は七月一二日から二一日にも、フランス、イタリア、バチカン、ベルギーを歴訪し、SDIやゴルバチョフの外交について会談した。ミッテラン大統領がSDIに否定的なのに対して、中曽根は「SDIがソ連をしてジュ府《ジュネーブ》の交渉のテーブルにつかせた原因の一つと言う面は否定し得ない」と主張した。中曽根はSDIを「POLITICAL BARGAINING CHIP（政治的な取り引き材料――引用者注）」と位置づけたのである。

3　東京サミット前後

（1）靖国参拝と国連演説

中曽根は一九八五（昭和六〇）年八月一五日、靖国神社を公式参拝した。神道は二拝二拍手一拝だが、宗教色を薄めるため、一礼にとどめた。玉串料《たまぐしりょう》は出さず、代わりに公費から供花料《きょうかりょう》として三万円を支払った。記者団に対して中曽根は、「内閣総理大臣としての資格による公式参拝をした」と胸を張り、中国などの批判については「真意を理解してもらうよう努力する」と述べた。

終戦忌《き》　列島の蟬《せみ》　鳴きやまず

この句を作ってから、一〇年が経っていた。中曽根は、自民党靖国神社問題小委員会の奥野誠亮《おくのせいすけ》から、公式参拝が憲法違反ではないと説明を受けていた。さらに中曽根は藤波孝生を通じて「閣僚の靖国神社参拝問題に関する懇談会」で検討させ、公式参拝に道を拓《ひら》いたのである。

中曽根は参拝直前に自派の野田毅《たけし》議員を訪中させ、批判を抑制するように求めていた。参拝後に中国で反日デモが高まると、中曽根は近しい胡耀邦の地位を危ぶんだ。そこで分祀《ぶんし》を模索したものの、うまくいかなかった。中曽根は、訪中する前経団連会長の稲山嘉寛《いなやまよしひろ》を介して年一回だけは参拝を認めるように打診したが、中国側は肯定しなかった。このため中曽根は、参拝を自粛するようになる。

中曽根は一〇月、中韓との関係修復の舞台にニューヨークを選んだ。創設四〇周年記念のため、各国首脳が国連に集まっていたのである。中曽根は一〇月二二日に韓国の盧信永《ノシンヨン》首相と会談した。二三日には中国の趙紫陽首相と会談し、四原則の精神を確認した。レーガンやインドのガンジー首相とも会談している。

中曽根は国連総会で演説し、日本の「国連中心主義」として三点を論じた。第一に、「世界の平和維持と軍縮の推進、特に核兵器の地球上からの追放への努力」、第二に、「自由貿易の推進と、開発途上国への協力」、第三に、「世界諸国民の文化、あるいは文明の発展に協力すること」である。

さらに中曽根は、日本人としての哲学を語り始めた。

ある夜、一つの俳句を頭に浮かべたことがあります。

天の川　我がふるさとに　流れたり

すなわち、我々日本人にとって、宇宙大自然はふるさとであり、これとの調和の中で、生きとし生けるものと共存しつつ生きる――人間も、動物も、草木も、本来は皆兄弟である――という考え方は、極めて一般的であります。私は、このような基本的哲学を共有する民族は決して少ないわけではなく、こうした哲学への理解の増進は、今後の国際社会における普遍的価値の創造に大きく役立つのではないかと思います。

中曽根は、「地球は一つであり、全人類は、緑の地球の上で、全生物の至福のため働き、かつ共存している」と結んだ。拍手は鳴り止まず、各国の代表多数が集まって握手を求めた。中曽根の代表的な演説といえるだろう。[5]

（2）東京サミットへ

一九八六（昭和六一）年初の外遊はカナダである。中曽根は一月一二日から一六日にトロント、オタワ、バンクーバーを訪れ、マルルーニー（Martin Brian Mulroney）首相と会談した。マルルーニーは、カナダの失業、自由貿易の強化などを論じ、国際テロをサミットの課題にしたいと伝えた。中曽根は、軍縮、南北問題、「太平洋協力」、日加経済関係の拡大などを説き、米国を含めて「北太平洋の三角形（NORTHAN PACIFIC TRIANGLE）を緊密にしていきたく思う」と語った。

議会で中曽根は、カナダが「ミドル・パワー」として「積極的に平和創造の実を上げてきていることに注目しております」と演説し、一九五五年のカナダ訪問にも触れた。日本の首相がカナダだけを訪れることは珍しく、東京サミットへの地ならしでもあった。

中曽根は帰国後の一月一八日、シェワルナゼ（Eduard A. Shevardnadze）ソ連外相を官邸に迎えている。中曽根はゴルバチョフの親書を受け取ると、「核兵器及び通常兵器がアジアの犠牲において削減されてはならず、アジアでの削減が欧州での削減に比例して行われることを強く希望する」と釘を刺した。

二月六日には、レーガンからの親書が中曽根に届いた。親書には、ＩＮＦ交渉における対ソ案が記されていた。ソ連がウラル山脈西側のＳＳ20をすべて撤去し、アジア配備のＳＳ20を半減させるのに対して、米国は西独配備の核ミサイルを撤去するという案だった。その案だと、アジア配備のＳＳ20は残ることになる。中曽根は珍しくレーガンに反発し、「日本は犠牲になってもいいと、軽視された」と感じた。

中曽根は、「ヨーロッパから（ＳＳ20を——引用者注）外して、アジアに残すという不公平なやり方は絶対呑《の》めない」として、外務省を介してレーガンに代替案を伝えた。ソ連のほぼ中心に位置するバルナウル基地にＳＳ20を集めるという案であり、米国は日本の立場を尊重した。

さらに中曽根は四月一二日にワシントンを訪れ、ヘリコプターでキャンプ・デービッドに向かうと、四月一三、一四日にレーガン大統領と八回目の会談に臨んでいる。

中曽根は、「（ソ連の――引用者注）ＩＮＦ提案については、アジアにＩＮＦが残されればその撤廃運動においてＦＢＳを取引材料とすべきであるとの議論が誘発され、結果的に日米安保体制の信頼性を大きくさまたげることにもなりかねないとの観点から受入れられない」と自説を繰り返した。

ＦＢＳとは三沢基地のＦ―16など、米国の前進基地システム（Forward Based System）である。日本の首相が米国大統領に核戦略を説くことは極めて例外的であり、「ロン・ヤス」関係の最高潮といってもよい。

レーガンは貿易摩擦について、「前川レポートによると、国民的目標を設定するとなっているが、これは要するに輸入大国になるということと理解しており、これが重要である」と論じた。

前川レポートとは、日銀前総裁の前川春雄を座長とする私的懇談会「国際協調のための経済構造調整研究会」の報告書であり、経常収支の黒字を減らすべく、構造調整を急務としていた。中曽根は、「貿易バランスの回復を国民的目標として認めている」と首肯した。前川レポートは、土地規制や大規模小売店舗規制の撤廃、低金利政策などによる内需拡大を提唱していた。中曽根内閣の民活と規制緩和による内需拡大は、バブル景気につながったといわれる。

東京サミットは五月四日から六日、赤坂の迎賓館で開催された。大きな課題は国際的なテロリズムであった。中曽根は各国を調整のうえ、「国際テロリズムに関する声明」を発する。テロ組織への支援について、リビアを名指しする文書だった。構造調整や経済政策の協調が経済宣言には盛り込まれ、チェルノブイリ原子力事故に関する声明も採択された。

なお、チェルノブイリに関連して中曽根は、日本の原発は構造が異なっていて心配ないと国会で説明している。(6)

（3）歴史問題と防衛費GNP一％突破

中曽根内閣は一九八六（昭和六一）年七月六日の衆参同日選挙に大勝した。中曽根は「一九八六年体制」と自負したものの、対外関係は藤尾正行文相の問題発言や、自らの知識水準発言で発波乱含みとなる。

藤尾発言とは、藤尾が九月一〇日発売の『文藝春秋』一〇月号で、韓国側にも韓国併合の責任はあったと述べたものである。中曽根は藤尾を罷免した。九月二〇日にソウルでアジア競技大会開会式に出席した際には、「一部の閣僚に妥当を欠く発言があったことは遺憾と考える。自分（総理）としては、この発言を深刻かつ重大に受け止め、罷免措置をとった次第である」と中曽根は全斗煥に釈明した。

知識水準発言は、中曽根が九月二二日の自民党全国研修会で、「アメリカは黒人とかプエルトリコとかメキシカンとか、そういうのが相当いて、平均的に見たらまだ非常に低い」と講演したものである。米国では日本大使館の館員たちが、ホワイトハウスや議会で説明に回らねばならなかった。(7)

中曽根は一一月八日に訪中し、胡耀邦総書記らと会談した。胡が「両国関係に満足している」と迎えると、中曽根は、「両国は歴史、体制を異にしているが、この両国が協力していけば、アジアひいては世界の平和・安定に大きく貢献する」と応じた。藤尾発言や靖国参拝は、議題にならなかった。中曽根は歴史問題を乗り越え、中韓との関係を修復したのである。その半面、近隣諸国との交流を維持するには、靖国参拝を封印せねばならないという先例にもなった。

この時期にもう一つの争点となったのが、防衛費対GNP比一％枠の突破である。かつて三木内閣は防衛費をGNPの一％以内と定め、歴代内閣はそれを踏襲してきた。中曽根は、「防衛費対GNP比一％という枠は固定観念であり不合理であるから、できるだけ撤廃すべきであるとかねてから考えていた」。「割合で防衛費の限度を示すやり方が国防に馴染まない」というのである。

中曽根は一二月三〇日、宮沢喜一蔵相、栗原祐幸《ゆうこう》防衛庁長官らとの安全保障会議で一％枠の突破に了承を得た。米国の対日要求は防衛力増強よりも経済面に移っており、日米間では市場志向型分野別協議、つまりMOSS（Market Oriented Sector Selective）協議が事務レベルで始まっていた。中曽根は、「外国の思惑よりも、国防という本義からの発想で、防衛費の対GNP比一％枠の撤廃を実行しました」と振り返る(8)。

4　在任中最後の外国訪問

(1) 東欧歴訪

一九八七(昭和六二)年の外交日程は、ゴルバチョフの来日で始まるはずだった。しかしゴルバチョフは、領土問題をめぐる対立やソ連側の事情などから訪日を延期した。そこで中曽根は一月一〇日から一七日に東欧を歴訪し、ソルサ(Taisto Kalevi Sorsa)フィンランド首相、ホーネッカー(Erich Honecker)東独国家評議会議長、ミクリッチ(Branko Mikulić)ユーゴスラビア首相、ヤルゼルスキ(Wojciech Jaruzelski)ポーランド国家評議会議長らと会談する。日本の首相が東欧に行ったことはなく、東欧諸国は日本の投資を求めて中曽根を招待していた。

東欧よりも先に、フィンランドを訪れたことには伏線があった。かつて中曽根は参議院選挙の第一声で「何もしないでいると、フィンランドのようにソ連にお情けを請うような国になってしまう」と演説してフィンランド大使館から抗議を受け、発言撤回の親書をソルサに送っていた。中曽根をヘルシンキに迎えたソルサはこの舌禍《ぜっか》事件を不問とし、「日本国民の科学技術分野における輝かしい成果は、フィンランド人のせん望と尊敬の的」と持ち上げた。中曽根はフィンランドの中立政策を評価し、「不撓《ふとう》不屈のフィンランド人魂を表すもの」と称賛している。さらに中曽根は、防衛費がGNP比一・〇〇四％になったものの、「一％を確定した精神を尊重し、できるだけ節度ある防衛力の整備に努力したい」と述べている。

東欧訪問の目的は「日本外交の幅を広げ」ることであり、「東欧諸国はソ連圏に属しているものの、実際は経済的自立を望んでおり、日本がこれらの国への経済支援を行うことでソ連を牽制」しようとした。特にヤルゼルスキはゴルバチョフと近く、中曽根との会談前にゴルバチョフと電話していた。中曽根は「ゴルバチョフとの裏ルート」を作ろうとしたのである。中曽根は、ゴルバチョフのウラジオストック演説に注目しており、「ソ連がアジア・太平洋地域に関心を有し、隣人と共存していきたいとの理念を有することには賛成である」とヤルゼルスキに説いた。ウラジオストック演説とはアジアに関する包括的な演説であり、対日関係の改善を含んでいた。

ユーゴスラビアでは、ベオグラード大学で「平和と軍縮への献言」について演説した。「科学技術の発達と情報が、国境を越えて伝播することにより必ず世の中が動く」という趣旨である。首相秘書官だった福田博によると、中曽根が原稿に書き加えた内容であり、「その後の東欧の脱ソ連変動は総理が演説で述べられたとおりになった」という(9)。

その後、中曽根は三月九日に総理官邸でレモン（Jean-Bernard Raimond）フランス外相の表敬を受け、ソ連の世界戦略やフランス製品の輸入について意見を交わした。他方、米国政府は四月一七日、半導体をめぐって戦後初となる対日制裁措置を発動している。

四月一四日に衆議院予算委員会で日米安保改定時の「核密約」を否定すると、中曽根はゴールデン・ウィークにレーガンを訪れた。中曽根は、内需拡大について新関西国際空港に対する米国建設業界の参入などを伝えたが、制裁解除には時間を要した。中曽根はSDIについて、「基本的理念が平和国家の立場に合致し、参加が日米安保体制、西側結束強化をもたらすとの考えから、研究計画参加の枠組交渉が進展して」いると述べた。

さらに中曽根は、六月八日から一〇日にベネチア・サミットで核政策における団結を説き、イラン・イラク戦争の早期終結やペルシャ湾安全航行について各国首脳と声明を発した。一一日から一三日には、日本の首相として初めてスペインを公式訪問している(10)。

(2) 二二回の外遊

中曽根は一九八七（昭和六二）年九月一九日に所得税等改正法案を成立させると、すぐに羽田空港から日航特別機でニューヨークに向かった。中曽根は、デクエヤル（Javier Pérez de Cuéllar）国連事務総長にイラン・イラク戦争の調停を求め、停戦後には監視団に「適当な財政的協力を行なうことを検討したい」と述べた。

レーガンとは、内需拡大、関西空港への米企業参加、FSX、つまり次期支援戦闘機などについて会談した。中曽根は半導体の制裁解除を求め、ペルシャ湾の安全航行に関しては貢献策を検討中と伝えたうえで、「五年間の友情と協力に心から感謝したい。貴大統領の友情とガイダンスを得て、わが国は徐々に世界的役割を果たすようになってきた」と謝意を表している。

中曽根は九月二五日から二八日にタイを公式訪問した。修好一〇〇周年式典に出席し、プミポン（Bhumibol Adulyadej）国王、プレム（Prem Tinsulanonda）首相らと会談するためであった。中曽根は、国立チュラロンコーン大学で講演し、名誉政治学博士号を授与される。これが首相として最後の外国訪問になった。

中曽根の外遊は二二回となり、小泉純一郎首相に抜かれるまで歴代一位だった。レーガンとの会談は一二回に上った。中曽根は共同声明を「よそよそしい」として行わず、ホワイトハウスのローズ・ガーデン演説を重視した。中曽根の対外政策は日米同盟を軸としながらも、ヨーロッパ、東アジア、東南アジア、南アジア、オセアニアと広範囲に及んだのである。

中曽根は米国だけでなく、中国や韓国の指導者とも良好な関係を築いた稀有《けう》な政治家であった。貿易摩擦に関する米国の圧力に応じながら日米同盟を強化し、中韓とも連携を深めることで、新冷戦下での対ソ戦略を有利に進めた。ここまで体系的に世界政策を構築した日本の政治家は中曽根以外におらず、戦後外交の頂点といっても過言ではないだろう。

内閣外政審議室長の國廣道彦が「中曽根外交の秘訣は何だったんですか」と聞くと、中曽根は「総理になった瞬間から、戦略的展開を考えて行動したということだ」と答え、こう続けた。

右に米国、左に中国、足元に韓国との体制を整えて、世界平和と対ソ外交を展開した。足場づくりに関しては、サミットの度ごとにASEAN諸国および韓国とよく連絡をした。首脳外交に関しては、何よりも個人的信頼関係を重視した。(11)

外政での心残りは、ゴルバチョフとの首脳会談が延期されたことと、ペルシャ湾に掃海艇を派遣できなかったことである。中曽根は掃海艇の派遣に前向きであったが、後藤田官房長官の慎重論を受け入れた。ＦＳＸを日米共同開発としたことに関しては、「戦闘機の開発向上という面から見たら、アメリカの技術を取り入れたことはプラスだった」と中曽根は回想している[12]。

中曽根の遺産として、京都に創設した国際日本文化研究センターも挙げられる。この日文研は、日本研究の国際的拠点となるものであり、トップダウンで政権末期に誕生した。一九八八年六月には、竹下首相の協力を得て財団法人世界平和研究所を立ち上げると、中曽根は自ら会長に就任した。世界平和研究所は都心にあり、冷戦後の戦略を共同研究するなどしている。

（3）竹下内閣以後

中曽根は一九八七（昭和六二）年一〇月二〇日に竹下登を後継指名し、一一月六日に首相を退任した。退任時に内閣支持率は下がるものだが、売上税法案が廃案となってから、中曽根内閣の支持率は上昇していた。

中曽根は「大統領的首相」のあり方について、「政治の独善を排し、民意を汲《く》み取り、批判を受けつつ修正していくという意味で、当然とるべき手法だと私は考えています。（中略）私が試みた手法は、おそらく戦後初めての実験だったでしょう。しかし、こういう手法をとらなければ、これからの政権政党は立ち行かなくなるだろうと、私は考えています」と『文藝春秋』で論じた。

首相退任に際して書かれたその文章からは、自負心と高揚感が伝わってくる。「戦後の日本というのは、日本史の中の偉大な金字塔、偉大なピラミッドをつくった時代ではないでしょうか。これほど充実した時代は、おそらく世界史でも稀でしょう」というのである。「大統領的首相」の手法は、官邸主導を特徴とする現代政治の起点となった[13]。

中曽根は首相退任の直後、新聞記者有志との慰労会に呼ばれた。中曽根は喜んで出席し、心境を詠んで色紙を配った。

暮れてなお　命の限り　蟬しぐれ

中曽根は「風見鶏」と呼ばれたことについて、「剣道と一緒で剣先を合わせるまで接近しなければ勝負にならない。風見鶏の軸足はしっかり固定している」と述べていた[14]。

竹下内閣期の一九八八（昭和六三）年六月からリクルート事件が判明し始めると、野党は「中曽根政権時代の民活・規制緩和路線と結びついた構造疑惑」と追及した。中曽根もリクルート株を得ていたため、一九八九（平成元年）年五月三一日に自民党を離党する。五月二〇日には議員辞職とも報道されていたが、中曽根は五月二五日の国会証人喚問を切り抜け、離党にとどめた。証人喚問のテレビ中継は静止画であり、視聴者にはもどかしく映った。

離党したのは、中曽根内閣で官房長官だった藤波孝生が起訴されたことに加えて、宇野宗佑の首相就任を妨げないようにするためであった。宇野内閣は六月三日に成立したものの短命に終わり、八月一〇日には海部内閣が誕生した。中曽根は櫻内義雄を自派の会長とし、櫻内が衆議院議長になると、渡辺美智雄を指名した。中曽根派が渡辺派に衣替えしたことで、「三角大福中」の派閥はすべて世代交代を終えた。中曽根は渡辺の次に山崎拓を想定していたともいわれる。

復党の契機となったのは、湾岸危機での人質救出であった。中曽根は湾岸危機に際してイラクを訪れ、一九九〇（平成二）年一一月四日から六日に計三回、フセイン（Saddam Hussein）大統領と会談したのである。中曽根は通産相時代にフセインと交渉し、石油の買い付けと借款を約していた。一六年ぶりの会見を経て、中曽根は人質七四人を救出する。

二〇〇三（平成一五）年に議員を退いてからも、中曽根はライフワークの憲法改正に意欲を示した。二〇〇五（平成一七）年には自民党の新憲法起草委員会に加わり、前文の小委員長として原案を練り上げた。独自の改正案には、「防衛軍」保持を明記した。中曽根は二〇〇七（平成一九）年に超党派の自主憲法期成議員同盟会長に就任し、憲法改正の手続きを定めた国民投票法案の成立を支援している。

注

（1）長谷川和年／瀬川高央・服部龍二・若月秀和・加藤博章編（二〇一四）『首相秘書官が語る中曽根外交の舞台裏――米・中・韓との相互信頼はいかに構築されたのか』朝日新聞出版、一二九頁。

(2) 中曽根康弘（二〇〇四）『自省録——歴史法廷の被告として』新潮社、一〇九—一一五、一一九、一六六—一六九頁、
(3) 同右、一一九頁。
(4) 中曽根康弘（二〇〇五）『戦後政治』読売新聞社、五五—五七頁。
(5) 中曽根康弘／中島琢磨・服部龍二・昇亜美子・若月秀和・道下徳成・楠綾子・瀬川高央編（二〇一二）『中曽根康弘が語る戦後日本外交』新潮社、四二二—四二五頁。
(6) 中曽根康弘・伊藤隆・佐藤誠三郎（一九九六）『天地有情』文藝春秋、五六一—五六三頁。
(7) 世界平和研究所編（一九九五）『中曽根内閣史 資料篇』世界平和研究所、四三五頁。
(8) 中曽根（二〇一二）四一八—四二〇、四五八—四五九頁。
(9) 中曽根康弘（一九九七）『リーダーの条件』扶桑社、六八—六九頁。
(10) 中曽根康弘（二〇〇〇）『二十一世紀 日本の国家戦略』ＰＨＰ研究所、二五六—二五七頁。
(11) 近代日本史料研究会（二〇〇八）「國廣道彦オーラルヒストリー」下巻、近代日本史料研究会、一〇〇頁。
(12) 中曽根（二〇一二）四八一—四八五頁。
(13) 中曽根康弘（一九八七）「総理官邸を去るに際して」『文藝春秋』一九八七年一二月号、一〇四—一〇六頁。
(14) 中曽根康弘・竹村健一（二〇〇三）『命の限り蝉しぐれ』徳間書店、三頁、山岸一平（二〇〇八）『昭和後期一〇人の首相——日経の政治記者が目撃した「派閥の時代」』日本経済新聞出版社、二一五頁。

参考文献

神田豊隆（二〇一三）「一九八〇年代の冷戦と日本外交における二つの秩序観——中曽根政権の対中外交を軸として」『アジア太平洋討究』第一九号。

佐道明広（二〇〇三）『戦後日本の防衛と政治』吉川弘文館。

瀬川高央（二〇一六）『米ソ核軍縮交渉と日本外交——ＩＮＦ問題と西側の結束 一九八一—一九八七』北海道大学出版会。

添谷芳秀（二〇〇五）『日本の「ミドルパワー」外交——戦後日本の選択と構想』ちくま新書。

戸部良一・寺本義也・野中郁次郎編著（二〇一四）『国家経営の本質』日本経済新聞出版社。

中島琢磨（二〇〇八）「中曽根康弘——冷戦期の日本外交の帰結点」佐道明広・小宮一夫・服部龍二編『人物で読む現代日本外交史——近衛文麿から小泉純一郎まで』吉川弘文館。

中曽根康弘（一九九二）『政治と人生——中曽根康弘回顧録』講談社。

中曽根康弘（二〇〇四）『自省録──歴史法廷の被告として』新潮社。

中曽根康弘・伊藤隆・佐藤誠三郎（一九九六）『天地有情』文藝春秋。

中曽根康弘／中島琢磨・服部龍二・昇亜美子・若月秀和・道下徳成・楠綾子・瀬川高央編（二〇一二）『中曽根康弘が語る戦後日本外交』新潮社。

長谷川和年／瀬川高央・服部龍二・若月秀和・加藤博章編（二〇一四）『首相秘書官が語る中曽根外交の舞台裏──米・中・韓との相互信頼はいかに構築されたか』朝日新聞出版。

服部龍二（二〇一五）『中曽根康弘』中公新書。

若月秀和（二〇一二）『大国日本の政治指導　一九七二〜一九八九』吉川弘文館。

第Ⅲ部　日本の変動期

第13章　海部俊樹

——平和国家の理念の下での国際貢献の模索——

折田正樹

〈略歴〉

一九三一（昭和六）年一月　愛知県に生まれる。
一九六〇（同三五）年一一月　衆議院議員初当選。
一九七四（同四九）年一二月　内閣官房副長官。
一九七六（同五一）年一二月　文部大臣（福田内閣）。
一九八五（同六〇）年一二月　文部大臣（第二次中曽根内閣）。
一九八九（平成元）年八月　自民党総裁。
同月　内閣総理大臣（第七六代）。
一九九〇（同二）年二月　内閣総理大臣（第七七代）。
一九九一（同三）年一一月　内閣総理大臣辞任。

海部首相就任当時国際情勢は大きく動き冷戦構造は終焉に向っていたが、アジアなどには不安定要因が残っていた。日本の経済規模は世界第二位となり政府開発援助（Official Development Assistance, ＯＤＡ）の額では第一位となった。同首相は世界で経済的存在感を増した日本は単に経済面だけでなく、政治面でも相応の役割を果たすべきであるとし、経済摩擦はあっても同盟関係にある米国をはじめ西欧、アジア諸国などと協力し、とくにアジア・太平洋地域の安定と繁栄のため国際貢献をなすべきであるとの考えを強く持っていた。

冷戦後の新たな国際秩序が模索されていたときに、突如イラクのクウェートへの軍事侵攻が起きた。武力による現状変更に対して、国際社会は武力行使の可能性を選択肢に含めながら平和回復を求め、結局、多国籍軍の武力行使に至り、湾岸危機が湾岸戦争となった。日本はどのような国際貢献をなすべきかの課題に直面した。同首相は、困難な過程を経て「平和国家の理念」を堅持しつつ、憲法下で可能と考えられる案として国連平和協力法案を提案し、多国籍軍へ資金協力を行うこととした。法案は結局廃案となり、資金協力については巨額でありながら大きな評価が得られなかった。

しかし、「一国平和主義」「一国繁栄主義」であってはならないとの認識が国民の間に広まり、停戦成立後の掃海艇派遣、成立は次期宮沢喜一内閣の時となったが国際平和協力法（PKO法）案の提案につながって行くことになった。

1　当時の国内外政治状況

(1)　国内政治状況

一九八九年は激動の年であった。一月に昭和天皇が崩御し、昭和から平成時代となった。六月には竹下登首相が辞任した。前年に消費税の導入が決まった一方で、政治家に対するリクルート未公開株譲渡問題が発覚、不透明不公正な「政治とカネ」の問題の象徴となるなど政治不信が高まったためであった。自民党首相は同党の派閥間の抗争や協調により派閥の領袖が総裁、首相に選出されてきたが、竹下首相の後任はリクルート問題には無関係で派閥の領袖ではない宇野宗佑首相が選出された。しかし、同首相の女性スキャンダル報道などもあって七月の参議院選挙で自民党は大敗、参議院では社会党が第一党となり、国会は衆参で第一党が異なる「ねじれ状態」となった。宇野首相は在任期間六九日で辞任した。

後任は派閥の領袖ではない昭和生まれの若手政治家の海部首相が急遽選出された。同首相が政治改革を推進し、「クリーンなイメージ」により自民党の「顔」となることが期待された。八月の首相選出は参議院では社会党の土井たか子委員長が指名され、衆議院で指名された海部首相が首相に選出されるという異例の事態となった。長期間政権政党であった自民党内では依然として派閥が隠然たる力を有し、政権を失うとの危惧を有しながらも本来ならば政権を担当するのは自分だとする派閥の領袖とその支持者が蠢いており、小派閥出身の海部政権の支持基盤は弱く短期暫定政権ではないかと評されることが多かった。

（2）国際政治状況

国際社会は冷戦構造の終焉を迎える歴史的に激動の時代にあった。一九八五（昭和六〇）年に成立したソ連のゴルバチョフ（Mikhail Gorbachev）政権の「ペレストロイカ」政策と新思考外交により、ソ連、東欧に民主化、自由化のうねりが押し寄せた。一九八九（平成元）年一一月にベルリンの壁が崩壊し、同年一二月にはマルタの米ソ首脳会談で冷戦終了が宣言された。東欧では次々と社会主義体制が崩壊した。その後ソ連は一九九一（平成三）年八月の保守派のクーデター失敗を経て同年一二月には崩壊した。また、一九九〇（平成二）年一〇月には東西ドイツが統一した。欧州共同体（European Community、ＥＣ）は更なる統合へと動いていた。かかる事態の進展は当事者の予測を超えるものであった。アジアでは一九八九（平成元）年六月に中国で天安門事件が発生し、中国の動向が注目された。また、一九九〇（平成二）年八月のイラクのクウェートへの突然の軍事侵攻は国際社会にとって想定外のことであった。

（3）海部首相の前任者宇野首相の外交

竹下内閣では外相であった宇野首相は、所信表明演説で前内閣の「平和のための協力推進」、「ＯＤＡの拡充」、「国際文化交流」の三つの柱からなる「国際協力構想」を引き継ぐ旨明らかにした。

就任直後に中国で天安門事件が起きた。七月のフランスでの先進主要国首脳会議（サミット）では、東欧情勢、ソ連情勢とともに天安門事件に関する対中政策が重要な議題となった。主催国のフランスなどは人権の観点から中国に対して厳しい制裁措置を講ずるなど強い態度で臨むべきであると主張した。宇野首相は人民に銃を向けるようなことはあってはならず遺憾であるとする一方で、中国を改革開放路線の変更に追いやり孤立化させることは避けるべきであると主張し、政治宣言では日本の主張が一定程度反映されるものとなった。また、サミットの際のブッシュ（George W.

Bush）米大統領との会談では日米構造協議を行うことが合意された。

2　海部内閣の主要外交目標

海部内閣の最大課題は国民の政治への信頼回復と政治改革であった。同時に、海部首相は最初の所信表明演説（一九八九（平成元）年一〇月）で日本が世界のために果たすべき役割を点検し世界の平和と繁栄のため「汗を流す志ある外交」を展開することを第二の課題として掲げた。

（1）日本の役割の提示

冷戦構造の終焉へと向かっている国際社会で求められていることは、とくに社会主義諸国の民主化の動きの定着と安定した東西関係の構築及び安定し均衡した国際経済秩序であるとし、日本は責任ある国家として進むべき道筋を示さなければならないとした。そして、軍事大国への道を歩まず、国際平和と軍縮、繁栄の目標に向けて主体的に貢献する方針であることを強調し、竹下内閣以来の「国際協力構想」には積極的に取り組むとした。

（2）日本の政治的役割

戦後の日本は最小限の自衛力と日米同盟により安全保障を確保しつつ、経済発展に全力を注ぎ、経済規模は米国に次いで第二位になり、一九八八（昭和六三）年には世界の一四％を占めるに至った。当時の主要国の経済規模は、日米欧で世界の六・五割、日米で四割を占めるといわれた。日本はサミットや多角的貿易交渉などで国際経済運営上一定の役割を果たし、途上国支援ではＯＤＡの供与額を急速に増大させ、一九八九（平成元）年には世界で最大規模になった。経済的存在感が増大した日本は経済面だけでなく「平和のための協力推進」という人的役割を含め政治面でも国力に相応しい責任と役割を果たすべきであるというのが基本的考え方であった。

（3）米国、欧州、アジア諸国との関係

国際貢献の対象として主として考えられたのはアジア・太平洋地域の政治的安定と経済発展であった。この地域には冷戦の残滓があり、日本としては、たとえばカンボジアの和平達成のため政治的役割を果たし復興のために協力をすること、また、中国が改革開放路線を継続し、国際秩序造りで肯定的な役割を果たすよう協力することが目標であった。また、東欧の民主化、市場経済化を側面から支援することも目標であった。

また、国際的役割を果たすために、基本的な価値を共有し同盟関係にある米国と確固たる協力関係を築くとともに、西欧の先進諸国との関係を強化し、日米欧の関係を全体として促進することも重要な外交目標であった。

他方、西側先進国との間では、日本の急速な経済進出に伴い経済摩擦が生じていた。とくに米国との間では大きな問題となっており、早急な処理が喫緊の外交目標であった。

3　主要外交課題の展開

（1）日米構造協議

海部首相は、日米関係は日本外交の基軸と考え、最初の海外訪問として一九八九（平成元）年九月に訪米し、ブッシュ大統領と首脳会談を行った。米国は財政赤字とともに巨額の貿易赤字を抱え、対日貿易赤字は赤字総額の四割以上であったことを背景として米国内では対日批判、日本の経済力の急速な増大への警戒心があった。ソ連の軍事力より日本の経済力の方が脅威であるとの見方もあった。日本側でも「外圧」により問題の解決を迫る米側への批判が大きくなっていた。米国は包括通商法三〇一条（スーパー三〇一条）による一方的な制裁措置を示唆しながら経済貿易問題の解決を迫り、日本はこれに反発していた。

首脳会談では、経済摩擦はあっても全体としての日米関係は良好に維持すべきであるとの認識に立ち問題解決に努力すること、日米安保体制を堅持し、グローバルな課題に協力することを確認した。個別貿易案件の解決の努力とともに、

構造協議を行うとの合意が確認された。この会談は、両首脳間の良好な個人的関係を樹立し、その後電話などにより連絡し合うこととなり、両政府間の意思疎通を促進することになった。

翌九〇（平成二）年二月の総選挙で自民党が勝利した直後に、ブッシュ大統領より海部首相に対し直接電話で首脳会談の提案があり、急遽三月初めに米国西岸で会談が行われた。構造協議は加速され中間報告を経て、同年六月には最終報告が出された。従来の貿易交渉とは異なり、国内の構造問題を協議対象とするもので、当初米側は日本国内の構造問題について協議しようとしたが、日本側の主張により日米双方通行でそれぞれの国の構造問題を協議することとなった。日本側関係官庁、関係業界は多岐にわたり、海部首相の下で官邸主導型の取りまとめ作業が行われた。協議は難航した。

日本側には大規模小売店舗規制、排他的取引慣行、公共投資額の問題などもあって調整は容易ではなかったが、海部首相は国内に対しては国民生活の質を高め、消費者の利益になる改革を進めるものであり、内需主導型の経済構造を定着させ、輸入大国を目指すと説得に努めた。ブッシュ大統領に対しては、電話会談も利用して、米国の構造問題たる財政赤字の縮小などを求め、一方的な措置は認めないとの主張をし、中間報告発表後は米国内に残っていた一部の不満を抑えるように強く要請した。

協議の結果については双方とも完全に満足したとはいえないものの、最終報告後は日米の経済摩擦は表面上沈静化したようにみえた。個別貿易案件の解決の努力とともに構造協議を終了させ、日米間の雰囲気を改善させた点では、危機管理に成功したといえる。

（2）湾岸戦争

①イラクの軍事侵攻

一九九〇（平成二）年七月のサミットの主要な議論は、冷戦後の国際秩序を模索するもので、二〇世紀最後の十年は民主主義の十年になろうと謳われた。冷戦構造の重石がとれることにより地域紛争が表面化する懸念はあったものの楽観的な雰囲気があった。しかし、サミット終了間もない八月二日イラクが突如クウェートを軍事侵攻し併合する事態となり、湾岸危機となった。イラク・クウェート間の石油資源をめぐる紛争は知られてはいたが、軍事侵攻までは予測されておらず、国際社会にとっては不意打であった。

「武力行使による現状変更は認めない」との国際秩序の基本的な原則に明白に違反し、石油資源が豊富で歴史的、文化的に複雑な利害関係の絡む湾岸地域の平和を一挙に崩すものであった。米国、西欧諸国など多くの国は軍事侵攻を容認できないとする立場を明確にした。緊急国連安保理が開催され、決議によりイラクを国際平和の破壊者と認定し、即時無条件撤退を要求した。その後、経済制裁措置など累次の決議が採択された。

イラクのサウジへの侵攻が危惧され、米国は急速に軍隊を展開し、英国、フランスなど西欧諸国、アラブ諸国なども湾岸地域に軍隊を展開した。これらの軍隊は多国籍軍といわれ、米国が主導した。イラクはクウェート支配の既成事実化を進めた。同年一一月、安保理は、翌九一（平成三）年一月一五日を期限としてイラクが撤退しない場合には、決議履行のために「あらゆる必要な手段」をとる権限を各国に与える決議を採択した。

翌年一月には米・イラク外相会談、国連事務総長のイラク訪問もあったが、イラクは撤退せず、一五日の期限を迎えた。一七日多国籍軍のイラク空爆が開始され湾岸戦争となり、二月二三日からは地上戦となった。同月二七日クウェートは解放され、ブッシュ大統領は、武力行使停止を宣言した。多国籍軍には二八ヵ国が参加した。

次々と採択された安保理決議は、国連憲章七章の下、イラクを国際平和の破壊者と認定し、国際平和の回復を求めたものであった。冷戦下では拒否権のためこうした決議の成立は困難であったが、安保理は国際社会が従うべき規範を示し、最終的には各国に武力の使用を含む措置をとる権限を与えたという意味で重要な機能を果たした。

②日本政府の立場

湾岸危機は、現実に発生した武力による明白な国際法違反行為に対して、日本が国際社会の中でどのような役割を果たすべきか、日本の自主的判断を求めるものであった。日本の同盟国であり国際的な共同行動を主導した米国との関係、先進民主主義国の一員としての視点からも考える必要があった。また、日本は湾岸地域に原油輸入の七割以上を依存しており、この地域の平和と安定は日本自身のエネルギーの安定供給確保の上でも極めて重要なことであった。日本にとっては、戦後最大の試練であったといえよう。

日本政府は、イラクの軍事侵攻直後に、イラクを強く非難するとの立場をとり、クウェートよりの撤退を求め、経済制裁については安保理決議の採択を待たずに直ちに実施した。米国からはブッシュ大統領の海部首相への電話連絡などにより、国際的共同行動が必要であり、日本の支援を期待するとの要請があった。米国などは軍隊を急速に展開し現地への輸送などを緊急に必要としていた。八月二九日、海部首相は、湾岸地域の平和回復活動に対する貢献策として多国籍軍に対する輸送協力、物資協力、医療協力、資金協力を行うこと、経済的損失を被った中東関係諸国に対する支援を行うことを発表した。日本として資金協力だけでなく人的貢献も行うべきとの考えに基づくものであった。

資金協力の額は翌日に一〇億ドル、九月には更に一〇億ドルを発表した。また、中東関係諸国に対する支援の額は九月に二〇億ドルの用意があることを発表した。

③国連平和協力法案の経緯

物資協力や輸送協力に関しては日本の物資を民間企業に依頼して輸送することもあったが、リスクを伴う活動に必要な形、規模で民間企業などを動員することは困難であった。政府は、戦闘には参加しない後方支援として、多国籍軍に対して輸送、物資、医療などの面で組織的に協力するための根拠法として国連平和協力法案の検討を行った。八月の貢献策の発表の際には、自衛隊法を改正して自衛隊を派遣することを考えているのかとの質問に対して、海部首相は「自衛隊の海外派遣は考えていない」旨答え、自衛隊の直接派遣には消極的姿勢をみせた。

一〇月に国会に提出された法案は、憲法の枠内で、自衛隊員などが自己完結力をもった人的協力を組織的に行うためのもので、自衛隊員の場合は自衛隊員の身分を有したまま、戦闘組織ではない「平和協力隊」という別組織に参加して多国籍軍に対する後方支援を行うことを可能にし、併せて、国連の平和維持活動への参加も可能にするもので、武力による威嚇または武力の行使は伴わないものとした。法案は、海部首相の下で、関係閣僚、党幹部、政府幹部の間で行われた短期間の議論の結果作成されたものであった。

休職した自衛官、引退した自衛官、募集したボランティアを派遣する案、自衛隊とは別の平和協力隊を創設する案も出たが、喫緊の事態に対応できるものではなかった。これまで「平和のための協力推進」として実施したのはナミビアの制憲議会選挙、ニカラグアの選挙監視への要員派遣のような非軍事的活動への少人数の文民派遣にとどまっていた。外務省内部では和平達成後の国連の平和維持活動への自衛隊派遣の可能性について若干の検討はなされてはいたが、結論は出ていなかった。そして安保理決議に従っての軍事行動があり得る多国籍軍に対し、どのような協力ができるかという議論はなされておらず、既存の枠組みでは対応できなかった。自民党の中には、国連の集団安全保障として行われる「国連軍」への参加は憲法では禁じられていないとの議論、憲法解釈を変更し自衛隊法を改正して多国籍軍に自衛隊を協力させるべきであるとの意見も主張された一方で、いったん自衛隊の派遣を認めれば次々と自衛隊の活動が拡大してしまうといった「蟻の一穴論」のような議論を主張し自衛隊の派遣にはいっさい反対であるとするものもいた。

法案提出後の国会での議論は、国際情勢の現状をどう判断し、日本は何をなすべきかというものより、多国籍軍への後方支援は自衛隊の海外派兵であり憲法に反するとの議論、また、あたかも自衛隊が戦闘目的のため海外に派遣されることになるとの議論、過去の軍国主義の再来であるかのごとき議論がなされた。国会質問等の形で提示されたこれらの議論は大きく報道された。結局この法案は世論でも反対が強かった(1)。国会審議は紛糾し法案は一一月に廃案となって、法案に基づく多国籍軍に対する人的後方支援は実現しなかった。

④多国籍軍の武力行使とその後の対応

一九九一（平成三）年一月に始まった多国籍軍の武力行使について、日本政府はイラクの侵攻を排除し平和を回復する最後の手段としてとられたとして確固たる支持を表明した。米国等に新たな需要が生じていることを勘案して、同月二四日に多国籍軍に対する九〇億ドルの追加支援（財源としては石油税、法人税及びたばこ税の臨時増税）を決定し、発表した。国会では、フセイン（Saddam Hussein）も悪いがブッシュも悪い、この資金は戦費ではないか、戦争に加担し憲法に反するのではないか等の議論も行われた。結局、戦闘終了後の三月六日に関連法案が国会で可決され、九〇億ドルが追加して拠出された。

人的支援も検討が続けられ、自衛隊による協力として湾岸周辺地域での避難民輸送のために現行自衛隊法の下で自衛隊機の派遣を可能にするための政令が制定されたが、実際の需要は生ぜず、自衛隊機の派遣はなされなかった。

掃海艇派遣についても検討の結果、停戦が正式に成立した後の同年四月二四日に海上自衛隊の掃海艇の自衛隊法に基づく派遣が決定された。掃海艇四隻、掃海母艦一隻、補給艦一隻（人員計五一〇名）は、同月末に出港し、ペルシャ湾において機雷掃海作業を実施し一〇月に帰国した。停戦成立後のことであり、武力の行使を目的にするものではなく、憲法の禁止する海外派兵ではないと解されたものであった。訓練以外の目的で自衛隊が海外に派遣されたのは初めてのことだった。

⑤政策決定過程と評価

日本政府の政策決定過程は全体として受身のものであり、現地情勢の把握、安保理の議論、米国の要請、各国の立場を確認して、それに対してどのように対応すべきかの議論に終始した。交渉で平和的に解決するよう海部首相自ら中東歴訪中イラクの副首相と会談したり、一九九〇（平成二）年一二月にはイラクのフセインに書簡を発出し平和的解決の決断を促したり、各国の首脳や国連事務総長と頻繁に意見交換を行ったほか、各レベルの外交活動は行ったものの事態解決には至らなかった。

多国籍軍へは、合計一一〇億ドルの巨額な資金協力を行うこととなったが、具体的な資金需要が明らかではない状況下での金額の決定は容易なものではなく、発表のタイミングの問題もあって、米国内では「少なすぎる、遅すぎる」と揶揄された。また、人的貢献がなかったとして国際社会から大きな恩恵を受けていながら「カネだけで血どころか汗も流さない」などと非難された。日本政府の憲法の制約の議論も言い訳に過ぎないと評されたこともあり、米議会では対日非難決議も出された。湾岸危機により、日米関係は一時的にせよ危機的状況をもたらした(2)。

追加九〇億ドルの支払は戦闘の終了後ではあったが、資金供与は増税によるものでドイツ等と比して大きな額であり、米軍の活動の相当部分は日本の資金手当てによるものであった。また、掃海艇派遣は実績をあげ、専門家の間では高く評価された。しかし、こうしたことは国際世論形成の上では限定的だった。当時の日本政府の対応について、日本国内では日本政府は強圧的な態度に出る米国ばかりをみているとの反発があった一方で、「日本の敗北(3)」ともいわれた。クウェート解放後、クウェート政府が米紙に解放に協力した諸国の名を列挙して感謝する広告を出したが、日本の名前がなかったことは日本では衝撃的なことと受け止められた。日本は対日批判に過敏に反応するところがあり、対日批判は日本のマスコミで大きく取り上げられた。米側には、こうした雰囲気を利用し、日本の対応は不十分だと日本側に強く認識させようとしたことがあったことは否めない(4)。

日本の国際貢献については、日本の世論の動向は次第になすべきことはなさなければならないという方向に動き、掃海艇の派遣の際は自衛隊の海外派遣を容認する率が非常に高くなった(5)。

⑥国際平和協力法案（ＰＫＯ法案）の作成

一九九〇（平成二）年一一月に国連平和協力法案が廃案となった際に、自民党主導の自民、民社、公明党間の協議により、国連中心の国際社会への物的、人的協力が必要であるとし、国連の平和維持活動に協力する組織をつくることが合意された。

多国籍軍とは性格が異なる国連の平和維持活動（ＰＫＯ）、すなわち成立した和平の維持のための活動への協力を対象とするもので、日本政府が積極的に取り組んできたカンボジアの和平達成の見通しが出てきており、和平達成後は日本政府として積極的に人的分野でも協力したいとの考えが背後にあった。国連平和協力法案の際とは異なり、三党合意に基づき民社党、公明党とも協議の上、ＰＫＯ法案が作成され、一九九一（平成三）年九月臨時国会に提出された。国連ＰＫＯ及び人道的な国際救援活動に自衛隊、文民警察等が参加することを可能にするもので、自衛隊が参加する際には自衛隊として参加するものであった。

しかし、同じ国会に提出された政治改革法案の扱いがきっかけとなって、海部首相は辞任することになり、法案の成立は次期宮沢内閣の時となった。

⑦軍備管理に関する主張

湾岸危機の背景には、冷戦時代にイラクに対して東西双方の側が武器を大量に輸出したこと、イラクに生物化学兵器のような大量破壊兵器が密かに蓄積されたことがある。海部首相はこの問題を国際社会で積極的に取り上げ、湾岸危機発生後の一九九〇（平成二）年九月ニューヨークでの講演で、大量破壊兵器やミサイルの不拡散体制の強化、武器輸出規制のメカニズムの整理強化の必要性を説き、湾岸戦争後の一九九一（平成三）年五月には日本政府が招請し京都で開催した国連軍縮会議において通常兵器の移転問題、大量破壊兵器の不拡散の取り組み強化を主張、同年七月のサミットでも主張し、八月の中国訪問の際には中国の協力を求めた。結局、同年国連において日本及び欧州諸国の共同提案により議論がなされ、国連軍備登録制度が設立された。七つの分野の通常兵器の輸出入などを国連に登録するもので、義務的なものではないにしても武器移転の透明性と信頼醸成が図られることとなった。

また日本政府はＯＤＡ実施に当たって被援助国の軍事支出などの動向に十分配慮するとの方針を立て、一九九一（平成三）年四月に援助と軍備管理を連関させるため、被援助国の軍事支出、大量破壊兵器やミサイルの開発状況、武器輸出入の動向などを審査するという新たな実施基準を定めた。この方針は後のＯＤＡ大綱の原則へ継承されていった。

（3）近隣アジア諸国との関係

天安門事件後の対中関係については、日本政府は中国に対して人権の問題は指摘しつつ、中国を孤立に追い込むのではなく改革開放路線を推進していくよう慫慂し、サミットなどの機会には海部首相自ら各国首脳の理解を求め、各国に説明した上で円借款供与の凍結解除へと動いた。一九九一（平成三）年八月には天安門事件後西側先進国の首脳として初めて訪中した。中国側よりは、改革開放路線の堅持が示されるとともに、日本がサミットなどの場で中国の立場を理解する発言をしたことを評価する旨が述べられた。

韓国については、過去の歴史の問題に一区切りをつけ、将来に向けて新しい関係を構築すべきであるとの考えに立ち、一九九〇（平成二）年五月の盧泰愚《ノ・テウ》大統領の訪日、翌九一（平成三）年一月の海部首相の訪韓を通じて、サハリン残留韓国人問題、指紋押捺問題の処理に取り組むとともに、海部首相は「過去の一時期、朝鮮半島の方々がわが国の行為により、耐え難い苦しみと悲しみを体験されたことについて、謙虚に反省し、率直におわびの気持ち」を述べた。天皇は「痛惜の念」を語られた。盧大統領は、歴史的な認識の核心は解決されたと表明し、未来志向の日韓協力への取り組みが確認された。しかし、海部内閣の後慰安婦問題が大きく取り上げられ、両国関係は歴史問題に引きずられることとなった。

カンボジアについては、和平プロセスが進み、国内の停戦が守られるよう、日本政府は、米国、中国、フランス、タイなどとも協力し、一九九〇（平成二）年六月には東京会議を開催しカンボジア各派に働きかけた。海部首相は各国首脳と連絡を取りながら、各派の代表に東京や訪問先のタイにて直接働きかけた。一九九一（平成三）年一〇月には和平協定が成立するに至った。

（4）先進民主主義国との協力

一九九〇（平成二）年七月のサミットでは、ソ連の改革の動き、東欧の民主化、対中政策などが議論された。当時のソ連、東欧の動きは、先進民主主義国の共通の価値の拡大を示し、また、米ソ間の軍縮交渉などの劇的変化の可能性をもたらすもので、先進民主主義国との意見交換は重要であった。翌九一（平成三）年七月のサミットでも東欧の民主化、市場化への支援、ソ連の正しい方向への努力への支援が議論された。海部首相は一九九〇（平成二）年一月に東欧を訪問し、ポーランド、ハンガリーへの技術協力、金融支援を表明し、米国や欧州諸国に評価された。

ソ連に関しては、一九九一（平成三）年七月のサミットではゴルバチョフ大統領を招き、サミット側はソ連の一層の政治改革、経済改革を求めるとともに技術的支援やソ連の国際通貨基金（ＩＭＦ）などとの連携強化についての支援を行うことになった。ソ連においては同年八月に保守派によるクーデター事件が発生し、海部首相はブッシュ大統領や他のサミット国首脳と頻繁に電話会談を行い、情報交換と政策の調整が行われた。

また、日米欧の三極の中で関係が十分ではなかった日欧の関係強化の必要性が双方に認識され、一九九一（平成三）年七月海部首相の訪欧の際に、ＥＣ首脳と会談し、大所高所からの政策協議を行う定期首脳協議を行うことが合意された。欧州においては、湾岸危機のさなかの一九九〇（平成二）年一〇月に東西ドイツが統一し、ＥＣが更なる統合に向けて動き始めており、日本にとってはＥＣとの間で、とくに政治的な問題についての意見交換が必要となる時期であった。

(5) 日ソ交渉

対ソ連関係は、日本には北方領土問題があったために、他の西側先進諸国と同様な立場をとることは困難な面もあったが、竹下内閣の時代より、日本政府が長い間とっていた「政経不可分」の原則を若干軌道修正して「拡大均衡路線」を採用していた。一九九〇（平成二）年七月のサミットでは海部首相は、ソ連の新思考外交の展開を歓迎するも新思考外交が日本に対しては及んでいないとの主張を行い、議長声明に「日ソ関係正常化の上で不可欠な措置としての北方領土問題の早期解決を支持する」との一文が挿入され、経済宣言の中でも北方領土問題の解決が日本政府に有する重要性に留意するとされた。

一九九一（平成三）年四月にはゴルバチョフ大統領が訪日し、長時間にわたり首脳交渉が行われた。領土問題については、共同声明に北方四島の名称を挙げて領土画定の問題の解決を含む平和条約締結に関する話合いが行われたこと、平和条約が領土問題の解決を含む最終的な戦後処理の文書であるべきことが書き込まれた。「歯舞群島、色丹島」に加え「国後島及び択捉島」が明記されたのは日ソ間の文書では初めてのことで、「突破口は開けなかったが、そのための重要な契機となった」との評価ができる。[6]

なお、ブッシュ大統領は、ゴルバチョフに対し北方領土を解決し日ソ関係を正常化することの重要性を表明している。

4　海部首相の外交思想

(1) 日本の役割

海部首相は、国際社会の中で日本は責任ある国家として国力に相応しい役割を果たす「汗を流す志ある外交」を行うべきであるとの考えを有し、所信表明演説を始め多くの機会に表明した。[7]それは、次のような認識に基づくものであったと考えられる。

日本が今や豊かな国となったのは、自由、平和、民主主義、基本的人権の尊重の上に、国民が努力した結果であり、更に公正で心豊かな社会の実現を追求する時代となった。これらを踏まえて国際的な役割を果たすべきである。目指すべき国際秩序は、①平和と安全が保障され、②自由と民主主義が尊重され、③開放的な市場経済体制の下での繁栄が確保され、④人間らしい生活のできる環境が確保され、⑤対話と協調を基調とする国際関係が樹立されるものである。

日本の積極的な貢献は当然の責務であり、自らなし得る努力を怠れば、国際的孤立化への道を歩むこととなる。日本は外国から身勝手、無責任な「一国平和主義」「一国繁栄主義」とみられるようになってはならない。

（2）日米関係、日西欧関係及びアジア・太平洋地域の信頼確保

①冷戦構造の終焉などの激変は自由、民主主義、市場経済といった基本的価値が優れていることを示している。日本が戦後基本的な価値を共有する米国との同盟によって安全保障を確保するという選択を行ったことは正しかった。日米関係は日本外交の基軸である。日本の発展は、米国がかつては敵国であった日本の安全を保障するとともに日本に対して寛大な経済援助等を行ったからであった。ソ連の力が弱くなった結果、国際社会の中で米国は唯一の超大国となったかもしれないが、国際社会の諸問題は米国のみで解決できるものではなく、日本は適切な責任と役割を果たすべきである。日米安保条約は、日本の安全のみならずアジア・太平洋地域の平和にとっても不可欠であり堅持する。

日米は、時には競争者の関係でもあるが、経済問題を解決して日米関係を強化し、世界の諸問題に共同して取り組まなければならない。国連を活用するとともに、これまで価値を共有しながらも、関係が十分に緊密ではなかった欧州の国々との関係も強化し、協力しなければならない。欧州が統合へ向かうことも考慮しなければならない。

②アジア・太平洋地域の平和と安定、繁栄の推進のため、役割を果たさなければならない。アジアは経済成長がめざましいものの多様な国が存在し、冷戦の残滓があり、不安定要因も多く残っている。この地域で政治的役割を果たす上

で重要なことは、各国の信頼を確保することであり、軍事力によって問題を解決しないとの立場を改めて明確にすることである。日米安保条約は、アジアの近隣諸国からみれば日本が専守防衛に徹していることを示すことにもなっている。

（3）憲法の平和主義と歴史認識

海部首相は、憲法の平和主義、日本の過去の歴史認識について、繰り返し明らかにした。一九九一（平成三）年五月のシンガポール演説では、日本はアジア・太平洋地域において、経済分野のみならず政治の分野でより積極的な役割が期待されているとするとともに、「多くのアジア・太平洋地域の人々に耐えがたい苦しみと悲しみをもたらした我が国の行為を厳しく反省」し、「そのような悲劇をもたらした行為を二度と繰り返してはならないと固く決意し」、平和国家の理念と決意を政策に反映するよう努力してきた。日本がどのような貢献ができるかを考えるに当たっては日本が過去の行動についての深い反省に立って、正しい歴史認識を持つことが不可欠であるとしている。同年八月の北京演説でも、「過去の戦争に対する厳しい反省の上に立って、真の平和国家に生まれかわり、二度と戦争は起こさないと決意」していると述べている。

政治的な国際貢献をするに当たっては日本の過去の行為についての厳しい反省の上であることを強調することにより、残っているかも知れない対日不安感を除去し、日本が信頼のできる国であることを示したものである。韓国との関係は前記3（3）の通りである。

多国籍軍に対する協力に自衛隊を関与させる問題は、海部首相にとって憲法の平和主義とアジア近隣諸国の懸念の可能性にかかわる問題であり、国連平和協力法案の議論の際に、資金協力のみならず人的協力の必要性を唱えながらも、自衛隊の直接派遣に慎重だったのはそのためであったと考えられる。人的協力の方法として同首相の念頭にあったのは、かつて発足のため努力した非武装の青年海外協力隊のような文民組織であったようである。

また、海部首相は最大の政治課題の政治改革への取り組みに通ずることであるが、多くの人の意見を取り入れて政策決定をするタイプの政治家であった。首相が確固たる指導力を発揮して、必要なら憲法の解釈を変更してでも、自衛隊の直接派遣による多国籍軍の後方支援を実現すべきだったと論ずるものもあるが、自民党の中でさえ意見が割れており、国会では参議院の第一党の社会党が自衛隊の違憲論さえ唱えていたこと、また、当時のマスコミ報道、世論調査をみても、国内には多国籍軍に対する自衛隊による後方支援については最低限のコンセンサスも存在しなかった一九九〇（平成二）年秋の状況下でその実現は不可能であったと考えられる。臨時国会で審議した国連平和協力法案という重要法案が廃案になったにもかかわらず、自民党の中から政権基盤が弱いといわれた政権を交代させろという声が本格化しなかったのは、政治的に実現可能である他の選択肢を提示できる政権の登場は考えられなかったことを意味するのではないだろうか。

湾岸危機中、海部首相の指導力不足の指摘がなされ、世論の国連平和協力法案の支持率は極めて低かった。他方海部内閣の支持率をみると若干低下はしたが、それほどの低下ではなく、在任期間を通じてみても、支持率は最初の数カ月の期間を除けば概ね高かった。世論からみると海部首相の政策は概ね世論を反映しており、極端に走ることはないとの一種の安心感があったのではないか[8]。

（4）日本の理念の発信

理念の発信の点では、サミット等の場で、天安門事件後の対中政策について中国を孤立させてはならないということをアジアにおける新たな国際秩序形成の観点から積極的に主張したこと、北方領土問題についてソ連の新思考外交を極東にも及ぼす必要があるとの観点から各国首脳を説得したことがあげられる。

湾岸危機についてはその一因となったイラクに対する野放図な武器輸出の問題を取り上げ、軍縮会議や、サミットでも積極的に主張し、国連で国連軍備登録制度の採択に至ったことは評価できる。この点は国際平和のためには紛争予防の視点が重要であることを指摘したものといえる。

多くの首脳会談を行った海部首相は、相手国首脳と対等な立場で、率直に意見を交わし、各国首脳との信頼関係を築くことを信条とし、厳しい条件下にあってもそれを実行したことが諸首脳から評価された[9]。

5　日本外交史上の評価

日本外交史からみてその後に影響を与えることとなったのは湾岸戦争に対する対応であろう。冷戦構造の終焉を迎え、新たな国際秩序構築のため、国民の間に日本として行うべき国際貢献の重要性への理解を高める必要があった。海部首相は、国民に対し、国会での議論はもとより、街頭演説、公開討論を含め、多くの機会に日本は責任ある国家として国力に相応しい責任と役割を国際社会に対して果たすべきだと直接働きかけた。

冷戦後の国際社会は、武力による問題の解決ではなく、対話と協調によって秩序を築いていくこととなるであろうから、戦後日本が経済再建と発展によって得た多くの経験、知識、技術を、非軍事面で積極的に国際的に活用することにより貢献すべきだとの考えを有していた。

ところが、突然起きた湾岸危機は、国際社会の秩序に関するとともに、日本の安全保障や日本人の生活に直結する事態への非軍事面を超えた対応を迫るものであった。日本ではタブー視され、自らの問題として本格的に議論がされたことのない国際社会による武力の行使の可能性が議論され、日本としてどのように事態を判断するか、そして「平和国家の理念」の下それにどのようにかかわるのか、とくに自衛隊がどのようにかかわるのかについての判断が求められたものであった。

海部首相は、厳しい判断を迫られた。どのような選択肢があるかについて、政府として過去の経験の蓄積、処理するための制度的準備がない状況下でのことであった。最終的決定に至るまで、試行錯誤があり、時間がかかり、対応策については批判を招いた。多額の資金協力をしながら、海外の批判が強かったことには、日本国民も大きな衝撃を受けた。

こうしたことが、自衛隊の活用による国際貢献のあり方について、国民間の真剣な議論につながり、停戦成立後の掃海作業という自衛隊の海外派遣に道を開き、また、国連平和協力法案の挫折は、その後のＰＫＯ法、その他安全保障関係法等の成立につながったと考えられる。軍事力に関連する安全保障問題、自衛隊の活用についての議論を単にタブー視するだけではすまないとの認識を国民の間に広めることとなった。また、国連軍備登録制度へとつながる主張は「予防外交」の重要性を示す先駆けになったといえる。

また、政治的な役割を果たすに当たっては、各国の信頼を確かなものにするため、日本の政策は過去の歴史の厳しい反省の上に立って「平和国家の理念」の下実施するものであることを強調しようとしたことも特記して良いと考えられる。

安全保障上の役割は最低限にして既存の国際秩序を所与として恩恵を享受する経済路線は、日本の経済規模が小さいときは良かったが、大きくなったときは国際秩序の恩恵を享受するだけでなく、国際社会が払うべきコストを負担し、国力に相応しい責任を果たさなければならないという問題をつきつけられ、国民とともに対応したといえよう。国民に「一国平和主義」「一国繁栄主義」からの脱却の必要性を議論させることになったともいえる。

注

（1）一九九〇年一一月六日朝日新聞発表の世論調査では法案について賛成は二一％、反対は五八％で、自民党支持層においても賛成は三〇％、反対は四八％であった。

（2）村田良平（二〇〇八）『村田良平回想録』（下）ミネルヴァ書房、一〇八頁。

（3）手嶋龍一（一九九三）『一九九一年　日本の敗北』新潮社。

（4）村田、一一九。

（5）信田（七一）も指摘の通り、朝日新聞が一九九一年六月九日、一〇日に行った世論調査によれば七四％が自衛隊の海外派遣を容認しており、注（1）と比して自衛隊の海外活動に関して湾岸戦争後の世論は様変わりしている。

（6）東郷和彦（二〇〇七）『北方領土交渉秘録　失われた五度の機会』新潮社、一五〇―一。

（7）海部首相は国会での五回の所信表明演説で必ず外交に言及したが、海外においても多くの外交に関する政策演説を行った。代表的なものは、次の通り。八九年八月三十日サンフランシスコ、同年九月一日ワシントン、九〇年一月九日ベルリン、同年四月三〇日ニュー・デリー、同年七月一二日アトランタ、同年九月二八日ニューヨーク、九一年五月三日シンガポール、同年七月一〇日ボストン、同年八月一一日北京。

（8）一九九一年一〇月五日朝日新聞による海部内閣支持率の動き。
（支持率、不支持率の順　％）
八九年八月　三九対三五：同一〇月　四二対三七：同一二月　三五対四〇：
九〇年一月　三七対四一：同三月　四九対三二：同五月　五二対二八：
同七月　五六対二四：同九月　五六対二五：同一二月　四九対三二：
九一年二月　四七対三四：同六月　五〇対三二：同九月　五〇対二八

（9）ブッシュ大統領とは、とくに構造協議、湾岸危機の際には相当厳しいやりとりがあったが、首相退任の決意を電話で伝えるとブッシュ大統領は、「――残念だ。自分の友だちとしてよくやってくれた。――トシキは非常に率直で、誠実だった。」と述べている。（折田（二〇一三）：一六六）サッチャー英元首相（Margaret Thatcher）は、八九年九月の訪日の印象として、海部首相を「彼のことは良く知らなかったが、これまで会った控え目で内向きな日本の政治家とは全く異なっていた。彼は『政治は誠実さに始まり、忍耐が成功につながる』と述べた。全く異存がない哲学と感じた。」と述べている。（Thatcher（1993）：500）また、ゴルバチョフ元大統領は、その後彼が関与している会議の共同議長になってほしいとの依頼など海部首相に直接の連絡があったとのことであり、両者間の信頼関係を示していると考えられる。（政策研究院大学（二〇〇五）『C. O. E. 政策研究グループ　海部俊樹（元内閣総理大臣）オーラルヒストリー』（下）政策研究大学院大学、三四三―四。

参考文献

折田正樹（二〇〇九）「湾岸危機・戦争（一九九〇―九一年）と日本の対応」『法学新報　一一六巻三・四号』、九九―一二八頁。

折田正樹（服部龍二、白鳥潤一郎編）（二〇一三）『外交証言録　湾岸戦争・普天間問題・イラク戦争』岩波書店。

海部俊樹（一九九五）『志ある国家　日本の構想』東洋経済新報社。

海部俊樹（二〇一〇）『政治とカネ　海部俊樹回想録』新潮社。

国正武重（一九九九）『湾岸戦争という転換点』岩波書店。

栗山尚一（一九九七）『日米同盟　漂流からの脱却』日本経済新聞社。

信田智人（二〇〇六）『冷戦後の日本外交』ミネルヴァ書房。

政策研究院大学（二〇〇五）『C. O. E. 政策研究グループ　海部俊樹（元内閣総理大臣）オーラルヒストリー』（上）政策研究大学院大学。

政策研究院大学（二〇〇五）『C. O. E. 政策研究グループ　海部俊樹（元内閣総理大臣）オーラルヒストリー』（下）政策研究大学

院大学。

政策研究院大学（二〇〇五）『C. O. E. 政策研究グループ　栗山尚一（元駐米大使）オーラルヒストリー　湾岸戦争と日本外交』政策研究大学院大学。

丹波實（二〇一一）『わが外交人生』中央公論新社。

柳井俊二（二〇〇七）（五百旗頭真、伊藤元重、薬師寺克行編）『外交激変』朝日新聞社。

ウッドワード・ボブ（一九九一）『司令官たち　湾岸戦争突入に至る決断のプロセス』石山鈴子、柴田屋茂訳、文藝春秋。

Baker, James A.（1995）*The Politics of Diplomacy, Revolution, War & Peace, 1989-1992*, Putnam.

Thatcher, Margaret（1993）*The Downing Street Years*, Harper Collins Publishers.

第14章　宮沢喜一

——冷戦を越えた「吉田路線」——

村上友章

〈略歴〉

一九一九（大正　八）年一〇月　東京市生まれ（本籍地は広島県福山市）。
一九四一（昭和一六）年一二月　東京帝国大学法学部政治学科卒業。
一九四二（同一七）年　一月　大蔵省入省。
一九五一（同二六）年　八月　サンフランシスコ講和会議に出席。
一九六二（同三七）年　七月　第二次池田内閣経済企画庁長官に就任。
一九七〇（同四五）年　一月　第三次佐藤内閣通商産業大臣に就任。
一九七四（同四九）年一二月　三木内閣外務大臣に就任。
一九八〇（同五五）年　七月　鈴木内閣官房長官に就任。
一九九一（平成　三）年一一月　内閣総理大臣に就任（第七八代）。
一九九八（同一〇）年　七月　小渕内閣大蔵大臣に就任。
二〇〇七（同一九）年　六月　逝去。八七歳。

二〇〇七（平成一九）年六月二八日、半世紀以上にわたり日本政治の中枢に位置した宮沢喜一元首相が、八七歳にて死去した。このとき内閣・自民党合同葬儀にて追悼文を読上げた首相は、「戦後レジームからの脱却」を唱え憲法改正を宿願とする安倍晋三であった。それは実に興味深い巡り合わせであった。なぜなら、宮沢こそが戦後一貫して憲法を擁護し、それと日米安全保障条約をセットにした政治体制——その形成者である吉田茂にちなみ「吉田路線」と呼ばれる――の正当性を説き、それを戦後日本に定着させた「保守本流」の中心人物だったからである。

しかし、この宮沢の最大の功績が、国際平和協力法の成立とそれに基づくカンボジア国連平和維持活動（Peace Keeping Operations, PKO）への参加であったという点では、両者の見解は一致する。安倍は次のように追悼した。「カンボジアのPKO活動従事中、不幸にも高田警視が亡くなられたとき、派遣隊員撤収との大勢の意見の中、先生は、冷戦後の世界の平和と安定に向け我が国が責任を果たすとの強固な信念に基づき、派遣の継続を決断されました。現在、我が国の人的貢献は国際的に高く評価されており、（中略）その礎は、まさに宮沢総理の指導者としての英断により築かれたものであります」[1]。宮沢の決断が、今に至るPKO参加への道を拓いたというのである。

このように、宮沢の政治的履歴には、吉田路線を定着させてきた実績と、それを修繕して冷戦終結後の日本外交に道筋を付けた功績が並存する。それは宮沢の中でどのように整理されていたのか。こうした問題意識を念頭に置き、本章では宮沢の外交思想を振り返っておきたい。

1　サンフランシスコ講和への道

（1）戦争と英語

後にその主となる宮沢喜一と首相官邸（旧）の縁は古く、その完成間もない一九二八（昭和三）年にまで遡る。祖父で政友会の実力者・小川平吉に連れられて新築の官邸を訪れた宮沢には、田中義一首相に頭をなでられた記憶があった。一九一九（大正八）年生まれの宮沢は、このとき九歳。祖父のみならず、父の裕もまた衆議院議員であったから、宮沢は、政治を身近に感じて育った。けれども、それだけに貧しい生活を余儀なくされる代議士になろうとは思わなかった。その宮沢が父から影響を受けたものといえば英語であった。満洲事変が起こった一九三一（昭和六）年、万国議員会議にて欧米を旅した裕は、日本の立場を英語で充分に弁明できない不自由さを痛感した。帰国後、裕は、妻・ことに、子どもの語学教育を力説する。その結果、躾に厳しい母の膝下、宮沢はリベラルな学風の武蔵高等学校にて熱心に英語を学んだ。ことは言う。「努力家なんです、喜一は。（中略）語学の上達は努力以外にないのではございませんか」[2]。もっとも、宮沢が英語にのめり込んだ背景には、持ち前の懐疑主義から、当時の険悪な社会状況に抱いた強い反発があったものと思われる。五・一五事件や二・二六事件に「子供心に重苦しい、嫌な圧迫」を感じ、「軍部の横暴に強烈な反発」を覚えていた宮沢にとって、英語を通じて知る未知の世界は心に自由を与えるものではなかったか。宮沢がミル（J. S. Mill）の『自由論』を原書で反復素読したというのも、その証左であろう。その宮沢が、一九三九（昭和一四）年に東京帝国大学入学直後に参加したのが、日米学生会議であった。その際、自由で懐の深い米国社会に衝撃を受けた宮沢は「こういう連中と戦争するのはまずい」と実感する。卒業後、宮沢は一時、外交官になることも考えた。しかし、ある日、夕日に染まる有楽町の日本劇場の美しさに都会への郷愁を覚えた宮沢は「日本にいたいな」と思い、一転して大蔵省を選択した。同省に宮沢を勧誘したのは、父の支持者で同郷の池田勇人であった[3]。

その直後、日米は戦争へと突入する。当初、宮沢は、日本の優勢は動じないと考えていた。しかし、戦況の悪化と同時に言論の自由の抑圧は厳しさを増し、宮沢は「空気の中の酸素がどんどん薄くなっていくような感覚」に襲われていく。それに抵抗するかのように宮沢は、省内にて、国民生活を蝕む軍事費の膨張を止め、財政を健全化せよとの大胆な建白書を起草した。それは身の程知らずの戦争を起こした政府上層部に対する痛烈な批判であった[4]。そして日本は敗戦に至る。

（2）宮沢の外交リアリズム

敗戦とそれに続く占領は、日本社会を一変させたが、それはまた宮沢の運命をも大きく変えた。その英語力が重宝され、弱冠二五才にして大臣秘書官（事務取扱）に抜擢されたのである。さらに転機となったのが、第三次吉田内閣の池田大蔵大臣の秘書官になったことであった。宮沢は、米国要人との交渉を重ねる池田を補佐し、対米交渉の最前線で悪戦苦闘する。一九五〇（昭和二五）年には吉田の特命を受けた池田の渡米に随行。翌年九月には、サンフランシスコ講和会議にも全権団随員として参加し、池田らとともに「一日も早く占領という不自然な状態から抜け出したいという強い願い」の下、「胸がつまるような気持ち」で吉田を支えた。

一方、サンフランシスコ講和会議を彩った総勢五二カ国の政府代表による個性豊かな演説は、若き宮沢に強い印象を残した。このとき宮沢は、国際会議では政府代表個人の「人柄なり、力量なり」が極めて大きな意味を持つことに注目し、今後の日本外交の課題も、国連等の国際会議において「いい顔になること」ではないかとの感想を抱いた。その宮沢の印象に残った演説の一つが、フィリピンのロムロ（C. P. Romulo）代表の演説であった。その「（フィリピンは）なるべく過去を忘れるように努めて、お互い仲良くしたいが、それには日本も少し心を清めてもらいたい」との悲痛な一言で結ばれた演説を通じ、宮沢は、日本が国際社会に復帰するにはアジアの支持が不可欠であることを痛感した。(5)

以上のように宮沢は、占領後期から池田蔵相とともに吉田外交の中枢にいた。それゆえ、独立以後、追放解除によって復帰した戦前派の政治家たちが吉田政権を攻撃し始めると、そこに宮沢も巻き込まれていく。一九五二（昭和二七）年、反吉田派によって衆議院で不信任決議案が可決されるや、池田が大蔵大臣を辞任。これと同時に宮沢秘書官も池田に「殉じて」大蔵省を退官する。すでに池田とともに重要な政治決定に関わってきた宮沢には、もはや「役所の仕事は魅力がなくなっていた」。その後、宮沢は、池田からの強い勧めで広島選挙区から出馬し、参議院議員となった（一九六七〔昭和四二〕年からは衆議院議員）。政治家になることに消極的だった宮沢が出馬を決意したのは、公職追放で議員職を追われた挙句、その後の選挙でも当選できずにいた失意の父への気遣いからであったという。一九五三（昭和二八）年、宮沢は、吉田の特命を受けた池田とともに再び渡米し、ロバートソン（W. S. Robertson）国務次官補と交渉を重ね、米国の過大な再軍備要請に粘り強く抵抗した。独立後も、軽軍備・経済主義の吉田路線を堅持しようとしたのである。その一方で、国内では憲法改正・自主外交を掲げる反吉田勢力が台頭し、翌年、ついに吉田政権は退陣する。そして一九五五（昭和三〇）年には鳩山一郎や岸信介を中心にした保守合同により、自主憲法制定を掲げる自民党が誕生した。

このとき吉田直系を自負していた宮沢は、この反吉田勢力を中心とした新党結成を快く思わず、結党記念党大会にも参加していない。岸ら戦前への回帰を信じる政治家たちの復権を前に「自分の仕事はそれで終った」と感じた宮沢は軽井沢の別荘に引きこもり、これまでの対米交渉の記録を著書『東京―ワシントンの密談』としてまとめた。それは吉田外交への批判に対する宮沢なりの静かな反論であった。当時、宮沢は、日米安保を機軸とする吉田時代に築かれた日米関係は、「対米一辺倒」といった情緒の産物では決してなく、「日米両国とも算盤をとった結果、出来上がっている」ことを強調していた。それを実証しようとしたのが同書だったといえよう。このように宮沢は、外交とは道徳や感情によって批評されてはならず、あくまでも「算盤が間違っているか、いないか」だけが評価基準たるべしと考えていた。この外交リアリズムは一貫しており、身内の吉田派が鳩山政権の対ソ交渉を非道徳的な「二股外交」であると攻撃していたことにも、宮沢は批判の矛先を向けていた。宮沢は主張する。「外交とか交渉とかいうものは、対立した利害を調整するのがその目的であるから、本質的に駆け引きを伴わねばならぬ」、「アメリカが機嫌を悪くしてそっぽを向けば、今までの日米関係もご破算だ、というような議論は、とかく日本の選挙がアメリカの一顰一笑にかかっているという印象を与え易い(6)」。

2　吉田なき「吉田路線」の伝道師

(1) 吉田路線の光と影

鳩山、石橋湛山、そして岸と反吉田勢力の首相が続くなか、一九五七（昭和三二）年一一月、池田の後援会・宏池会が創設された。すでに吉田直系の政治家たちは、前年の自民党総裁選挙を契機に池田派と佐藤栄作派に分裂、大平正芳や宮沢を含む前者が緩やかな情報交換の場を設けたのである。やがて宏池会は、警察官執務執行法改正を断行し、安保闘争を引き起こしてまで日米安保改定を強行する岸政権の戦前回帰を思わせる姿勢に、強い違和感を抱いていく。その急先鋒こそ宮沢であった。宮沢は、ハガティ（J. C. Hagerty）大統領新聞係秘書が羽田空港で全学連等のデモ隊に包囲されるや、これを日米関係を揺るがしかねない事件と逸早く見抜き、岸がこだわるアイゼンハワー（D. D. Eisenhower）大統領訪日を中止させるべく、池田（当時は通産大臣）に臨時閣議開催を求めた。結局、大統領訪日は中止、岸は責任を取って辞任する。

こうして一九六〇（一九三五）年七月、「所得倍増」を掲げて自民党総裁選挙を勝ち抜いた池田が、対決に彩られた政治の季節を一変させるべく新内閣を発足させた。そのキャッチフレーズは、大平と宮沢が知恵を出し合い、「寛容と忍耐」に決まる。「寛容」は、宮沢がミルの『自由論』から引用した語句であった。宮沢は「寛容」という言葉に親しんでおり、「人間は徳の名において正義を行使するには余りにも不完全だから人生の掟は寛容と仁慈でなければならない」との人間観に貫かれたアナトール・フランス（Anatole France）『神々は渇く』も愛読した。同書にも示される「世の中にはどっちみち確かなことはないのだ、幾らかより確かだということをするしかないじゃないか」という生活態度——宮沢はそれを「保守」と呼んだ——を彼は好んだ。(8) したがって宮沢は岸の対決政治だけではなく、全学連の議論にも「ただ、壊してしまえばいいのだという、何か大へん虚無的な、陰気なもの」を感じ、これを敗戦後の退廃的環境で育った世代一般の特徴と見て違和感を抱いた（後にこの世代から小沢一郎らが登場する(9)）。

一方、すでに池田は単なる通訳を超えた宮沢の働きぶりを認めており、政権発足後も外交案件で彼に頼ることが多かった。一九六一（昭和三六）年の池田・ケネディ（J. F. Kennedy）ヨット会談に同席したとき、宮沢は持ち前の機転を利かせて沖縄における祭日の日の丸掲揚に道筋を付け、また、翌年のキューバ危機時には、閣議前に池田に呼び出され、政府の対応を協議した。同年には経済企画庁長官に就任し、関税および貿易に関する一般協定（General Agreement on Tariffs and Trade, GATT）ケネディ・ラウンド貿易交渉等の国際会議に次々と出席、池田の訪欧にも随行し、経済大国への道をきりひらく池田外交を牽引した。

こうした宮沢の手腕は、池田のみならず、そのライバルであった佐藤も古くから認めるものであった。池田が病に倒れて佐藤に政権が移行した後、宮沢はしばらく無役であった。一九六六（昭和四一）年、佐藤は、その宮沢を経済企画庁長官に抜擢する。憲法改正を棚上げして「吉田路線」を継承した佐藤は、「ニュー・ライトの旗手」たる宮沢を起用することで、池田政権からの連続性を実務的に確保し、それを外部にも明らかにしようとしたのであろう。当時、宮沢は数々の論考を発表し、べ平連の生中継討論番組に出演してベトナム戦争を批判するなど、従来の保守政治家とは異なるリベラルな議論を積極的に展開し、世論の注目を浴びていたのである。

このころの宮沢の言説において興味深い点を二つ上げておきたい。第一に、吉田路線を積極的に肯定し、それは状況に左右されるものではなく、一貫して奉じられるべき規範であると語り始めたことである。吉田路線が「吉田ドクトリン」になり、宮沢がその伝道師的役割を果たしていく契機はここにあったといえよう[10]。

だがその一方で、宮沢は、吉田路線の問題点をも提起するようになっていく。それが第二の点であり、吉田路線を支える戦後平和主義が、もし、自由・独立という価値と対立した場合にいかに振舞うかという鋭い指摘であった。戦前・戦中の経験から「自由」に強い思い入れのあった宮沢は問う。「あくまで平和至上主義をとるのか、あるいは自由と独立とを守るためには時として血を流さねばならぬことがあると認めるか[11]」。

この点、宮沢は、ベトナム戦争を誤った戦争とみなしたが、自由と独立のために戦う米国の「善意」自体には理解は示すべきだとの立場を取っていた（その反面、南ベトナム政府には極めて冷淡であった）。方や、日本が右記のジレンマに向き合うときが来るとすれば、それは流血のリスクを伴うＰＫＯ参加問題が議論されるときであろうと宮沢は予想し、続けて次のように語っている。「国連警察軍に参加すべきか否かを真剣に考える時が来れば、われわれ日本人の一人一人が人間の最高の価値は何であるかについて自問自答しなければならぬことになるであろう」。ここで宮沢がＰＫＯ参加問題を取り上げた背景には、一九六一年にこの問題が国会で議論となったとき、池田政権が社会党との本格的な論争を避けて予算成立を優先した苦い経験があったからであろう。池田、大平、宮沢ら宏池会にとって、この問題は、吉田路線がいつか克服しなければならない課題であった[12]。宮沢は言う。「憲法そのものが国連に頼って、世界の平和を維持しようという考え方に立っているわけですから、それに貢献するために、日本の直接のコントロールに置かれないような形での平和維持活動のための警察軍（中略）そういうものに参加するということは、憲法の基本的な考え方に反しないんじゃないでしょうか」。宮沢は終生、教条的な護憲主義者ではなく、常識の線に即して柔軟に憲法を解釈すればよいと考えた[13]（晩年には、限定的ながら集団的自衛権の交使を可能とする憲法解釈の変更すら提唱する。）。

このように言論人の一面も持つ宮沢は、佐藤の国会演説修正にも関与して「もう一人の官房長官[14]」としての役割も果たす一方、大詰めを迎えていたケネディ・ラウンド貿易交渉において見事な外交手腕も発揮した。開発途上国援助を装いながら、自国に極めて有利な米国等による提案に、宮沢は「筋違いである」と強く反対し、日本の留保を認めさせたのである（宮沢、一九九一）。これで池田政権以来の同交渉もついに妥結した。すでに宮沢は池田政権期から「アメリカなんかに意識して強く当たろうという感じが私どもにある」と語っていたから、この経済外交のスタイルもその連続としてとらえられよう(15)。

しかし、こうした筋を通す宮沢の経済外交は、ニクソン（R. M. Nixon）政権との繊維交渉にて破綻する。一九七〇（昭和四五）年一月、宮沢は大平に代わり第三次佐藤内閣の通産大臣に就任した。この佐藤の人事の背景にはライバル派閥たる宏池会の分断支配の趣もある一方、佐藤が、深刻化していた日米繊維問題解決の切り札として経済外交に経験豊富な宮沢に期待を寄せたことも事実であった。当時、繊維産業の保護を選挙公約として登場したニクソンは日本政府に対して繊維輸出の自主規制を求めていたが、日本の繊維業界はこれに頑強に抵抗して日米摩擦を生じさせていた。沖縄返還交渉時、ニクソンに繊維輸出の自主規制を秘かに約束していた佐藤にとって、特にこの問題は頭痛の種だったのである。このとき宮沢は、日米関係全体の重要性から業界の自主性に依拠する緩やかな規制を模索する一方、輸出貿易管理令の発動による強権的な規制は控えた。その理由を宮沢は次のように証言する。「権力というものは国益とか公共の福祉にかかわるような、やむをえないとき以外には行使すべきでない、と私は信じている」。

だが、こうした宮沢の節度ある態度を尻目に、交渉相手のスタンズ（M. H. Stans）商務長官は繊維問題をめぐる佐藤・ニクソン間の密約メモまでちらつかせ、宮沢から強力な自主規制を引き出そうとする。これに宮沢は憤慨し、ついに交渉は決裂した。宮沢は言う。「繊維問題は、沖縄を取引材料にしてニクソン政権が仕組んだ謀略だったとしか思えない」。だが、結果を出せなかった宮沢への批判は強く、代わって田中角栄が通産大臣に就任する。田中は輸出貿易管理令を発動すると同時に、多額の業界救済措置を取ることでこの問題を解決した。このことが田中を首相へと押し上げ、自派閥を中心とする強大な権力基盤を築き上げる重要な契機となるのである。

（2）モラリティのない外交

宮沢が通産大臣を退いて間もなくの一九七一（昭和四六）年七月、ニクソンが突如、中国訪問を発表、この米中間の敵対から和解への急旋回は、ニクソンショックとして世界中を驚嘆させた。このとき宮沢は、「これでダレスの時代も終った」と感じた[16]。ダレス（J. F. Dulles）が率いた米国の冷戦外交は、自由世界を反共主義に縛りつけ、中国との敵対関係を長らく固定化してきた。こうしたダレス外交に常々、批判的であった宮沢は、これを契機に日本が硬直したイデオロギー対立から解放され、外交地平を拡大できることを期待したのである。それは早速、田中内閣の日中国交回復として実現する。だが、ニクソンショックが引き起こした国際政治経済の変調は時に日本を翻弄した。

こうした激動の一九七〇年代に、宮沢は日本外交の舵取りを任せられる。田中内閣が金脈問題で退陣した後に成立した三木武夫内閣にて、外相に抜擢されたのである。「日中を片づけてもらいたい」というのが、三木から宮沢への要請であった。当時の日中関係の懸案は、国交回復時に約束されていた日中平和友好条約の締結であった。条約の交渉が難航していたのは、そこに中国側が「反覇権」条項の明記を求め、これに日本側が難色を示していたからである。「反覇権」条項の対象は、明らかに中国と対決していたソ連であったから、日本としては両国間の紛争に巻き込まれたくなかった。そこで宮沢は、この問題に関する日本の立場を自らまとめ（「宮沢四原則」）、一九七五（昭和五〇）年の国連総会の折に中国の喬冠華外交部長との交渉に臨む。宮沢は「日本は平和憲法によって自衛以外の武力行使をみずから禁じている。したがって、反覇権が特定の第三国を指すものであったり、日中の共同行動を意味するものであってはならない」と説明した。だが、折からの文化大革命の影響で、これ以上交渉は進まず、その締結は福田赳夫内閣に持ち越された。

このころであろうか。宮沢は外務省幹部に対して、ある「宿題」を出している――憲法九条の下、日本は、どの国とも友好関係を結ぶことを外交方針としている。ならばその国が不正や非人道的行為を行なっても、日本は価値判断を控えてただ黙認するしかないのか。それでは損得勘定だけの「モラリティのない外交」ではないか。「諸君はどう考えるか」――[17]。外交を「国益を最大限にすること」[18]と定義する宮沢が、一見、それとは矛盾する「価値」の問題を再提起したのはなぜか。それは「反覇権」条項に対する三木政権の立場に、こうした日本外交の脆さを見出していたからだと思われる。この点、宮沢のソ連に対する姿勢は甘くなかった。三木の指示の下、宮沢は、ソ連との間でも平和条約交渉を進めていた。だが、日中平和友好条約締結を優先する宮沢は、「反覇権」条項に象徴される中国の対ソ対決姿勢が鮮明である以上、日ソ交渉には多くを期待していなかった。むしろ、宮沢は、「現実的に」現状追認を求めるソ連のグロムイコ（A. A. Gromyko）外相に対しては、「あなたのおっしゃる現実的とは、ソ連は戦争に勝って領土を手にいれた。くやしかったら戦争でとりかえせという話か」と切り返し、国家の正義を問う価値の外交を行なっていたのである。

このように当時の最大の懸案事項であった対中・対ソ交渉では見るべき成果を挙げられなかった宮沢外相であったが、その他のアジア外交では少なからぬ功績を残した。たとえば、一九七三（昭和四八）年の金大中事件にて悪化した日韓関係の修復である。未だこの事件の真相究明を求める世論が日本国内に根強い中、宮沢は突然韓国を訪問し、「金大中事件はこれで完結した」と宣言して一気に政治決着をはかったのである。韓国の経済成長に期待していた宮沢は、次のように語っている。「（韓国を友人にするには）どちらかといえば過去には日本に対して恨みがあるのだから、常にこちら側から手をさしのべるべきだと私は思っているのです」。

また、宮沢は日米関係においても重要な役割を演じた。宮沢が日韓関係の修復を急いだ最大の目的は、米国のベトナム撤退によって流動化しつつあったアジア情勢を安定させることにあった。そこで宮沢は、南ベトナム政府に見切りをつけ、ASEAN重視へと政策を転換させると同時に、サイゴン陥落（一九七五年）直前に訪米し、東アジアにおける米軍駐留の継続を求めた。[19] 米国が史上最大の試練に立たされていたときに、宮沢は初対面のキッシンジャー（H. A. Kissinger）国務長官に何を語りかけたか。[20]

私はまず「自分はアメリカの批判者、評論家として訪ねたのではない」と前置きして、日本人はアメリカのベトナムにおける努力が善意にもとづくものであったと信じていること、しかしアメリカの追求する自由、民主主義という政治的理想も、時と場所によっては不幸にして普遍性を失うのではないかということ、ただし自助の決意をもつ国々ではアメリカとの集団安保体制にたいする信憑性はゆらいでいないこと、日本はアメリカのアジア政策立て直しの過程で積極的に協力する用意があること――などを率直につたえた。

宮沢は、ベトナム戦争の過ちを示唆する一方、その米国の善意には理解を示し、東アジアにおける米軍プレゼンスへの変わらぬ支持を見事に表現した。敗北感漂う米国を静かに励ます宮沢の品格は、米側出席者に感銘を与えたようである。これを契機に宮沢とキッシンジャーの交友関係も始まった。宮沢はキッシンジャーを評して「相手の立場になってものを考える『エンパシー』といわれる能力がある」と語ったが、その評価は彼自身にも当てはまる。この時期から宮沢は、一九七五年から始まった先進国首脳会議に参加する一方、私的にも民間サミットたる日米欧委員会に参加するなど、各国首脳との交遊を楽しむ国際政治家として頭角を現した。

やがて国際情勢は、一九七九（昭和五四）年、ソ連のアフガニスタン侵攻により一転、米ソ新冷戦の時代へと突入する。このとき大平政権は米国を「同盟国」と言い切り、ソ連に対する経済制裁を断行するなど、「西側の一員」としての価値判断を鮮明にした。かねてより日本外交を「モラリティのない外交」と批判していた宮沢も、こうした大平の決断を支持した。その一方で、宮沢は、これを契機として米国が日本に対して軍事的支援も含む過大な期待を寄せ始めることを警戒した。そこで大平の死後、鈴木善幸政権の官房長官に就任した宮沢は、そうした期待を制しようと、意識的に米国に憲法上の制約を強調していく。鈴木内閣といえば、鈴木が「同盟関係」に「軍事的意味合いはない」と発言、これが政治的混乱を呼んだこともあり、その安全保障政策への無知が批判される。だが、少なくとも宮沢にすれば、首相発言は想定外でも、その鈴木内閣のハト派的気質は意識的に取られたものだったのである[21]。その後、「戦後政治の総決算」を掲げた中曽根康弘政権が登場すると、これに対抗するように宮沢は再び吉田路線堅持の論陣を張った。

一方、一九八〇年代は冷戦終結後に浮上する問題もすでに顕在化し始めていた。歴史認識問題もその一つであり、鈴木政権下で宮沢はこれへの対処にも迫られた。一九八二（昭和五七）年、国内各紙が、文部省検定の結果、高校日本史教科書の記述が書き換えられた（日本の中国への「侵略」が「進出」に変更）と報じた（後に誤報が判明）。これに中国政府が強く抗議したのである。このとき鈴木や宮沢はこれを内政問題ではなく外交問題として扱うことに決定、宮沢が「アジア近隣諸国に配慮して、早い時期に教科書検定基準を是正する」との主旨の談話（外務省が起草）を発表し、事態収拾を図った[22]。「西側の一員」を重視した宮沢は、鈴木訪中を間近に控え、ソ連に対抗して築かれていた米・中・日連携という陣形強化を優先したのである。その判断は、「（戦時中に日本が）アジアの近隣諸国に耐えられないような苦しみを与えたことは疑いない」という宮沢の一貫した歴史認識とも矛盾しなかった。

3　冷戦を越えた「吉田路線」

（1）宮沢首相の誕生

かつて祖父に連れられて首相官邸を訪れてから六三年後の一九九一（平成三）年一一月、宮沢はついにその主となった。このとき宮沢は七二歳。石橋と並ぶ、戦後最高齢の首相の誕生であった。もっとも、ここに至るまでにも一九八〇年代を通じて、宮沢が首相になるチャンスはたびたびあった。にもかかわらず、首相になれなかった大きな要因の一つは、すでに触れたように、権力に懐疑的な宮沢が、その座を積極的に目指そうとはしてこなかったからである。この間、中曽根政権、竹下登政権にて蔵相を務めた宮沢はプラザ合意による急激な円高への対処の反作用として、バブル経済発生に加担してしまう。さらに一九八九（平成元）年には、リクルート事件の責任を問われて辞任に追い込まれた。このとき宮沢は「これでおれも終わったな」と観念したという。

こうして首相の座から遠ざかっていた宮沢の意識と運命を変えたのが、同年の冷戦終結であった。これを宮沢は、明治維新はおろかフランス革命にも匹敵する歴史的大変動ととらえて、珍しく昂奮を隠さなかった。一九九一（平成三）年には、国際社会が国連を中心にして多国籍軍を結成し、クウェートに侵攻したイラクを討伐する。日本は増税により一三〇億ドルの資金拠出をする一方、自衛隊の海外派遣は控えた。このとき国際社会は日本を「金だけ出して済ませようとしている」と強く批判、これに宮沢は「新税まで作って出した金ですから、そんなことを言われる理由はない」と憤慨した。このころから宮沢は周囲に急速に政権意欲を感じさせていく。宮沢には、湾岸戦争にて的確な指示を出さなかった海部俊樹首相の指導力に強い不満があった[23]。従来、宮沢は理想の首相像を「大きなタンカーをゆっくり動かしておよそ間違いのない航路を進んでいく船長みたいであるほうがいい」と考えていたが、これ以降は、時には首相が外交の陣頭指揮を取る必要性も認めていく[24]。そこへ政局が、宮沢に味方した。小選挙区導入を柱とする政治改革法案の成立に失敗した海部が、その衆院解散をめぐる迷走ぶりから自民党最大派閥・経世会（竹下派）の支持を失い、総裁再選を断念したのである。その結果、自民党最大の若き実力者・小沢経世会会長代行は、高い世論支持率を誇った宮沢を次期総裁に推薦したのであった。

こうして、田中派の流れを汲む経世会の「権力の二重構造」下で首相に登りつめた宮沢であったが、その外交思想は小沢のそれとは大きく異なっていた。湾岸戦争以降、「普通の国」を標榜した小沢は、首相に権限を集約するために小選挙区制導入を主張、憲法九条の解釈を変更して湾岸戦争型の多国籍軍に自衛隊を参加させることも提唱して注目を集めていた[25]。これに対して、意見の多様性を重視し、権力の行使に抑制的であった宮沢は従来から小選挙区制導入には懐疑的であり、多国籍軍に自衛隊が参加することにも反対であった。特に後者に関しては、国連常設軍創設なる対案を提唱、そこに個々の日本人が「国際公務員」として参加すれば、それが武力行使を伴うものであっても、憲法が禁止する「国権の発動たる戦争」に該当しないとの主張を展開した。

すでに見てきたように、宮沢は一九六〇年代から、吉田路線を支えた「平和至上主義」に対して疑問を抱き続けていた。したがって、湾岸戦争を契機として、国際社会の協同行動に際して「『カネ』だけでなく『汗』も流すべき」という国民的コンセンサスが生じたとき、これを「国際社会に生きる日本人の意識がひとつ高い水準に達した」と手放しで評価した。そこで宮沢はさらに一歩踏み込み、「血も流すべきか」という問題に挑んだ。その回答が個人の自発的参加に依拠した国連常設軍創設構想だったのである[26]。

（2）首相官邸の「孤独な決断」

国連常設軍創設構想を掲げて首相に就任した宮沢にとって、最大の外交課題はやはりＰＫＯ参加問題であった。国会ではすでに海部政権が自民党・公明党・民社党の三党合意に基づき提出した国際平和協力法案（以下、ＰＫＯ法案と略記）の審議が進められていた。同法は、自作の国連常設軍構想とは異なり、政府が自衛隊をＰＫＯに派遣することを趣旨とした法律であったが、宮沢はこれを積極的に支持した。なぜなら、同法案は、派遣部隊が憲法の禁ずる武力行使に至らないように、停戦合意が破られた際には撤退することや、隊員の生命保護のためにのみ武器使用を認めるなどの厳しい条件（参加五原則）を定めていたからである。つまりＰＫＯ法案は、あくまで「汗を流す」ためのもので、「血を流す」ことまで想定した内容ではなかった。宮沢は同法案の早期成立を目指した理由を次のように説明する。「『国際的な紛争が起きたとき、日本はどういう場で何ができるのか』ということを自分から進んで示さないと、湾岸のときに起こった国際的な批判なり疑問に答えることはできないだろうと思いました」「だから日本ができる限界や範囲というものをきちんと示してその上でカンボジアＰＫＯをやりたかったんです」。

ここで宮沢が述べているように、ＰＫＯ法案にてまず想定されたのが、ちょうど一九九一年のパリ和平会議にて設立が決定したＰＫＯ――国連カンボジア暫定統治機構（United Nations Transitional Authority in Cambodia, UNTAC）――への参加であった。すでに日本は戦乱が続いたカンボジアでの和平工作に主要な役割を果たしていたし、「最初のＰＫＯとしてアジアのＰＫＯに参加することについては国内の支持が得られやすい」とも考えられていた[27]。だが、社会党の強硬な反対姿勢と、自・公・民三党の足並みの乱れから、ＰＫＯ法案審議は予想以上に難航する。そこで宮沢は、国対政治に長けた経世会の金丸信を説いて副総裁に据え、同派の梶山静六を国対委員長に起用する人事を断行した。そのこともあって自・公・民三党間で妥協が進み、社会党等の徹底した牛歩戦術をも乗り越えて、ついに一九九二（平成四）年六月にＰＫＯ法が成立する。こうして警察庁から派遣された文民警察官らとともに、陸上自衛隊も戦後初めてＰＫＯに参加するに至った。

だが、まさにこの時期、カンボジアではポル・ポト（Pol Pot）派がＵＮＴＡＣの武装解除に応じず、和平プロセスが岐路に立っていた。こうした情勢悪化は自衛隊派遣の前提たる参加五原則と齟齬を来たしかねない。折しも東京では日本政府主催のカンボジア復興閣僚会議が開催されていたので、宮沢は、全紛争当事者代表を高級料亭に招いてＵＮＴＡ

Cへの協力を説いた。だがこれも効果なく、ポル・ポト派は次第にUNTACへの抵抗を強めていく。[28]

その一方、国際社会の中には同派に対し制裁措置をとるべき（米国・豪州など）との強硬論も台頭してきた。この時期、ガリ（B. Boutros-Ghali）国連事務総長が国連憲章七章に基づく強力な平和執行部隊の創設を訴えるなど、国連の集団安全保障に対する期待が高まっていたのである。だが、宮沢は、国連が紛争に介入して強制的に平和を創造しようとするガリの構想には反対であった。宮沢は言う。「かつての日本は絶対の正義を掲げて過ちを犯した。国連の判断がすべて正しいと言うには、まだまだ時間がかかるのではないか」[29]。一九九三（平成五）年二月、宮沢は、訪日したガリとこの問題をめぐり、「かなり激しい議論」を交わした。

こうしてPKOに抵抗するポル・ポト派への対応をめぐり、強硬論と慎重論が交差する中、明石康国連事務総長特別代表率いるUNTACは、武装解除を断念する一方、ポル・ポト派への門戸は開けておくが、予定どおり選挙（一九九三年五月）は断行するとのバランスのとれた決断を下す。だが、四月に入り国連ボランティアの中田厚仁氏が襲われ命を落とすなど、現地の治安情勢は悪化、ついに五月四日、オランダ歩兵部隊の警護の下、車で移動中であった日本人文民警察官がポル・ポト派に急襲され、高田晴行警部補が殉職（後に警視に昇進）、四人が重軽傷を負う事件が発生する。その結果、PKO法・参加五原則の条件が失われたと見た国内世論の大勢は一気に撤退論へと傾いた。

しかし、外遊後の休暇中、軽井沢で事件の一報を受けた宮沢は、自衛隊や文民警察の撤退は全く考えなかった。「国連の委託を受けてやっている仕事が、たまたま人が一人死んだからそれでおしまいということは、とても世界に通るものではない」というのである[30]。その上で、「新聞の朝刊の報じ方で勝負が決まってしまう」と考えた宮沢は、世論に左右される前に政府の意思を固めるべく、夜っぴて東京に向かう。その車中、宮沢の信頼厚い首相代理の河野洋平官房長官から「東京ではもう、みんながカンボジアから自衛隊などを引き揚げるべきだと言っている」との電話が入った。これに宮沢は「ちょっと待ってくれ、私が戻るまでサインしないでくれ」と命じた。その一方で宮沢は、小和田恒外務次官にも電話し、事件は単発的なもので停戦合意が崩れたわけではなく、日本は撤退するべきではないとの情勢分析を得た[31]。そこで首相官邸に到着した宮沢は、河野、小和田、柳井俊二国際平和協力本部事務局長らを集め、小和田、柳井から再び右記と同様の情勢報告を受けるや、河野には意見を求めず、「ここのところは頑張ってやりかけた仕事をしっかりとやり遂げましょう」と言い切った[32]。ここに宮沢は、河野に代表された撤退論を見事に封じたのである。河野は言う。「(宮沢の) その決意を聞いて私たちも腹をくくった[33]」。

こうして「タンカーの船長」を理想の指導者像とする宮沢にしては珍しく、首相自らの「孤独な決断」によって日本はUNTACに留まり、選挙を最後まで見守ることになった。それは日本のみならず、カンボジアにとっても救いであった。UNTACのサンダーソン（J. M. Sanderson）司令官は回想する。「PKOは、多くの国が部隊や要員を提供して編んだ、いわばセーターのようなものだ。あの時日本という毛糸が抜かれていたら、UNTACというセーターは全部ほどけてしまったに違いない[34]」。もっとも宮沢は、「もしもう一、二人引続いて人が死んだら、私自身の立場も保てたかどうか、実際はわからんな、というぐらいの世論の強さでしたね。そうなると、私一人がそれを支えることはできなかったのかもしれない」と振り返る。だが、危惧されていたポル・ポト派による総攻撃は起こらず、UNTACによる選挙は概ね平穏に実施され、投票率は九割近くに達した。この結果を宮沢は「真の勝利者はカンボジア国民である」との声明を発表して賞賛した[35]。

（3）宮沢外交

冷戦終結は、世界平和への希望を開く一方、東西対立に封じ込められてきた諸問題（民族紛争等）も一気に噴出させた。宮沢は所信表明演説等において、この両義性に満ちた時代を「新しい世界平和の秩序の構築の時代の始まり」と定義し、日本は新秩序の形成に重要な役割を果たしつつ、顕在化した未解決の諸問題（歴史問題等）にも向き合う「品格ある国家」を目指すべきだと力説した。次にこうした宮沢外交の全体像を俯瞰しておきたい[36]。

「新しい世界平和の秩序」と聞いたとき、まず、想起されるのは国連であろう。実際、「国連常設軍創設構想」に見られたように、冷戦終結後の国連に対する宮沢の期待は大きかった。一九九二年一月、首相就任間もない宮沢は、国連史上初めて開催された安全保障理事会首脳会議に臨んだ（当時日本は非常任理事国）。そこで宮沢は、国際情勢の変化に即した国連改革・安保理改組の検討を提唱した。その背景には、湾岸戦争時、安保理理事国ではなかった日本が事態の静観を強いられ、外務省を中心に外交的な敗北感を味わった苦い経験があった。この演説を皮切りに、国連内の安保理改革の機運は加速され、日本も本格的に常任理事国入りを目指していく。もっとも、常任理事国として新たに要求されるであろう軍事的負担を危惧した宮沢は必ずしもこの問題には積極的ではなかった。

このとき宮沢が新たな日本外交のフロンティアと考えたのは、アジア・太平洋地域であった。宮沢は、一九九二年五月に有識者を集めて「二一世紀のアジア・太平洋と日本を考える懇談会」を設立、冷戦後の日本が「受益者の立場」を脱し、アジア太平洋地域で果たすべき役割の検討を求めた。同懇談会が提出した報告書は、この地域の特徴はダイナミックな経済発展と安全保障の流動性にあると指摘、日本の役割として、日米同盟の新たな位置付け、自由貿易体制の維持・強化、地域の安全保障政策対話の強化、歴史認識問題への誠実な対応などを挙げた。実際の宮沢外交も、これら諸点を座標軸として展開されていく。

宮沢が最初に直面した外交課題は、一九九二年一月のブッシュ（G. H. W. Bush）大統領来日であった。この首脳会談では、晩餐会にてブッシュが倒れ、一瞬、国際社会を震撼させる一幕があったものの、「日米グローバル・パートナーシップに関する東京宣言」が交わされ、日米同盟の堅持を謳うと同時に、価値を共有する両国が共同で世界平和と繁栄に取り組むことが約束された。それは、グローバルな文脈の中で同盟関係を再定義していくその後の日米関係の原型となっていく。もっともこの時期、後にクリントン（W. J. "Bill" Clinton）大統領が貿易の「数値目標」設定を要求するや、宮沢が自由貿易の筋を通してこれを拒否するなど、日米経済摩擦は依然として厳しい状況にあった。

むしろ、「どう考えてもこれからの日本の将来はアジアにしかない」と喝破する宮沢が注力したのがアジア外交であった。そのことは最初の訪問先にあえて韓国を選んだことにも表れていた（後述）。政権の主要課題であったカンボジアPKOとの関連でいえば、一九九三年一月のASEAN歴訪が重要であった。そこで宮沢は先述の懇談会報告書を踏まえつつ、「二度と軍事大国になることはない」と断言する一方、従来の政治・経済に加え、安全保障分野に関してもASEANとの対話を深化させていくことを語った。この「宮沢ドクトリン」はかつての福田ドクトリンに比べて注目度は低いが、冷戦後の日・ASEAN関係の画期をなす政策演説であったといえよう。

しかし、同じアジア外交でも日韓・日中関係は波乱含みの展開となった。新たな関係を構築しようとするや、歴史認識問題が立ちはだかったのである。宮沢の最初の外遊となった韓国訪問（一九九二年一月）の目的は通商問題解決にあった。だが首脳会談にて、盧泰愚大統領が突如、韓国の民主化以降、注目されていた従軍慰安婦問題等を取り上げ、宮沢に「正しい認識」を持つよう求めた。これには宮沢も「お詫びと反省」を繰返すしかなく、真相究明を約束した（その反面、宮沢は通商問題では妥協していない）。その調査結果こそ、一九九三年八月に発表された河野官房長官談話である。この間、金泳三政権が前政権の立場から一転して新たな金銭的補償を求めないと約束するや、宮沢政権は秘かに韓国政府に談話文言の事前相談を提案した。こうして完成した河野談話は、慰安婦問題に旧日本軍が関与していたこと、そして、多数の女性が本人の意思に反して集められたことなどを認めた(37)(38)。政権末期にもかかわらず宮沢政権がこの談話発表にこだわったのは、右記の金政権の約束を確かなものしておきたかったからであろう。

さらに、日中関係の重要課題であった天皇訪中問題においても、やはり歴史認識問題が立ちはだかった。かねてより中国政府が要求していた天皇訪中に対して、宮沢は、これを日中間の協力関係強化の突破口とすると同時に、歴史認識問題に終結をもたらすものとして前向きに応えようとした。だが、天皇に謝罪を求められることを危惧する声が自民党から噴出したため、宮沢は橋本恕駐中国大使に極秘交渉を命じ、慎重に国内コンセンサスをまとめ上げていく。その結果、一九九二年一〇月に天皇訪中は実現し、その晩餐会で天皇は「（日本が中国国民に対して多大の苦難を与えた不幸な一時期があったことは）私の深く悲しみとするところであります」と表明した。両国政府ともこの天皇訪中を成功とみなしたから、ここに日中和解が促進されていた事実は評価されてよい(39)。

こうして見れば新たなアジア・太平洋秩序を模索した宮沢外交は総じて成果を挙げつつあったとみてよいのではないだろうか。それが冷戦後のアジア外交に道筋をつけた意味は小さくなく、たとえば、後に小渕恵三政権の蔵相として宮沢が手がけた「新宮沢構想」（通貨危機に苦しむアジア諸国救済を目的とした経済支援策）はASEAN＋三（日・中・韓）の結束を促したが、これを宮沢外交の一つの到達点と位置づけることも可能であろう。

一方、宮沢外交が裏目に出た事例もあった。日韓・日中関係とは別の意味で歴史認識問題が争点となったソ連崩壊後のロシアとの関係である。先述の懇談会報告書でもロシアはアジア・太平洋地域に含まれており、宮沢もまた当初から対ロシア外交─北方領土返還交渉を極めて重視していた。宮沢が動いたのは、ロシアが初めて参加した一九九二年七月のミュンヘン・サミットであった。宮沢は議長のコール（H. J. M. Kohl）独首相など旧知の各国首脳を次々に説得して、サミット「政治宣言」に北方領土問題の解決を盛り込み、ロシアに国際圧力を加えることに成功する。だが、この国際政治家・宮沢の面目躍如たる首脳外交は、むしろ新生ロシアに不快感を与え、九月に予定されていたエリツィン（B. N. Yeltsin）大統領の訪日延期の一因となった。さらには、このころロシア外務省が秘かに国後・択捉についての交渉に応じる姿勢を見せていたにもかかわらず、こうした冷戦型の対ロ強硬姿勢も災いし、この千載一遇のチャンスを宮沢は摑み損ねてしまった[40]。

そして、それを挽回する前に宮沢外交は、突如、幕を下ろした。一九九三年六月、政治改革に失敗した宮沢は、内閣不信任案可決を受けて衆議院を解散、その直後、小沢が自民党を離反して新党を結成した。その結果、選挙では自民党が過半数を割り込み、宮沢はその責任を取って退陣したのである。「権力の二重構造」下にありながら、内政・外交両面で小沢とは対極的な思想を持つ宮沢にとって、その結果は必然だった。

この間、動顚する政局の渦中にありながら、宮沢は議長として東京サミットを成功させる一方、ウルグアイラウンド・東京閣僚会議にて、蒸留酒の関税問題に譲歩して自由貿易体制強化の決意を示し、交渉を前進させた。かつて宮沢は「卑屈にならず、おごらず、自分のすべきことを真面目にやっている人が品格のある人だ[41]」と語ったが、特に政権末期──結果として自民党一党支配の終末期ともなったが──のこの老宰相の佇まいには、それを自ら体現するところがあった。

（4）「普通の国」の覚悟

長く首相になることに慎重であった宮沢は、「（首相とは）電車に乗っているときに目の前の席が空けば座るようなものだ」と口癖のように語った[42]。その宮沢が、冷戦が終わり、その「目の前の席」が空いた瞬間には、進んでそこに座った。この時代を選んで首相となった宮沢は、冷戦後も吉田路線を延命させるために、それが積み残してきた諸課題を解決することが保守本流の使命とわきまえていた。宮沢側近はこれを「宮沢さん流の戦後政治の総決算」と表現したという。その最たる課題が、宮沢が一九六〇年代から懸案としてきたＰＫＯ参加問題であった。宮沢は、湾岸戦争にてまさに「モラリティのない外交」をさらけ出した吉田路線を立て直すため、憲法でできる限界を追求しようとした。それが「血を流さない」ＰＫＯ法であり、ＵＮＴＡＣへの参画であった。宮沢はこれに見事に成功し、冒頭に引用した安倍首相の追悼文にある如く日本外交に新たな一頁を加えた。

しかし、だからこそ、宮沢は、高田警視の想定外の死を悔やみ、安全対策を怠った責任も重く受け止めていた。なぜなら、宮沢は日本が政府の意思として「血を流す」ことも辞さない「普通の国」になることには反対だったからである。晩年には、集団的自衛権の一部交使容認すら唱えたリアリストの宮沢ではあったが、終生、自衛以外の戦闘参加には反対であった[43]。あのカンボジアＰＫＯにおける首相官邸での孤独な決断を回想して、宮沢は次のように問う。

「普通の国」になるには、それだけの決心をしてもらわなければ困るわけで、出した人がひとり死んだからさあ帰ろうというのでは目も当てられない。「武士道の国が何だ」ということになりますよ、国際的には。（中略）観念的に「普通の国」になるべきだと思うのなら、現実的に普通の国が忍ぶような忍耐もするんですね、ということを言いたいわけです。もっと言えば、日本全体をもういっぺん教育のところから考え直して「お国のために亡くなったんだから尊い犠牲なんだ」という国民的合意が成立するようなところまでやるんですか、ということです。いまの日本のような柔らかい下地を、そこまでもっていくんですか、ということ。（中略）私は四十年間ずっとそのことを考えてきました[44]。

戦前・戦中の言論が極度に抑圧された時代を知る宮沢には、再び自由が失われた社会にしてはならないとの信念があった。それゆえ政治による「血を流す」決断が国内社会にもたらすであろう弊害を熟慮した上で、一九九二年のＰＫＯ法を限界と考えたのである。そうであれば、その限界を越えて日本の国際平和協力を前進させようとするときには、その礎を築いた宮沢の問題提起――「普通の国」に相応した国民的覚悟の用意はあるか――もまた、繰り返し想起されてしかるべきなのかもしれない。

注

（1）「故宮澤喜一」内閣・自由民主党合同葬儀における追悼の辞」首相官邸ホームページ（二〇一五年一〇月一六日アクセス）。
（2）無記名（一九七八）「英語屋さん　宮沢喜一の上達テクニック」『週刊　サンケイ』一四八五号。
（3）宮沢喜一（二〇〇六）「私の履歴書」『日本経済新聞』四月一日〜三〇日。以下、宮沢の発言は、特に明記しない場合は同文献および以下の文献からの引用。五百旗頭真・伊藤元重・薬師寺克行編（二〇〇六）『宮沢喜一　保守本流の軌跡』朝日新聞社、清宮龍（一九九二）『改訂版　宮沢喜一・全人像』行研、宮沢喜一（一九九一）『戦後政治の証言』読売新聞社、宮沢喜一（一九九五）『新・護憲宣言』朝日新聞社。
（4）城山三郎（一九九三）『友情　力あり』講談社。
（5）宮沢喜一（一九五一）「世紀の調印式を見る」『財政』一六巻一二号。
（6）宮沢喜一（一九五五）「日米経済交渉の盲点」『実業之日本』五八巻五号。
（7）アナトール・フランス（一九七七）『神々は渇く』岩波文庫。
（8）宮沢、前掲「世紀の調印式を見る」。
（9）宮沢喜一（一九六〇）「私が見た〝全学連〟」『実業之日本』六三巻一四号。
（10）五百旗頭真・伊藤元重・薬師寺克行編（二〇〇六）『宮澤喜一　保守本流の軌跡』朝日新聞社。
（11）宮沢喜一（一九六六）「日米関係への提言」『世界』二四二号。
（12）村上友章（二〇〇八）「吉田路線とＰＫＯ参加問題」『国際政治』一五一号。
（13）宮沢喜一（一九六五）『社会党との対話　ニュー・ライトの考え方』講談社。
（14）牧原出（二〇一三）『権力移行　何が政治を安定させるのか』ＮＨＫ出版。
（15）宮沢喜一（一九六三）「第二段階の池田内閣」『世界』二一六号。

(16) 宮沢喜一（一九七一）「『異邦人』ニッポンの生きる道」『文藝春秋』四九巻一三号。
(17) 田原総一郎（一九八〇年）「インタビュー構成　ソ連は怖いですか」『文藝春秋』五八巻三号。
(18) 清宮龍（一九九二）『改訂版　宮沢喜一・全人像』行研。
(19) 宮城大蔵（二〇一三）「米英のアジア撤退と日本」波多野澄雄編著『冷戦変容期の日本外交』ミネルヴァ書房。
(20) 宮沢喜一（一九九一）『戦後政治の証言』読売新聞社。
(21) 森田実（一九八四）「独占インタビュー　宮沢喜一宏池会会長代行の『構造と力』に直撃」『週刊ポスト』七四六号。
(22) 服部龍二（二〇一五）『外交ドキュメント　歴史認識』岩波書店。
(23) 宮沢喜一（一九九一）「海部さんと私はここが違う」『文藝春秋』六九巻一二号。
(24) 弘中喜通（一九九八）『宮沢政権・六四四日』行研出版局。
(25) 小沢一郎（一九九三）『日本改造計画』講談社。
(26) 宮沢喜一（一九九一）『戦後政治の証言』読売新聞社。
(27) 五百旗頭真・伊藤元重・薬師寺克行編（二〇〇七）『外交激変　元外務省事務次官　柳井俊二』朝日新聞社。
(28) 明石康（二〇〇一）『生きることにも心せき』中央公論新社。
(29) 宮沢喜一（一九九四）「九四年　日本政治の目標」『中央公論』一〇九巻二号。
(30) 御厨貴・中村隆英編（二〇〇五）『聞き書　宮澤喜一回顧録』岩波書店。
(31) 政策研究大学院大学（二〇〇二）『C・O・E　PKOプロジェクト・オーラルヒストリー』。
(32) 竹内行夫（一九九四）「孤独な決断」『外交フォーラム』七巻一号。
(33) 河野洋平（二〇一五）『日本外交への直言　回想と提言』岩波書店。
(34) 柳井俊二（二〇〇三）「日本のPKO」『法学新報』一〇九巻五・六号。
(35) 村上友章（二〇〇七）「カンボジアPKOと日本　『平和の定着』政策の原型」軍事史学会編『PKOの史的検証』錦正社。
(36) 弘中喜通（一九九八）『宮沢政権・六四四日』行研。以下、宮沢外交については同文献を参照。
(37) 木村幹（二〇一四）『日韓歴史認識問題とは何か――歴史教科書・「慰安婦」・ポピュリズム』ミネルヴァ書房。
(38) 服部龍二（二〇一五）『外交ドキュメント　歴史認識』岩波書店。
(39) 杉浦康之（二〇一二）「天皇訪中」高原明生・服部龍二編『日中関係史一九七二－二〇一二　Ⅰ政治』東京大学出版会。
(40) 東郷和彦（二〇一五）「東京宣言からイルクーツク声明へ」五百旗頭真／下斗米伸夫／A・V・トルクノフ／D・V・ストレリツォフ編『日ロ関係史』東京大学出版会、A・N・パノフ（二〇一五）「ロシア政府の対日外交政策」同上。

（41）「内外情勢調査会における宮澤内閣総理大臣の講演一九九一年十二月一九日」データベース『世界と日本』（二〇一五年一〇月一六日アクセス）。
（42）ラフルアー・宮澤啓子（二〇〇七）「風変わりな父・宮澤喜一」『文藝春秋』八五巻一一号。
（43）『朝日新聞』二〇〇一年九月八日。
（44）宮沢喜一（一九九五）『新・護憲宣言』朝日新聞社。

参考文献

五十嵐武士（一九九五）「宮澤喜一　保守本流　最後の指導者」渡邉昭夫編『戦後日本の宰相たち』中央公論社。

岩間陽子（二〇〇三）「宮澤喜一」御厨貴編『歴代首相物語』新書館。

田中秀征（二〇一五）『保守再生の好機』ロッキング・オン。

中曽根康弘／宮澤喜一（一九九七）『対論　改憲護憲』朝日新聞社。

船橋洋一編著（二〇一五）『検証日本の「失われた二〇年」』東洋経済新報社。

福永文夫・河野康子編（二〇一四）『戦後とは何か――政治学と歴史学の対話（上）』丸善出版
牧原出（二〇一三）『権力移行　何が政治を安定させるのか』NHK出版。

御厨貴（二〇一一）『宮澤喜一と竹下登の政治観』朝日新聞出版。

宮城大蔵（二〇〇八）「宮澤喜一「保守本流」の実像」佐道明広／小宮一夫／服部龍二編『人物で読む　現代日本外交史』吉川弘文館。

宮城大蔵編（二〇一五）『戦後日本のアジア外交』ミネルヴァ書房。

宮沢喜一（一九九九）『東京―ワシントンの密談』中央公論社。

宮沢喜一（二〇〇六）「私の履歴書」『日本経済新聞』四月一日～三〇日。

宮沢喜一／高坂正尭（一九八四）『美しい日本への挑戦』文藝春秋。

李炯喆（二〇一四）「宮澤内閣とアジア」『長崎県立大学研究紀要』一四巻。

第15章　村山富市

——歴史認識問題と向き合って——

薬師寺克行

〈略歴〉

一九二四（大正一三）年三月　大分市に生まれ、高等小学校卒業後、上京。

一九四六（昭和二一）年三月　明治大学を卒業、大分市に戻り漁村民主化運動に参加。その後、日本社会党に入党し大分市議、県議を務める。

一九七二（昭和四七）年一二月　総選挙に立候補し初当選。

一九九一（平成三）年七月　社会党国会対策委員長。

一九九三（平成五）年九月　社会党委員長。

一九九四（平成六）年六月　内閣総理大臣に就任（第八一代）。

一九九五（平成七）年八月　戦後五〇年の総理談話を発表。

一九九六（平成八）年一月　内閣総理大臣を辞任、社民党初代代表。

一九九九（平成一一）年　超党派の訪朝団代表として北朝鮮を訪問。

二〇〇〇（平成一二）年六月　総選挙に立候補せず、政界を引退。「女性のためのアジア平和国民基金」の理事長に就任。


一九九〇年代以降、多くの首相が短命に終わったが、そのなかで「村山富市」の名前が、ほかの首相に比べて高い頻度で語られる最大の理由は、戦後五〇年の節目の年に公表された「首相談話」（通称「村山談話」）が、中国や韓国など近隣諸国との外交をはじめとする日本外交の大きな柱の一つとして位置づけられているからであろう。労働組合運動の世界から政界に飛び込んだ村山は典型的な社会党国会議員の一人であり、首相に就任するまで外交とは無縁であった。ところが九〇年代の政治の混迷は、長きに及んだ「五五年体制」で宿敵同士であった自民党と社会党の連立という仰天動地の政権を誕生させたばかりか、社会党委員長であった村山を首相に掲げてしまったのである。冷戦が終わり国際秩序が揺らぎ始めたころであった。「日本の首相に社会主義政党の党首が就任」のニュースは欧米主要国を緊張させたが、村山は外交政策の継続を宣言し、就任直後の首要国首脳会議（G7サミット）を無難にこなして世界を安堵させた。

首相在任期間はわずか一年半であったが、村山のリベラルな思想は内政のみならず広い意味での外交・安保政策に大いに反映された。その代表が「村山談話」である。また、余り知られてはいないが、沖縄の米軍基地の整理・統合についてアメリカのクリントン大統領と直談判し、普天間飛行場返還の端緒を作ったのも村山であった。

二〇〇〇年代に入り、従軍慰安婦問題など近隣諸国との歴史問題が再燃し、外交関係が一層困難な状況に陥った。そのような時代にあっても、「村山談話」はその光りが衰えることなく輝き続けており、歴代首相が継承し続ける貴重な外交資産となっているのである。

1　村山の生い立ちと思想形成

(1)　苦学して明大夜間部へ

首相に就任した直後の国会答弁で、社会党が掲げていた主要政策を翻して日米安保条約や自衛隊を速やかに認めたことからわかるように、村山富市は強硬な左派でもなければ、頭の硬いイデオロギストでもない。目的を達するためには、時に妥協することもいとわない現実主義者である。なぜそうした考え方を持つようになったのか。その秘密は幼少期から青年期にあると思われる。

村山は大分県の小さな漁村で網元の網を引く「引き子」の家に生まれた。子どもが一一人もいたため、生活はかなり厳しかった。地元の高等小学校卒業とともに上京し大分出身者が経営する東京の町工場に就職した。しばらくして別の印刷会社に移り、そこで経営者の理解を得て東京市立商業学校の夜間部に入学し、さらに明治大学の夜間部に進学した。

大学在学中に昼間部に移ったが、一九四四（昭和一九）年八月に徴兵され、宮崎や熊本の部隊に配属になり、終戦を迎えて復学した。

大学在学中、村山は友人に誘われて東京都文京区本郷の東大の赤門の近くにあった「至軒寮」という学生向けの私塾のような寮に移り住んだ。「至軒寮」は東京帝大教授であった上杉慎吉が大正時代に作ったもので、東京帝大生のみならず早稲田大学など他の大学の学生も入って共同生活をしていた。

上杉は、「天皇すなわち国家である」という天皇主権説を主張し、やはり東京帝大教授の美濃部達吉が唱えた「天皇機関説」を批判したことで知られる国家主義者であり、思想的には社会主義などとは対極にある人物である。ただ、上杉は一九二九（昭和四）年に亡くなっており、村山が直接、指導を受けたわけではない。村山が「至軒寮」で生活をしていたころ、寮の世話をしていたのは東京帝大教授の穂積五一であった。

穂積は上杉の弟子であったが、国家主義者ではなかったようである。戦後、「至軒寮」は「新星学寮」と名前が変わった。学生時代にこの寮に入った元法相の杉浦正健によると、穂積は戦前から、日本の植民地であった朝鮮半島や台湾をはじめ、アジア諸国からの留学生の受け入れに力を入れており、「（穂積先生が）強調されたのは、人間としての一対一のつきあい、そして全人格的な和合が大事だということあります」[1]と語っている。穂積は戦後もアジアなどの発展途上国からの留学生受け入れに尽力し、アジア学生文化協会、アジア文化会館を創ったことで知られる。村山の植民地支配や侵略についての歴史観やアジア諸国とのあるべき外交関係などについての考えの源泉は、学生時代の穂積との出会いに求めることができる。

大学卒業後、郷里に戻った村山は、漁業協同組合の民主化を目指す「漁村青年同盟」の運動にかかわっていたが、やがて社会党に入党し大分県職員労働組合の書記という職を得た。つまり、組合運動に本格的にかかわっていくようになったわけであるが、ここで早速、村山の現実主義的対応が発揮された。

一九五二（同二七）年、林業で知られる大分県の日田の製材所で働く労働者で作っていた日田重要生産労働組合が賃上げを要求し、経営側との交渉を続けていた。まだ二〇代の村山は交渉のテコ入れのために日田に派遣され、約一ヵ月間、泊まり込みで運動を指導した。しかし交渉は一向に進展しないため、一部組合員からハンガー・ストライキをやるべきだという声が出てきた。村山は全組合員が参加する一斉ストは難しいと考えて部分ストに突入させた。ところが二、三日すると内部から不満が出てきた。このままでは組織が持たない、分裂しかねないと考えた村山は、急遽、大分に戻り地方労働委員会に働きかけて、斡旋に乗り出させることに成功した。結局、若干の賃上げを実現することで解決した。村山は労働争議について、「指導者が組合員と同じ気分になってしまったら先が読めなくなるから駄目だ。指導者は労使の力関係を絶えず客観的に判断しながら、組織の点検もしながら、決着をつけるところを考えておかないといけない」と語っている。(2)

目的を達成するため、常に全体の状況を把握しつつ交渉し、適度に妥協や譲歩を積み重ねて落とし所を見つけていく。後に村山は社会党の国会対策委員長として与党との協議で成果をあげるなど頭角を現していくが、それは若い時から持っていた才覚のようである。

(2) 周りに推されて政治の道に

その後、村山は地方議員から国会議員へと政治の道を歩んでいくことになる。しかし、政界進出は本人が強く望んでいたわけではない。最初の立候補は一九五一（同二六）年四月の統一地方選で、大分市議会議員選挙であった。社会党から三人の推薦が決まったが、全員が右派であったため、左派からも候補を出すべきだということになり、まだ二〇代だが左派とみられていた村山に白羽の矢が当たった。この時は落選したが、四年後に再び立候補して当選した。市議を二期務めた後、一九六三（同三八）年に大分県議会議員に当選した。そして一九七二（同四七）年に、衆議院の大分一区から総選挙に立候補して当選し、国政の道に転じた。この時の理由も、ほかに適当な候補者がいないからであった。

村山はさらに社会党委員長、内閣総理大臣へと政治の世界の階段を上っていくが、その過程を見ると、自ら積極的に望んで動いたというよりも、消極的な理由から周囲に推されて、受動的に受け入れるとのパターンが見られる。

国会議員になった村山は、党内では左派グループに色分けされていた「新しい流れの会」に属したが、派閥の会合にはあまり顔を出さなかった。村山は党内の左右両派の対立や人事抗争などに意識的に距離を置き、もっぱら委員会審議など国会活動にエネルギーを注いだ。最初は自らの経験を生かせる社会労働委員会に所属し、労働法制や社会福祉政策などに熱心に取り組んだ。国会議事録を検索すると衆院本会議や各委員会での村山の質問が記録されているが、その内容は労働問題や社会福祉問題に集中している。国会議員としての村山は外交や安全保障政策にほとんど縁のない生活を続けていたのである。

（3）国会対策のプロに

当選回数を重ねた村山は、一九八七（同六二）年に予算委員会の理事に就任し、リクルート事件などで与党・自民党を厳しく追及する急先鋒の役割を担った。さらに一九九一（平成三）年に党国会対策委員長のポストに就いた。

村山が務めた予算委員会理事や国会対策委員長という役職は、社会党議員にとっては数少ない花形ポストであった。数字の上では社会党は長年、自民党に次ぐ第二党の地位を維持してきた。しかし与党と異なり、野党議員は閣僚になれるわけでもなければ、重要な政策決定過程に関与する機会も少なく、地味な存在である。そのような中で、マスコミなどで取り上げられる数少ないポストが社会党委員長、書記長、そして国会対策委員長、予算委員会理事であった。

衆参両院の予算委員会は、政府の当初予算案や補正予算案を審議する国会の中でももっとも重要な委員会であり、首相をはじめ閣僚全員がしばしば出席し、テレビ中継も多い。質問する側は、国政に関するあらゆる問題を取り上げる。その委員会で野党第一党の社会党を代表するポストが理事であり、自民党と委員会審議の日程を協議したり、閣僚や官僚の答弁に問題があれば委員会審議を中断させるなど、注目を集める役職である。

また国会対策委員長は、社会党においては委員長、書記長に次ぐ三番目に重要なポストであり、党を代表して衆議院の本会議やすべての委員会の開催日程など運営方針を決める立場である。無論、数の上では過半数を持つ与党に及ばないものの、国会審議を円滑に進め、可能な限り早く法案を成立させたい与党に対し、野党側は様々な手段を用いて抵抗して要求を受け入れさせる。この駆け引きが国対委員長の腕の見せ所である。社会労働委員会を中心に議員活動を地道に続けていた村山であったが、これらのポストに就任するや、自民党との協議において交渉力や調整能力の高さを発揮することとなった。

予算委員会理事の時代は、戦後最大の疑獄事件といわれるリクルート事件が起き、自民党の主な政治家をはじめ政官財の多くの要人がリクルートコスモス社から未公開株を譲り受けて巨額の売却益を得ていた事実が判明した。村山は予算委員会のほかに、この事件を追求するために設置された衆院リクルート事件調査特別委員会の理事も兼務し、自民党追求の急先鋒に立った。野党側は真相究明のために事件に関与した自民党議員らの証人喚問を求め、自民党側は「捜査を進めている司法の判断に任せるべきである」と抵抗した。一方で、政府・自民党は政府予算案の審議を進め、早急に成立させることを願った。与野党協議では野党側が攻勢に立ち、竹下登首相が退陣したほか、中曽根康弘元首相の証人喚問が実現するなど、国会は野党主導で進んだ。

もちろん国会が扱ったのはリクルート事件だけではなかった。外交に関する問題では、一九九〇（平成二）年八月にイラクがクウェートに侵攻する湾岸危機が起き翌年、湾岸戦争に発展した。国会では多国籍軍に対する日本の支援問題や、自衛隊を派遣するための「国連平和協力法案」の扱いが焦点となった。社会党は「自衛隊の海外への派遣は憲法違反である」として、法案には徹底的に反対した。また、多国籍軍への資金協力についても反対姿勢を貫いた。村山が政府批判の最前線に立ったことはいうまでもない。彼は衆院本会議などで、国連平和協力法案については「真の目的が多国籍軍への軍事協力につながるものであったことは間違いない」と反対し、多国籍軍への資金協力についても、軍事援助の性格を持っており憲法上重大な疑義があるとして中止を要求している。社会党を代表する立場での追及であったとしても、かなり原理主義的な反対論を展開していたのである。結局、米軍を中心とする多国籍軍への資金援助は実施されたが、国連平和協力法案は廃案となった。

予算委員会理事時代に村山は外交に関連して面白い経験をしている。一九八九（同元）年三月、村山は当時社会党書記長であった山花貞夫から、副委員長の田辺誠が北朝鮮を訪問する予定であるが、それを実現するために政府の答弁が必要だから予算委員会で北朝鮮について質問してほしいと頼まれた。そして、党内であらかじめ質問の中身を協議したうえで、三月三〇日の委員会で、「日本政府は今日までの対朝鮮政策を根本的に是正し、改善に向けての基本姿勢を明示すべきだ」と質問した。これに対する竹下首相の答弁は、「関係改善を進めていきたい」というありきたりの内容であった。ただ、このとき竹下は北朝鮮を「朝鮮民主主義人民共和国」という正式名称で表現したのである。日本の首相が北朝鮮を正式な国名で発言したのは初めてのことであり、このやり取りはこの点に意味があったのである。

この質疑について村山は、「社会党の誰かが自民党と連絡をとって、訪朝団を実現するための前提条件を整えるということでこの質疑の場面が作られたのだ。僕も訪朝には賛成だから質問してほしいという要請を受け入れた」と述べている。[3]その後、田辺の訪朝は実現し、さらにその翌年には自民党副総裁の金丸信を代表とする訪朝団も実現した。おそらく自民党と社会党が訪朝団を派遣するために北朝鮮側と水面下で接触した際に、北朝鮮側が正式な国名を認めることを条件の一つにしてきたのであろう。村山はそれを実現するために国会審議で一役買ったのである。

（4）政権交代が転機に

そして、一九九一（同二）年、田辺誠が社会党委員長に当選すると、その直後に開かれた党大会で村山は国会対策委員長に選出された。村山が国会対策委員長時代、日本の政治、外交は大きく揺れ動き、それを受けて国会では与野党が激しく衝突した。

最初に直面した課題は、「国連平和維持活動（Peacekeeping Operations, PKO）協力法案）」であった。湾岸戦争で日本政府は国内法の整備ができなかったため多国籍軍に対して自衛隊派遣という人的貢献ができず、百三十億ドルの資金協力にとどまった。そのことが米国など国際社会から「日本はカネだけ出して汗をかかない」などと批判された。一度は自衛隊の海外派遣を断念した政府・自民党であったが、野党の公明党、民社党と協力して国連の平和維持活動に自衛隊を派遣するためのＰＫＯ協力法案を同年九月、国会に提出し成立を目指した。この法案は衆議院を通過したものの時間切れで継続審議となり、翌九二年六月に成立した。一連の審議で社会党は徹底して反対し、あらゆる手段を行使して抵抗した。国会対策委員長の村山は、その際の指揮官的役割を担っていた。しかし、自民党に加え、野党の公明党、民社党が推進した法案のため、衆院通過を阻止することはできなかった。

舞台が参議院に移ると社会党の抵抗はより激化し、本会議の採決では合計五泊六日に及ぶ「牛歩」を繰り返した。牛歩とは、法案成立を阻止するため、採決のときに野党議員が本会議場内を時間をかけてゆっくり歩き投票することをいう。参院本会議でのPKO協力法案の場合、社会党は参院議長や議院運営委員会委員長らの問責決議案を次々と提出し、一つひとつの採決に六、七時間をかけた。そのため本会議での採決は連日未明に及んだ。村山は社会党の国会対策委員長として衆院での国会対策については指揮権を持っていたが、参院は別であった。そのため村山は参院本会議場の傍聴席に座り、牛歩を続ける社会党議員を激励し続けた。

PKO協力法に対する社会党の徹底した反対姿勢と長時間に及んだ牛歩に対する国民の評判は必ずしも良くなかった。国民のPKO協力法の評価は割れており、成立後に行われた朝日新聞の世論調査では、法成立について「よかった」と「よくなかった」がともに三六％であった。また自衛隊の海外派遣については「憲法上、問題がある」との評価が五八％にのぼっていた。(4) ところが七月二六日に行われた参院選は、自民党が改選議席の過半数を占める六八議席を獲得、これに対し社会党はわずか二二議席と不振であった。牛歩で物理的に徹底抗戦するという社会党の昔ながらの硬直的な姿勢が国民の評価を得なかったのである。以後、社会党は衰退の勢いを加速していった。村山はこの時のことを「結局、最後は数で押し切られることは分かっているわけだから、牛歩は自分たちはこれだけ抵抗したんだという実績を作るためのものだ。だからすべてが終わったあとは虚しい気持ちになるわな」と語っている。(5)

PKO協力法の次に大きな問題となったのが政治改革であった。一九八八（昭和六三）年に表面化したリクルート事件に続いて、一九九二（平成四）年には、当時の自民党副総裁、金丸信が佐川急便から五億円のヤミ献金を受け取っていたことが発覚するなど、自民党ではカネにまつわる不祥事が相次いだ。

こうした事態を受けて、自民党ではカネのかかる政治を改めて、政策本位の政治を実現しようという政治改革の議論が活発になった。そこで中心テーマになったのが衆院の選挙制度の見直しであった。当時の衆院の選挙は一選挙区の定数が三人から六人の「中選挙区制」であった。全議席の過半数を上回るために、自民党は一つの選挙区に定数の半分以上の候補を擁立しなければならない。そうすると自民党は同じ選挙区で公認候補同士が争うことになる。派閥連合体でもある自民党は、党が中心ではなく、派閥単位で候補者を見つけ出して選挙戦を戦うようになった。所属する派閥は異なっていても同じ政党の候補であるから、自民党の候補者は政策の違いを競うことはできず、おのずと地元へのサービス合戦に陥った。補助金や公共事業などの利益誘導はもちろん、冠婚葬祭に何度顔を出したかといったことを競うようになり、それがカネのかかる政治とつながった。個々の議員や派閥幹部は、サービス競争に勝つため多少無理をしても政治資金を集めなければならなくなり、それがスキャンダルの温床となっていったのである。

そこで浮かんだのが「小選挙区制」の導入であった。一つの選挙区の定数が一であれば同じ政党の候補者が競うことはない。そして各党が政策を中心に競う政党中心、政策中心の選挙が実現すると考えられた。自民党は海部内閣、宮沢内閣でそれぞれ「小選挙区比例代表並立制」や「単純小選挙区制」を柱とする政治改革関連法案を国会に提出し、成立を目指した。

ところが小選挙区制は大政党には有利であるが、少数政党にはきわめて不利な制度である。そのため自民党以外の各党は、単純小選挙区制はもちろん、小選挙区を中心とする比例代表との並立制にも反対した。村山はこの問題でも社会党国会対策委員長として、自民党案を批判する側の急先鋒となった。結局、自民党政権下では与野党間の合意が成り立たず、選挙制度改革は実現しなかった。

そして一九九三（平成五）年六月、政治改革に積極的であった小沢一郎を中心とするグループが自民党を離党し、野党が提出した宮沢内閣不信任案に賛成票を投じた。不信任案は可決され、宮沢首相は衆院の解散・総選挙に踏み切った。総選挙の結果、自民党は過半数を大きく割れ、非自民の八党会派が細川護熙を首相に擁立する非自民連立政権が誕生したのである。

一連の過程で国会対策委員長の村山をはじめ社会党は政権交代を目指して積極的に動いたわけでもなければ、非自民連立政権樹立に向けて動いたわけでもない。政局の中心にいたのは小沢であり、社会党は政界の激動の渦の中に受動的に巻き込まれていった。そして、この政権交代が村山の政治家人生を大きく変えていくことになったのである。

予算委員会理事や国会対策委員長としての村山の対応を振り返ると、自衛隊違憲、日米安保反対、非武装中立を掲げ、政府の打ち出す法案に何でも反対する典型的な社会党議員の姿が浮かんでくる。しかし、村山は党や国会での役職を堅実にこなしただけで、社会党の外交・安保政策については距離を置いてみていた。こうした点について村山は『村山富市回顧録』でかなり率直に多くを語っている。

「国会議員になった七二年頃から、(日米安保条約を) 一方的に破棄することなんてできるとは思ってなかった (中略) 自衛隊について出発点は「違憲」だった。ところが世論調査の結果を見ると七〇パーセント以上の国民が、今程度の自衛隊ならいいといって支持している。そういう状況を踏まえると、自衛隊は違憲だということを議論してみても始まらないんじゃあないかなという気持ちだった(6)」

村山は党の要職についていながら、社会主義協会派など左派が主導する硬直的で観念論的な外交・安保政策には批判的であったのである。だからといって、党大会や党内の会議などで、より現実的な路線に転換すべきであるという論争を挑むようなことはしなかった。本音と建前を使い分けながら目の前の課題をこなす。ここにも労働組合運動の経験で身についた現実主義的な行動様式が見てとれるのである。

2　首相就任と社会党の外交・安保政策の大転換

(1) 外交初デビューで外交政策の継続を表明

一九九三 (平成五) 年の総選挙を受けて社会党も非自民連立政権の一翼を担うこととなったが、社会党の議席は改選前の一三六から七〇に半減してしまった。大敗の責任をとって山花貞夫が委員長を辞任し、その後継に村山が選出された。この時も本人は固辞したが、周囲に推されて押し切られるように委員長選に立候補したのであった。ところが細川内閣はわずか八カ月で崩壊し、続く羽田孜内閣発足時に社会党は小沢一郎の政権運営の手法などに反発して連立政権を離脱してしまった。少数与党となった羽田内閣の命脈は発足当初から風前の灯であった。

この混乱の中、自民党は一日も早い政権復活を目指して水面下で社会党に連立を働きかけるなどしたたかに動いていた。そして一九九四（同六）年六月二九日、羽田孜内閣の総辞職を受けて行われた国会の首班指名で村山が首相に指名されたのである。

村山首相誕生の経過には自民党による二つの奇策があった。一つは五五年体制の下で長年対立してきた自民党と社会党が連立を組むということ。もう一つは、議席数で第一党の自民党が河野洋平総裁を首班指名の候補とせず、社会党委員長の村山を推したことである。自民党にとって、国会の議席数で過半数を確保するには非自民連立を離れた社会党や新党さきがけと組むしかなかった。そこでもし自民党が河野首相にこだわれば、首班指名の時に社会党の票が割れて政権交代が実現しない可能性があった。社会党議員の造反を最小限にとどめるには村山首相しかなかったのである。自民党総裁の河野と幹事長の森喜朗は村山と直接会談しぎりぎりまで説得したのであった。村山にとっては想像もしなかった展開であったが、自民党に外堀を埋められるような形で首相に就任したのだった。

首相に就任した村山は就任からわずか一〇日目でイタリアのナポリで開かれた主要国首脳会議（G7サミット）という外交の大舞台に立つことになった。既に国会議員生活は20年を超えていたが、その間、外国訪問歴は少なく、まして対外政策について外国政府要人と議論した経験は皆無であった。余程、不安であったのか、村山は出発に先立って宮沢喜一元首相に会い、アドバイスを求めている。

サミットの首脳会議に先立っておこなわれた最初の首脳会談の相手は、アメリカのクリントン大統領であった。アメリカの一部メディアは村山内閣誕生について「日本に社会主義が復活した」など警戒心を持って報じていた。アメリカ政府も社会党党首の村山が日米関係についてどういう考えを持っているか注視していた。そこで村山は会談の冒頭、「突然、社会党委員長が総理になって驚かれたのかもしれませんので、わたしの経歴を紹介したい」と切り出し、自由や民主主義への共鳴を前面に出した自己紹介をしてクリントンを安心させた。(7)

そのうえで村山は、従来の日本政府の外交方針を継続することや日米安保体制を堅持する考えを伝えた。クリントンは村山の発言を歓迎し、当初は一五分間の予定であった首脳同士の一対一の会談は四〇分に及んだ。この会談で村山は、新首相が硬直的な考えを持つ社会主義者ではないかというアメリカ側の懸念を払しょくすることに成功したのであった。残念ながら、その後、村山は体調を壊してナポリ市内の病院に入院したため、肝心のサミットの首脳会談は外相の河野洋平が代理で出席するというハプニングもあった。

(2) 日米安保堅持を表明

帰国後まもなくの七月一八日、村山は国会での所信表明演説に臨んだ。内政・外交について村山がまとまった形で自らの考えを表明した初めての機会である。演説の原案は基本的に官僚が作成するが、随所に村山らしさがでている。国民の最大の関心事は、当然のことながら外交・安全保障政策であった。長年、社会党は自民党とは正反対の政策を掲げ自民党を批判し続けてきた。村山がどういう政策を打ち出すのか注目されたのである。それを意識してか、村山の演説はこれまでの首相に比べるとこの分野について多くの時間が割かれていた。

演説の冒頭で村山は時代認識を示し、「冷戦の終結によって、思想やイデオロギーの対立が世界を支配するといった時代は終わりを告げ、旧来の資本主義対社会主義の図式を離れた平和と安定のための新たな秩序が模索されています」と述べた。さらに内政についても「戦後政治を特色づけた保革対立の時代から、党派を超えて現実に即した政策論争を行う時代へと大きく変わろうとしています」と述べている。自社さ連立政権に対しては、野党や一部マスメディアから政策的合意なき野合であるという批判が出ていた。村山の演説には、こうした批判への反論も込められていたのである。

その上で村山は、日米安保体制の堅持を明言し、自衛隊については必要最小限の防衛力整備を認めるなど、これまでの社会党の政策を一八〇度転換した。わずか二年前に自らが陣頭指揮をとって徹底的に反対した国連の平和維持活動（ＰＫＯ）への参加についても「国際社会の期待にこたえ、引き続き、国連の平和維持活動について、憲法の範囲内で、積極的に協力していく」と述べた。

同時に非核三原則の堅持や厳格な武器輸出管理を強調し、歴史認識問題については「戦後五十周年を目前に控え、私は、我が国の侵略行為や植民地支配などがこの地域の多くの人々に耐え難い苦しみと悲しみをもたらしたことへの認識を新たにし、深い反省の上に立って、不戦の決意の下、世界平和の創造に力を尽くしてまいります」などハト派らしさも強調している。しかし、基本は従来の日本政府の外交・安保政策の継続であり、それは社会党の基本的政策の大転換を意味していた。

村山の所信表明演説に続く代表質問で、野党は村山の大変身を皮肉をこめて細かく追及した。質問の先頭に立った羽田前首相は自社さ連立政権を「呉越同舟政権、無責任連合」と厳しく批判した。日米安保体制や自衛隊問題に加えて、国旗・国歌についての認識などについても突っ込んだ質問をした。村山は日米安保体制について「アジア・太平洋地域における安定要因としての米国の存在を確保し、この地域の平和と繁栄を促進するために不可欠となっています」と、政府の方針に従って踏み込んだ答弁をした。

また自衛隊については「よくお聞きを頂きたい」と繰り返し前置きをしたうえで、「専守防衛に徹し、自衛のための必要最小限度の実力組織である自衛隊は、憲法の認めるものであると認識する」と合憲であることを認めた。さらに「本来、国家にとって最も基本的な問題である防衛問題について、主要政党間で大きな意見の相違があったことは好ましいことではありません」とまで述べた。本会議場では社会党議員らが当惑の表情を浮かべる一方で自民党席からは大きな拍手が繰り返し起こったのである。さらに国旗・国歌についても「日の丸が国旗、君が代が国歌であるという認識が国民の間にも定着しており、私自身もそのことを尊重してまいりたい」と、この問題でも社会党の方針を変更した。

村山の答弁内容だけを見ると、首相になった途端にこれまでの主張を変えて官僚や自民党に同調しているような印象を与える。しかし、既に述べたように村山は社会党国会議員になった頃から日米安保廃棄論や自衛隊違憲論について疑問を持っており、国民の間に受け入れられ定着しているものを、狭隘なイデオロギーで単純に否定することに意味を見いだしていなかったのである。現実を踏まえて憲法に沿った形で具体的な政策を考えるべきだというのが村山の現実主義である。もちろん村山は答弁に先立って社会党幹部らと相談したうえで内容を決める作業を忘れてはいなかった。

とはいえ村山がどのような国会答弁をするか、自民党も官僚も気をもんだ。自民党幹事長の森喜朗は村山に「村山総理、石原（信雄）副長官ともよく相談してくださいね」と念押ししている。その石原は首相に就任が決まった村山から官房副長官の留任を要請された際、日米安保条約と自衛隊についての社会党の政策を変えてもらわなければ内閣の運営はできないと考えて、村山にどうするのか尋ねた。村山は「与党三党の協議で方向は決めている」と答えた。そこで石原は「方向転換するのであればできるだけ早い方がいい」と進言し村山も受け入れたという(8)。

本会議終了後、森は村山に「あの答弁が原因で党内がモメたらどうするのですか」と聞いたところ、村山はすでに党の幹部に「社会党の党首の椅子と、日本国総理大臣の椅子と、どっちが重いか。私は総理大臣の椅子を大事にする。それで気に入らんのなら、社会党の委員長をクビにしろ」と言ったという(9)。

村山は相当の覚悟で演説や答弁に臨んだのである。外交・安保政策を継承することで政権を安定させ、日米関係などで無用な混乱を避けるという目的があった。同時に党内の左派が主導してきた現実離れした社会党の政策を一気に変えてしまう好機と考えてもいた。実際、社会党は村山の答弁を受けて、一九九五（同七）年五月の臨時党大会で日米安保堅持や自衛隊合憲などを内容とする「九五年宣言」を採択し、それまでの外交・安保政策を大きく転換したのである。

ここで指摘しておきたいのは、村山がそれまでの政策を継承したからといって、日米安保体制について政府・自民党と同じ考えを持っていたわけではないということだ。やはり『村山富市回顧録』のなかで村山は、日米安保条約には、日本が防衛費に多くの予算を使わないで済んだことや、アジア諸国に日本は軍事力を強化しないという安心感を与えるという功の部分があるが、一方で戦後半世紀以上たっても多くの米軍基地が日本にあるという罪の部分もあることを指摘している。そのうえで次のような安保見直し論を展開した。

「そもそも安保条約を締結したときにこの条約が対象としていたソ連という国がすでに解体してなくなっていることをはじめ、国際情勢が大きく変わってしまった。日本の周辺で本格的な戦争が起こる可能性がなくなったこと。一部には北朝鮮や中国が問題であるということを言う人がいるが、現実問題として戦争なんかもうあり得ない。にもかかわらず平和憲法を持っている日本になぜこれほどの長期間、こんなに多くの米軍基地が必要なのか、しかも治外法権を与えられたような形でね。

というようなことを考えた場合、国際情勢や日本を取り巻く情勢を率直に話し合って、これからの日米関係をよくしていくための安保条約の見直しはあっていいんじゃないかと思うし、必要じゃないかということを僕は一貫して言い続けてきている」[10]

そして実際に村山は一九九五（同七）年一月の日米首脳会談で沖縄の米軍基地の返還などを要求することを提起した。具体的には那覇軍港の返還や県道一〇四号線越えの実弾砲撃訓練の中止などであった。日米関係に余計な波風を立てたくない外務省は、首脳会談で米軍基地問題を取り上げることに消極的であったが、村山が押し切った。ワシントンで行われたクリントン大統領との会談では、事前に調整が行われていたためクリントン大統領の方から沖縄の米軍基地問題に触れ、「モンデール駐日大使に解決するように指示した」と述べた。村山は「日米安保に対し広範な国民の支持を得るために、基地の整理統合に協力をお願いしたい」と述べている。こうした村山の動きがやがて一九九六（同八）年の普天間飛行場返還などの合意につながっていったのである。

3　日本外交の基礎となった戦後五〇年の首相談話

(1)　不発に終わった国会決議と村山の覚悟

首相在任中、村山が最も力を入れて取り組んだ問題は歴史問題であった。村山は野党時代から戦前の日本の朝鮮半島に対する植民地支配や中国大陸などへの侵略行為について謝罪と反省をすべきであるという考えを主張していた。といってもそれが突出した考えというわけではなく、村山の前の首相の羽田も細川護熙も、同様の考えを述べており、また、宮沢喜一は韓国からの要求を受けて従軍慰安婦問題について調査を指示し、旧日本軍の関与を認めるとともに「募集、移送、管理等も、甘言、強圧による等、総じて本人たちの意思に反して行われた」と広義の意味での強制性を認める「河野談話」を公表している。つまり一九九〇年代初めの歴代政権は、歴史問題についてハト派的思考が強いという点で共通性があった。

村山内閣もこの流れを引き継いでおり、政権発足前に合意した自民、社会、さきがけ三党の「新しい連立政権の樹立に関する合意事項」には、「新政権は、戦後五〇年を契機に、過去の戦争を反省し、未来の平和への決意を表明する国会決議の採択などに積極的に取り組む」ことを盛り込んだ。そして村山は最初の所信表明演説で、「わが国の侵略行為や植民地支配などがこの地域の多くの人々に耐え難い苦しみと悲しみをもたらしたことへの認識を新たにし、深い反省の上に立って不戦の決意のもと、世界平和の創造に力を尽くしてまいります」と述べている。

戦後50年目の節目の年に当たる一九九五（平成七）年の五月、与党三党は政権発足時の合意に基づいて「戦後五十年問題プロジェクトチーム」を起動させ、国会決議の文案づくりに向けて調整をはじめた。ところが自民党から「一方的断罪に基づく反省と謝罪はすべきでない」などと国会決議そのものに否定的な意見が出てきた。そのため、与党協議は難航した。村山は「侵略行為と植民地支配という言葉は外せない」と主張したが、与党三党の幹事長らがまとめた最初の案は、「列強が侵略的行為や植民地支配を競い合った一時期、日本も渦中にあって自国の安寧を考え、多くの国と戦火を交えた」との文面であった。侵略や植民地支配の主語は「列強」であり、日本の行為は、反省どころか逆に「自国の安寧」のためであると正当化されていた。当然、村山はこの案を押し戻した。

再び三党の幹事長らが協議した結果、提示してきた案文は「世界の近代史上における数々の植民地支配や侵略行為に思いをいたし、我が国が過去に行ったこうした行為や他国民とくにアジアの諸国民に与えた苦痛を認識し、深い反省の念を表明する」といった回りくどい文章であった。村山は三権分立の下での首相という立場を考えると、国会決議に対してそれ以上の注文をつけることは難しいと判断せざるを得なかった。結局、この文面がそのまま国会決議として、六月九日、衆院本会議で賛成多数で議決された。その際、野党の新進党議員が欠席したほか与党からも多数の議員が欠席したため、賛成は二三〇名となり、全議員の過半数を割るという惨憺たるものとなった。そればかりか、一般的に国会決議は衆参両院で議決されることが多いが、この決議の場合、参議院では議論さえ行われなかった。国会の意思表明というには余りにもお粗末な結果となったのである。そこで村山は独自に首相談話を出す方針を固めた。

首相談話は内閣官房外政審議室長の谷野作太郎を中心に、内閣官房長官の五十嵐広三（閣議決定時は野坂浩賢に交替していた）や事務担当の内閣官房副長官の古川貞二郎らが、外部の文化人の意見も取り入れながら作成した。村山の国会演説や記者会見での発言を踏まえて作成されていたが、村山自身も何度か手を入れたという。こうして「戦後五〇周年の終戦記念日にあたって」と題する首相の談話は一九九五（平成七）年八月一五日に閣議決定された。閣議では古川が全文を読み上げ、野坂が閣僚に意見を求めたが、異論はまったく出なかったという。

（2）「独善的なナショナリズムを排す」

ここからは村山談話の内容を詳細にみていきたい。

談話はまず、敗戦から五〇年が経過したことに触れたうえで、「敗戦後、日本は、あの焼け野原から、幾多の困難を乗りこえて、今日の平和と繁栄を築いてまいりました。このことは私たちの誇りであり、そのために注がれた国民の皆様一人一人の英知とたゆみない努力に、私は心から敬意の念を表わすものであります」と、戦後の日本の足跡を評価している。

そして、「私たちはややもすればこの平和の尊さ、有難さを忘れがちになります。私たちは過去のあやまちを二度と繰り返すことのないよう、戦争の悲惨さを若い世代に語り伝えていかなければなりません」と、戦前の政府や旧日本軍の行為を正当化する一部の動きを間接的に批判している。そのうえで、「とくに近隣諸国の人々と手を携えて、アジア太平洋地域ひいては世界の平和を確かなものとしていくためには、なによりも、これらの諸国との間に深い理解と信頼にもとづいた関係を培っていくことが不可欠と考えます」と、近隣諸国を中心とした国際協調主義を唱えている。

そして村山談話を強く印象付けたのは次の部分である。

「わが国は、遠くない過去の一時期、国策を誤り、戦争への道を歩んで国民を存亡の危機に陥れ、植民地支配と侵略によって、多くの国々、とりわけアジア諸国の人々に対して多大の損害と苦痛を与えました。私は、未来に誤ち無からしめんとするが故に、疑うべくもないこの歴史の事実を謙虚に受け止め、ここにあらためて痛切な反省の意を表し、心からのお詫びの気持ちを表明いたします」

ここで村山は、単に植民地支配や侵略という言葉を直接用いるだけではなく、「遠くない過去の一時期、国策を誤り」と、これまでの首相にない明確な表現で政府や軍の責任に触れている。

この部分については、談話発表後の記者会見で当然ながら、「過去の一時期とはいつを指すのか」、「国策を誤った責任はだれにあるのか」という質問が出された。村山は、「国際的にも国内的にも陛下の責任は問われておりません。今回の私の談話においても、国策の誤りをもって陛下の責任を云々するというようなことでは全くありません」、「アジア近隣諸国、多くの国々において、多大の損害とその苦痛を与えてきたというこの事実はやっぱりきちっと認識をする必要があるというふうに思いますから、どの時期とかというようなことを断定的に申し上げることは適当ではないのではないかというふうに考えています」と応じた。

『回顧録』でも村山は、「国民全体がこういうところがこういう時期にあったと、だからやっぱりこれは間違いだった、こんなことを繰り返しちゃいけないというふうに受け止めてくれればいいことであって、それ以上突き詰めていつからいつまでなんていうことを規定するような種類のものではないんだ(11)」と、その意図を明らかにしている。

そして村山談話をさらに特徴づけているのは、未来について語った「敗戦の日から五〇周年を迎えた今日、わが国は、深い反省に立ち、独善的なナショナリズムを排し、責任ある国際社会の一員として国際協調を促進し、それを通じて、平和の理念と民主主義とを押し広めていかなければなりません」という部分での、「独善的ナショナリズムを排し」という表現である。「独善的ナショナリズム」という言葉を歴代の首相が使ったことは一度もなかった。この言葉の意味について村山は、「ナショナリズムというものは、なんかの時に芽が出てくる可能性があるんだ。もちろん自分の属する国や民族を愛することが悪いわけじゃあない。だけども自分たちがよその国よりもすぐれていると思い上がって他国に迷惑をかけてしまうような独善的なナショナリズムは絶対にだめだ。ところが現実の政界にはこれに近い考えを持っている人がいるんだ。自民党にもいたし、特に右翼なんかには多い。そういう考えを持っている人が総理大臣など責任ある立場につけば、国の政策が独善的ナショナリズムに陥りかねない」、「戦争を美化するような解釈は、やっぱり間違いであり独善的ナショナリズムに依拠していると言わざるを得ない」と説明している[12]。

独善的ナショナリズムへのこだわりの背景には、村山自身の歴史観に加えて、首相就任後に自民党タカ派議員らが起こした問題に苦慮した経験があったからである。

政権発足直後の一九九四（同六）年八月、環境庁長官の桜井新（自民党）が記者会見で、「日本も侵略戦争をしようと思って戦ったのではなかったと思っている」、「全体のことについてはある程度わびる必要があるけれども、しかし、日本だけが悪いという考え方で取り組むべきではないと思う」と発言し、中国や韓国から批判を浴び、外交問題へと発展したため結局、大臣を辞任した[13]。

村山談話発表直前の一九九五（同七）年八月九日には、内閣改造によって文部相に就任したばかりの島村宜伸（自民党）が、「戦争を全く知らないような時代になってきているのに、相も変わらず昔を蒸し返して、それをいちいち謝罪していくというやり方は、果たしていかがなものかとは思いますね」と発言し、またしても中国や韓国からの批判を浴びた[14]。

談話を発表した八月一五日には、自民党出身の一三人の閣僚のうち八人が靖国神社に参拝したほか、自民党の「みんなで靖国神社に参拝する国会議員の会」（小渕恵三会長）と新進党の「靖国神社に参拝する新進党国会議員の会」（渡部恒三会長）の国会議員合計一六八人（うち代理が九三人）も参拝している。さらに談話発表後には、同年一一月　総務庁長官の江藤隆美が、朝鮮半島に対する日本の植民地支配に関連して「日本は韓国によいこともした」などと発言し、辞任に追い込まれた。

閣内の自民党タカ派議員らから相次いで発せられた歴史を美化するような発言は、自社さ連立政権の中枢が村山を筆頭に自民党総裁の河野洋平、さきがけの武村正義といったハト派に占められていることへのタカ派勢力の焦りの裏返しでもあった。しかし村山からすれば、このようなタカ派勢力こそが国会決議の内容を空疎化したのであり、国際関係を無視して歴史の美化に走るタカ派の動きに対して、明確な意思表示をしておきたかったのであろう。

侵略と植民地支配に対する率直な反省と謝罪、さらに将来にわたって独善的ナショナリズムを排するべきとした村山談話は、中国や韓国からは比較的好意的に受け止められた。中国外務省は「過去の植民地統治と侵略の歴史に深い反省を示し、アジア各国の国民にわびたのは積極的な姿勢だ」とのコメントを発表し、韓国の金泳三大統領は村山に「意義深いものである」と評価する親書を送った。

しかし、村山談話が公表されたからといって、日中・日韓関係がすべて円滑になったわけではなく、村山内閣の後半は逆に中韓両国との関係は緊張を生んだ。そもそも八月一五日の記者会見で村山は、各国の戦争被害者から日本政府に対する個人賠償請求訴訟などが起こっていることへの対応を質問されると、「先の大戦に係わる賠償、財産請求権の問題は、いわゆる、従軍慰安婦の問題なども含めてですね、法的にはもう解決がすんでいると思っているので、個人補償を国として行う考えはございません」と、従来の政府見解をそのまま述べた。

さらに一〇月五日の参院本会議では、日韓併合条約について質問された際に、「日韓併合条約は、当時の国際関係などの歴史的事情の中で、法的に有効に締結され、樹立されたものと認識している」と答弁した。日韓併合条約について日本政府は、国際法上有効に締結され実施されたが、一九六五（昭和四〇）年に日韓基本条約が結ばれた時に「もはや無効である」としている。したがって村山の発言は、いずれも従来の日本政府の見解を踏襲したものにすぎなかった。

しかし、韓国国内では元慰安婦に対する日本政府の賠償を求める運動が起きており、また日韓併合条約について韓国政府は「不法に結ばれたものであり締結時点から無効である」と主張していた。そのため、国会答弁を受けて、村山への批判が一気に強まった。同じ時期に、既述した江藤総務庁長官の発言問題も起きていたことから、日本批判に拍車をかけた。

当時は一一月に大阪でアジア太平洋経済協力会議（ＡＰＥＣ）の首脳会議が開かれる予定で、村山がホスト役を務めることになっていた。日本政府としては、主要参加国である中国や韓国との間で余計な問題を抱えたくなかった。しかし、中国の江沢民国家主席は日本訪問の途中、韓国を訪れ金泳三大統領と会談し、両首脳は「日本の少数の軍国主義勢力に警戒しなければならない」など日本批判で歩調を合わせた。日中・日韓間の歴史問題は、たとえ日本の首相が率先して積極的な姿勢で臨んでも、タカ派議員らが突出した行動を取るとそれが一気に外交問題へと発展し、中国や韓国側から非難される難しい構図となっているのである。

首相在任中、村山が従軍慰安婦問題に積極的に取り組んだことも明記されるべきである。村山は政府の個人補償は否定したものの、一九九五（平成七）年七月、「女性のためのアジア平和基金（初代理事長は元参院議長の原文兵衛）」を設立し、国民に広く募金を呼びかけた。その後、基金は各国の元慰安婦に首相のお詫びの手紙とともに償い金を支給したほか、元慰安婦に対する医療支援活動を展開した。そして、村山も二〇〇〇（同一二）年、原の後を継いで基金の理事長に就任した。この基金は二〇〇七（同一九）年に活動を終了し解散している。

（3）岐路に立つ村山談話

さて日中・日韓間で歴史問題をめぐる対立は村山内閣後も続いたが、村山談話に盛り込まれた認識はその後も歴代政権によって引き継がれ、近隣諸国との外交関係を形成する大きな柱となった。

村山談話から一〇年後の二〇〇五（同七）年、首相の小泉純一郎は村山にならって八月一五日に「戦後六〇年の首相談話」を閣議決定した。小泉は首相就任以後、毎年一回、靖国神社を参拝したが、思想的に典型的なタカ派ではなかった。首相談話には、「わが国はかつて植民地支配と侵略によって、多くの国々、とりわけアジア諸国の人々に対して多大の損害と苦痛を与えました。こうした歴史の事実を謙虚に受け止め、改めて痛切な反省と心からのお詫びの気持ちを表明する」というくだりがあり、村山談話と同じ「侵略」「植民地支配」「痛切な反省」「心からのお詫び」というキーワードが盛り込まれた。

日韓併合一〇〇年となった二〇一〇（同十二）年八月には、首相の菅直人が談話を閣議決定した。そこでも村山談話と同じように、「植民地支配」「痛切な反省」「心からのお詫び」が盛り込まれた。自村山談話に盛り込まれた四つのキーワードは、日本外交の大前提として引き継がれたのである。

村山は「ひょっとして心の中で反対している者も含めて、やっぱりみんな韓国や中国を訪問すれば「村山談話」を踏襲すると言っている」、「それはやっぱり中国や韓国、アジア諸国との外交関係を維持し発展させるためにはこれ以外はないということだろう。もしも否定したら大変なことになるからね」と話している[15]。

しかし政治の潮流や国内世論の変化は、外交の姿を容易に変えてしまいかねない。二〇〇〇年代に入り、自民党では戦後日本外交の国際協調路線の主たる担い手であった旧田中派や旧宏池会というハト派の派閥が分裂を繰り返し、衰退していった。代わりにタカ派的主張を持つ勢力が台頭してきた。同時に選挙制度が「小選挙区比例代表並立制」に変わったことで、政治家が今まで以上に「世論」に敏感な対応をするようになった。また、経済力を増した中国や韓国との外交関係は、歴史認識問題だけでなく、領土問題や経済問題なども抱えるようになり、複雑さを増している。日本国内では狭隘なナショナリズムが受容されつつあり、対中国強硬論がかつてないほど声高に叫ばれるようになってきた。

二〇一二（平成二四）年末に安倍晋三が首相に返り咲いた事実は、そのような社会的変化の表れのひとつでもある。もともと村山談話や河野談話に否定的である安倍は、首相就任当初、国会審議で「安倍内閣として、（村山談話を）そのまま継承しているわけではない[16]」と述べ、また「侵略という定義は学会的にも国際的にも定まっていない。国と国の関係でどちらから見るかで違う[17]」などと答弁した。ところがこの発言に対して内外から批判が出ると、村山談話について「政権としては全体として受け継いでいく」という表現に修正するとともに、以後は具体的な発言を控えるようになった[18]。

このような安倍に対して村山は、「安倍首相は村山談話を「全体として受け継ぐ」そうだが、中身を語らないことに疑念を持っている。また、未来志向を強調しているが過去と未来は切り離せるものではない。アジアに対する日本の植民地支配や侵略は歴史的事実であり、政治の世界は過去の反省を踏まえたうえで将来展望を持つことが大事だ」と批判を繰り返した[19]。

一方の安倍首相は、少なくとも歴史問題については現実的な対応をした。二〇一五年八月の「戦後七〇年談話」では、村山談話の表現をそのまま踏襲はしなかったものの、謝罪や反省の言葉を盛り込み、中韓両国などからの反発を買うことはなかった。

さらにこの年の十二月末には韓国との間で懸案となっていた従軍慰安婦問題で、韓国が新たに設立する財団に日本政府が十億円を拠出するとともに、岸田文雄外相が「当時の軍の関与の下に、多数の女性の名誉と尊厳を深く傷つけた問題であり、日本政府は責任を痛感している」と表明し、両国が「最終的かつ不可逆的解決とする」ことで合意した。また、安倍首相も「慰安婦としてあまたの苦痛を経験され、心身にわたり癒やしがたい傷を負われた全ての方々に対し、心からおわびと反省の気持ちを表明する」という意向を韓国に伝えた。

言うまでもなく、安倍が村山に近づいたことで、日韓関係は修復の道を歩み始めたのだった。

戦後五〇年の首相談話に精力を傾注した村山は、党内で意見が割れていた新党問題に対応するためもあって、一九九六（同八）年一月に首相を辞任した。辞任後も社民党（社会党から党名を変更）の代表をしばらく続けていたが、二〇〇〇年には総選挙に立候補せず、政界を引退した。その後も自宅のある大分市と東京を頻繁に行き来し、九〇歳を過ぎてもなお講演などの活動を続けるとともに、アジア諸国との良好な外交関係の発展を願い、年に数回は中国など海外を訪問して各国要人と会談している。

村山談話という日本外交にとっての大きな資産は、大きく変化する政治や外交の環境の中でも輝きを失っていないのである。

注

（1）杉浦正健外務副大臣の演説（2001年6月7日）http://www.mofa.go.jp/mofaj/press/enzetsu/13/ear_0607.html（2015年4月2日閲覧）。
（2）薬師寺克行（二〇一二）『村山富市回顧録』岩波書店、一四頁。
（3）薬師寺（二〇一二）八〇―八一頁。
（4）朝日新聞、一九九二年七月一三日付朝刊。
（5）薬師寺（二〇一二）八九頁。

(6) 薬師寺（二〇一二）一〇五頁。
(7) 朝日新聞　一九九四年七月九日付朝刊。
(8) 御厨貴ら（二〇〇二）『首相官邸の決断』中公文庫、二〇四―二〇六頁。
(9) 五百旗頭真ら（二〇〇七）『90年代の証言　森喜朗』一八〇―一八一頁。
(10) 薬師寺（二〇一二）一九六―一九七頁。
(11) 薬師寺（二〇一二）二一九頁。
(12) 薬師寺（二〇一二）二二〇―二二二頁。
(13) 朝日新聞　一九九四年八月一五日付夕刊。
(14) 朝日新聞　一九九五年八月一〇日付朝刊。
(15) 薬師寺（二〇一二）二二五頁。
(16) 朝日新聞　二〇一三年四月二三日付朝刊。
(17) 朝日新聞　二〇一三年四月二三日付夕刊。
(18) 朝日新聞　二〇一三年五月一五日付朝刊。
(19) 朝日新聞二〇一五年三月一六日付朝刊。

参考文献

清原芳治（二〇〇六）『村山富市――その軌跡と使命』大分合同新聞社。
日本社会党五〇年史編纂委員会編（一九九六）『日本社会党史』社会民主党全国連合。

第16章　橋本龍太郎
——冷戦後の「保守本流」——

宮城大蔵

〈略歴〉

一九三七年（昭和一二年）七月　東京都に生まれる。
一九六三年（昭和三八年）一一月　衆議院議員に当選。
一九七八年（昭和五三年）一二月　厚生大臣（第一次大平内閣）。
一九八六年（昭和六一年）七月　運輸大臣（第三次中曽根内閣）。
一九八九年（平成元年）六月　自由民主党幹事長。
八月　大蔵大臣（第一次海部内閣）。
一九九四年（平成六年）六月　通商産業大臣（村山内閣）。
一九九五年（平成七年）一〇月　自由民主党総裁。
一九九六年（平成八年）一月　内閣総理大臣に就任（第八十二代）。
四月　クリントン米大統領と日米安保共同宣言に署名。
一九九七年（平成九年）一一月　エリツィン露大統領とクラスノヤルスク合意。
一九九八年（平成一〇年）七月　内閣総理大臣を辞任。
二〇〇五年（平成一七年）八月　衆議院選挙不出馬を表明して政界引退。
二〇〇六年（平成一八年）七月　逝去。六八歳。

橋本龍太郎は早くから「政策通」として知られ、国民的な認知度も高かった。その一方で橋本は「竹下派七奉行」として自民党竹下派の有力者の一人に数えられつつも、派閥内を含めて永田町における政治家同士の付き合いを嫌い、

「孤独な仕事師」とも呼ばれた。橋本が重要閣僚、そして首相をつとめた時期は、日本が激変する冷戦後の国際情勢に対応を迫られる局面でもあった。海部俊樹政権の大蔵大臣として湾岸戦争に関わる対米支援を主導した橋本は、村山富市政権では通産大臣として日米貿易摩擦問題に精力的に取り組む。

そして一九九六年に首相に就任すると、橋本は日米間での沖縄・米軍普天間基地の返還合意、日米安保再定義、エリツィン露大統領と二〇〇〇年までの国交樹立で合意したクラスノヤルスク合意など多彩な外交を展開した。一方で橋本は政策通の本領を発揮して行政改革に取り組み、首相の主導権を強化するために内閣府を設け、従来一府二一省庁であった中央省庁を統廃合して一府一二省庁に再編した。

しかしアジア通貨危機の影響が日本にも波及する中で橋本は、一九九八年七月の参議院選挙で財政再建などをめぐって迷走したとの批判を受けて大敗すると退陣した。橋本はその後も森喜朗政権で行革担当大臣に就くなど「仕事師」の情熱を見せた。二〇〇一年四月には首相再登板を目指して自民党総裁選挙に立候補したものの小泉純一郎に敗れ、所属派閥・経世会の政治資金不正処理問題で政界引退に追い込まれ、翌年逝去した。

1　「政策通」としての台頭

(1)　若手代議士として

橋本は首相在任中には、日米安保再定義や普天間返還、ユーラシア外交など多彩かつ精力的な外交が強い印象を残したが、若手政治家として台頭する過程では社会保障や労働分野の役職を歴任し、「厚生族」として知られた。橋本が一九七八年に大平政権で初入閣を果たした際も、厚生相としてであった。他方で橋本は、自民党の行政調査会会長などのポストを通じて行政組織に精通するようになり、一九八六年に中曽根康弘政権で運輸相に就いた際には、国鉄の分割民営化の仕上げを担うことになった。橋本は後年、首相として中央官庁を再編して内閣府を設けるなど大がかりな行政改革を遂行するが、首相就任後に「国鉄改革をやったのは私、電電公社の民営化をやったのも私、歴史は繰り返す」と行革に向けた自負を語っていた[1]。このときの「橋本行革」はその後、小泉首相が官邸主導で力を振るう際の基盤を築いたと評されることになる。

そのような橋本が対外関係に関わるきっかけとなったのは、第二次世界大戦における戦没者の遺骨拾集であった。タイ、ビルマ（ミャンマー）、フィリピン、パプアニューギニアなどに渡った橋本はそれを「私たちの世代がすべきことだと思っていましたから。外に出るというのは、それが主だったのです」と回顧する[2]。

当時の橋本が遺骨拾集以外で海外に出たのは、佐藤栄作政権下で日韓国交正常化の調印（一九六五年六月）が終わった直後の韓国であり、佐藤の指示で若手代議士として自民党学生部のメンバーを連れて韓国の大学をまわり、討論をして来るというものであった。「われわれが学校で習っていなかった日本の植民地支配というものに対して、朝鮮半島の人びとが持っている意識というものを強烈にぶつけられて、それを受けとめて帰ってきました」という橋本であった[3]。

また一九六五年の佐藤首相の沖縄訪問の直後、橋本はやはり若手代議士として米軍統治下にあった沖縄をまわってくるよう指示され、小渕恵三などと沖縄本島から宮古、八重山にまで足を伸ばした。橋本、小渕はともに後年、首相として沖縄の基地問題の負担軽減に熱心に取り組むことになる。

（2）重要閣僚を歴任

前述のように橋本の初入閣は厚生相であったが、その後、順調に当選を重ねて「政策通」として台頭し、運輸相、蔵相、通産相などを歴任することになる。そのいずれのポストにあっても、外交が主要な課題となった。一九八七年、橋本が中曽根政権の運輸相として直面したのがイラン・イラク戦争に際して、海上保安庁の巡視艇をペルシャ湾に派遣する問題であった。戦争が激化するにつれ、各国のタンカーの被弾が続出し、そのような中、機雷を除去するため、アメリカが各国に掃海艇の派遣を要請したのである。ペルシャ湾の石油に依存している日本が何もしないのかという国際的眼差しが向けられる一方、「当時、（日本政府内では）自衛隊を動かすという発想はまったく持てませんでしたから、（海上）保安庁船でやれないか、と考えました」（橋本）。海上保安庁の中でも同様の議論があり、派遣の方向で比較的速やかにまとまったが、運輸省の服部経治事務次官はあまりに危険だとして「次官として絶対に出せません」と拒んだという。橋本によればその反対を抑えて中曽根首相に具申し、前向きの返答を得たものの、後藤田正晴官房長官が「閣議にかけない」という強い反対姿勢を示し、そのうちに被害が減って海保派遣の話は沙汰止みとなった(4)。

一方で後藤田によればこの局面は、中曽根から海保の巡視艇か海上自衛隊の掃海艇を派遣したいという相談を受け、外務省の栗山尚一外務審議官も、後藤田に対して海自の派遣を強く主張したという。後藤田は中曽根に対して「これは戦争になりますよ。国民にその覚悟ができていますか、できていないんじゃないですか、憲法上はもちろん駄目ですよ」と述べた上で、最後には「私は（閣議で）サインはいたしませんから」と断言した(5)。また中曽根は「（後藤田は）官房長官だし、内務省の先輩でもある。後藤田さんがそこまで言うのならば、と従った」「それに政権末期だから無難なその提案に乗った方がいいという意識も確かにありましたね」と回顧する。中曽根はさらに「このチャンスに国際貢献として船を出しておけば、その後の日本外交のあり方も変わったのかもしれないが、まあ、歴史の観点にイフはないんだな」と言う(6)。

（3）湾岸戦争時の蔵相として

湾岸危機がおきたのは、それから三年後のことであった。一九九〇年八月にサダム・フセイン大統領率いるイラクがクウェートに侵攻したとき、日本政府内で最初に対応をとったのは大蔵省であったと、当時、海部政権の蔵相であった橋本は述懐する。イラクのクウェート侵攻後、最初に市場が開くのが東京であったが、イラクがクウェートの在外資産を換金しようと、「クウェート人民委員会」という名称で資産売却を試みた。この売買を身元確認という名目で止め、結果的に日本にあったクウェート資産がイラクの手に渡るのを防ぐことができたという(7)。

しかし、その後の日本政府の対応は迷走を重ねた。小沢一郎自民党幹事長を中心に、自衛隊を派遣する法案が作成されて国会に送られたものの、付け焼き刃であったこともあって頓挫し、その後はアメリカなどへの資金援助が「貢献策」の中心となった。その対米支援策策定の過程においても、海部政権の弱体さや省庁間の連携不足、さらに日本政府としてアメリカ向けに貢献策をアピールする必要がある一方、国内向けには世論や野党からの批判を恐れて糊塗をする姿勢をとったことも重なって、対応は混乱した。橋本は、当時の外務省幹部が対米貢献策に関する公電を他省庁に見せることを拒んだことについて、「当時の外務省の体質として、私はいま思い出しても腹に据えかねるものがあります」という(8)。

その中で橋本蔵相にとって最大の山場は、一九九一年一月にニューヨークで行われたブレイディ財務長官との日米蔵相会談であった。この会談で橋本は、それまでの日本の資金援助表明がアメリカ国内で「too little, too late（少なすぎるし、少額過ぎる）」と批判されていたことを意識して、「とんでもない数字が（米側から）出るかもしれないけれども、のむぞ」と大蔵省幹部に語り、実際にブレイディの示した九〇億ドルを即座に引き受けた(9)。

しかし後日、九〇億ドルをどの時点の為替レートで計算するのかが問題となる。橋本は「交換文書を書くときに、基準日をいつというのは、私は外務省が当然おやりになることだと思っていたし、そこの作業には大蔵省は入れていただけませんでした」と言う。これに対して当時駐米大使であった村田良平は、「この会談（橋本・ブレイディ会談）には私は陪席できず、通訳を除けばさしであった。悔いても詮無いことではあるが、閣僚レベルの話合いであり、つめが足らなかった」「プロの外交官同士の交渉なら必ずつめたポイントである」と指摘する(10)。

実際、この日米蔵相会談には「特命全権大使」である村田の同席は認められなかった。日米蔵相会談に駐米大使が同席できるか否かをめぐっては、通貨が外交問題化した一九八〇年代半ばから、外務省と大蔵省との間で激しいつばぜり合いが展開されてきた経緯があった(11)。

帰国した橋本は、九〇億ドルをめぐって今度は加藤六月自民党政調会長と対立する。橋本は「九〇億ドルでは足りない、もっと出すべきだという党側のご意見で、総理の御前で党三役とぶつかる場面になりました」というが、首相としてその場にいた海部の語り口は、より生々しい。「そのときの（橋本）大蔵大臣と（加藤）政調会長の人間関係がはじめこちらもピンときていなかった」「（橋本と加藤は）しかも選挙区が同じでね。だもんだから、貢献策の話をするときにどうもうまく動かないと思ったのはそこがあって…」「（加藤）政調会長は、九〇億ドルなどでは、こういうことがケチなんだと言われるから丸くしちゃおうと。「総理、思い切って一〇〇億ドル出した方がいいですよ、こういうときは」と」[12]（海部）。当時は中選挙区時代であり、橋本と加藤は同じ岡山二区で「六龍戦争」と言われた激しい争いを演じる犬猿の仲であった。そして九〇億ドルをめぐる両者の諍いを眼前にした海部の語り口も、どこか他人事のようである。

冷戦終結前後のこのとき、日本は経済的繁栄の絶頂期を迎えていた。長年の冷戦でソ連が瓦解に向かい、アメリカも疲弊する中、冷戦対立から距離をおき、経済的繁栄を誇る日本こそが「冷戦の勝者」であるとの指摘も散見された。そのような日本の高揚感を一気に突き崩したのが湾岸戦争に際しての対応の混迷であり、北朝鮮核危機なども相まって、安全保障問題がこの後の日本政治における一大課題となる。そして橋本はその主要な担い手となるのである。

（4）野党経験からの返り咲き

海部首相退陣後、一九九一年に宮沢喜一政権が発足するが、一九九二年八月には非自民連立で細川護熙政権が誕生して五五年体制は終わりを告げ、自民党は野党に転落した。一方で細川政権、そして後継の羽田孜が首相の座にあった一九九三年から九四年前半は、第一次北朝鮮核危機が最も深刻化した時期であった。ソ連消滅によって後ろ盾を失った北朝鮮は、体制の生き残りを賭けて核開発を加速させ、アメリカはこれを阻止するため、一時は武力行使も検討したといわれる。

一九九四年二月に細川首相が訪米した際、当時の日本国内における報道ではもっぱら日米貿易摩擦に焦点があてられたが、実際には会談の多くを占めたのは朝鮮有事への対応であり、米側は日本に対して、米軍が軍事介入に踏み切った際の具体的な協力を求めてきたという。細川は帰国後の日記に「〔米情報機関筋によれば〕今後六―一八カ月のタイム・スパンで考えると、北が武力侵攻する可能性が五〇％以上」「信じがたきことなり。われわれはみな極楽トンボなるか」と書き記した[13]。

細川は朝鮮有事の際には憲法の枠内で法改正を行うとの意向を示したが、連立政権の最大与党は社会党であり、閣議で一致が得られるか定かではない。細川が政治資金問題を理由に退陣すると、連立の組み替えをめぐって暗闘が展開され、結果的には細川政権と同じ枠組みで羽田政権が樹立された。しかし社会党排除の動きに反発した同党が連立を離脱し、羽田政権は二カ月あまりで終わった。

この局面において橋本は、野党・自民党の政調会長であったが、水面下で外務省と継続的に接触していた。橋本によれば、外務省の齋藤邦彦外務事務次官が、「（連立を）構成する政党の数が多いと、なかなか集約ができない。むしろ野党の立場だけれども、自民党がまとまってくれれば、それによって（議論が）収斂するのではないか」と橋本に打診し、自民党幹部と外務省の間で定期的な会合が開かれることになったのである。[14]

当時の外務省にとっては、社会党が与党の枢要を占めることは、機密保持の観点からも懸念材料であったという。外務省幹部は「官邸には言えないような機密性の高い話しも橋本さんなら言えるというのがあった」とあからさまに語る。[15]また橋本も、「その作業（外務省との会合）は日米安保共同宣言を総理になって行ったあとで、事務方に対して指示するときにずいぶん役に立ったと思います。というのは議論の重複を避けるために、要するに現行法規のなかでできることとできないことをまず分けろと。そして現行法規のなかでできないことで、解釈でできること、新規立法を必要とすること、全部のケースを洗い直せ、という指示を下ろせたのはその辺からです」と振り返る。[16]

羽田政権が瓦解すると、自社さきがけの連立で社会党委員長の村山富市を首班とする政権が発足し、橋本は通産相に就く。橋本は「実は村山内閣で入閣を言われたとき、私は外務を希望したら河野洋平さんが「外務は自分がやる。だからお前は通産をやってくれ」と言われて通産をお引き受けすることになったんです」と言う。[17]のちに外務事務次官をつとめる柳井俊二は「橋本さんはあの一流の言い方で「僕は外務大臣をやりたかった。だけど、君たちが反対したからなれなかった」というようなことをおっしゃるわけです」「あのころ（通産相の頃）まで橋本さんは外務省にかなり厳しくて正直われわれもずいぶん苦労したことがあります」というが、それも橋本の外交に対する熱意の裏返しだったのであろう。[18]

「孤独な仕事師」と言われた橋本は政治家同士の付き合いを好まず、官僚と政策談義に熱中するのを何よりも好んだ。「根回し」や「貸し借り」など地道な調整がものを言う内政に比べ、外交という舞台は橋本の適性が遺憾なく発揮される分野だったのであろう。前出の柳井は外務審議官として首相となった橋本の外遊に付き従うことになるが、「橋本総理の発言は非常に論理的でポイントをついていたので、どこの国の首脳にも話がよく通じるため理解されていました」「外交というのは相手に自分の論理がきちんと通じることがまず大事ですね」と高く評価する[19]。国内の政界では理屈っぽいとしてしばしば煙たがられた橋本の語り口が、外交では重要な資質となったのである。

通産相としての橋本は、日米貿易摩擦の最前線に立つことになった。アメリカ側のカンター通商代表との交渉で、橋本は「タフ・ネゴシエイター」との定評を得ることになる。

2　首相としての外交

(1)　橋本政権発足と「自立的外交」

一九九六年一月、村山首相退陣の後を受けて、橋本龍太郎は首相の座に就いた。村山政権の枠組みを引き継いだ自民、社会民主（社会党が改称）、さきがけの連立政権である。橋本は政権発足後の施政方針演説において、「強靱な日本経済の再建」「長寿社会の建設」「行財政改革」と並んで「自立的外交」を掲げた。橋本は派手なキャッチフレーズを好まず、実務的、実質的な政策遂行を好んだ。その中にあって「自立的外交」にはどのような思いを込めたのであろうか。橋本本人は後年のインタビューにおいて、「言われてやるのではなく、自分なりの判断と発想で行動しなければならない。日米安全保障条約体制は、私はこれからも先も日本の外交の機軸であるべきだと思っていますし、またそうでなければいけません。しかしその上で……」と述べた上で、話を環境問題などに転じて具体的なことは語らない[20]。

この点について、外務省北米局審議官として橋本首相と接した田中均は次のように言う。「橋本総理には「北米局をつぶすぞ。防衛庁と一緒にするぞ」とよく言われました。外務省が対米追随に走りがちだという印象をもっておられたようです。橋本先生は通産大臣としてアメリカと厳しい貿易交渉を手がけ、日本遺族会会長として先の戦争にも深い思いをお持ちでした。橋本先生はよき意味でのナショナリストであったと思います」「（自立的外交には）日米同盟を重視しつつも、単なる追随であってはいけないというお気持ちもあったのではないかと思います」[21]。

橋本が実際に「対米カード」に言及して波紋を広げる一幕もあった。一九九七年六月に首相として訪米した際、講演を行った橋本は、「長期的な円高傾向で日本が保有する米国債に為替損差が出ているが大丈夫か」との質問に対し、次のように答えた。「実は過去に何回か、日本が保有する米国債売却の誘惑に駆られたことがある。それはミッキー・カンター（前米通商代表）と自動車（をめぐる貿易摩擦）でやりあった時、あるいはアメリカの皆さんが、国内ばかりに向き、ドルの価値維持に関心がない時、誘惑にかられた。米国債を買って金を買うという選択肢もあったが、大量の国債を一度に放出すると米経済に大きな影響を与える（と考え、売却しなかった）」「米国債を外貨準備高としている国もある。為替が下がってもこういう国が売らずに保有しているから米経済が支え続けられている。誘惑に負けないよう米側も為替安定のために協力してほしい」[22]。

橋本の真意はアメリカに努力を求める後段にあったと見られるが、この発言を受けてニューヨーク株式市場はその時点で史上二番目の下げ幅となり、橋本は釈明に追われることになった。実際、橋本が言及したように、一ドルが一〇〇円に迫った一九九三年や、日米貿易摩擦が激化する一方で一ドルが八〇円を突破した一九九五年頃には自民党内で、「米国債を売って、代わりに金を買え」という声があがったが、結局は「感情的な机上の空論」に終わった[23]。

アメリカによる「ドルと核の傘」の下、世界有数の経済大国に登り詰めた戦後日本が、アメリカ主導の国際秩序の受益者であることに疑いの余地はなかろう。一方でその中にあってどのような形で「自主外交」や「自立的外交」があり得るのかという問いは、日本の戦後外交を覆うものでもあった。まして冷戦後になると、米ソ両陣営が対峙した冷戦下のような「運命共同体」の色彩は日米関係、あるいは西側陣営からも薄れることになった。

湾岸戦争や貿易摩擦などの経験から「対米追従」ではいけないと考える一方で、いかなる形で「自立的外交」が可能なのか。以下で見る「橋本外交」の根底には、この問いが存在しているように思われる。

(2) 沖縄の基地問題をめぐって

政権発足に際して、橋本首相にとって外交・安全保障面で喫緊の課題となっていたのが沖縄の基地問題であった。橋本は首相就任直後の談話で自らの政権を「改革創出内閣」と名づけて「構造改革」に取り組むことを強調するとともに、沖縄の基地問題について「長年にわたる沖縄の方々の悲しみ、苦しみに最大限の心を配った解決を図る」とした。前年一九九五年九月に沖縄でおきた米海兵隊員らによる少女への暴行事件は、本土復帰前から同じような悲劇が繰り返されてきた経緯があるだけに、過重な基地の負担に対する沖縄の異議申し立てとなって噴出し、同年一〇月に開催された県民集会では八万五〇〇〇人が抗議の声をあげていた。

このような中、沖縄県の大田昌秀知事は、米軍用地の強制使用に関わる代理署名を拒否する意向を明らかにしていた。米軍統治下で「銃剣とブルドーザー」とも言われた強権的手法も交えて接収された沖縄の米軍用地には民有地が多く、中には基地への提供を拒む地主もいる。そのような場合には、米軍用地特措法に基づいて知事が代理署名を行い、米軍用地としての継続使用を担保する仕組みとなっている。大田が代理署名を拒否したのは、少女暴行事件が契機だと見られがちだが、それは正確ではない。

大田が代理署名拒否の意向を固めるきっかけとなったのは、一九九五年二月に米国防総省から発表された「東アジア戦略報告」(通称ナイ・レポート)であった。そこには冷戦後も米軍のアジア太平洋におけるコミットメントは揺るぎないことを同盟国に示すため、前方展開の兵力として「一〇万人体制の維持」が明記された。当時、世界的に冷戦後の「平和の配当」が語られたが、仮に冷戦後もアジア太平洋で「一〇万人体制の維持」となると、沖縄の米軍基地が大幅に削減される可能性はもはや潰えるとも見えた。

大田は「戦後五〇年の節目の年を県民の宿願である、戦後問題を解決する年として位置づけ、基地問題に真正面から取り組もうとしていただけに、「ナイ報告」に大きな衝撃を受けた」[24]。大田には前回の代理署名に際して日本政府から基地縮小に本腰を入れると言われて応諾したものの、ほとんど進展はないままという苦い思いもあった。沖縄から強い形で異議申し立てをしない限り、基地の負担が固定化してしまうと憂慮した大田は、代理署名には応じられないことを一九九五年夏には村山政権の中枢に伝えていた。その後におきた少女暴行事件によって、大田の代理署名拒否は沖縄県内で強い支持を受ける形となった。

橋本政権が発足した時点では、国は大田知事を相手取って代理署名に応じるよう行政訴訟をおこしたものの、時間切れによって沖縄県内の一部の軍用地については、米軍による不法占拠状態が発生することが不可避の情勢であった。このような沖縄の空気を変えるために橋本が踏み込んだのが、普天間基地返還という劇的な手法であった。

（3）普天間返還合意

少女暴行事件後、日米間では沖縄の基地負担軽減を進めるための「日米特別行動委員会（SACO）」が設けられて協議が進められたが、普天間基地については一部機能の移転と騒音協定が検討されるにとどまっていた。橋本によれば一九九六年一月に大田知事と初めて会談した際、大田が従来からの懸案ではなく普天間基地の危険性について強く訴え、それが「ほんとうに頭に残りました」。そして財界きっての論客として知られた秩父セメント相談役の諸井虔会長が、官僚ルートを通さず大田の率直な意向を橋本に伝えようと、沖縄で大田と面会した後に官邸を訪れた。諸井は橋本に対して、「大田知事は反米主義者ではなく、むしろ米国シンパである」といった自身のメモとともに「「普天間」という言葉が出るだけでも変わる」と具申し、橋本は「諸井さんという方は非常に慎重な方ですが、諸井さんがそう言われる」と、「本気で考えるひとつのベース」となった。[25]

翌二月には米西海岸のサンタモニカで、首脳同士として初の橋本・クリントン会談が開かれた。ここで普天間基地返還を持ち出すことに外務省、防衛庁は強く反対していた。「本当に迷いながら（首脳会談の）会場に入りました」という橋本だが、会談の半ばを過ぎた頃、クリントンが「本当にそれだけか、もっとあるんじゃないのか。初めての会談だから、ある問題がもし残っているのなら、遠慮しないで出せよ」と言ったのに対し、橋本が「咄嗟の判断として」、「普天間基地の返還という問題がある」「あなたがそれを聞いてくれたから、私はここでテーブルに載せる。その上で、軍事的に見て簡単な話ではないことは私も分かっている。だから、こういう声が現地にあるということを今日は紹介するに止めたい。そしてそのことをあなたにそういうかたちで伝えたことを、記者会見で言わせてもらいたい」と述べたところ、同席のモンデール駐日米大使が「大統領、これは大事なことです」と付け加えたという[26]。

この首脳会談で議題となったことによって日米の事務方で普天間基地返還に向けた協議が進み、同年四月に「普天間返還で合意」という展開となる。このサンタモニカでの橋本・クリントン会談については、外務省北米局長として同席していた折田正樹も証言しているが、会談の様子は橋本の説明とはやや異なる。すなわち「（橋本の）緊張が緩んだときに、沖縄について率直にお話し頂けますか、とクリントンが水を向けたのです。総理はちょっとびくっとしたような表情をされた後」、困難だと承知するが、沖縄県民の要求を伝えるとすれば普天間だと述べた。折田から見れば、この場面ではクリントンの側から沖縄に言及し、橋本が口にした「フテンマ」という固有名詞にも驚いた様子はなかったこと、このような場で首脳が知らないことであれば同席者に確認するが、クリントンにそうした仕草もなかったことから、折田はこの会談で普天間が提起される可能性について、米側では大統領まであがっていたのだろうと判断したという[27]。

またこの首脳会談前に、橋本に対して官僚機構を経ない非公式なルートで、普天間返還の意志がある旨が米側から伝えられていたという証言もある[28]。いずれにせよその後、日米間の協議が極秘で進められ、本来は四月のクリントン来日に先立つペリー国防長官の来日にあわせて「普天間基地返還」を発表するはずが、その直前に『日本経済新聞』が報道した。劇的な「スクープ」とされた日経の報道だが、橋本にとっては想定外ではなかったと思われる[29]。報道を受けてという形で、橋本とモンデール大使との記者発表となった。

（4）普天間・迷走の原点

日米首脳会談における橋本の発言は「普天間返還問題」に言及したのみで、返還を強く求めるといったものではなかった。にもかかわらず事態は返還合意へと急展開する。アメリカ側主導であることは明らかだろう。なぜアメリカ側は、普天間返還に応じたのであろうか。クリントン政権内で強まっていたのは、危険で老朽化した普天間を返還することによって沖縄の感情を鎮めて日米安保体制の安定化をはかり、また返還に併せて日本に対して、北朝鮮核危機以来、懸案となっていた日本の有事即応体制の整備を促すのが得策であるとの判断であった。

返還合意発表に先立つ一九九六年四月八日、モンデール大使は普天間基地返還を正式に橋本首相に伝えた。橋本は古川貞二郎官房副長官らに返還決定を伝えた上で、アメリカ側が条件として、①在日米軍の機能を低下させない、②飛行場の移転費用は日本側が負担する、③日本周辺有事の際、米軍が日本国内の民間空港を使用できるよう態勢の整備をするという三点を提示し、それを大筋で受け入れたことを明らかにした。「首相は普天間と有事問題をパッケージ・ディール（一括交渉）したのだな」と出席者の一人は受け止めたという[30]。その後の展開を見れば、普天間返還は実現に至らない一方で、③はガイドライン関連法案の策定という形で実現することになる。

また、アメリカ政府関係者は「なんと言っても、膨大な費用のかかる代替施設の建設をのんだ橋本首相の大胆な政治的決断が大きかった」と財政要因の重要性を語る[31]。橋本によれば「費用負担は条約上も当然日本側が負うべきものだから、改めて議論はしていない」。そして橋本は返還合意発表の間際、大蔵省主計局長に電話をすると、「これは日本側がかぶる。相当巨額になる。ぼくは財政再建路線をとっている張本人だが、これはほかの問題とは別だ」と押し通した[32]。

一方、沖縄県の大田知事に対しては発表直前に橋本が電話をかけた。大田によれば橋本は「普天間を返させることになった。ただ、それには代替施設が必要になるかもしれない。県も協力してほしい」と述べた。晴天の霹靂の大田が「返していただくのは大変有り難いです。ただ代替施設ということになると、重要なことですので三役会議などに図る手続きが必要です。私の一存では……」と言い淀むと、橋本は「自分だって連立を組んでいるが、自分の一存で決断した。五分後にはモンデール駐日大使が来ることになっている。そんなゆとりはないよ」「終わり次第、また電話しますから」といって電話は切れた[33]。条件が定かでない返還にとまどう大田を、副知事の吉元政矩が「即座に受ける方がいい」と促したものの、大田は「相当ひっかかっていた[34]」。

同日夜の橋本・モンデールによる記者会見で発表された内容は、普天間基地を返還し、その機能を維持するため、嘉手納基地を中心とする沖縄県内の米軍基地にヘリポートを建設する、また沖縄では吸収しきれない機能は岩国基地に移し、その分の岩国の機能はアメリカ本土に移すというものであった。このように順送りに負担を分かち合うなら、県民の理解も得られるのではないかというのが、大田はじめ沖縄県幹部の受け止め方であった[35]。

普天間基地の「代替施設」こそは、今日に至る混迷の核心である。橋本は代替施設について後に、合意発表の時点で建設場所については「念頭になかった」。また規模については「いくつかの説があった。軍からすれば、より大きな高度施設が望ましい。これは無理、という一言で終わりそうなものまで含め、いろいろな考え方があった。その中で結局、いくつかの考え方を持って帰ってきてくれた人があった。しかし数日の差で、そういうものを整とんする時間を失ってしまった」「本当に悔いがある。あの数日は」「早まった報道は、時に国益を損ねることもある」と述べている[36]。

しかし代替施設を「県内移設」でとなれば、極めつきの難題になることは当初から明らかであった。那覇市中心部に位置する那覇軍港など一九七〇年代に返還が合意されながら、「県内移設」が条件とされたために返還実現に至らない案件は数多い。首相官邸によって演出された「スクープ」によって失われた数日間で詰められるような問題ではないことを、政策通でならした橋本が知らないはずはなかろう。

橋本は「代替施設」の具体的な目処なしに返還合意を発表することのリスクを十二分に理解していたであろう。だが橋本は追い詰められていた。大田が代理署名拒否を貫けば、沖縄で米軍基地の不法占拠状態が発生して日米安保体制は根底から揺らぐ。一方で米軍用地特措法を改正して知事から代理署名の権限を取りあげる案もあったが、連立与党・社民党の反発は必至で連立瓦解の引き金をひく恐れがあった。

このような中、「未定の代替施設」というリスクをとってでも、「普天間返還」を劇的に演出して沖縄の空気を変える必要がある。それが橋本の決断であり、賭けであった。橋本は返還合意発表直後、「この合意が現実のものとなるためには、国も必死で、努力しなければならない」と自らに言い聞かせるように「努力」を繰り返した[37]。その胸中には、「賭け」のリスクの重さが十二分に意識されていたに違いあるまい。

実際、返還合意発表直後から始まった「代替施設」の建設場所選定は難航し、橋本は普天間返還と沖縄の負担増大回避を両立させる妙案として、取り外し可能な「海上施設」案に飛びつく。その後も事態は迷走して辺野古沖を埋め立てる「現行案」に行き着くのだが、その過程で返還合意発表時には「ヘリポート」とされた「代替施設」は、滑走路二本に加えて港湾施設までも併設するおよそ異なる巨大なものへと膨張した。「普天間返還」は「新基地建設」に転じたといって過言ではあるまい。この「膨張」の過程と力学は、今に至るまで十分に検証されていない。

橋本自身は後年に至るまで、「沖縄県周辺の海を知っていると、どうしても埋め立てにはならない。貴重な海洋生物がいる」と、埋め立てによる「代替施設」建設に疑問を呈していた[38]。

橋本の提起なしには、普天間基地返還が日米間で合意されるという成果がもたらされることはなかったかもしれない。しかしその一方で「代替施設」をめぐる問題は、その後二〇年あまりの混迷を経て、沖縄と日本本土の間に深いクサビを打ち込むことになった。普天間基地返還をめぐる橋本の決断の評価は、いまだ定まらないように思われる。

（5）日米安保再定義

一九九六年四月の普天間基地返還合意発表につづいて同月中旬にクリントン大統領が来日し、橋本首相と「日米安保共同声明」（「日米安保再定義」）に署名した。この共同声明は日米安保が冷戦後においても、アジア太平洋の安定と繁栄の基盤であることを打ち出した。声明で「アジア太平洋」が強調されたことから、一九六〇年に改定された現行の日米安保条約が言及する「極東」を超えて日米安保の適用範囲が実質的に拡大されたとの指摘もなされた。

この日米安保再定義の作業自体は村山政権下で行われており、当初は前年秋に来日予定であったクリントン大統領と村山首相との間で署名される運びとなっていた。しかしクリントン来日が延期となり、その間に日本側の首相が橋本に交代していたのであった。橋本自身は、この日米安保再定義について「これは私が口を出す以前に、村山さんのときに準備されたものがすでにあり、その内容はあとの状況の変化で多少増減した程度ですから、私がこれについてとくにいじったことはございません」というが、以下のようにそれは話の半分だというべきであろう[39]。

橋本・クリントンの「日米安保再定義」には日米防衛協力の実効性を高めるため、ガイドライン（日米防衛協力のための指針）の見直しが盛り込まれているが、前任の村山首相はガイドライン見直しによって「有事対応」に踏み込むことには消極的であった。首相に就任した橋本は、事務方に対してガイドライン見直しについて作業を進めるよう指示を下した。「かつて冷戦中にはこの問題に関わるだけで関係者が処分されたこともあり、国内政治の観点からは重い決断だったと思いますが、橋本総理の決断は明快なものでした」（田中均）[40]。橋本にとっては第一次北朝鮮核危機の際、野党・自民党の政調会長として外務省と対応を検討したときの経験がここで役立ったというのは前述の通りである。

一方、橋本が事務方に対して強調したのが「順番を間違えないように」ということであった。すなわち、普天間返還や沖縄の基地縮小を目指すＳＡＣＯなど、沖縄の基地問題に関わる作業を先に進め、それにつづいてガイドラインの見直しという「順番」である。外務官僚も「沖縄の負担軽減に優先して取り組んだことが、（ガイドライン見直しに対して）国内から強い反発が出なかった理由の一つだと思います」（田中均）と言うが、「新聞は連日、普天間返還のニュースで持ちきりでしたが、その陰で総理は（ガイドライン見直しに関わる）法案作りに本当に熱心に取り組んでおられました」（江田憲司）という姿からは、「有事法制」に対する世論の批判を、普天間返還を隠れ蓑としてかわすという橋本の一種の戦略も垣間見えるように思われる[41]。

後年のインタビューにおいて、橋本が安全保障問題に言及する際に多用するのが「ばれずにすみました」というフレーズである。その内容は、海上自衛隊と豪州やインドとの共同演習など今日から見れば些細にも見えるものだが、「有事法制」をはじめ、その種のことに触れること自体がタブーであった冷戦中の五五年体制下で政治家としてのキャリアを形成した橋本にとって、安全保障上の日本の役割強化に対する国内世論の批判をいかに回避するかは重要な問題であった。

このような安全保障上の施策に熱心に取り組む一方で、橋本には憲法改正等に対する拘りは薄かったように見える。橋本の首相在任中、側近として知られた秘書官の江田憲司は次のように言う。「橋本総理は、危機管理ということに強い拘りを持っておられました……台湾海峡危機や朝鮮半島での有事想定についても、邦人保護の体制作りに強い意識をお持ちでした」。日米安保再定義からガイドライン見直しの局面でも「関心は危機管理というところにあり、日米安保の法制度上、「穴」になっている箇所をふさぐ必要があるという意識だったと思います」「その一方で、憲法九条を超えるとか見直すといった関心はなく、その意味では竹下派・経世会の伝統的な路線に沿ったお考えだったといえるかもしれません」[42]。後の安倍晋三首相などが憲法改正それ自体に熱意を持つのとは対照的だが、その点については、「冷戦後の保守本流」として後述することとする。

（6）ユーラシア外交

橋本は外交において「戦略」を語ることを好んだが、その「戦略性」が存分に発揮されたのが「ユーラシア外交」であった。「ユーラシア外交」の端緒は一九九七年七月、橋本が経済同友会で行った演説である。そこで橋本は日本が「ユーラシア外交」として、ロシアや中央アジアなどへ外交のフロンティアを広げることを提唱するとともに、アジア太平洋に大きな影響を及ぼす日米中露のうち、日露の関係が最も立ち後れているとして、日露関係の発展を呼びかけた。

この「ユーラシア外交」の背後にあったのは、以下のような情勢把握と戦略であった。すなわち中国の台頭を前に、「何とか彼ら（ロシア）にアジアの顔を作らせないといけない」。そしてアジア太平洋の国際関係を考える際、日本が「中国に対してもインドに対しても、ロシアを牽制に使うカードは持っていてもいいと俺は思うんだが」（橋本）。端的にいえば、中国などの台頭に対するバランサーとしてロシアを日本外交の見取り図の中に引き込むという考えである。外務省きってのロシア通として「ユーラシア外交」を支えた丹波実（外務審議官からロシア大使）によれば、当時「（ロシアは）西に行けば拡大しつつあるNATOにぶつかり、南に行けばイスラム原理主義にぶつかり、北へは物理的に行けず、行けるのは東のみという心理状態にある、と、私たちは読んでいた」[43]。

そしてタイミングである。一九九七年前後、NATOの東方拡大に対してロシアは強く反発し、欧米との関係が冷却化した。「このチャンスしかないな、と。それでじつは私は『ユーラシア外交』というものを頭のなかで考えはじめました」（橋本）。加えてロシアのエリツィン大統領と盟友関係にあったドイツのコール首相である。「（日独首脳会談で）コールさんが橋本総理の頭脳明晰さやユーモアに好感を持ち…エリツィン大統領と橋本総理との仲介を買ってでてくれました。コールさんがエリツィンさんに対し、経済支援もドイツだけでは面倒をみきれない。日本ともうまくやってくれと言ったわけです。日独露、首脳トライアングルの成果でした」（江田憲司）[44]。イデオロギーで世界が二分された冷戦下とは異なる対中勢力均衡という発想や、「ロシアをアジア太平洋に」というダイナミックな構想など、「ユーラシア外交」には「冷戦後」の色彩が満ちている。

そして一九九七年一一月、シベリアのクラスノヤルスクで日露首脳会談が行われ、橋本とエリツィンは「二〇〇〇年までに日露平和条約を目指す」という合意に達する（クラスノヤルスク合意）。翌年四月にはエリツィンが訪日し、伊豆の川奈で開かれた首脳会談で橋本は北方領土について、北方四島の北に日露の国境線を引き、当面はロシアの施政権を認めるという提案をしたといわれる。エリツィンは「面白い提案だ」と関心を示したが、側近が引き留めて検討したいというにとどまった。日本側からすれば「惜しい瞬間」（丹波実）であった[45]。クラスノヤルスクで「二〇〇〇年まで」と区切ったのは、問題解決に向けた気運を高めるねらいがあったが、訪日翌月の金融危機でエリツィン政権の足元は揺らぎ、この年七月には橋本が参議院選挙大敗で退陣する。そして冷戦後日本外交の新地平を切り開くかにも見えた「ユーラシア外交」というコンセプトも埋もれていくことになる。

3　冷戦後の「保守本流」

（1）小渕恵三政権の外交

橋本が退陣したあとを継いだのは、同じ経世会（竹下派）の小渕恵三であった。しかし小渕政権は自社さ連立を引き継がず、宮沢政権以来の自民単独政権として発足した（一九九八年七月）。自社さ連立瓦解の契機は、沖縄の基地問題であった。最高裁判所で敗訴したことで大田知事は米軍用地の強制使用に関わる手続きに応じることになったが、その後、知事から代理署名の権限を取り上げるための特措法改正が行われ、社民は採決で反対し、その後、さきがけとともに連立離脱に至る。

小渕政権発足時、自民党は衆議院では野党からの引き抜きなどで過半数を回復していたが、問題は橋本政権下で大敗し、過半数を大きく割り込んだ参議院であった。小渕政権はまずは自由党との連立を実現し、次いで公明党を引き込んで自自公連立となるのだが、自社さ連立が沖縄の基地問題を契機に瓦解したのとは対照的に、自自、そして自自公連立の過程は、ガイドライン関連法案の成立と表裏で進んだ。

政権与党が参議院で少数に陥る「ねじれ国会」となると、政権にとっては法案の可決成立が思うにまかせない状態に陥る。アメリカからの強い要望もあって、小渕政権にとってガイドライン見直しに伴う法整備の実現は最大の課題の一つであった。

小渕政権は官房長官に就いた野中広務を中心に、まず小沢一郎が新進党を解体した後に結成した自由党を連立相手に見定める。野中の本命は、参議院での過半数回復を可能にする公明党であったが、野中の接触に対して公明党は、「『昨日まで野党と与党に分かれておったものが、コロっと変わって与党になるというような器用な技は、うちにではできないよ。やはり、真ん中に座布団を置いて、その座布団をクッションにしていくという形を踏まなくてはできないよ』という話をしてくれました」（野中）。その「座布団」が自由党だったのである。「やっぱり、俺が小沢さんに頭を下げて、そして小沢さんに連立に加わってもらって、それを座布団に公明党に来てもらう、という方法以外に公明党が乗ってくれる道はない」と腹を固めた野中は、それまで「悪魔」と呼んできた小沢に対して「ひれ伏してでも」と連立を呼びかけた[46]。

ガイドライン関連法案が国会で成立したのは、小渕政権下の自自連立発足から四カ月後の一九九九年五月である。賛成は自民・自由の連立与党、それにこの時点では連立に加わっていなかった公明党である。自民党はこの法案に公明党の賛成を取り付けようと、同党の賛成が得られなかった自衛隊による船舶検査活動については別途法案を作成するなど、折衝を重ねた上での法案成立であった。同法案の成立を受けて小渕首相は、自自公が「特に安全保障について考え方を一致させ、新しい安全保障体制を作り上げた実績は非常に大きい」と成果を誇った[47]。

橋本首相がガイドライン見直しよりも先に、普天間返還など沖縄の負担軽減策を進めるよう「順序」にこだわったのは前述の通りである。これに対して小渕政権の外交は、このような安全保障政策を進める一方、以下で見るようにそれのみが突出することのない、幅の広いアジア外交を押し進めたことに特徴がある。

(2) 韓国との歴史的和解

小渕政権の外交で世に強い印象を残したものの筆頭は、一九九八年一〇月に来日した韓国の金大中大統領との間で、日韓の歴史的な和解を演出したことであろう。政治犯として度々囚われの身となり、東京から韓国当局によって拉致された「金大中事件」(一九七三年)など生命の危機にも直面した金大中は、存在そのものが韓国民主化の象徴でもあった。この来日に際して金は、「二〇世紀のことは二〇世紀のうちに解決したい」として、今回日本側から明快な謝罪があれば、今後韓国から歴史問題を持ち出すことはしないと呼びかけた。小渕はこれに応えて共同声明で「反省とお詫び」を明文化し、金とともに日韓未来志向を掲げた。そして金はNHKが中継する中、国会で演説を行って戦後日本の歩みを高く評価した。演説を聞いた中曽根康弘元首相は、「大統領の苦難に満ちた経歴と、二〇世紀のことは二〇世紀で終わりにしたいという気持ちが(演説を)素直に受け入れさせた。両国の民主主義はここまで成熟した。(一九六五年の)国交正常化当初には考えもできなかったことだ」と語ったが、戦後史の当事者としての率直な感慨であろう[48]。

一方でこの金訪日が、思わぬ形で日中関係に波及する。翌一一月に江沢民中国国家主席が訪日するのにあわせ、中国側が同様のお詫びを文書化するよう求めたのである。本来江沢民訪日は金大中より先に行われる予定であったが、中国国内の水害で延期され、金の後になったのであった。

中国側の求めに対して日本側は難色を示した。日本政府関係者からすれば、天皇訪韓が実現していないのに対して、中国には一九九二年に天皇が訪問している。日本国内に反対も強い中で中国の招請に応えた天皇訪中によって、日中間では「歴史」に一つの区切りをつけたはずであった。また、金大中は戦後の日本を高く評価し、明快なお詫びがあれば今後は謝罪を求めないと表明しているのに対し、中国はそうではない。しかし中国から見れば、江訪日は初の中国国家主席の訪日である。なぜ韓国に対して行ったことが中国にはできないのかという不満は強かった。結局、首脳会談では小渕が口頭でのお詫びを表明したが、江沢民は訪日中、各所で歴史問題に言及し、日本側には違和感が残ることになった。

（3）ＡＳＥＡＮ＋3の発足

とはいえ、江が強調した歴史問題に対して日本側も強硬姿勢で応じるといった態度をとることがなかったのは小渕の持ち味であり、懐の深さであったともいえよう。この前後のアジア情勢に目を向ければ、一九九七年七月にタイのバーツが暴落したことをきっかけに、アジア通貨危機が東南アジア諸国や韓国に次々と広がっていた。この局面において小渕政権は、「新宮沢構想」と名づけた大規模な経済支援をアジア諸国に対して行った。これと並行して進んだのがＡＳＥＡＮ＋３（日中韓）の発足と定着であった。

ＡＳＥＡＮ＋３の発端は一九九八年一二月のＡＳＥＡＮ首脳会議に日中韓の首脳が招かれ、通貨危機への対応を協議したことであった。翌一九九九年一一月にはマニラで開かれたＡＳＥＡＮ＋３首脳会議に併せて、小渕の呼びかけで史上初の日中韓の首脳会談が開かれた。一九九〇年代後半は、ＡＳＥＡＮ＋３の枠組みが定着するなどアジア地域主義の枠組みが大きく発展した時期だが、小渕はその立役者の一人であった。

また小渕は、アジア諸国への支援に際して「人間の安全保障」を前面に打ち出した。通貨危機によって最も深刻な影響を受けるのは社会の底辺層に沈む人びとであり、日本の支援はそこに重点をおくという表明であった。小渕は橋本政権の外相時代に、日本の防衛に不利になるという外務省や防衛庁の反対を押し切って対人地雷禁止条約の調印を主導したこともあった。弱者への目配りは、小渕の中で一貫した関心であったように思われる。

このような「小渕外交」の集大成となるはずだったのが、二〇〇〇年七月に開催予定の沖縄サミットであった。狭隘な島に集中する米軍基地の姿が世界の眼前に示されることから、アメリカはサミットの沖縄開催に難色を示したとも言われるが、最後は小渕が押し切っての開催決定であった。小渕は学生時代から沖縄に足繁く通うなど、沖縄に深い思いを寄せていたが、沖縄でのサミット開催には、基地縮小に向けてアメリカに圧力となるという思惑と、普天間基地の「県内移設」に向けて沖縄の協力を取り付けるという両面での「計算」もあったと見られる（『追悼　小渕恵三』）。(49)

小渕は沖縄でのサミットにアジアの首脳も招き、「南北対話」「文明の対話」の場にしたいと思い描いた。サミット前には過密な日程を縫うようにカンボジアやラオスなど、日本の首相が久しく訪れていなかった国々を訪問し、二〇〇〇年二月には日本の首相として二一年ぶりに南北問題を主要テーマとするＵＮＣＴＡＤ（国連貿易開発会議）に出席した。いずれも「南」の国々の声を吸い上げようという意識の現れだったのであろう。

沖縄サミットにアジアの首脳を招く構想は、中国が消極的であったことから不発に終わった。中国抜きでとなると、当初の意図とは異なる「中国包囲網」と見えることが懸念されたのである。しかしながらそこには、江沢民訪日の際に厳しい歴史認識を前面に出した中国を、ＡＳＥＡＮ＋３やサミット招請によって包み込むという小渕なりの中国に対する応答があったようにも見える。

沖縄サミットを三カ月後に控えた二〇〇〇年四月、小渕は体調不良を訴えて入院し、そのまま昏睡状態に陥って翌月逝去した。後継には自民党幹部の協議によって森善朗が選ばれた。森が不人気で退陣した後には、「自民党をぶっ壊す」と叫んで世論の熱狂を集めた小泉純一郎が、再登板を目指した橋本龍太郎を自民党総裁選挙で破り、小泉政権発足となる。一九九〇年代の日本政治で中枢を占め続けた自民党竹下派・経世会であったが、その系譜に連なる首相は小渕で途絶えることになった。

（4）冷戦後の「保守本流」

佐藤栄作や田中角栄の系譜を引く竹下派・経世会、池田勇人の系譜に連なる宏池会は、自らを「保守本流」と称した。憲法改正や再軍備といったテーマには必ずしも積極的ではなく、経済成長と抑制的な安全保障政策というのが、その基本的な傾向であった。いわゆる「吉田ドクトリン」は、この「保守本流」の政治姿勢を指すものとして定着したといえる。冷戦後において、この「保守本流」の系譜を継いだのが橋本龍太郎、小渕恵三という二人の首相であった。

しかし、かつての抑制的安全保障を可能にしたのは、皮肉なことに冷戦という固定的な国際環境であった。米ソが膨大な核兵器をもって対峙する冷戦下においては、東西陣営間の衝突はただちに全面的な核戦争にエスカレートする危険を孕むものであった。その中で日本が独自にとり得る選択肢はほとんどなかったといってよかろう。五五年体制下における日本の安全保障をめぐる議論は、自衛隊の違憲合憲論や「極東の範囲」など、憲法や条約の解釈をめぐる国会での論戦が中心であった。

ところが冷戦後になると事態は一変する。日本を取り巻く国際環境は流動化し、北朝鮮核危機、台湾海峡危機と、自国の安全に直結する危機が絶え間なく起きるのが日本にとっての「冷戦後」であった。このような状況にあって、いかに従来の「保守本流」を進化・適応させるのか。その課題に挑んだのが橋本と小渕であった。

もとより両者の政治スタイルは異なる。「龍さま」と呼ばれ、国民的認知度が高い一方、永田町での付き合いを忌避し、「孤独な仕事師」と呼ばれた橋本は、「政策通」であることを磨き上げて首相の座に到達した。華麗で壮大なキャッチフレーズよりも、具体的な問題解決に挑むことに情熱を燃やすのが橋本であった。

これに対して小渕は国民的人気の希薄さを自覚し、首相に就任すると一般の人びとを含めて自ら電話をかけまくって「ブッチホン」（小渕とテレフォンをかけ合わせた造語）を流行語とし、自社さ連立瓦解という危機を、自自、そして自自公連立の実現によって逆に政権基盤強化へと導いた。小渕はまた、「フロンティアは日本の中にある」と題した提言をまとめさせるなど、知識人やブレインの登用にも熱心であった。

一方で両者に共通するのは、冷戦後の要請に対応して安全保障面での強化を着実に進める一方、それが突出することのないよう意を用いたことである。橋本はガイドライン見直しに先立って、沖縄の基地をめぐる負担軽減を進めることに拘り、小渕は事実上の自自公連立でガイドライン関連法案を成立させる一方、韓国との歴史的和解やASEAN＋3などに熱心に取り組んだ。

橋本は二〇〇一年の時点で、「（日本は）安全保障という点で、私はこれからも出過ぎる能力を持つ国ではないと思いますし、また持てないだろうと思います」と語る一方で、「ただ、私は日本というのはツールをいっぱい持っているじゃないかと思っています」として、公衆衛生や近代化と伝統の調和などをあげる(50)。いずれも世界の大半を占める発展途上国にとって、最重要の課題であろう。

安全保障に抑制的であった戦後日本のあり方を見直す気運が強い昨今だが、その結果として戦後の日本が培ってきた本来の強みはどこにあるのかを見失ってはならない。そこに橋本の思いはあったように思われる。橋本龍太郎、そして小渕恵三は、確かに冷戦後における「保守本流」の継承者だったのである。

注

(1) 奥村茂（一九九八）『橋本龍太郎　孤独な戦い』並木書房、二八頁。
(2) 五百旗頭真・宮城大蔵編（二〇一三）『橋本龍太郎外交回顧録』岩波書店、一三頁。
(3) 同右、一四頁。
(4) 同右、一八―一九頁。
(5) 後藤田正晴（二〇〇六）『情と理　下』講談社＋α文庫、二二五―二二六頁。
(6) 中曽根康弘（二〇一二）『中曽根康弘が語る戦後日本外交』新潮社、四八三頁。
(7) 五百旗頭・宮城編（二〇一三）、二四―二五頁。
(8) 同右、三一頁。
(9) 同右、三八頁。
(10) 同右、三九頁、村田良平（二〇〇八）『村田良平回想録　下』ミネルヴァ書房、一一六頁。
(11) 船橋洋一（一九九二）『通貨烈々』朝日文庫、二七八―二八〇頁。
(12) 五百旗頭・宮城編（二〇一三）、四一―四二頁、「海部俊樹　湾岸戦争での苦悩と教訓」『国際問題』五二〇号、二〇〇三年七月。
(13) 細川護熙（二〇一〇）『内訟録』日本経済新聞出版社、三八〇頁。
(14) 五百旗頭・宮城編（二〇一三）、五五頁。
(15) 五百旗頭真他編（二〇〇七）『外交激変　元外務事務次官柳井俊二』朝日新聞社、一五二頁。
(16) 五百旗頭・宮城編（二〇一三）、五六頁。
(17) 同右、四五頁。
(18) 五百旗頭真他編（二〇〇七）、二〇九頁。
(19) 同右、二〇九―二一〇頁。
(20) 五百旗頭・宮城編（二〇一三）、六一頁。
(21) 同右、一六七頁。

(22)『毎日新聞』一九九七年六月二五日。
(23)同右。
(24)大田昌秀（二〇〇〇）『沖縄の決断』朝日新聞社、一六〇頁。
(25)五百旗頭・宮城編（二〇一三）、六五頁。
(26)同右、六六―六九頁。
(27)折田正樹（二〇一三）『外交証言録　湾岸戦争・普天間問題・イラク戦争』一九六―一九七頁。
(28)橋本晃和／マイク・モチヅキ（二〇一五）『沖縄ソリューション』桜美林学園出版部、七〇―七一頁。
(29)宮城大蔵／渡辺豪（二〇一六）『普天間・辺野古　歪められた二〇年』集英社新書、二四―四六頁。
(30)『朝日新聞』一九九六年六月一七日。
(31)『朝日新聞』一九九六年六月一九日。
(32)『朝日新聞』一九九九年一一月一一日。
(33)大田（二〇〇〇）、二〇七―二〇八頁。船橋洋一（一九九七）『同盟漂流』岩波書店、五一四頁。
(34)政策研究大学院大学C・O・E・オーラル・政策研究プロジェクト『吉元政矩（元沖縄県副知事）オーラル・ヒストリー』
(35)『朝日新聞』一九九六年六月二三日。
(36)『朝日新聞』一九九九年一一月一一日。
(37)『朝日新聞』一九九六年四月一三日。
(38)『朝日新聞』一九九九年一一月一二日。
(39)五百旗頭・宮城編（二〇一三）、八〇頁。
(40)同右、一六九頁。
(41)同右、一〇五頁、一六九頁。
(42)同右、一〇五―一〇六頁。
(43)丹波実（二〇〇四）『日露外交秘話』中央公論新社、一五頁。
(44)五百旗頭・宮城編（二〇一三）、八二頁、一〇七頁。
(45)丹波（二〇〇四）、五一頁。
(46)ＮＨＫ『永田町の興亡』取材班（二〇一〇）『ＮＨＫスペシャル　証言ドキュメント　永田町　権力の興亡』ＮＨＫ出版、一三四―一四一頁。

(47)『読売新聞』一九九九年五月二五日。
(48)『朝日新聞』一九九八年一〇月九日。
(49)政府官公資料頒布会編著（二〇〇一）『追悼　小渕恵三』政府官公資料頒布会、一七九頁。
(50)五百旗頭・宮城編（二〇一三）、一五七―一五九頁。

参考文献

宮城大蔵・渡辺豪（二〇一六）『普天間・辺野古　歪められた二〇年』集英社新書。

「政治家　橋本龍太郎」編集委員会編（二〇一二）『六一人が書き残す　政治家　橋本龍太郎』文藝春秋。

江田憲司・西野智彦（二〇〇二）『改革政権が壊れるとき』日経ＢＰ社。

船橋洋一（一九九七）『同盟漂流』岩波書店。

手嶋龍一（一九九三）『一九九一　日本の敗北』新潮社。

第17章　小泉純一郎

――劇場型政治家の「決断」と「思想」――

佐道明広

〈略歴〉

一九四二（昭和一七）年一月八日　神奈川県横須賀市生まれ。

一九六七（同　四二）年　慶應義塾大学経済学部卒業。ロンドン大学留学。

一九七二（同　四七）年一二月　第三三回衆議院議員総選挙において自民党公認で衆議院議員に初当選。

一九八八（同　六三）年一二月　厚生大臣（竹下内閣）。

一九九二（平成　四）年一二月　郵政大臣（宮沢内閣）。

一九九五（同　七）年九月　自民党総裁選に出馬。橋本龍太郎に敗れる。

一九九六（同　八）年一一月　厚生大臣（第二次橋本内閣）。

一九九八（同　一〇）年七月　自民党総裁選に出馬。小渕恵三、梶山静六につぐ三位。

二〇〇一（同　一三）年四月　自民党総裁に選出、内閣総理大臣に就任（第八七代）。

二〇〇六（同　一八）年九月　小泉内閣総辞職。

二〇〇八（同　二〇）年九月　政界引退を表明。


小泉純一郎は首相在任期間が一九八〇日。佐藤栄作（二七九八日）、吉田茂（二六一六日）に次いで戦後三番目の長期政権を担った。明治の内閣官制成立から数えても歴代五位にあたる（二〇一六年五月時点）。小泉が首相を務めた二〇〇一年四月二六日から二〇〇六年九月二六日までの約五年半は、国内政治・国際政治両面で大きな転換期となった。

本書の主題である国際政治・外交面で言えば、二〇〇一年九月一一日に米国で発生した同時多発テロに象徴される「新たな脅威」は、従来の国家対国家という安全保障の考え方に大きな変換を迫るものとなった。また東アジアでは、急速な経済成長を遂げた中国が軍事的にも強大化したことが明らかになり、経済的なパートナーとしてだけではなく、「脅威」としての中国の存在にどのように対応していくかが大きな外交課題となっていた。さらに、九〇年代以降顕著になったグローバリゼーションへの対応という課題は、内政と大きく関連した重要問題となっていた。

さて、小泉内閣時代の外交は、テロとの戦いに象徴される、同盟国・米国との緊密な関係が作られる一方で、東アジア外交では中国、韓国と対立するという相反した様相を呈することになった。こうした相違はなぜ生じたのだろうか。小泉外交とはどのような特徴を持つものだったのだろうか。そして、小泉外交における「思想」とは何だったのだろうか。

1　内閣成立前の小泉

(1)　家業としての政治

小泉にとって政治は家業であるといわれている。祖父・又次郎は第二次若槻内閣で逓信大臣を務め、全身に刺青をいれた「刺青大臣」として知られている。養子であった父・純也は第三次池田改造内閣と第一次佐藤内閣で防衛庁長官を務めている。まさに政治家一族である。小泉純一郎自身、自らの後継者として次男・進次郎を指名している。小泉は一度結婚したが離婚してその後独身。ただし、小泉自身が私的な問題について話すことはきわめて少ないし、家族のことがマスコミ等に出ることは稀である。また、小泉は日本の他の政治家と異なり、仲間を作って行動したり、飲食をともにするといったことをせず、休日には音楽や芝居を楽しむといった行動様式を通している。こうした日本の政界には珍しい独特の雰囲気や風貌そして言動が、総理となったとき多くの支持を集めた要因の一つになっていたようである。群れを作らないという点は橋本龍太郎にも通じる。しかし小泉の方が極端であった。前述のように祖父から続く政治家一家の三代目で、家業としての政治を継いだというのは、政治家になろうか最後まで悩んだという橋本とは異なる。グループを作らない小泉にとっての唯一の例外が、のちにＹＫＫと言われた加藤紘一（Ｋ）、山崎拓（Ｙ）との関係である。ただし、加藤と山崎の関係は緊密で、森内閣末期のいわゆる「加藤の乱」でも山崎は加藤に同調する姿勢を見せた。しかし小泉は、逆にこれを徹底的につぶすための行動をとった。小泉にとってＹＫＫとは「友情と打算の二重奏」だったという。とは言え、小泉は首相在任中、結局山崎に大きく頼ることになった。それは信頼できる知己が周りに少ない証拠であった。

さて、小泉は慶應義塾大学経済学部に入学し、その後ロンドン大学に留学。六九年八月に父の純也が急死したため帰国し、同年一二月の総選挙に自民党公認で立候補した。しかし、このときは落選。翌年、福田赳夫の秘書となり、福田を政治の師と仰いで政治の世界に入っていった。そこで彼が見たものが田中派と福田派の抗争であった。小泉が現実政治に足を踏み入れた七〇年代は、田中派対福田派の対立を軸とした派閥抗争がきわめて高揚した時期であった。そうした時期に新進政治家として歩み始めた小泉にとって、田中派は倒すべき強力な敵となるのである。そして二〇〇一年の総裁選挙にあたって小泉が唱えた「自民党をぶっ壊す」というスローガンが、結局「田中派（その流れをくむ経世会）をぶっ壊す」ということになっていくのである。

小泉は七二年一二月の総選挙で初当選し、福田派に所属。大蔵・厚生族として歩み始める。第二次大平内閣で大蔵政務次官に就任し、このときから郵政民営化が持論になったといわれている。大蔵政務次官として財政赤字問題に関心を持ったとき、郵貯や簡保に巨額の資金が集中し、それが財政投融資で非効率な事業に回されていることや、郵政事業が銀行や宅配業者といった民業を圧迫しているという問題に注目したためだという。小泉内閣時代に「改革の本丸」と位置づけられた問題は、この時点からスタートしていたわけである。しかしながらこうした意見は、国鉄や専売公社の民営化が議論される以前の時期であり、当時、小泉の主張はほとんど取り上げられなかった。

（2）「変人」政治家から首相へ

小泉は竹下内閣で厚生大臣として初入閣し、宮沢内閣のときに郵政大臣となった。このとき、持論である郵政民営化に基づき郵政事業改革を主張した。しかし、郵政官僚および郵政族議員と激しく対立し、小泉の改革論は挫折する。大臣が自らの「省益」に反する行動をとろうとしたと受け取られ、反旗を翻されたわけである。政界の「変人」としてのイメージはこの頃から一般にも知られるようになっていった。また、後述の自衛隊のカンボジア派遣に対し、閣内不一致となる発言もこのとき行っている。

この後、九五年の総裁選に初出馬し橋本龍太郎と争って大敗した。橋本内閣で二度めの厚生大臣を務めたあと、橋本首相の後継を決める九八年の総裁選に出馬し、小渕恵三、梶山静六と争って再び敗北している。二度とも敗北を確実視された中での出馬であった。ちなみに九八年の総裁選の時に、田中真紀子が「小渕・梶山・小泉」を「凡人・軍人・変人」と言ったところから「小泉＝変人」が定着したといわれている。いずれにしろ、政策といえば「郵政民営化」の一本勝負という小泉は、当時まだ政界の「変人」の域にとどまっており、加藤紘一・山崎拓との関係でYKKと言われ存在感は示していたものの、小泉がいずれ総理になると考えたものは多くなかったであろう。その小泉が自民党総裁となったのは、森内閣が支持率低下で総辞職し、自民党に対する失望・批判が盛り上がった中で、大衆的人気の高い田中真紀子の応援を得て、「自民党をぶっ壊す」という過激なフレーズで一躍「小泉ブーム」を作ったからに他ならない。

さて、森首相の辞任表明を受けて行われた自民党総裁選挙には、小泉の他、橋本龍太郎、麻生太郎、亀井静香が名乗りを上げた。当初は経世会（橋本派）が支える橋本が本命視されていた。この時も、周りの政治家はまさか小泉が当選するとは思っていなかったといわれている。しかし、その流れを国民の声が変えた。「自民党をぶっ壊す」という、のちに「ワンフレーズ・ポリティクス」として小泉の代名詞にもなった刺激的なフレーズが、閉塞感にあえぎ、加藤の乱で不完全燃焼となっていた国民の不満のガスに火をつけたのである。このとき地方票にあたる県連票は一票から三票に拡大されていた。しかも地方で行なわれた予備選（山口県と広島県以外の四五都道府県で実施）で、一位となった候補がすべての票を得るという総取り方式になっていた。このことが小泉に勝利を呼び込んだ。すなわち、身近に熱狂的な小泉支持を聞いた県連は、永田町の動きとは違って雪崩のように小泉支持となったのである。
四月二四日に実施された総裁選では、地方票の開票後に亀井が下りたため小泉、橋本、麻生の三者の争いとなった。地方票で小泉は一二三票を獲得し、二位の橋本の一五票に圧倒的差をつけた（麻生は0票）。それが国会議員の動向も左右することとなり、議員票も小泉一七五票、橋本一四〇票、麻生三一票となり、小泉は二九八票を取って圧勝したのである。

ところで、前述のように、小泉は大蔵・厚生族であり、ロンドン留学という海外経験はあったものの、外交に関する実績はほとんどなかった。二〇〇一年の総裁選でも「聖域なき構造改革」「郵政民営化」というスローガンを唱えたが、外交に関する考え方はほとんど示していない。首相を目指す小泉は、外交問題をどのように考えていたのだろうか。小泉と外交の関係でよく指摘されることが二点ある。一つは国連平和協力活動問題で、カンボジアでの国際平和協力活動中、文民警察官と国連ボランティアの日本人に犠牲者が出た際、自衛隊に選挙監視要員を支援させるという政府決定に異議を唱えたというものである。小泉はそもそも自衛隊の海外派遣にも反対であったといわれている。二つ目は日本の国連安全保障理事会入りの問題であった。小泉は日本の国連常任理事国入りに消極的であったということで、これも日本が武力行使をしなければならなくなることについての懸念からといわれている。両者とも、いわゆる「ハト派」的な外交心情があらわれていたということもできる。

しかし、首相となった小泉が行ったのは、日米同盟強化を中心に、「戦闘地域」と考えられる地域への自衛隊派遣など、従来の自衛隊の国際貢献を超えた活動の実施であり、国連安保理改革を提唱して常任理事国入りを目指すなど、前述の言動とは反対と思えることであった。小泉は首相となって急に考え方を変えたのだろうか。実は小泉は、安全保障・日米関係・そして沖縄問題という、小泉内閣時代に重要となった問題についての自らの考えを語っていた。まず日米安保の意義、そして沖縄基地問題に対して以下のように述べている(1)。

日本の平和が維持されてきたのは、日本に米軍という軍隊がいたからだということを見落としてはなりません。平和の維持には、軍事力が必要だというのは、世界の常識です。

仮に米軍の駐留が必要ないと言うのなら、日本がその軍事力維持の費用を負担しなければならなくなります。（略）日本が独自の軍事力を持つことになれば、近隣諸国の信頼を得られるかも疑問です。残念ながら、日本よりアメリカの方が信頼できるというのが、近隣諸国の考え方なのです。（略）アメリカは領土的な野心を持たず、日本に軍事力を置いて、アジアのみならず、世界の平和に貢献していると考えられています。その意味で、日米安保条約というのは、単に日米関係だけの問題ではなく、世界の平和と密接に関わっていると考えるべきでしょう。（略）現在、駐留米軍基地の七〇％もが、沖縄に集中しているのが現実なんです。沖縄県民を除く日本人は、あまりにも沖縄県民への配慮が欠けていたことは、否定することができませんし、申し訳なく思います。

沖縄の米軍基地の整理縮小は、これからの重要課題となるでしょう。既に、一部の本土移転が考えられていますが、本土側はほとんどこれに反対しています。この我がままを少しずつ取り除いて、沖縄の負担を減らすことです。そして各地域が等しく、軍事、防衛の負担を負えるように模索するべきです。

これは九五年九月の沖縄県少女暴行事件で沖縄が基地反対運動で高揚し、一方で北朝鮮核開発問題や台湾海峡危機などによって日米同盟強化が推進され、九六年四月の「日米安保共同宣言」が発表されたあとの九七年四月に発表されたものである。また、国際協力に関しては、「経済援助だけでなく、安全保障の面でも援助ができることが、国際社会での自立に繋がる」とも述べるに至っている。宮沢内閣時代の言動と異なり、二度目の総裁選出馬前には、日米安保体制の意味や、沖縄問題についても理解が進んでいたことがうかがえる。では、実際に首相となった後の小泉は、どのような外交を行ったのであろうか。

2　小泉内閣成立と外交の混迷

（1）田中外相問題

前述のように、小泉の外交問題に関する認識は、他の政治家に比べて決してとくに劣っていたわけではなかった。しかし首相就任にあたって、掲げていたのはやはり年来の持論である「郵政改革」を中心とした内政が主要課題であり、外交に関しては日米関係を維持しつつ近隣諸国との安定した関係を図っていくという穏当な考え方をしていたにすぎなかったと考えられる。言い換えると外交問題にそれほど大きな比重を置いていなかったわけである。そうした姿勢が、田中真紀子を外務大臣に起用するという痛恨のミスを犯してしまうことになった。

田中は故田中角栄元首相の娘で、その歯に衣着せぬ発言で人気を得ていた。総裁選挙の応援演説でも行く先々で人々を集め熱狂させた。小泉首相が誕生するにあたって、田中真紀子の貢献度は極めて高かったのは間違いないだろう。それに報いるために、小泉は田中の希望を受け入れて外相に任命したといわれている。しかし、森前首相をはじめ、多くの人が反対したにもかかわらず断行したこの人事は、小泉の明らかな失敗であった。

外務省は当時、機密費流用事件という不祥事があって厳しい批判を受けていた。田中は外相就任にあたって、外務官僚への対決姿勢を明確にする。外務省を叩くことが自らの人気を高めることにつながると考えたからであろう。しかし実際は、公言した外務省改革は一向に進まず、外相のエキセントリックな外務省批判が続くばかりであった。

さらに、田中は外交実務に関しても非常識な言動を繰り返した。たとえば、知日派として知られるアーミテージ国務副長官との会見を突然キャンセル（四月）、金正日北朝鮮書記長の長男・金正男が極秘に来日した際、すぐに帰国させることを主張したり（五月）、政府の立場と異なる発言を行ったり（パキスタン訪問時のカシミール問題でのパキスタン支持発言、小泉の靖国参拝に対する中国での小泉批判、ミサイル防衛構想への批判など）、外交問題の勉強をしていた形跡は全く見られないばかりか、日本の外務大臣としての適性を欠いていたと言っていいであろう。田中と対立した川島裕次官は、その前の機密費流用問題などもあって辞任、そのあとを野中義二・経済担当外務審議官が異例の次官就任。野中と田中もすぐに対立関係となる。

こうして、外務省が機能停止に陥ったため、重要案件については官邸に直接持ち込まれることが多くなった。森内閣時代から引き続き官房長官を務めていた福田康夫は、官僚の話もよく聞きバランスのとれた判断ができる人物であり、外務官僚だけでなく官僚の多くが福田を頼ることになる。福田がのちに「影の外務大臣」と呼ばれたのはそのためである。小選挙区制導入によって派閥の力が衰えていくのと同時に、小泉は内政に関しては経済財政諮問会議を活用して官邸主導で政策を推進していく体制を築いていった。民間から登用された竹中平蔵が経済財政諮問会議を切り盛りし、小泉の秘書であった飯島勲が政務秘書官として「チーム飯島」と呼ばれた強固な秘書官グループを作って小泉を支えた。外務省の機能低下も相まって、小泉内閣の時期は官邸の役割が増大していったのである。

(2)　同時多発テロ発生と田中外相更迭問題

小泉内閣成立後の最初の重要な外交案件は靖国参拝問題であった。小泉は総裁選の時の公約にしたがって靖国神社を参拝し(ただし公約の八月一五日ではなく八月一三日)、中国と韓国の反発を受けた。ただ、この問題は小泉内閣の最後まで続くものであり、小泉の対中・対韓外交についてはあとでまとめて述べることにしたい。

さて、九月一一日の米国における同時多発テロの勃発は世界中にショックを与えた。ハイジャックした民間旅客機を使用した未曽有のテロが米国本土を襲ったことは、世界最強と言われる軍事力を持つ米国でさえ、テロに対して脆弱だったことを明らかにした。テロを完全に防ぐことはできない。もはや国家間の戦争だけでなく、国際テロネットワークによるテロ活動が新しい脅威として強く認識されることとなった。

事件が発生したあと小泉内閣は、米国を中心として行われた対テロ戦争に対して積極的に協力していった。すなわち、テロを起こした国際テロネットワークであるアルカイーダの首領オサマ・ビン・ラディンをはじめとしたメンバーをかくまい、引き渡しを拒否したアフガニスタンのタリバン政権に対し、米国を中心とした多国籍軍が結成され、国連安保理の承認の下でアフガニスタンを攻撃することになった。その時、日本も国際的な対テロ戦争に参加協力することになり、物資補給等の目的でインド洋に海上自衛隊が派遣されたのである。このあと日米の防衛協力は一層の進展を見せることになる。この点もまた改めて述べることとしたい。

さて、田中外相問題には小泉首相も頭を悩ませており、ここで田中外相と、外相と対立する野中外務次官の両方を更迭することで事態の収拾を図った（二〇〇二年一月二九日）。田中外相更迭で、小泉の支持率は時事通信の調査で四三・五パーセントまで急落した。こうした支持率の減少は、五月に起きた中国の瀋陽での北朝鮮住民の日本総領事館駆け込み事件まで続いていく。これは北朝鮮を脱出した北朝鮮住民五名が日本の総領事館に駆け込もうとしたところ、中国の武装警察官ともみあいになり、二名は敷地内に入り、三名がその場で取り押さえられ、中に入った二名も武装警察官が総領事館に入って連行されたという事件である。連行された五名が北朝鮮に強制送還されるおそれがあったため、中国当局への批判と同時に、駐中国日本大使や総領事館の対応にも批判が及んだ。五名は結局韓国への亡命を許されたものの、外務省の中国への姿勢についての批判は高まっていたのである。

3　小泉時代の東アジア外交――拉致と靖国

(1)　拉致問題と北朝鮮外交

対中、対韓外交を見る前に、小泉の対東アジア外交でもう一つの重要問題である北朝鮮との交渉について先に述べておきたい。

田中外相の更迭以来、大幅に低下していた小泉内閣の支持率を急回復させたのが、二〇〇二年九月一七日に行われた北朝鮮訪問であった。この時の小泉・金正日書記長会談で、北朝鮮はこれまで認めて来なかった日本人拉致を初めて認めた。小泉は、北朝鮮との国交樹立にむけて日朝ピョンヤン宣言に署名し、拉致生存者を連れて帰国した。これまで北朝鮮に「乗り込んで」拉致問題を交渉した首相はおらず、国民の関心が高かった「横田めぐみ」さんはこの時、死亡と伝えられたものの、五名を帰国させたことで一気に国民の小泉評価は高まったのである。

北朝鮮に関しては、九八年のミサイル発射、さらに九九年三月の能登半島沖での不審船問題、そして二〇〇一年一二月には奄美沖で海上保安庁の巡視船と北朝鮮の工作船が銃撃戦となり、工作船が自爆するといった事件を起こしていた。核開発問題もあって北朝鮮は何をするかわからない「怖い国」という印象が国民の間に広がっており、その象徴が拉致問題であった。

こうして行われた電撃訪問の結果、生存者と言われた五名を連れ帰ったものの、その家族は残したままであり、また死亡と伝えられた人々の安否にも多くの疑問があった。東アジアの安全保障上の観点からも、北朝鮮の核開発に歯止めをかけ、国交正常化への道をつけようと署名されたピョンヤン宣言であったが、日本国内で高まった北朝鮮批判は、容易に正常化交渉の進捗を許さなかった。また、帰国した五名の残された家族や、いまだ安否のわからない拉致被害者の行方に国民の関心は移っていく。連れ帰った五名は、当初再び北朝鮮に戻すという話もあったが、そのまま残ることになり、北朝鮮に残った家族に関しては、二〇〇四年五月二二日、再び小泉が訪朝して交渉して連れて帰ることになる（地村、蓮池両家族の子供たちで、曽我めぐみの家族はインドネシアに一端入り、その後日本へ移った）。

（2）靖国問題と対中・対韓外交

小泉の対東アジア外交と対米外交ではその落差がよく指摘される。小泉の対東アジア外交と対米外交を語る場合、それぞれのキーワードは「靖国」と「テロとの戦い」となるだろう。「靖国」で対東アジア外交は躓き、「テロとの戦い」で対米外交は成功した。

対立点となる靖国問題は、前述のように小泉が総裁選の時に首相としての参拝を公約したことから生じており、いわば小泉の首相就任直後から懸念された問題であった。実際に小泉が靖国神社を就任後最初に参拝したのは、公約に掲げた八月一五日ではなく八月一三日であって、それは対中・対韓国関係に配慮した結果であった。中国は参拝を批判したものの、人気の高い小泉の動向には気を配って対応しており、このときの参拝ですぐに日中関係が悪化したわけではない。同年一〇月に小泉は訪中し、日中戦争のきっかけとなった盧溝橋を訪問し、江沢民国家主席とも会談している。また、同月に上海で行われたアジア太平洋経済協力会議（ＡＰＥＣ）の際にも日中首脳会談は行われている。翌二〇〇二年四月には李鵬・全国人民代表大会常務委員長が来日し、同月に海南島で行われた博鰲（ボアオ）アジアフォーラムでは小泉が基調演説を行い、朱鎔基首相と会談を行った。すなわち、小泉内閣の初期には、日中首脳の相互訪問や対話は友好裏に行われていたのである。実は、小泉が前年に靖国参拝を行った際、「新たな追悼施設」について言及しており、それを本格的に検討する懇談会が、福田官房長官の私的諮問機関として活動を始めていた。これが首相の靖国参拝中止への布石と中国側に受け止められていたという。こうしたことから、日中の経済関係拡大を背景に、小泉内閣の最初の一年間は、日中関係は比較的良好に推移していたのである。

しかし前述のボアオフォーラムの直後から友好的雰囲気は大きく変化していく。それは四月二一日の靖国神社春季例大祭に小泉が首相として二度目の参拝を行ったことと、前述の瀋陽における日本総領事館事件の影響が大きかった。小泉からすれば、中国に配慮して八月一五日の参拝を避けたわけだが、中国は逆に「裏切られた」と受け取ったといわれている。瀋陽の事件も、日本側と中国側の言い分が大きく異なっており、両国とも簡単に引き下がるわけにはいかない問題となってしまった。こうして、二〇〇二年は日中国交正常化三〇周年という記念の年でありながら、大きく暗転していくのである。

二〇〇二年一〇月にメキシコでＡＰＥＣが開催された際に行われた日中首脳会談では、靖国参拝をめぐって激論が交わされたといわれている。これによって靖国は日中対立のシンボル的争点となった。小泉は、自分は親中であると述べながらも、決して靖国参拝を中止するとは言わなかった。翌二〇〇三年と〇四年には一月、〇五年には一〇月、そして首相辞任の〇六年には、公約通り八月一五日の参拝を行う。こうして、日中関係は、経済は良好だが政治関係は冷え込み、「政冷経熱」と評され、日中首脳会談も行えない状況となった。

小泉内閣の時代に日中関係が悪化したのは、第一の要因は小泉が靖国参拝に固執したことによるが、日中双方の国内状況も日中関係悪化に相乗効果をもたらしたと考えられる。

中国側の事情から見てみると、この時期は江沢民から胡錦濤への政権移行期に当たっていた。江沢民は九八年に訪日し、「歴史問題」に重ねて言及したためかえって日本の反発を招いた。当初はその反省の上に立って小泉内閣に接していたと考えられる。したがって、前述のように小泉が「裏切った」という認識に立った時、その反発が大きくなったわけである。また、二〇〇三年三月に胡錦濤が国家主席に就任したときには、江沢民率いる保守派の影響力はいまだに強く、胡錦濤は全権を掌握していなかった。とくに、中国政治において決定的な意味をもつ軍事委員会主席の座は江沢民がまだ保持しており、胡錦濤政権は不安定な状況にあった。こうした状況では、安易な対日譲歩を行うわけにはいかなかったのである。二〇〇四年一一月の中国原潜による日本領海侵犯問題も、そうした胡錦濤政権の不安定性を前提に考えるべきであろう。また、経済発展を支えるエネルギー問題が中国にとって死活的な重要性を持っており、それと海洋問題が結び付いた東シナ海のガス田開発の推進も、中国軍部とくに海軍の意向を抜きに考えることはできない。また、江沢民政権が推進してきた「愛国主義教育」が「反日」となって具体化したという問題もある。二〇〇四年の反日暴動の高揚は、日本に対中脅威感をあおる結果となった。

一方で小泉内閣にしても、国内において構造改革の成果がなかなか現れず、党内基盤がぜい弱な小泉政権としては絶えず国民の支持を集める方法を取らざるを得なかった。前述の北朝鮮問題では、小泉が交渉で二度も訪朝し、拉致被害者およびその家族を取り戻すことになるのも、北朝鮮への批判を強める国民の意向を踏まえての決断であった。中国との関係にしても、国民の対中感情は小泉政権初期には一時向上したものの、前述の瀋陽事件などで急速に悪化し、中国が靖国問題で批判すると、インターネット世代を中心とした「嫌中感情」がさらに高揚するという結果となった。日本人の対中観は小泉内閣期に急速に悪化したのである。二〇〇三年ころを境に日本人の対中感情は「親しみを感じない」が常時六〇パーセントを超えていき、逆に「親しみを感じる」が〇三年の四七パーセントから翌年には三七パーセントに下落し、その後も下がり続けた。小泉自身、自らの「美学」にくわえ、国民意識のこういった変化を前に、靖国参拝中止という決断は行えなかったのであろう。

こういった動きは、対韓国関係でも同様であった。小泉は二〇〇一（平成一三）年一〇月一五日に訪韓して金大中大統領と会談した。そして「植民地支配に反省とお詫び」を表明した。日韓は翌年の日韓ワールドカップ共催を控えて、友好関係を表そうと互いに努力をしていたのである。この時期は、韓国ドラマの流行によるいわゆる「韓流」ブームにも支えられ、日韓関係は基本的には良好さを保ち、日本人の対韓国親近感は高くなっていた。

しかし韓国への親近感も〇四年を境に大幅に減少していく。日韓関係が急速に悪化したのは、小泉の靖国参拝もあるが、韓国で〇三年に盧武鉉大統領が登場したことによるところも大きい。盧大統領は、前任の金大中大統領の対北朝鮮包容政策を継承し、親北朝鮮政策とも見える政策を推進する一方で、従来の同盟国である米国と日本とは一定の距離を保つ政策を行った。日本からすれば、竹島問題等で「外交戦争」という言辞を用いて強く日本を批判する一方で、北朝鮮のミサイル実験については北朝鮮批判を行わない盧大統領に失望と反発が生まれていったのである。こうして小泉政権時代は、日韓双方が関係打開の方向を見出すことができずに日韓両政権の退場となったのである。

4　日米同盟強化の中で

(1) テロとの戦いと自衛隊のイラク派遣問題

二〇〇一(平成一三)年九月一一日に発生した米国の同時多発テロは、これまでの国家対国家の戦争を基本とする安全保障の考え方から、国家対国際的テロ組織という非対称型の新しい脅威に対する安全保障の必要性を明確にしたという意味で、画期的な出来事であった。小泉内閣の対応は、最初の声明を官房長官が行い批判を浴びるなど初動こそもたついたが、一九九〇年~九一年の湾岸戦争の教訓を前提に、積極的に進められた。同月一九日には「当面の措置」を発表して「自衛艦の派遣」も盛り込む。二五日には小泉が訪米して対テロ戦争での米国支持を明確に打ち出した。そして一〇月五日にはテロ対策特別措置法案を閣議決定し、それを一〇月二九日に国会で成立させている。テロ事件の発生からあまり時間をおかずに米国を積極的に支持し、テロと戦うという姿勢の明確化を決定できたことは、日本国民にも九・一一事件の衝撃が大きかったことと、この時期の小泉の高い支持率にも支えられていた。こうして、米国を中心とする多国籍軍のアフガニスタン攻撃に対して、補給・給油という形での参加・協力を果たすのである。これは「集団的自衛権は行使しない」という立場から、九九年の周辺事態法の考え方を援用したものであった。

アフガニスタン攻撃は国連安全保障理事会の決議による行動で、国際社会の大方の合意があって行われた。しかし、米・ブッシュ政権が決断した〇三年のイラク攻撃は、国連安保理の承認を待たずに行われた。したがって日本はさらに踏み込んだ米国支援を行うことになる。米国の軍事行動を支持したのをはじめ、ブッシュ大統領による陸上戦闘終了宣言後、陸上自衛隊の派遣を決めたのである。派遣の目的はイラクの復興支援であった。しかし戦闘終了宣言が出てはいたものの、武装勢力が依然として活発に活動している地域への自衛隊派遣であった。このとき、戦闘地域には自衛隊を派遣しないという基本方針をめぐって与野党が対立し、憲法違反という批判もあった中での派遣決断であった。この時は野党の「非戦闘地域」の定義をめぐる質問に、「自衛隊がいるところが非戦闘地域」「自分に聞かれてもわかるわけがない」といった強引な答弁も行われている。

実は、長期的視点からすると、この時の政府説明にも問題があった。自衛隊派遣の根拠法であるイラク人道復興支援特別措置法（以下「イラク特措法」）の立法趣旨からすると、非戦闘地域とは、「我が国領域及び現に戦闘行為（国際的な武力紛争の一環として行われる人を殺傷し又は物を破壊する行為をいう。以下同じ。）が行われておらず、かつ、そこで実施される活動の期間を通じて戦闘行為が行われることがないと認められる」地域というものであった。この表現によれば、戦闘地域とは憲法が禁止した戦闘行為すなわち「国または国に準ずる組織が、組織的計画的な武力行使を行なっている」地域をさすというのが政府の法律上の定義である。この定義によれば、国家でも準国家的組織でもないテロ組織の活動は戦闘行為ではなく、どんなにテロが行なわれていても法律上は非戦闘地域となるのである。政府の立場からすれば、テロが行なわれているから戦闘地域であるという批判は法律上の定義を知らないものとして否定されることになる。たしかに、法的にはそうであろう。しかし、ここでいう法的な「非戦闘地域」とは、安全地帯というわけではないことが問題であった。むしろ政府の「戦闘地域」概念が、国民の意識と遊離していたわけである。

国家間戦争の脅威が大幅に減少したといわれる一方で、現代の最大の脅威の一つが、国際的なネットワークを持つテロ活動とされている。テロ組織の持つ武器も破壊力を増し、軍事組織と遜色のないものも存在する。テロ組織が本気で自衛隊を攻撃しようと計画した場合、相当の被害が出ることも予想される。それは、ペルシャ湾、カンボジアといった不安定ながらも一応停戦が成立した段階から始まったこれまでの国際協力活動とは異なる厳しい条件が課せられている危険な地域に自衛隊が出動したということである。つまり、法的説明と現実の間にズレが存在しているのである。

危険な地域であっても、国益上必要とあれば出動するのが軍事組織の役目であり、危険な地域であるからこそ、民間ではなく軍事組織である自衛隊が出動したわけである。しかし政府の法的説明は、憲法の枠内における活動であることを明確にするために行なわれたものであった。幸いに犠牲者は出なかったものの、憲法に合わせて自衛隊派遣の姿を決めるのは、もはや限界に来ているとも言えるのである。

また、〇四年にイラクの人道復興支援を盛り込んだ国連安保理決議が成立したことから、自衛隊が多国籍軍に参加することになった。一九九〇年の湾岸戦争のときには憲法上の問題から否定されたのであるが、今回は人道復興支援ということで参加することになったのである。これは自衛隊の歴史だけでなく戦後日本の安全保障政策からみても画期的なことであった。実は、自衛隊の参加を可能にすべく、復興支援を盛り込んだ安保理決議が成立するよう、日本は米英に働きかけていたのである。日本はこうした行動で、英国と並んで米国の最良の同盟国と評価された。そして、小泉はブッシュ大統領との個人的信頼関係を基礎に、戦後最良の日米関係といわれる状況を作ることに成功した。しかし、前述のように、自衛隊による国際活動は、小泉時代にそれまでのハードルを一気に超えて幅を広げることになり、今後どうしていくべきか改めて検討すべき時期に来ている。

ただし、小泉はこうした重要な決断を下したのだが、自衛隊のイラク派遣に関して言えば、派遣の根拠となるイラク特措法が成立した〇三年七月から基本計画が閣議決定される一二月九日まで、準備指示を求める防衛庁と出し渋る官邸、派遣に関する補正予算を認めない財務省など、政府全体として重大決定に伴う責任を全うしたとは言いがたい状態であった。そのため、当初イラクに持ち込まれた高機動車の防弾化が間に合わなかったという。決定は責任を生ずる。しかし、実態は、決定まではしたけれども「後は知らない」といっているのに等しかったとも言えるのである。(2)

（2）米軍再編下の沖縄

前述のように、かつて小泉は沖縄の基地負担削減の重要性について述べていた。一方で沖縄は、小泉内閣時代になっても不満を蓄積させていた。それは政府及び本土住民が沖縄の基地問題の深刻さを理解しようとしないこと、政府が頭ごなしに重要問題を決定し沖縄の意思を尊重しないという不満である。前者を象徴する事件が二〇〇四年に起きた沖縄国際大学への米軍ヘリコプター墜落問題であり、後者は言うまでもなく普天間飛行場移設問題である。こういった不満が、やがて本土が沖縄を「差別」しているという感情となって表明されていくことになる。まず、前者から見ていこう。

沖国大ヘリ墜落事件は、二〇〇四（平成一六）年八月一三日に、米海兵隊普天間基地所属のヘリコプターが沖縄国際大学構内に墜落し、乗員三名が負傷、大学施設や周辺に損害を与えた事件であった。破片は広範囲に飛散し、人的被害がヘリコプター乗員だけだったことが奇跡とも思える重大な事故であった。沖縄が復帰した七二年からでも普天間基地関係機の事故は墜落だけでもそれまでに一七件起きており[3]、改めて普天間飛行場の危険性を沖縄県民に強く認識させる事件であった。

この事件は二つの重要な問題を浮き彫りにした。第一が地位協定における日米の不平等性、第二に、沖縄に対する「差別」的対応である。

墜落事故発生後、米軍は隣接する普天間基地から沖縄国際大学構内に入り、事故現場を封鎖した。勝手に私立大学という私有地に入っただけでなく、大学の許可も得ずに「宿営地」も設置し、立木の伐採や事故現場の土壌の掘り起し、ヘリコプターの残骸や部品の撤去を行った。沖縄県警との合同現場検証を拒否しただけでなく、防護服に身を包んだ兵士による現場検証も行われた。のちにこれは「ストロンチウム90」という放射性物質で、ヘリの回転翼安全装置に使われていたと説明された。こうした米軍の行為は、日米地位協定の実施に伴う刑事特別法第三条「財産権」に基づいて実施されたということであった。

しかし、私有地に無断で入っただけでなく県警との共同の現場検証を拒否し、日本側を一切立ち入らせずに米軍が行動したことは、主権侵害であるという批判が起こっても当然であった。しかもこの時、県警や報道機関だけでなく、宜野湾市長、沖縄県副知事、そして外務政務官まで立入を拒否されていた。沖縄県からすれば、日米地位協定が持つ不平等性を再認識させられた事態であった。

第二の沖縄に対する差別的対応は、より深刻である。すなわち、米軍による排他的行動に関して、本土における類似の事例では沖縄とは異なる対応がなされていたのである。それは一九六八年六月の九州大学へのファントム機墜落事件、一九七七年九月の横浜市でのファントム偵察機墜落事件、そして八八年六月の愛媛県伊方原発近くへの米軍ヘリ墜落事件である。

九大へのファントム墜落事件では、九大側がファントム機体の米軍への引き渡しを拒否し、その後の対応を巡って大学内で意見が分かれ、九大で学生運動が高揚する一因となった。最終的にファントム機が機動隊に守られて撤去されたのは、事件発生から一年四か月後の六九年一〇月一四日であった(4)。またこの時、内閣法制局は「私人の所有地に無断で入るのは許されない」と、米軍が大学の許可なく立ち入ることはできないという判断を示していた。

七七年の横浜の事案は米軍が報道陣を強制的に排除した問題だったが、外務省が米軍に自制を促していたし、八八年の事案では米軍は愛媛県警との合同検証を行っていた。こうした本土との違いが沖縄で報道されると、府元禮司沖縄県知事公室長は「地位協定の運用に、本土と沖縄で明らかな違いがあることが、本土の米軍墜落事故との対比で実証された。検証の可否が米軍のさじ加減に任され、恣意的な運用を黙認している政府にも問題がある」と述べるに至っている(5)。

事件の知らせを受けて、「ワールドワイド・ウチナンチュウ・ビジネス・アソシエーション世界大会」に出席するために南米のボリビアにいた稲嶺知事は八月一八日に急きょ帰国し、翌一九日に事件の再発防止などを政府に申し入れしようとした。しかしこのとき小泉首相は夏休み中で面会を拒否したのである。政府関係者との面会は八月二五日に実現したものの、日米地位協定改定を求める稲嶺知事に対し、川口順子外相はやはり「運用改善」での対応を口にするだけで、積極的な対応は見られず沖縄側を失望させた(6)。

こうした状況となって沖縄の批判は米軍だけでなく、日本政府へも向かうこととなる。そして、地位協定改定は要請しても、政府に遠慮するかのように「辺野古移設優先」を主張し、普天間基地撤去市民集会への参加も拒否する稲嶺知事へも批判が向かっていくのである。

基地問題をめぐる沖縄の不満は、沖縄の負担軽減を掲げていた「日米2＋2合意」（二〇〇六年五月一日）に関しても蓄積されていく。これは辺野古にV字型滑走路を建設して普天間基地機能を移設し、同時に嘉手納基地以南の米軍基地を大幅に整理・返還して沖縄の負担を減少させようとするものである。[7] 海兵隊八〇〇〇名のグアムへの移転を含む大幅な米軍再編で、嘉手納以南の基地返還後は沖縄本島の米軍基地は縮小する計画であるのになぜ不満が高まったのか。それには日米合意と、さらに政府と沖縄県との合意に至る経緯がかかわっており、守屋武昌防衛事務次官という、この時期に大きな役割をはたした人物の影響もある。

第一に、米軍再編への対応にあたって、沖縄の基地問題に関連づけることについて日本政府内に対立があった。具体的には、米国が求める範囲内で対応し、なるべく早く問題を処理しようとする外務省と、米軍再編に沖縄基地問題も関連付けていこうとする守屋次官・防衛省の対立である。結論的に言えば、小泉首相に直接交渉するという強引ともいえる手法で守屋の主張が認められ、米軍再編と沖縄基地問題すなわち沖縄の負担軽減が協議されることになった。[8] 自らの戦略構想に従って米軍再編協議を促進したい米国と、米国のような戦略構想なきまま在日米軍基地問題を協議の対象としようとする日本との間で論議は紛糾したが、最終的には前述の日米合意にこぎつけることになった。[9] 守屋次官はSACO以来の日米協議に参加しており、沖縄の基地負担の状況を詳しく認識していた。なんとか負担軽減を実行したかったという強い思いがあったものと思われる。こうして沖縄の負担軽減についても日米合意が成立したわけだが、しかしそれは沖縄側からの評価には結びつかなかった。

なぜなら、前述の状況が報道等で明らかになるにつれ、外務省に象徴される日本政府の不作為に関する不満が高まったからである。さらにいえば、〇五年の日米合意が成立するより前の〇四年一〇月一日、小泉首相自身が共同通信加盟社編集局長会議で講演した際、在日米軍再編に関連した沖縄基地問題について、「沖縄以外の各都道府県、どこに持って行くかということをこれから日本政府は考えて、自治体に事前に相談しなければならないことがあるかもしれない。自治体がOKした場合には、日本政府はこういう考えを持っていると米国と交渉していく」。さらに「沖縄の負担軽減に賛成であれば、沖縄以外の自治体も、自分たちが（基地）を持ってもいいという責任ある対応をしてもらいたい」と、基地の本土移転を進める考え方を示していた。これを受けて稲嶺知事も記者会見し、「首相のリーダーシップに期待したい」と表明した。

しかし、この期待はあっさりと裏切られた。「実際は首相自身、よく精査しないうちに本土移転推進を口にした節がある。その後、本土移転で積極的に動いた形跡はなかった[10]」ということであった。稲嶺知事は「非常に失望した。自らのリーダーシップを発揮することなく、官僚に丸投げしたのだろう」と受け取っていた。しかも、沖縄に失望を与えた末に達成した日米合意は、たしかに海兵隊の一部のグアム移転や嘉手納基地以南の返還・縮小等で負担は軽減されるものの、普天間基地機能の移設先は名護市辺野古で固定化されており、北部振興と引き換えに県内移設に同意している人々以外の多くの沖縄県民の失望を生んでいくことになるのである。

小泉自身、米軍基地がある横須賀で育ち、前述のように沖縄の基地過重負担について認識していた。しかし、それでは具体的にどうすればよいのかという点まで考えが及んでいなかったと考えられる。沖縄の基地負担に言及する一方で、ヘリコプター事故に関し面会を求める沖縄県知事より観劇を優先したという判断からは、問題の深刻さを本当は理解していなかったのではないかという疑問すら生じる。結局、沖縄問題についても官僚などに「丸投げ」という手法に陥ってしまうのである。

5　小泉外交とは何だったのか

(1)　小泉政治の特徴

小泉外交を考える場合、小泉純一郎という政治家自体をどのように評価すべきかをまず問題とすべきだろう。小泉の特異な政治スタイルについては論者によって重視する点は異なるが、その特徴として以下の点はほぼ意見が一致していると思われる。

第一は、小泉が世論を巧みに使ったという点である。日本政治史の中で、小泉ほど世論を気にし、また世論を動かすことができた政治家はまれであろう。小泉自身は党内に自らを支える権力基盤を持っていなかった。そのため、世論の支持がなければ急速に求心力を失う政権であった。実際、何度も失速しかけたことがあり、そのたびに国民を驚かすことを行って支持率を維持してきた。これは小泉を長年にわたってささえた飯島秘書官のマスコミ操縦術によるところも大きいが、何といっても小泉自身の資質が大きかったと言っていいだろう。

ただし小泉の場合、決して問題を深く説明しようとはしなかった。ワンフレーズ・ポリティクスという批判はその通りであり、長い説明は小泉流の大衆操作には不要であった。長い説明を要する場合は、はぐらかすのである。それが行き過ぎたとき、「人生いろいろ」「この程度の公約違反はたいしたことではない」といった言葉で物議を醸すこととなる。しかし、それでも大きく傷つくことはなかった。郵政選挙もテレビメディアが一緒に踊ったからこその圧勝であった。こうしたテレビの扱いのうまさは小泉特有の資質で、なかなか他の政治家がまねできるものではない。

ところで、この世論を巧みに使ったところが、彼がポピュリストと呼ばれる所以でもあるが、かといっていつも世論迎合というわけではない。日米協力の強化については、国民の中には多くの反対意見があったのを押し切って進めていた。小泉は日米関係を重要な国益とみて、これを維持強化すると決めたあとは決して考えを変えていない。郵政民営化と並んで日米関係強化は彼の信念となっていたようである。こうした世論に反しても行うべきことは断固として実行したところに、彼を単純なポピュリストと言えないところがある。

小泉政治の特徴の第二として挙げられるのが、その徹底したマキャベリズムと非情さである。祖父から続く政治家の家系に育ち、自らも長い政治家生活を送って数多くの政争も経験してきた小泉は、政界の何たるかを熟知していた。郵政選挙で、かつての仲間、世話になった先輩にも「刺客」を差し向ける非情さは、他の政治家の想像を越えていたと思われる。こうした冷徹さをもって事に当たれる政治家は、日本の中ではまれであろう。

第三に、彼の政治では担当者に丸投げする場合と、郵政問題のように非常に執着して自らも積極的に関与するものとで大きな落差があった。この場合、執着した政策は郵政など限られたものであり、大部分が丸投げである。このことは、小泉が、自らが進めようとする改革の内容をどこまで理解していたのかという問題につながる。小泉が郵政改革以外、他の改革にどれほど熱意があったかも疑問とされている。少なくとも改革の全体像を考えていたとは思われない。それは外交問題についても同様のことが言えるのである。

（2）小泉外交の性格

五年半という日本政治においては長く続いた小泉時代は、日本の外交にどのような影響をもたらしたのであろうか。前述のように、小泉は首相就任前にはさして外交問題について考えて来なかったというのが正解であろう。このことは、小泉が首相就任にあたって長期的な外交戦略を考えていなかったことを意味する。そして戦略がないまま、独自の勘とこだわりで進められたのが小泉外交であった。こだわりの象徴は「靖国参拝」である。いくら批判されても決して参拝を中止しなかったことが対東アジア外交のつまずきを呼んだ。一方でそれは、靖国問題という「国内問題」に強く反発する中国や韓国に対する日本国内のナショナリズムを高揚させるという影響をもたらした。北朝鮮による日本人拉致や核の脅威を前にした安全保障上の不安感や中国の反日意識もそれを増幅させた。小泉のかたくなな姿勢は、東アジアにおけるナショナリズムの対立をあおる結果となったことは間違いないであろう。

一方で、対米関係を重視すべきだという方針は、九・一一という未曽有の出来事への対応の中から生まれた小泉独特の勘によるもので、これを貫くことで良好な日米関係が生まれた。そして中国、韓国との関係悪化が大きな要因であるが、国民が対米追随という不満を持つようになると、それに反するように米国への傾斜を強めていくことになる。ただ、過重な負担にあえぐ沖縄の問題や、日米防衛協力をどのレベルまで進めるのか、その場合憲法問題などはどう考えるのかといった課題は後回しであった。

すなわち、悪化した対中、対韓関係を打開する道筋は示されずに一方で国内のナショナリズムは高揚し、さらに日米関係でも長期的、戦略的視点で考えるべき課題については、小泉内閣時代は展望が示されないままであった。これらはすべて、後継者の対応に待つことになった。

重要なことは、そもそも小泉政治では改革の先にどのような国家像があったのか、定かではないのである。新自由主義に基づいて実施されたという説明が多くなされているが、「官から民へ」といった抽象的な短い言葉を発する以外、小泉の「国家論」はついに語られることはなかった。小泉が繰り返し語った構造改革にしても、痛みに耐えれば、その先はよくなるはずだと聞かされていた国民には、結局改革の先に何があるのかは見せられなかったのである。

九〇年代に入って唱えられてきた政治改革の目的は、グローバリゼーションが進展する中で、どのような政治経済体制の国家にすれば生き残っていけるのか、そして変動する国際情勢に対応しつつ速やかな政策決定を行うためには、どのような政治システムがよいのかという議論であったはずである。九・一一事件以後はこれに安全保障問題が加わり、問題はさらに複雑化した。すなわち、グローバリゼーションで経済や情報の国境は低くなるが、安全保障上での国境は高くなるという相反した傾向である。そして国家の役割が再認識され始めたのである。こうした根本的な議論がなされることなく、小泉外交は大きな課題を後継者に残したまま終焉を迎えたのである。

注

（1）「駐留軍用地特別措置法成立の裏側を論議しよう」『小泉純一郎の暴論・青論』集英社、一九九七年。
（2）半田滋（二〇〇五）『戦えない軍隊――肥大化する自衛隊の苦悩』講談社。
（3）『沖縄タイムス』二〇〇四年九月五日。
（4）「九州大学への米軍機墜落事故への対応」『防衛施設庁史』。
（5）琉球新報社（二〇〇四）『検証「日米地位協定」日米不平等の源流』琉球新報社。
（6）稲嶺恵一（二〇一一）『稲嶺恵一回顧録』琉球新報社。
（7）内容詳細は「再編合意のための日米のロードマップ」参照。外務省ウェブサイト、http://www.mofa.go.jp/mofaj/kaidan/g_aso/ubl_06/2plus2_map.html。
（8）久江雅彦（二〇〇五）『米軍再編――日米「秘密交渉」で何があったか』講談社現代新書。
（9）川上高司（二〇〇八）「在日米軍再編協議――日本の視点」及び辰巳由紀（二〇〇八）「在日米軍再編協議――米国の視点」沖縄平和協力センター監修『米軍再編と日米安全保障協力――同盟摩擦の中で変化する沖縄の役割』福村出版。

（10）　稲嶺恵一『稲嶺恵一回顧録』。

参考文献

飯島勲（二〇〇六）『小泉官邸秘録』日本経済新聞社。

飯島勲（二〇〇七）『実録小泉外交』日本経済新聞社。

内山融（二〇〇六）『小泉政権』中央公論新社。

大嶽秀夫（二〇〇六）『小泉純一郎　ポピュリズムの研究——その戦略と手法』東洋経済新報社。

塩田潮（二〇〇七）『危機の政権—コイズミクラシーとヘイゾノミクス』東洋経済新報社。

清水真人（二〇〇五）『官邸主導—小泉純一郎の革命』日本経済新聞社。

竹中平蔵（二〇〇六）『構造改革の真実　竹中平蔵大臣日誌』日本経済新聞社。

御厨貴（二〇〇六）『ニヒリズムの宰相小泉純一郎論』ＰＨＰ研究所。

守屋武昌（二〇一〇）『「普天間」交渉秘録』新潮社。

読売新聞政治部（二〇〇六）『外交を喧嘩にした男　小泉外交二〇〇〇日の真実』読売新聞社。

第18章　戦後日本の首相イメージ
――ヨーロッパ人の視点から――

バート・エドストローム
植田麻記子　訳
増田　弘　監訳

1　対外的イメージ

日本の歴代首相に関する著作は、当然ながら、各人の業績を国内の諸要因の文脈から分析して評価するものが大半である。首相に関する対外的イメージを探ろうとする場合、今やかつてないほどグローバリゼーションや相互依存が進行しているため、各国の指導者が国際関係で果たす役割は重要性を増している。加えて首相の国内的イメージと国際的イメージは異なっている。どの国も国際システムの中で様々な声を上げるが、それが重要と見られるかどうかは、結局外部の者によってその指導者がどのように見られているかによる。日本の首相に関するヨーロッパのイメージを総括的しようというのが本章の意図であるが、そのようなアプローチには明らかに限界がある。なぜなら、ヨーロッパは多数の国家から構成されており、しかも各国は固有の歴史や独自性をもっており、またそれぞれ日本と特色ある関係を持っているからである。イメージを無理に包括しようとすれば、それは各国固有の日本首相のイメージを損なう恐れがある。

さらに戦後日本が輩出した首相の数はかつてなく多い。本書が研究対象とする戦後期では、何と二六名にも及ぶ。短期政権が次々と誕生すれば、在職中の各首相に対する十分なイメージなど生まれるはずがない。しかも首相個人のイメージは、政権のイメージと混同されがちである。また当然ながら、ニュース・メディア、学者、あるいは敵対する側から様々な首相のイメージが国外に流れ出る。首相のイメージは、時に重複し時に相反する。このような複雑さに加えて、イメージが時代とともに変化するという事実も考慮しなくてはならない。

イメージの形成には情報が不可欠である。スウェーデンの場合、世界的に知られる冒険家スヴェン・ヘディン（Sven Hedin）が、一九一一年のベストセラー作品の中で、伊藤博文と一九〇八年に韓国で会談したことに論及しており、それが日本の首相のイメージの原型となった。またネイサン・グレーザー（Nathan Glazer）は、戦後にアメリカ人が対日イメージを形成する際、世論調査、マスメディア、学校教育、知識人の言説、影響力のある専門家の意見に依拠している実態を鋭く論述している。(1)彼はイメージを正しく把握するためには、日本に関する標準的な文献に当たることが最適な方法であると結論している。それに倣って本章では、ヨーロッパの日本研究者による標準的な文献を基本とする。なお、日本の首相のイメージを本章では、欧米という広い括りではなく、あくまでヨーロッパに限定して分析する。

本章では戦後期を三つの時期に区分する。第一期は、一九四五年から日本がG7に加盟した一九七〇年代半ばまでとする。G7加盟が実現したことは、日本が世界のパワーとして認識されたことを意味するが、それは軍事力ではなく、経済力によって得られた地位であった。第二期は、その後一九九〇年代初頭、日本が湾岸戦争において外交政策面での試練を迎える時期を対象とする。そしてそれ以降を第三期として分析する。

2 〔第一期〕敗戦からG7加盟まで

一九四五年、降伏した日本は主権を失い、国際政治の舞台から退いた。日本が世界の勢力図で取るに足らない存在に陥ったという事実は、それまで世界における高い地位と強い威信を追求してきた当時の日本の指導者にとって、受け入れ難いものであった。(2)他面、新しい世界秩序は、日欧関係にも強い影響を及ぼした。最大の要因は、ヨーロッパ諸国の多くが日本との戦争に参加した事実である。当然このことが交戦国の対日態度に深く影響した。

戦後の日本が国際政治への復帰を目指した際、もっとも重要な役割を果たしたのは首相であった。この難しい課題に最初に取り組んだ首相は、吉田茂であった。吉田の最大の政治的功績は、一九五一年にサンフランシスコで四八カ国との間に平和条約を締結したことであった。同日、吉田は単独でアメリカとの安全保障条約にも調印した。この二つの外交的成果により、国内で吉田の人気は絶頂期を迎えた。しかしわずか三年後、吉田は「保守と革新の両陣営から非難を浴びせられ、政権運営に苦慮することになった。保守と革新は立場が異なったものの、吉田が米国から安全保障を獲得する代わりに、日本の真の独立を手放した」という点で一致した(3)。

日本の主権が一九五二年に回復されると同時に、諸外国との国家関係も再開されていく。しかしアメリカとの関係が比重を増すにつれ、日本とその他の諸国との関係は日米関係の二次的なものとなった。そのため日欧関係は、日本外交が再スタートを切っても好転しなかった。むしろヨーロッパでは、日本がライバルとして再登場することを危惧する念が強かった。太平洋戦争の記憶は根深く、日本との貿易再開には消極的であった。他方、日本側にとって貿易は死活問題であったため、ヨーロッパから課せられた国際経済面での差別や制限を撤廃する努力は、多くの日本人にとっては、まるで一九世紀の不平等条約の改正を想起させたのである。

一九五四年、吉田は欧米へと旅立った。リチャード・フィン（Richard B. Finn）は、この旅行で吉田は「多くの指導者や著名人と会見し、当然ながら、アデナウアー、チャーチル、アイゼンハワーから強い感銘を受けた」と論述している(4)が、問題はヨーロッパの指導者たちも同程度の感銘を吉田から受けたか否かである。ヨーロッパ側からすれば、当時の日本はそれほど政治的に重要な国ではなかった。イギリスの対日外交は、吉田への懐疑心から始まった。イギリスのある外交官は、吉田を「十分好ましいが、何かを企み、問題を起こしそうな人物だ」と描写している(5)。結局、吉田の訪問はヨーロッパ人にさほどの印象を残さなかった。ヨーロッパの指導者たちは、吉田が間もなく政権から退く人物であることを承知していた。彼らが吉田に対して抱いた印象は、古臭く独裁的で権威主義的な日本のエリートというものであった。ただし吉田の悪いイメージは、その後変化する。それは日本が経済的成功によって再評価されたことによる。今や日本の現代史で吉田の存在感は強まり、彼は占領期にいち早く変化をもたらした先駆者のシンボルとなった(6)。つまり、後知恵的に、吉田は一九四五年以降の日本の最重要人物となったのである。

独裁的といわれた吉田の後継者は鳩山一郎であった。一九一五年に衆院議員に当選し、一九三一年から三四年まで文部大臣を務めた鳩山は、吉田と同様に戦前期からの生き残りであった。鳩山はソ連との国交正常化を自身の内閣の使命と考え、実際それに成功した。日ソ国交回復は、日本の国連加盟をもたらし、日本の国際社会復帰を印象づけた。これは特出した業績ではあったが、鳩山のイメージを西ヨーロッパに印象づけるものではなかった。それは鳩山が西欧の指導者と没交渉であったことに由来する。鳩山が首相として外遊したのは唯一、国交正常化を実現するためのモスクワ訪問だけであった。その帰途、鳩山はイギリスの首相アンソニー・イーデン（Anthony Eden）に電話をかけたが、それ以外に鳩山が欧米の指導者と会見することはなかった。

岸信介の場合も、戦前の実力者が戦後の政界でトップとなった例である。吉田や鳩山のように、岸もまた外交政策面で日本政治史に名を残した。彼の場合は、一九六〇年の日米安全保障条約の改正であった。この安保改正のために岸は国会で強行採決という手段を取り、それが彼に破滅をもたらした。かつてない大規模な抗議を受け、岸は退陣へと追い込まれた。それにもかかわらず、安保改正は岸の偉大な功績とされている。

岸は「ローマ条約」が締結された一九五七年に首相に就任した。この条約は日本の指導者には不吉なものに映った。ヨーロッパ統合は日本をヨーロッパ市場から締め出し、日本をほかの市場でも苦しませると思わせたのである。このような恐れが逆に日本外交を積極的にさせた。一九五九年に岸は貿易摩擦の緊張が高まるヨーロッパを訪問した。岸はこの訪問を通じてヨーロッパの実態を把握し、「日本製品はどこでも歓迎されていないが、それでも経済摩擦を多少は緩和できるとの期待を示した」(7)。彼の努力は実際に評価された。『タイム』誌は、岸が日本製品はもはやかつてのような粗悪な模倣品ではない旨を諸外国に保証しようと、ヨーロッパやラテンアメリカを飛び回り、根気強くセールスマン役を務めた、と論評した(8)。しかしイギリスの首相ハロルド・マクミラン（Harold Macmillan）には、さほどの感銘を与えなかった。彼は日記に「日本の首相とその側近たちの話は大した内容がない。しかし岸氏は満足していたようだった」(9)と記している。その後、ヨーロッパでは岸について悪いイメージが強まった。岸はＣＩＡ（米中央情報局）に関わり、正真正銘の台湾派であるなど、保守反動であるとフランス人の日本専門家が報じたからである[10]。このような反岸感情は、日本の専門家が岸を「東条内閣に参画したA級戦犯であり、数年刑務所に服役した」と論評したことに由来していた[11]。

一九六〇年、政権は岸から池田勇人へと移った。池田は吉田の右腕として全幅の信頼を寄せられていたが、池田は官僚主義的で機転に欠け、冷たい人物として、独裁的な吉田と官僚的な岸の系譜と見なされていた[12]。しかしそれは誤りであった。池田は経済発展に比重を置き、政治的には〝低姿勢〟を打ち出した。さらに彼は、一〇年間で所得を倍増させる、と国民が分かり易い国家目標を掲げた。日本は政治的な野望が抑制されていたため、国家の経済的繁栄を貪欲に追求することは至極当然であった。池田は日本が国際的地位を向上させる重要性を強調した。池田は日・米・欧の三極関係を重視したが、それは国際政治面で日本の重要性を示すための一手段であり、同時にヨーロッパを日本の外交政策上の重要な存在へと押し上げた。池田のヨーロッパ重視の姿勢は、彼が一九六三年に欧州六カ国の外遊を行ったことで証明された。

のちに池田は、フランスの大統領シャルル・ド・ゴール（Charles de Gaulle）から「トランジスターのセールスマン」と呼ばれたため[13]、ヨーロッパで強く記憶される結果になった。実際に、新しいイメージが生まれた。池田は経済発展で「明らかな成功」を収めたと評価され、それは日本のイメージに大きな影響を与えた[14]。スウェーデン人がイメージする日本とは、長い間、「芸者、侍、富士山、日本刀、精巧な手工業、桜」などであったが、一九六四年に日本がオリンピックを主催すると、その戦後の産業復興は目を見張るものであった。それまでスウェーデン人が抱いていた異国情緒的な対日イメージ、あるいは、軍事大国というかつてのイメージを消滅させ、近代的かつ先進的な国家というイメージが生まれ始めた[15]。このような対日イメージの転換は、スウェーデンに限らず、ヨーロッパの各地で起こった。ただしこのような変化が定着するには多少の時間がかかり、そのため、池田はこの新しいイメージが効果を発揮する以前に退陣することになった。

池田の後継者は佐藤栄作であった。この佐藤内閣の下で、日本はさらに経済力を強めて世界経済へと参入していく。佐藤は戦後の政権として最長記録を残したが、池田の所得倍増政策の遺産に助けられたことは間違いなかった。ほかの要因としては、佐藤の政治姿勢を挙げることができる。つまり佐藤は、とりわけ論争的な事案では、有力な関係者の間で一定の合意が得られるまで、誰にも明確な態度を示さないようにしたのである[16]。佐藤は見事な政治手腕を発揮し、党内の派閥を統制していった。そして〝人事の佐藤〟と呼ばれるほど、彼は派閥間のバランスを巧みに操ったのである。

佐藤が国際的な舞台やヨーロッパで話題になったのは、ベトナム戦争を始めたアメリカを献身的に支援したためであった。佐藤の恩師の吉田は、朝鮮戦争に際して対米支援を惜しまなかった。佐藤も吉田に倣ってベトナム戦争でアメリカを擁護したが、それは日本国内ではきわめて不評であった。しかもニクソン大統領が一九七一年に米中接近を表明する際、事前に佐藤に通告せず、佐藤の顔に泥を塗った。このような粗雑な対応が佐藤の致命傷となり、不名誉な形で退陣せざるを得なくなった。佐藤の政治的特性は、その外遊に端的に現れている。佐藤の外遊先は、アメリカとその同盟国、そして東南アジア諸国に留まった。彼が首相在任中に西ヨーロッパに赴くことはなかった[17]。佐藤とヨーロッパの唯一の接点は、逓信省の若手の有望官僚として、一九三四～三五年に世界視察旅行を行った際にイギリス、ドイツ、フランス、イタリアを訪問しただけであった[18]。ヨーロッパの指導者たちと直接面識がなかったことは、日本の経済・産業における成功にもかかわらず、佐藤がヨーロッパから関心を持たれない一因になった。

しかしこのような日欧間における指導者同士の面識の欠如は、田中角栄から変化した。田中は並々ならぬ努力で頂点に昇りつめた独裁者タイプの政治家であった。真面目で官僚的な佐藤との違いも手伝って、田中は経済大国を志向する日本に相応しく映った。オイルショックが西側諸国を襲った一九七三年、田中は米国務長官のキッシンジャーを説得し、アラスカ油田からの輸入を試みたが、キッシンジャーに断られた[19]。その結果、田中は対米依存を軽減するため、ヨーロッパとの関係強化に乗り出した[20]。田中は、日米欧三極関係の均衡を主張した。田中がヨーロッパを訪問した際、フランスの大統領ジョルジュ・ポンピドゥー（Georges Pompidou）は日本を欧米と同等に捉える考え方を退けたが[21]、イギリスの首相エドワード・ヒース（Edward Heath）は密接な三者関係の発展に同意した。ヒースは貿易相手国として日本の重要性を実によく認識していたのである[22]。彼はＥＣにとって、貿易における日米の合意、国際システム安定のための金融システムの構築と発展の必要性を理解していた[23]。また西ドイツの首相ヴィリー・ブラント（Willy Brandt）も、田中との会談で、ECと日本の関係強化の必要性を確認した[24]。

ヨーロッパの田中に関する評価は今日変化している。当初は「従来の日本の首相と比べて、極めてカリスマ性のある政治家」と評価され[25]、「政治課題に対して大胆で挑発的な解決を図ろうとする独立独歩の人物」と認識されていた[26]。『オブザーバー』誌は、「遠大な野望と組織力を背景に、国家と自らにとって大きな目標を設定し、積極的な行動力を発揮する人物」と論評していた[27]。しかし田中への肯定的イメージは、その大胆な政治主導が立ち行かなくなると、萎んでしまった。顔が見えない佐藤と異なり、ヨーロッパでの田中のイメージは、ロッキード事件での贈収賄疑惑への関与が白日の下に晒されると、悪化してしまったのである[28]。

3　〔第二期〕G7加盟から〝五五年体制〟の終焉

国際政治は一九七〇年代に大きく変動した。一九七三年のオイルショックによって、西側諸国全体に暗雲が広がり、低成長と高失業率の時代に突入した。一九七九年に第二次オイルショックが世界を襲った時点でも、ヨーロッパ諸国はまだ経済力を回復していなかった。ところが日本は対照的に堅実な経済成長を遂げており、日本のイメージに変化が現れた。この変化の背景には、経済大国としての地位が関わっている。日本の重要な変化は、一九七五年に起きた。フランスの大統領ヴァレリー・ジスカール・デスタン（Valéry Giscard d'Estaing）のイニシアティブでG7が招集された際、日本もその一員として招かれたのである。

今日まで続くG7の道に第一歩を踏み出したのが、三木武夫であった。田中以降、自民党はクリーンな後継者を前面に押し出すことが必須となり、三木こそが真にクリーンな政治家であった[29]。三七年間に及ぶ国会議員歴と多数の大臣経験がありながら、三木はほとんど政局の外にいた[30]。自民党内の最小派閥の長であったため、三木は派閥政治の中で極めて脆弱な首相となった。三木は強力な派閥のボスたちとの折衝で終始苦戦し、自身の主張への支持を容易に得られなかった。とりわけ外交政策は、その脆弱な内政面の影響を強く受けた[31]。

三木にとってはランブイエで開催されたG7は、きわめて恵まれた舞台であった。第二次世界大戦終結から三〇年を経て日本がG7に参加したことは、日本が重要な国となった証でもあり、ヨーロッパ人の眼には、日本が西洋の先進諸国と肩を並べるまでになったと映った。しかし三木はこのサミットで失敗した。その原因の一つは、彼の語学力の無さにあり、通訳ばかりに頼った点にあった(32)。サミットは各国首脳が親密に打ち解け合う場であった。多くの首脳たちがごく自然に意見交換をする中で、三木はただ一人居心地の悪さを感じていた(33)。各国首脳はお互いをファーストネームで呼び合ったが、三木に対しては「ミスター・ミキ」であった(34)。ランブイエ・サミットは三木にとって国際舞台で強い印象を残す絶好の機会ではあったが、それは生かされなかった。首相在任中、ヨーロッパ人がこのサミットで持った三木の陰鬱なイメージは払拭されることがなかった。

次の首相は財務大臣として名を馳せた、元官僚の福田赳夫であった。岸信介の系統である福田は、岸と同様に自らを世界と肩を並べ得る存在と自負し、世界の福田とも評された(35)。経済と並んで外交も得意分野であり、日本は世界各地の資源に頼らざるを得ない〝資源小国〟という立場から、福田は〝全方位外交〟という新機軸を打ち出した。伝記によると、福田政治は保守主義で貫かれており、日本を大国化しようとする伝統的観念に固執していたが、同時に〝平和大国〟日本という斬新なビジョンも備わっていた(36)。

福田は首相として、日・米・欧の三極協力を掲げた池田と田中の路線を継承した。福田はヨーロッパの主要な工業国家を〝運命共同体〟と表現した(37)。一九七三年のオイルショックを契機に、福田は日本の経済成長率を七%まで飛躍させると繰り返し言明したため、最後は「ミスター・セブン・パーセント」と呼ばれた(38)。これによって、日本は世界経済発展の原動力となるようG7からプレッシャーを受ける結果になった(39)。それは福田にとって好都合であった。彼が細心の注意を払ってきたことの一つは、日本が世界経済の面でいかにリーダーシップを発揮するかという点にあったからである(40)。実際は福田が七%の成長を達成するために実施した公共事業費拡大政策はいずれも失敗に終わったにもかかわらず、である(41)。いずれにしても、ヨーロッパでの福田の地位は安定性に欠けていた。一九七六年に福田が就任する直前、ヨーロッパ現地の日本企業は集中砲火のような批判を浴びていた。日本への嫌悪感は、まず一九七八年のG7ボン・サミットで火種となった。福田は親近感と疎外感がないまぜになった複雑な心境に陥った[42]。福田が約束した経済成長を実現できなかったことは、とりわけヨーロッパでの評判を落とした。こうして福田は期待はずれに終わった。そして首相の座をめぐる政争で敗北を喫したことで、ドイツの著名な評論家は、彼を「役に立たない首脳だ」と酷評した[43]。

福田の負のイメージは、退任後に広まったイメージとは明らかに異なる。外交面で福田は歴史的な試練に立ち向かった。一九七八年の「福田ドクトリン」は東南アジア諸国との関係を改善し、また中国との平和友好条約調印に結実した。実際には彼は台湾支持を変更しなかったが、『ニューヨーク・タイムズ』紙はその訃報欄で、福田を「日中平和友好条約の立役者」と評価した[44]。さらに福田は、一九八三年に首相・大統領経験者が集まる、通称「ＯＢサミット」の実行委員会を発足させ、晩年まで熱心に活動した。こうして福田はグローバルな偉業を成し遂げた人物となった。

福田が約束を果たせずに終わった経済成長は、次の大平正芳へと持ち越された。大平は一九七九年にグアドループ島で開催されたサミットに招待されなかった。このサミットは、アメリカが安全保障問題と東西関係を主要同盟国との間で協議する目的で主催したものであった。一方で、同年六月に東京で開催されたＧ７サミットは、大平にとってリーダーシップを発揮する絶好の機会となるはずであった。しかし実際には大平はこのサミットで〝カルチャーショック〟を受けることとなった。のちに大平は、「私はまるで小さな子どものように丸裸にされた」と告白している[45]。著名なアメリカの政治学者で国家安全保障問題担当大統領補佐官も務めたズビグネフ・ブレジンスキー（Zbigniew Brzeziński）は、福田と大平を、日本のリーダーとして「初の純粋な国際主義者」と評した[46]。ソ連との冷戦において、福田と大平がアメリカを全面的に支持したと米大統領補佐官の目には映ったのであろうが、ヨーロッパでは大平が高く評価されることはなかった。大平は雄弁さよりも謙虚さがよく知られていたが[47]、自身に対する不信任案が可決されると衆議院を解散し、総選挙を実施した政治手法の方が、選挙期間中に急死したこと以上に強い印象を与えた。

次の鈴木善幸は、これまでほとんど知られていない政治家であったが、国内政治の経歴は目を見張るものがあった。鈴木は一九四七年から国会に議席を占め、自民党の要職である総務会長を一〇回も務めた。しかし彼は首相として外交政策で躓いた[48]。著名な日本研究者のJ. A. A. ストックウィン（J. A. A. Stockwin）が論じているように、鈴木は「政策面、とりわけ外交政策の理解力が十分ではなかった」[49]。鈴木は政治家として国際経験を欠いていた。佐藤の外遊はわずか一一回、田中は九回に過ぎないものの、佐藤も田中も意欲的で積極的な外国訪問を実施していたが[50]、鈴木の外国訪問は散漫であった。しかもベルサイユのG7サミットで鈴木は落ち着かず、その不安そうな様子は他国の参加者や一般市民からの評価を落とした。鈴木は「あまり話さない男」に見えた[51]。そのような鈴木に対して、フランスの外相クロード・シェソン（Claude Cheysson）は、誰も理解できない言い回しで、笑えないジョークをしきりに飛ばした、と伝えられている[52]。『インデペンデント』紙は鈴木の訃報欄で、「日本の顔を汚した深みのない首相」と報じた[53]。

鈴木から中曽根康弘への交代は、地味で無名の首相からカリスマ性のある華やかな政治家への交代であった。国内の文脈では、中曽根は「日本政治に新しいスタイルの指導者として登場した。そして彼の明確な態度、独自のリーダーシップ、そして日本の外交政策を変えようとする決意は、日本の現代史上希少な存在であった」[54]。世界の舞台でも、中曽根の出現によって生じた変化は重要である。中曽根は、これまで歴代首相が慎重に進めてきた政策を打破することで日本の地位を上昇させ、戦後の首相として初めて日本をグローバルレベルでの安全保障問題の論議に参加させた[55]。日欧関係にも中曽根政権は大きな変動をもたらした。サッチャー政権下のイギリスが日本から投資を呼び込むことによって、国内の失業率を下げ、製造業の維持に役立つと考え始めた。実際イギリスは日本に対して、これまでの批判的態度を熱烈に歓迎する態度へと転換していく。それは結果的に、EC／EUの対日姿勢に変化をもたらした[56]。

その過程で中曽根は、ヨーロッパにおける日本の首相のイメージが語学が堪能か否かで変化するということを自ら証明した。中曽根は外国語を習得した政治家として振る舞うことを好んだ[57]。G7サミットのオブザーバーたちは、彼が英語と仏語で他国のリーダーたちと談笑している姿に感銘を受けた[58]。加えて中曽根は、日本の歴代首相に比べて、〝ギブ・アンド・テイク（give and take）〟という外交手法をごく自然に受け入れていた[59]。

中曽根はメディアを巧妙に操作することで、国民に対して自分がいかに国際感覚を持った政治家であるかというイメージを示すようにした。マーガレット・サッチャー（Margaret Thatcher）は中曽根について、「私が首相の時期、日本のリーダーの中で中曽根がもっとも明瞭に『西洋的』であった。……私は、西洋的価値観を理解して共有し、経済政策面で正しい方向性へと向かわせるリーダーを相手にしていると感じていた」と述べている[60]。中曽根が首相を退いた翌年、ストックウィンも中曽根を「その後の首相たちよりも、イメージと実際の政治の両面で、より強力な首相であったことは確かだ」と評価した[61]。

しかし一〇年後、イギリスの政治学者ウルフ・メンドル（Wolf Mendl）は、中曽根は「外交政策に長けていたが、国内政治ではその力量に限界があった」と論じた[62]。中曽根への賛辞と比較すると、メンドルの低い評価は意外であるが、中曽根が首相として重要視されたのは、彼が「シンボルを巧みに扱った」ためだとのちに判明した[63]。実際には彼の行動は大きな変化をもたらすことはできなかったのである。中曽根がもっとも苦心したのは、三木政権が設定した防衛費の国家予算枠一％以内という方針を撤廃する問題であっただろう。長い論争後、中曽根はこの一％枠の撤廃に成功したが、結果として防衛費予算は一九八六年に〇・九九三％から一九八七年に一・〇四％へと若干上昇し、一九八八年と一九八九年にはさらにわずかな増加が見られたに過ぎなかった。しかもこのわずかに拡大した防衛費は、中曽根が首相の座を退いた後には再び一％の枠内に戻ってしまった[64]。在任中、中曽根は安全保障について独自の考えをもっていると一般に見なされていたが、実際には新規性のある安全保障政策は見当たらない[65]。中曽根が主張したスローガンや言葉は注目されたが、鈴木を含む歴代首相と同様、現実の政治上に顕著な変化をもたらすには至らなかった[66]。独自の哲学をもった強力な指導者というイメージを持つ中曽根と、その正反対のイメージで語られてきた鈴木とが結局ほぼ同じであったという事実に驚かされる。

竹下登の登場は、中曽根時代のような華やかな印象から鈴木時代の地味な印象へと変化しただけではなく、日本政治が基本に戻ったことを意味した。竹下は首相就任以前、国際社会の問題に関する経験に乏しかった。竹下は首相候補になる以前、そのような自身のイメージを自覚していた。そこで首相候補となると、中国を訪問することでそのイメージの転換を図った[67]。竹下は所信表明演説で、内政面では「ふるさと創生」、外政面では「世界に貢献する日本」という二本柱を掲げた。竹下の地方政治に対する考え方は以前からよく知られており、地方重視の政治家としての印象は、竹下が切望した国際主義者としての印象を弱めた[68]。

かつて駐日英国大使であった人物は、竹下を「慎重な表現を駆使して誤解を招くことを回避する抜け目ない政治家」と評した[69]。竹下は複雑な国内政治の力学に精通していた。竹下のような熟達した政治手腕を持つ政治家は、田中角栄のような金権政治が行われる時勢ではもっとも有効であった[70]。サッチャーは回想録の中で、竹下について好意的な印象を述べている。変動相場制の問題が持ち上がった年に、竹下は「時間は要するが行動する」と約束し、実際にサッチャーを喜ばせる成果を挙げたのである[71]。竹下は、政策スピーチでヨーロッパを常に優先させた最初の首相であった[72]。竹下は幾度も訪欧したが、彼は「日米欧間の三者関係をより良い方向へと導くためには、日欧関係にもっと幅と奥行きを持たせる必要性を認識した」と語った[73]。しかしこの発言はヨーロッパ側の竹下のイメージを好転させなかった。彼は「個性を主張したり、人気を追い求めることにあまりにも無頓着」であったため[74]、ヨーロッパの指導者や一般市民にとってはこれまでに会った顔の見えない日本の首相とさほど変わらなかったのである。

竹下から政権を引き継いだ宇野宗佑は、スキャンダルで退陣に追い込まれた。そこで自民党は、クリーンなイメージを持った派閥の領袖レベルの大物を必要とした。それに符合したのが海部俊樹であった。海部は一九七〇年代に活躍した三木武夫の系譜とされた。海部が首相に就任した時点で、日本は高度経済成長のピークを迎えていたが、その在任中、内外の多様な変化に見舞われた。国際的には一九八九年にベルリンの壁が崩壊し、ヨーロッパの冷戦が終焉した。国内では一九九〇年にバブルが弾け、日本経済の膨張は突如として停止した。海部のリーダーシップの欠如は、一九九一年にサダム・フセインに対してアメリカ主導で国連が行動を起こした際に露呈した。海部の「おろおろして時間ばかりを浪費する姿」[75]は、ヨーロッパとの関係にも強い影響を及ぼした。一九八〇年代の日欧関係は貿易摩擦の十年であったが、しかし、日本の対ヨーロッパ、とりわけ対イギリス投資が増えるにつれ、日欧関係は改善されていった。日本の首相が醸し出す雰囲気が緊張を緩和させたのである。それは海部が一九九一年に「日・EC共同宣言」に署名するためにブリュッセルを訪れた時にも見られた。この宣言は、日・EC関係の基本的な取り決めであり、共通の目標が設定された。その調印の背後にあったヨーロッパ側の焦りは、欧州委員会委員長ジャック・ドロール（Jacques Delors）が同宣言署名後に発した言葉、すなわち「我々は迅速に動かなければならない。さもないとヨーロッパは、アメリカや日本が辿った

同じ道を辿ることになる」に現れた。(76)

イラクのクウェート侵攻に対して煮え切らない態度を示し、戦場に人員を派遣しようとしない日本は、アメリカ主導の国連の介入政策に参加していたヨーロッパ諸国を苛立たせた。日本の首相はそのスケープゴートとなった。海部が辞任した時、イギリスの日本研究者イアン・ニアリー（Ian Neary）が論じたように、海部は「自身の党でも脆弱な基盤しか持てない煮え切らない首相」に映った。(77)しかし、この見方に反対する数少ない人物の一人がサッチャーであった。回顧録の中で彼女は、海部を「非常に西洋寄りで、高潔な人であり、私が出会った日本人の政治家のやや無口で内向的な性格とも全く違った」と記述している。(78)

一九九一年の湾岸戦争で日本外交が揺らいだことは、「吉田ドクトリン」がもはや機能していない証として受け止められた。それゆえ、海部の継承者が宮沢喜一であったことは逆説的な意味を持ったが、日本が不安定な状況下ではこの選択は当然であった。宮沢は日本の最も経験を積んだ政治家であり、一三回もの大臣経験があり、自民党の要職を務めてきた。日本外交が崩壊の瀬戸際に立たされたかのような状況の中で、宮沢が指名されたことは十分納得できる。なぜなら、彼は吉田茂のもっとも有能な弟子であり、世界政治における大国の行動と軍事力について熟知する人物であったからである。

ただし不運にも、宮沢の指導力は決定的な時に失われた。自民党は一九九三年七月の総選挙で健闘したものの、宮沢が選挙後の政局運営面で誤りを犯したために、大勢を失するのである。(79)宮沢がG7のミュンヘン・サミットに参加した一九九二年七月には、すでに不吉な前兆が見られた。これまで日本の歴代首相が語学の壁によってサミットでの役割を制限されてきたが、宮沢はそれにまったく該当しなかった。ところが彼の語学の才能も、年功序列の法則によって相殺された。(80)宮沢は、他国の指導者に対して何も印象を残すことができなかった。(81)彼の卓越した語学能力にもかかわらず、一九九三年八月には「不名誉な退陣」を余儀なくされた。(82)宮沢が逝去した際、『ガーディアン』紙は訃報欄で、「彼は日本の経済不況と社会不安という〝失われた一〇年〟に連れ添った首相」と評した。(83)

4 〔第三期〕〝五五年体制〟の崩壊から小泉退陣まで

湾岸戦争の余波の中、ジャーナリストの船橋洋一は、「日本は強大に見えるかもしれないが、別の視点ではまったく弱小にも見える」と論じた[84]。それは真実であった。日本の経済的な成功は、その存在を世界的レベルへと押し上げたが、反面、湾岸戦争後に日本の評価はどん底に陥った。また冷戦が終焉したため、冷戦の産物でもあった日本の政治制度も変化せざるを得なかった。こうして「五五年体制」に亀裂が生じ、一九九三年に自民党は野党に転じた。以後一〇年間に六人もの首相が誕生した。これにはドイツのヘルムート・コール（Helmut Kohl）首相も羽田孜新首相に対して不快感を示し、一、二年毎に日本の新首相と友情を育むことに「ほとほと疲れた」と述べた[85]。一九九三年の大変革後に首相となったのは、イメージ自体が資産ともいえる細川護熙であった。彼は雄弁かつ率直であり、ハンサムかつスタイリッシュで、「ルネサンス人」でもあった[86]。彼の態度は有権者に「新鮮さと変化を印象づけた[87]」。彼は新政党を発足させた一年後の一九九三年八月、突如首相となった。しかし細川政権は極めて短命に終わったため、彼はヨーロッパ人にはさほど認識されなかった。後継者の羽田も、就任が知られる以前の二カ月で退陣した。

細川・羽田の両政権が一年にも満たない間に倒れたため、自民党は再び政権の中心に舞い戻ることとなるが、その前に、社会党の村山富市が首相に就任し、自民党は社会党との連立政権という足止めを経験した。村山は基本的に「地元型」の政治家であり、党首を一年弱務めていたものの、国政ではそれほどの実績を踏んでいなかった。首相就任当初、彼は日本政治に新風を巻き起こすと予想されていたが、一九九五年の阪神淡路大震災への対応を誤ったことでその権威が傷つき、一九九六年一月に首相の座を退くときには疲弊していた。国際的にも業績を残さなかった。首相に選出されてわずか一カ月後、彼はナポリで行われたG7サミットに参加したが、体調を崩したため、河野洋平外相が代役を務めた。それは村山の弱さを印象づけた。このことはヨーロッパ人に日本の首相は能力に欠けると思わせた[88]。村山のネガティブな印象は、外国語の知識の欠如によってさらに増幅された。サミットの準備に際して村山は、外務当局から「微笑むように、ただし口は開かないように」と指示されていた。彼がその通りに振舞うと、「不思議な印象を与えた」と新聞の見出しにもなった(89)。

経験の浅い細川、羽田、村山の三首相のあとは、自民党の最も経験豊かな政治家である橋本龍太郎が首相に就任した。橋本は通産相（現・経済産業相）を経験しており、その仕事ぶりが評価され、党の総裁選で勝利した。彼は消費税増税を推進するなどの潔さを見せた。しかしこれが彼の凋落につながった。消費税の増税により、橋本の人気は急速に落ち込み、退陣へと追い込まれた。橋本は数年後に再び総裁選に臨んだが、その時は党内から「不適切である」として容認されなかった(90)。橋本は当初は許容力ある政治家と思われていたばかりでなく、「優れた洞察力でも知られ、これまでの自民党の政治家に比べて何よりもテレビ映りが良かった(91)」。首相として橋本は国際会議でも自信に溢れた発言で対応した(92)。彼は国際的な議論の場でも悠然と構える余裕を見せ、「経済産業省の粘り強い、タフな交渉者」として知られていた。しかし彼は「スキャンダルによって、その華麗な政治生命に終止符を打つことになった(93)」。橋本の去就は、その評価とイメージに負の影響を及ぼした。彼が死去した時、『ガーディアン』紙は訃報記事の中で、「資金スキャンダルによって悩まされて、輝きを失った首相」と評した(94)。

橋本が不完全な形で去ったあと、それを補塡する役割を担ったのが小渕恵三である。小渕が自民党の総裁に辿り着いたのは、彼が党内の派閥間取引や連携交渉に長けていたからであり(95)、「自民党の主流派閥によって総裁に押しあげられた、特徴のない愚純な政治リーダーの典型であった(96)」。小渕は首相として、膨大な資金を注入して日本経済の立て直しを図ったが失敗に帰した。そればかりか、彼自身が発作に襲われ、意識が戻ることなく亡くなったため、小渕政権は短命で終わった。しかし政権が終わる時点で、状況は一変していた。小渕への尊敬の念は、その悲劇的な死去によるものではなく、在任中に徐々に発揮された彼の政治指導者としての資質によるものであった。小渕に対する賞賛の声は、日本の内外から聞かれた(97)。BBCは、その訃報に際して、小渕の人脈作りの能力、連立政権維持のための絶えざる努力などの業績を高く評価した。『エコノミスト』誌も、小渕首相による一連の経済刺激策が功を奏し、「日本経済を後退から前進へと向かわせ始めた」と評価した(98)。

ポスト小渕は森喜朗となった。森は自民党内では誰もが納得するだけの経歴を持っていたが、その首相選出過程が問題視された。森は彼自身が同席した党内の長老グループによって選ばれたのである。総選挙まで間もなかったため、森政権は〝留守番内閣〟と受け止められていた。五百旗頭真によると、森政権に対するメディアの嫌悪感は、首相就任時から強く見られ、森の影は薄くなった[99]。ヨーロッパ側からすれば、森の登場は従来から連綿と続く日本の〝顔のない政治家〟への逆戻りであった。

この第三期の最後を飾るのは、戦後三番目の長期政権を実現した小泉純一郎首相である。彼の伝統にとらわれない権力の操縦術や、歯に衣着せぬ発言は、多くの日本人に「変化を期待させ、また創造的で強いリーダーシップを生み出す指導者」といったイメージをもたらした[100]。小泉の強みは、「メディアに精通し、コミュニケーション・スキルとビジョン」を持っていたことであり、強いリーダーシップを発揮する能力と国民と対話する能力の二つを鋭く発揮したことにあった[101]。小泉は自民党総裁でありながら、党内の反体制派であるかのように振る舞った。低迷する日本経済の改革をどうするのかと国会や自民党内から激しく追及されると、小泉は衆議院を解散し、華々しい勝利を収めた。新自由主義に関する近年の論文で、彼が「活力にあふれていた」と論評されても不思議ではない[102]。

小泉は、一九九一年の湾岸戦争以来の日本外交の低迷を、明白な形で変革することに着手した。テロとの戦いを宣言する「対テロ特措法」は、二〇〇一年一一月に一気に可決された。二〇〇三年にアメリカとその同盟国がイラクに介入した際、小泉はこの戦争に対して日本が心から支援する旨を表明し、翌二〇〇四年に日本はイラクに陸上自衛隊を派遣した。現地に人員を派遣したことで、日本は一九九一年の湾岸戦争時と比べると、格段に違う役割を果たすこととなった[103]。こうして小泉はアメリカ、ひいては世界に対して広くメッセージを発信し、実際それは成功した。次第に小泉はその在任中、かつての中曽根のようになった。北朝鮮問題でも、日本はG8の場で支持を取り付けた[104]。

小泉が全面的にアメリカを支持したため、ヨーロッパとの関係まで注意を払えなかったのもやむを得ないであろう。二〇〇一年一二月八日における日本・EU首脳会議一〇周年の折、「共通の未来の構築――日本・EU協力のための行動計画」が採択された。こうして一九九一年の「日本・EU共同宣言」以来、中断していた事態に終止符が打たれた。

新しい合意とは、日本とEUとの関係を拡充させることを目指していた。しかしその成果はスズメの涙ほどにもならなかった。小泉が首相を退任して一年後、アクセル・ベルコフスキー（Axel Berkofsky）は、「小泉はEUに対してモノとサービスの両面で日本市場を開こうと努力したが、ヨーロッパの対日投資と経済活動は依然妨げられている」と報告した(105)。

おそらくこの事実がヨーロッパ側の小泉評価をネガティブなものとしたのであろう。クリストファー・ゴトー＝ジョーンズ（Christopher Goto-Jones）は、小泉を「未曾有の不安定期にあった日本において、新しいアイデンティティーを求める大衆の求めに応じてその波に乗り、かつてない自信に満ちた〝タカ派〟の首相として記憶されるだろう」と分析している(106)。またストックウィンは、小泉が首相着任直後に靖国神社参拝を強行した政治的判断を問題視している(107)。しかしジャン＝ピエール・レーマン（Jean-Pierre Lehmann）は、小泉が首相退任の一年後、「舵取りを失っていた一九九〇年代のリーダー不在の日本」で、小泉はその流れに逆らったと論じた(108)。イギリスの首相トニー・ブレア（Tony Blair）も、その回想録の中で、「小泉は私がこれまで政界で出会ってきた中で最も興味深い人物の一人であり、確かに、それまで私が出会ってきたどの日本人の政治家とも違い、とても陽気で、非常にユニークな性格を持ち合わせた、すばらしい指導者である」と小泉を好意的に描写している(109)。

5　戦後日本首相のイメージ

以上、一九四六年から二〇〇六年に至る時期の日本の首相のイメージが、ヨーロッパの文脈ではどのようなものであったか、あるいは、ヨーロッパ人が日本の首相の人物的特徴をどのように描写してきたか、を分析した。首相の地位に就いた人物は、自身の政権の顔を形成してきた。変化よりも連続性の方がイメージの骨格を形成しており、またイメージはその環境によって大きく影響されてもきた。日本が年々対ヨーロッパ貿易で輸出超過に傾斜すれば、クリストファー・ヒューズ（Christopher W. Hughes）が「日欧の関係は根本的な不均衡状態にある」と指摘したように、軽視できない時期を迎えた[110]。日欧間の貿易不均衡は、双方に軋轢と不協和音を生み、それは長期にわたり日本の首相イメージに影響した。

首相のイメージは、日本がどのように見られているかということだけでなく、前任の首相のイメージや、直接出会った日本人のイメージからも影響を受ける。戦後数十年間、日本の歴代首相は外国をあまり訪問しなかった。新時代の始まりは、政権が佐藤栄作から田中角栄へと交代した時点で起こった。田中の首相就任は、エリート官僚出身者が首相となる従来の流れを阻止することを意味したにもかかわらず、田中自身のイメージはこれまでの首相のイメージとかけ離れたものではなかった。実は日本の首相イメージを変える要因は別にあった。それは一九七五年に日本がG7に加盟したことによって、日本が大国として認められたことであった。G7およびG8への参加は、日本の首相に世界の指導者と直接接触する役割を担わせた。顔と顔を合わせる会談や、各国首脳との電話会談は、外交手段として非常に重大な要素となった。しかし日本の首相の在職期間がことごとく短期であったことは、イメージに負の影響を及ぼした。サミットでの序列は、出席回数によって決まるため、日本の首相は常に下位に甘んじなければならなかった[111]。

結局、G7およびG8サミットで、自ら日本のイメージを向上させた首相はほとんどいなかった。著名な研究者ウィリアム・ドゥ・バリ（Wm. Theodore de Bary）がアジアのリーダーに関する比較研究の中で、日本の首相にそれほどスペースを割かなかったのも不思議ではない。若干論及した戦後の首相は、わずかに幣原喜重郎と吉田茂だけであった[112]。それは驚くことではない。実際、戦前の国際舞台で日本の首相は終始地味であったが、それは戦後にも継承された。占領改革は、戦前からの指導体制に大きな変化をもたらしたはずであった。明治の元老のような強い指導者や、戦時の日本を掌握した軍部などは、戦後の日本社会では嫌悪され、実際その嫌悪感は戦後の新憲法の条文に導入された。その結果、日本政府こそが「国務を統括」し、「外交関係を処理」する中枢機関となった。それでも新憲法は首相の権力と政治的指導力に制約を課したため、日本の首相の権力は、アメリカの大統領やイギリスの首相とは比較にならないほど小さい。日本では首相になろうとする政治家がビジョンを持つ必要はなかった。日本の政治家が徐々に首相へと上り詰めるための必須条件は、ヨーロッパの基準や国際的基準とはまったく異なるものであった。

イメージは不変ではなく、時代とともに変化する。現在、日本の首相への見方は以前とは異なり、変化している。ここでも明示したように、首相のイメージは往々にして再評価されてきた。その典型的な事例が吉田茂である。吉田は在任中、ヨーロッパではまったく尊敬されなかったが、今では戦後期のもっとも偉大な政治家とされている。ヨーロッパで吉田のイメージが変化したのは、吉田が現在の日本の豊かさと民主主義の礎を築いた占領改革のシンボルと見なされているからである。逆の現象は中曽根康弘に見られた。在任中、中曽根はヨーロッパでは世界の指導者に匹敵する指導者として認識されていた。しかし今では、対外的なレトリックに長けていたが、国内政治における行動に欠点があり、しかも彼が残した業績は、評価の低い後継者の鈴木善幸とさほど変わらないと言われている。それでも、中曽根の場合、政権担当者の個性がイメージ形成に影響を与え得ると同時に、役職自体が政権担当者としての首相のイメージにとって必ずしも決定的ではないことを示している。

最後に一点加えたい。これまでの分析は、日本の首相に対するヨーロッパ人の一般的イメージを理解しようとする試みであった。冒頭に述べたように、このようなアプローチは国内でのイメージを捨象している。しかしその点は過大視されるべきでない。国際交流基金（The Japan Foundation）が主催した一九九五年のベルファスト会議で私は、次のように指摘した。「スウェーデンの対日関係は、誤解や錯誤が長期間続いてきた。往々にしてスウェーデンにとっての対日関係の重要性が指摘されてきた。しかし両国の貿易規模は輸出入ともに小さく、直接投資も限定的であり、人的かつ文化的交流もそれほど活発ではない。つまり、スウェーデンにとって日本との関係は際立って重要ではなく、国家レベルでも民間レベルでも若干の例外を除けば、実質面での優先順位は高くない」。これは何もスウェーデンが例外というわけではない。日本との関係が薄いヨーロッパの中の小国に共通する事実である。ヨーロッパの小国にとってより重要なのは、隣接国であり、日本ではない。これらヨーロッパ諸国で、従来の日本への無関心さを一変させ、その無関心な状態を打破するような日本の首相は現れなかったといえるのである。

注

(1) Nathan Glazer (1975), "From Ruth Benedict to Herman Kahn: The Postwar Japanese Image in the American Mind", in Akira Iriye, ed., *Mutual Images: Essays in American-Japanese Relations* (Cambridge, Mass. and London: Harvard University Press), pp. 138f.

(2) R. P. Dore (1975), "The Prestige Factor in International Affairs", *International Affairs* 51, pp. 190-207.

(3) J. W. Dower (1979), *Empire and Aftermath: Yoshida Shigeru and the Japanese Experience, 1878-1954* (Cambridge, Mass. and London: Council on East Asian Studies, Harvard University), pp. 435f.

(4) Richard B. Finn (1992), *Winners in Peace: MacArthur, Yoshida, and Postwar Japan* (Berkeley, Los Angeles, Oxford: University of California Press), p. 314.

(5) Peter Lowe (2000), "Japan and Europe in the Occupation Period, 1945-52" in Bert Edström, ed., *The Japanese and Europe: Images and Perceptions* (Richmond: Japan Library), p. 201.

(6) John Dower (1996), "Yoshida in the Scales of History", in John Dower, *Japan in War and Peace. Essays on History, Culture and Race* (London: Fontana Press), p. 210.

(7) Theo Sommer (1959), "Nippons weltläufiger Premier: Nobusuke Kishi wirbt für die japanische Wirtschaft", *Die Zeit* 30 (1959).

(8) "Bonus to Be Wisely Spent", *Time,* 25 January 1960.

(9) *The Macmillan Papers: Prime Minister and After, 1957-66*. Edited with an introduction by Peter Catterall (London: Macmillan, 2011), p. 234.

(10) Jean-Marie Bouissou (2002), *Japan : The Burden of Success* (London: Hurst), pp. 84, 117, 144.

(11) Jared Taylor (1983), *Shadows of the Rising Sun : A Critical View of the "Japanese Miracle"* (Tokyo: Tuttle), p. 283.

(12) Theodore McNelly (1972), *Politics and Government in Japan*. 2nd ed. (Boston: Houghton Mifflin), p. 92.

(13) Itō Masaya (1966), *Ikeda Hayato : Sono sei to shi* (Tokyo: Shiseidō), p. 155.

(14) Ian Nish (1968), *The Story of Japan* (London: Faber and Faber), p. 209.

(15) Bert Edström (2004), *Deperipherialization of a Marginal Relationship ? Swedish-Japanese Political Relations in the Post-war Period,* paper presented at the 18th Conference of the International Association of Historians of Asia, Academia Sinica, Taipei, 6-10 December 2004, p. 6.

(16) I. M. Destler, Haruhiro Fukui and Hideo Sato (1979), *The Textile Wrangle : Conflict in Japanese-American Relations, 1969-1971* (Ithaca and London: Cornell University Press), pp. 39f.

(17) Katō Junpei (2002), “Sengo Nihon no shunō gaikō: Dokuritsu kaifukugo – Mori shushō jintai made –”, *Gaimushō chōsa geppō* no. 1, p. 79.

(18) Yamada Eizō (1988), *Seiden Satō Eisaku, jo* (Tokyo: Shinchōsha), p. 85-87.

(19) John Welfield (1988), *An Empire in Eclipse : Japan in the Postwar American Alliance System* (London and Athlantic Highlands: The Athlone Press), p. 345.

(20) Ian Nish (1996), “Postwar Japan”, in Richard Cobbold, ed., *The World Reshaped, Vol. 2 : Fifty Years after the War in Asia* (Basingstoke: Macmillan), p. 76.

(21) Shiro Saito (1990), *Japan at the Summit : Its Role in the Western Alliance and in Asian Pacific Co-operation* (London and New York: Routledge for the Royal Institute of International Affairs), p. 40.

(22) Philip Ziegler (2010), *Edward Heath : The Authorized Biography* (London: Harper Press), pp. 399f.

(23) エドワード・ヒース（一九八一）『変動する世界と日欧の役割；多彩な人生』石坂一義、小池一雄共訳、国際文化教育交流財団、一九八一年一月、石坂記念財団講演シリーズ三、四頁。

(24) Saito (1990), pp. 40f.

(25) Richard Sims (2000), *Japanese Political History since the Meiji Renovation, 1868-2000* (London: Hurst & Company), p. 301.

(26) J. A. A. Stockwin (1999), *Governing Japan : Divided Politics in a Major Economy* (Oxford: Blackwell), p. 3.

(27) The Observer, 2 January 1983, as quoted in J. W. M. Chapman, “Part Three Dependence”, in Chapman et al., *Japan's Quest for Comprehensive Security,* p. 219.

(28) Terry McCarthy (1993), “‘Shogun’ Tanaka dies at 75”, *The Independent,* 17 December 1993.

(29) Gerald L. Curtis (1988), *The Japanese Way of Politics* (New York: Columbia University Press), pp. 1, 66.

(30) Tanaka Zenichirō (1981), “Miki naikaku”, in Hayashi Shigeru and Tsuji Kiyoaki, eds, *Nihon naikaku shiroku* 6 (Tokyo: Daiichi hōki), p. 365.

(31) Hara Eikichi (1974), *Nihon no sengo gaikō shichō : Sono sentaku* (Tokyo: Keiō tsūshin), p. 220.

(32) Takase Tamotsu (1991), *Dare mo kakanakatta shunō gaikō no uchimaku* (Tokyo: Tōyō keizai shinpōsha), pp. 71-73.

(33) Robert D. Putnam and Nicholas Bayne (1987), *Hanging Together : Cooperation and Conflict in the Seven-Power Summits* (London: Sage Publications), p. 35.

(34) Shima Nobuhiko (2000), *Shunō gaikō : Senshinkoku samitto no rimenshi* (Tokyo: Bungei shunjū), p. 44.

(35) Kiyomiya Ryū (1984), *Fukuda seiken-714 nichi* (Tokyo: Gyōsei mondai kenkyūjo), p. 265

(36) Satō Yūichi (1974), *Fukuda Takeo ron : Seiji rosen to sono jinmyaku* (Tokyo: Jūtaku shinpōsha), p. 18.

(37) Policy speech in the Diet, 20 September 1978.

(38) Putnam and Bayne (1987), p. 84.

(39) Nish (1996), p. 77.

(40) Fukuda Takeo (1995), *Kaisō 90 nen* (Tokyo: Iwanami shoten), p. 271.

(41) Ian Nish (1990), "Japan", in Andrew Graham with Anthony Seldon, eds, *Government and economies in the postwar world: Economic policies and comparative performance 1945-85* (London and New York: Routledge), p. 263.

(42) Saito (1990), p. 63.

(43) Manfred Pohl (1978), "Machtwechsel in Japan", *Die Zeit* 49 (1978).

(44) Eric Pace (1995), "Takeo Fukuda, 90, Ex-Premier And Backer of China Pact, Dies", *The New York Times*, 6 July 1995.

(45) Putnam and Bayne (1987), p. 257.

(46) Zbigniew Brzezinski (1983), *Power and Principle: Memoirs of the National Security Advisor 1977-1981* (New York: Farrar, Straus, Giroux), p. 291.

(47) *The Japan Times*, 28 June 1979, quoted in Hugo Dobson, *Japan and the G7/8, 1975-2002* (London and New York: RoutledgeCurzon, 2004), p. 141.

(48) Kitaoka Shin'ichi (1990), *Kokusaika jidai no seiji shidō* (Tokyo: Chūō kōronsha), p. 112.

(49) J. A. A. Stockwin (1988), "Parties, Politicians and the Political System", in J. A. A. Stockwin et al., *Dynamic and Immobilist Politics in Japan* (Honolulu: University of Hawaii Press), pp. 22-53, p. 48.

(50) Katō (2002), pp. 79, 82.

(51) The Japan Times, 25 July 1981, as quoted in Dobson, *Japan and the G7/8,* p. 141.

(52) The Daily Yomiuri 19 July 1981, as quoted in Reinhard Drifte, "The foreign policy system", in Chapman, Drifte, Gow,

Japan's Quest for Comprehensive Security, p. 83.

(53) "Zenko Suzuki: Self-effacing Japanese prime minister", *The Independent*, 21 July 2004.

(54) Kenneth B. Pyle (1987), "In Pursuit of a Grand Design: Nakasone Betwixt the Past and the Future", *Journal of Japanese Studies* 13:2 (Summer 1987), p. 243.

(55) Putnam and Bayne (1987), p. 242.

(56) S. J. Nuttall (1996), "Japan and Europe: Policies and Initiatives", in Bert Edström, ed., *Japan's Foreign and Security Policies in Transition* (Stockholm: The Swedish Institute for International Affairs and the Center for Pacific Asia Studies), p. 114.

(57) Saitō Eizaburō (1983), *Nakasone shushō no imēji ga ippen suru hon* (Tokyo: Nikkei tsūshinsha), p. 31.

(58) Wakamatsu Atsushi (1986), "Gaikoku ga miru Nihon no shushō: Mō hitotsu no Nakasone sansenron", *Seiron* 61 : 2 (February 1986), p. 64.

(59) Putnam and Bayne (1987), p. 171.

(60) Margaret Thatcher (2011), *The Downing Street Years* (London: Harper Press), pp. 299, 497.

(61) Stockwin (1988), p. 48.

(62) Wolf Mendl (1995), *Japan's Asia Policy: Regional security and global interests* (New York and London: Routledge), pp. 2f.

(63) J. W. Dower (1993), "Peace and Democracy in Two Systems: External Policy and Internal Conflict", in Andrew Gordon, ed., *Postwar Japan as History* (Berkeley, Los Angeles, Oxford: University of California Press), p. 30.

(64) Japan Defense Agency (1988, 1990), *Defense of Japan*, Tokyo.

(65) Susan Pharr (1993), "Japan's Defensive Foreign Policy and the Politics of Burden Sharing", in Gerald L. Curtis, ed., *Japan's Foreign Policy After the Cold War: Coping with Change* (Armonk, New York, London: M. E. Sharpe), p. 249.

(66) Bert Edström (1999), *Japan's Evolving Foreign Policy Doctrine: From Yoshida to Miyazawa* (Basingstoke: Macmillan), p. 162.

(67) Hanaoka Nobuaki and Kobayashi Shizuo (1987), *Takeshita Noboru : Zenjinzō* (Tokyo: Gyōsei mondai kenkyūjo), pp. 2f.

(68) Edström (1999), p. 133.

(69) Hugh Cortazzi (1990), *The Japanese Achievement* (London: Sidgwick and Jackson), p. 270.
(70) Tina Stadimayer (1994), "Premier auf Abruf", *FOCUS Magazin,* 16 May 1994.
(71) Thatcher (2011), p. 499.
(72) Julie Gilson (2000), *Japan and the European Union: A Partnership for the Twenty-First Century?* (Houndmills: Macmillan), p. 36.
(73) Policy speech in the Diet, 29 July 1988.
(74) Richard Sims (2000), *Japanese Political History since the Meiji Renovation, 1868-2000* (London: Hurst & Company), p. 327.
(75) Aurelia George Mulgan (2000), "Japan's Political Leadership Deficit", *Australian Journal of Political Science* 35:2 (July 2000), p. 184.
(76) Thomas Bourke (1996), *Japan and the Globalisation of European Integration* (Aldershot: Dartmouth), p. 56.
(77) Ian Neary (2002), *The State and Politics in Japan* (Cambridge: Polity), p. 88.
(78) Thatcher (2011), p. 500.
(79) Sims (2000), p. 336.
(80) Shima (2000), 47ff.
(81) *Ibid.*, p. 65.
(82) Robert Elgie (1995), *Political leadership in liberal democracies* (Basingstoke: Macmillan), p. 149.
(83) Justin McCurry (2007), "Kiichi Miyazawa" [obituary], *The Guardian,* 30 July 2007.
(84) Yoichi Funabashi (1994), "Introduction: Japan's International Agenda for the 1990s", in Yoichi Funabashi, ed., *Japan's International Agenda* (New York and London: New York University Press), p. 1.
(85) Stadimayer (1994).
(86) Sims (2000), pp. 336f.
(87) Curtis (1988), p. 237.
(88) Dobson (2004), *Japan and G7/8: 1975-2002,* pp. 153, 142.
(89) Shima, *Shunō gaikō,* p. 168.
(90) Ofer Feldman (2005), *Talking Politics in Japan Today* (Brighton and Portland, Or.: Sussex University Press), p. 22.

(91) Sims (2000), p. 350.
(92) Gilson (2000), p. 49.
(93) David McNeill (2006), "Ryutaro Hashimoto: Old-school Japanese prime minister", *The Independent*, 5 July 2006.
(94) Christopher Reed (2006), "Ryutaro Hashimoto: Lacklustre Japanese premier beset by fundraising scandal", *The Guardian*, 3 July 2006.
(95) George Mulgan, "Japan's Political Leadership Deficit", p. 191.
(96) Aurelia George Mulgan, *Japan's Failed Revolution: Koizumi and the politics of economic reform* (N. p.: Asia Pacific Press, 2002), p. 49.
(97) Bert Edström (2004), "Prime Minister Obuchi Keizō and Human Security", paper presented at the First NAJS Conference on the Study of Contemporary Japanese Society, 22 April 2004, Göteborg, Sweden pp. 6f.
(98) "Former Japanese PM dies", *BBC News*, 14 May 2000; "Keizo Obuchi, Japan's 'Mr Ordinary', died on May 14th, aged 62", *The Economist*, 18 May 2000.
(99) Bert Edström (2008), *Japan and the Challenge of Human Security: The Founding of a New Policy 1995-2003* (Stockholm and Washington, DC: Institute for Security and Development Policy), pp. 124ff.
(100) George Mulgan, *Japan's Failed Revolution*, p. 44.
(101) Feldman (2005), p. 13.
(102) Manfred B. Steger and Ravi K. Roy (2010), *Neoliberalism: A Very Short Introduction* (Oxford: Oxford University Press), pp. 82f.
(103) Glenn D. Hook (2011), "Introduction: Why Boundaries?" in Glenn D. Hook, ed., *Decoding Boundaries in Contemporary Japan: The Koizumi administration and beyond* (London and New York; Routledge), p. 5.
(104) Glenn D. Hook et al. (2012), *Japan's International Relations: Politics, economics and security*, 3rd ed. (London and New York: Routledge), p. 362.
(105) Axel Berkofsky (2007), "The EU and Japan: A partnership in the making", *EPC Issue Paper* No. 52 (February 2007), p. 7.
(106) Christopher Goto-Jones (2009), *Modern Japan: A Very Short Introduction* (Oxford: Oxford University Press), p. 144.
(107) J. A. A. Stockwin (2002), "Reshaping of Japanese Politics and the Question of Democracy", *Asia-Pacific Review* 9:1

(May 2002), p. 57.

(108) Jean-Pierre Lehmann (2006), "Surprising and Inspiring Lessons from Japanese History", in Danica Purg and Arnold Walravens, eds, *Leadership for a Better World* (Bled: IEDC-Bled School of Management), p. 49.

(109) Tony Blair (2010), *A journey* (London: Arrow Books), p. 562.

(110) Christopher W. Hughes (2001), "Japan in Europe: Asian and European perspectives", in Glenn D. Hook and Harukiyo Hasegawa, eds, *The Political Economy of Japanese Globalization* (London and New York: Routledge), p. 56.

(111) Shima (2000), pp. 47ff.

(112) De Bary, Wm. Theodore (2004), *Nobility & Civility: Asian Ideals of Leadership and the Common Good* (Cambridge, MA, and London: Harvard University Press).

参考文献

Bert Edström (2004), *Deperipherialization of a Marginal Relationship? Swedish-Japanese Political Relations in the Post-war Period*, paper presented at the 18th Conference of the International Association of Historians of Asia, Academia Sinica, Taipei, 6-10 December 2004.

加藤淳平（二〇〇二）「戦後日本の首相外交――独立回復後、森首相退陣まで」『外務省調査月報』No. 1。

原栄吉（一九七四）『日本の戦後外交史潮――その選択』慶應通信。

北岡伸一（一九九〇）『国際化時代の政治指導』中央公論社。

Japan Defense Agency (1988, 1990), *Defense of Japan*, Tokyo.

Bert Edström (1999), *Japan's Evolving Foreign Policy Doctrine: From Yoshida to Miyazawa* (Basingstoke: Macmillan).

Yoichi Funabashi (1994), "Introduction: Japan's International Agenda for the 1990s", in Yoichi Funabashi, ed., *Japan's International Agenda* (New York and London: New York University Press).

Bert Edström (2004), "Prime Minister Obuchi Keizō and Human Security", paper presented at the First NAJS Conference on the Study of Contemporary Japanese Society, 22 April 2004, Göteborg, Sweden.

Bert Edström (2008), *Japan and the Challenge of Human Security: The Founding of a New Policy 1995-2003* (Stockholm and Washington, DC: Institute for Security and Development Policy).

あとがき

本書の刊行に際して、お二人の学恩に触れねばならない。

お一人は入江昭先生である。大学ゼミで読んだ『日本の外交』に私は脳天に一撃を食らったような衝撃を覚えた。これまで手にした日本外交史とまったく異なっていたからである。年号に沿った歴史物とは違い、外交上の出来事の奥底にあるものを透視するような研究手法に魅せられたのである。しかも母校慶應義塾大学のゼミに入江教授が特別に御出講下さった。私が夢中で質問したことは記憶しているが、何をどう質問したのかまったく思い出せない。それでも「学問とは何か？」という根源的な命題への簡潔明瞭な話に引き込まれたことは間違いなかった。スズメの涙ほども予想しなかった大学院進学の二年目、入江先生をシカゴ宅に訪ねて「石橋湛山を修士論文テーマにしました」と報告すると、先生は「大変良いテーマを選びましたね」と褒めて下さった。その言葉がどれほど私の背中を押したか計り知れない。こうして私の湛山研究は本格化したわけである。

もうお一人が故橋川文三先生である。大学院修士課程から博士課程に進んだ私にとって、湛山の思想解明は必須であった。そこで私は意を決して橋川先生を訪ねることにした。日頃その名著に接して感銘を受けていたからであるが、一面識もなかった。石橋湛山の修士論文を持って桜上水のアパート宅を訪問した光景は今でも鮮明に記憶している。玄関ドアを開けると靴箱上に本が無造作に散らばっており、通されたウナギの寝床のような狭い対面場所から隣接する書斎が微かに覗けたが、本の山に埋もれていた。これが本当の学者の住処だと圧倒された。私は単刀直入に質問した。「先生はなぜ歴史を研究されているのですか？」と。すると先生は「おもしろいからです」と答えられた。その意外で単純な言葉に驚いた私は反論した。それを否定する発言を口走ったことは間違いない。今は赤面の至りであるが…。以来、先生は私の聴講をお許し下さり、明治大学の政治思想史の講義を拝聴した。また大学院でも終了後喫茶店で二人だけで話を伺う機会にも恵まれた。私の生涯で実に至福の時間であった。

さて本書の企画は、三年前の二〇一三年春まで遡る。東洋英和女学院大学現代史研究所の連続研究講座で「戦後日本首相の外交思想」を主題に決定した。首相をテーマとする著作は数多いが、首相の外交思想に焦点を絞った著作はこれまでなかったからである。そこで戦後の首相三三名の中から重要な一七名を選定し、次いで各執筆者の人選に取り掛かった。その過程で、幅広い研究者のネットワークをお持ちの服部龍二先生からご理解とご協力が得られ、有能な執筆陣を構成できたことは幸運であった。また旧知のスウェーデンの友人バート・エドストローム博士がヨーロッパから見た日本首相のイメージ論をまとめてくれた。この結果、日本首相の外交思想を内外両面から比較評価すると同時に全体を立体化できたのではないかと自負している。

最後にミネルヴァ書房の東寿浩氏に深くお礼を申し述べたい。計一八名という執筆人をいわば交通整理するのは根気の要る仕事にほかならない。にもかかわらず、実に誠実かつ着実に完成の瞬間までご尽力下さった。私は今春二六年間勤務した東洋英和女学院大学国際社会学部を去り、立正大学法学部に転任した。その意味で、本書が東洋英和時代の学術的総括であると同時に、新たな職場である立正の記念すべき起点となったことは望外の幸せというべきであろう。本書を前記のお二人、入江昭先生と故橋川文三先生の学恩に捧げる。

二〇一六年六月一七日

増田　弘

人名索引

あ 行

か 行

さ　行

た　行

な　行

は　行

事項索引

さ 行

た　行

な　行

や　行

ら　行

わ　行

アルファベット

宮城　大蔵（みやぎ・たいぞう）　第16章執筆

1968年　生まれ。
　　　　一橋大学大学院法学研究科博士後期課程修了。博士（法学）。
現　在　上智大学総合グローバル学部教授。
主　著　『戦後アジア秩序の模索と日本』創文社，2004年。
　　　　『「海洋国家」日本の戦後史』ちくま新書，2008年。
　　　　（共編）『橋本龍太郎外交回顧録』岩波書店，2013年。
　　　　（編著）『戦後日本のアジア外交』ミネルヴァ書房，2015年。

佐道　明広（さどう・あきひろ）　第17章執筆

1958年　生まれ。
　　　　東京都立大学大学院社会科学研究科博士課程単位取得。博士（政治学）。
現　在　中京大学総合政策学部教授。
主　著　『戦後日本の防衛と政治』吉川弘文館，2003年。
　　　　『戦後政治と自衛隊』吉川弘文館，2006年。
　　　　『現代日本政治史５　「改革」政治の混迷――1989～』吉川弘文館，2012年。
　　　　『沖縄現代政治史――自立をめぐる攻防』吉田書店，2014年。
　　　　『自衛隊史論――政・官・軍・民の60年』吉川弘文館，2014年。
　　　　『自衛隊史――防衛政策の70年』ちくま新書，2015年。

バート・エドストローム（Bert Edström）　第18章執筆

1947年　スウェーデン生まれ。
　　　　Ph. D. in Japanese Studies from Stockholm University.
現　在　Institute for Security & Development Policy シニア・リサーチ・フェロー。
主　著　（共著）『欧米から見た岩倉使節団』ミネルヴァ書房，2002年。

植田麻記子（うえだ・まきこ）　第18章訳

　　　　慶應義塾大学大学院法学研究科後期博士課程修了。博士（法学）。
現　在　ハーバード大学ライシャワー研究所リサーチ・アシスタント。
主　著　（共著）『ポスト・ウォー・シティズンシップの思想的基盤』慶應義塾大学出版会，2008年。
　　　　「占領初期における芦田均の国際情勢認識――『芦田修正』から『芦田書簡』へ」『国際政治』151号，2008年。
　　　　“An Idea of Postwar Japan: Hitoshi Ashida and Japanese Liberalism”, translated by Rikki Kersten, ANU Japanese Studies Online. Australian National University（ANU）Japan Institute, 2011.
　　　　（共著）『秩序変動と日本外交――拡大と収縮の七〇年』慶應義塾大学出版会，2016年。

井上　正也（いのうえ・まさや）　第10章執筆

1979年　生まれ。
神戸大学大学院法学研究科博士後期課程修了。博士（政治学）。
現　在　成蹊大学法学部准教授。
主　著　『日中国交正常化の政治史』名古屋大学出版会，2010年。
（共編）『外交証言録　日米安保・沖縄返還・天安門事件』岩波書店，2012年。

福永　文夫（ふくなが・ふみお）　第11章執筆

1953年　生まれ。
神戸大学大学院法学研究科博士課程単位取得満期退学。政治学博士。
現　在　獨協大学法学部教授。
主　著　『大平正芳――「戦後保守」とは何か』中公新書，2008年。
『日本占領史　1945-1952――東京・ワシントン・沖縄』中公新書，2014年。
『第二の「戦後」の形成過程――1970年代日本の政治的・外交的再編』有斐閣，2015年。

服部　龍二（はっとり・りゅうじ）　第12章執筆

1968年　生まれ。
神戸大学大学院法学研究科博士後期課程単位取得退学。博士（政治学）。
現　在　中央大学総合政策学部教授。
主　著　『広田弘毅――「悲劇の宰相」の実像』中公新書，2008年。
『中曽根康弘――「大統領的首相」の軌跡』中公新書，2015年。

折田　正樹（おりた・まさき）　第13章執筆

1942年　生まれ。
東京大学法学部卒業後，外務省入省。退官後，中央大学法学部教授を経て，
現　在　一般財団法人世界政経調査会　国際情勢研究所所長。
主　著　『外交証言録　湾岸戦争・普天間問題・イラク戦争』岩波書店，2013年。

村上　友章（むらかみ・ともあき）　第14章執筆

1974年　生まれ。
神戸大学大学院国際協力研究科博士後期課程修了。博士（政治学）。
現　在　三重大学教養教育機構特任准教授。
主　著　「『国境の海』とナショナリズム――日ソ間昆布採取協定と高碕達之助」『国際政治』第170号，2012年10月。
（共著）『グローバル・ガバナンスと日本』中央公論新社，2013年。

薬師寺克行（やくしじ・かつゆき）　第15章執筆

1955年　生まれ。
東京大学文学部卒。朝日新聞論説委員，同政治部長などを経て，
現　在　東洋大学社会学部教授。
主　著　『外務省――外交力強化への道』岩波新書，2003年。
『激論！　ナショナリズムと外交――ハト派はどこへ行ったか』講談社，2014年。
『現代日本政治史』有斐閣，2014年。
『公明党』中公新書，2016年。

池田慎太郎（いけだ・しんたろう）　第５章執筆

1973年　生まれ。

筑波大学大学院博士課程社会科学研究科修了。博士（法学）。

現　在　関西大学法学部教授。

主　著　『日米同盟の政治史――アリソン駐日大使と「1955年体制」の成立』国際書院，2004年。

『現代日本政治史２　独立完成への苦闘――1952-1960』吉川弘文館，2012年。

「日米琉特殊関係の政治経済史――米統治下沖縄における「親米派」をめぐって」『名古屋大学法政論集』第260号，2015年。

「自民党と日韓・日朝関係――冷戦下の党内対立と議員外交」『現代韓国朝鮮研究』第15号，2015年。

吉次　公介（よしつぐ・こうすけ）　第６章執筆

1972年　生まれ。
立教大学大学院法学研究科博士後期課程退学。博士（政治学）。
現　在　立命館大学法学部教授。
主　著　『日米同盟はいかに作られたか――「安保体制」の転換点　1951-1964』講談社選書メチエ，2011年。
『池田政権期の日本外交と冷戦――戦後日本外交の座標軸1960-1964』岩波書店，2014年。

中島　琢磨（なかしま・たくま）　第７章執筆

1976年　生まれ。

九州大学大学院法学府博士後期課程修了。博士（法学）。

現　在　龍谷大学法学部准教授。

主　著　『現代日本政治史３　高度成長と沖縄返還――1960-1972』吉川弘文館，2012年。

『沖縄返還と日米安保体制』有斐閣，2012年。

（共著）『冷戦と同盟――冷戦終焉の視点から』松籟社，2014年。

（共著）『第二の「戦後」の形成過程――1970年代日本の政治的・外交的再編』有斐閣，2015年。

佐藤　　晋（さとう・すすむ）　第８章執筆

1967年　生まれ。
慶應義塾大学大学院法学研究科博士課程修了。博士（法学）。
現　在　二松学舎大学国際政治経済学部教授。
主　著　（共著）『現代日本の東南アジア政策　1950-2005』早稲田大学出版部，2007年。
（共著）『戦後日本のアジア外交』ミネルヴァ書房，2015年。

竹内　　桂（たけうち・けい）　第９章執筆

1973年　生まれ。
明治大学大学院政治経済学研究科博士後期課程修了。博士（政治学）。
現　在　明治大学政治経済学部兼任講師。
主　著　（共著）小西徳應編『三木武夫研究』日本経済評論社，2011年。
「三木武夫と石橋湛山――石橋内閣期を中心に」『自由思想』第141号，2016年。
「『阿波戦争』に関する一考察――第10回参議院選挙徳島地方区における対立を中心に」『選挙研究』第32巻第１号，2016年。

《執筆者紹介》

増田　弘（ますだ・ひろし）序章，第4章，あとがき執筆，第18章監訳，編者。

1947年　生まれ。

慶應義塾大学大学院法学研究科博士課程修了。法学博士。

現　在　立正大学法学部特任教授。

主　著　『石橋湛山――リベラリストの真髄』中公新書，1995年。

『自衛隊の誕生――日本の再軍備とアメリカ』中公新書，2004年。

『ニクソン訪中と冷戦構造の変容』慶應義塾大学出版会，2006年。

『マッカーサー――フィリピン統治から日本占領へ』中公新書，2009年。

『大日本帝国の崩壊と引揚・復員』慶應義塾大学出版会，2012年。

井上　寿一（いのうえ・としかず）第1章執筆

1956年　生まれ。

一橋大学大学院法学研究科博士課程修了。法学博士。

現　在　学習院大学法学部教授・学習院大学長。

主　著　『危機のなかの協調外交――日中戦争に至る対外政策の形成と展開』山川出版社，1994年。

『日中戦争下の日本』講談社選書メチエ，2007年。

『第一次世界大戦と日本』講談社現代新書，2014年。

『終戦後史　1945―1955』講談社選書メチエ，2015年。

楠　綾子（くすのき・あやこ）第2章執筆

1973年　生まれ。
神戸大学大学院法学研究科博士後期課程修了。博士（政治学）。
現　在　国際日本文化研究センター准教授。
主　著　『吉田茂と安全保障政策の形成――日米の構想とその相互作用　1945～1952年』ミネルヴァ書房，2009年。
『現代日本政治史①　占領から独立へ――1945～1952』吉川弘文館，2013年。

中島　信吾（なかじま・しんご）第3章執筆

1971年　生まれ。

慶應義塾大学大学院法学研究科博士課程修了。博士（法学）。

現　在　防衛省防衛研究所戦史研究センター主任研究官。

主　著　『戦後日本の防衛政策――「吉田路線」をめぐる政治・外交・軍事』慶應義塾大学出版会，2006年。

（共著）『岸信介政権と高度成長』東洋経済新報社，2003年。

（共著）『池田・佐藤政権期の日本外交』ミネルヴァ書房，2004年。

（共著）『年報政治学2004　オーラル・ヒストリー』岩波書店，2005年。

（共著）『冷戦変容期の日本外交――「ひよわな大国」の危機と模索』ミネルヴァ書房，2013年。

戦後日本首相の外交思想
――吉田茂から小泉純一郎まで――

2016年９月10日　初版第１刷発行　〈検印省略〉

定価はカバーに
表示しています

編著者　増田　弘
発行者　杉田啓三
印刷者　江戸孝典

発行所　株式会社　ミネルヴァ書房
607-8494　京都市山科区日ノ岡堤谷町１
電話代表　(075)581-5191
振替口座　01020-0-8076

共同印刷工業・新生製本

ISBN978-4-623-07506-5

Printed in Japan

戦後日本のアジア外交　宮城大蔵 編著　A5判三〇八頁 本体三〇〇〇円

ハンドブック近代日本外交史　蓑原俊洋・奈良岡聰智 編著　A5判三五六頁 本体三〇〇〇円

国際政治・日本外交叢書

社会科学としての日本外交研究　川崎　剛 著　A5判三七二頁 本体六〇〇〇円

大使たちの戦後日米関係　千々和泰明 著　A5判二七二頁 本体六〇〇〇円

日本の対外行動　小野直樹 著　A5判三一〇頁 本体六〇〇〇円

日本再軍備への道　柴山　太 著　A5判七九二頁 本体九〇〇〇円

冷戦後の日本外交　信田智人 著　A5判二四八頁 本体三五〇〇円

MINERVA日本史ライブラリー

「経済大国」日本の対米協調　武田　悠 著　A5判四〇〇頁 本体七五〇〇円

冷戦変容期の日本外交　波多野澄雄 編著　A5判三四四頁 本体六〇〇〇円

池田・佐藤政権期の日本外交　波多野澄雄 編著　A5判二五六頁 本体三五〇〇円

ミネルヴァ日本評伝選

池田勇人――所得倍増でいくんだ　藤井信幸 著　四六判三三六頁 本体三〇〇〇円